BÖHM / RÖHRING

KORSIKA / SARDINIEN / ELBA

Böhm/Röhring

Korsika Sardinien Elba

Führer für Sportschiffer

Delius Klasing Verlag

Der Autor wie der Verlag übernehmen für Irrtümer, Fehler oder Weglassungen keinerlei Gewährleistung oder Haftung. Die Pläne dienen zur Orientierung und nicht zur Navigation; sie ersetzen also keineswegs Seekarten und andere offizielle nautische Unterlagen.

Von Barbara Böhm und Klaus-Jürgen Röhring
ist im Delius Klasing Verlag ferner erschienen der Führer für Sportschiffer „Mittelmeerküste – vom Golf von Genua bis zur spanischen Grenze"

Die Deutsche Bibliothek – CIP-Einheitsaufnahme

Böhm, Barbara:
Korsika, Sardinien, Elba: Führer für Sportschiffer / Böhm; Röhring.
(Zeichn.: Klaus-Jürgen Röhring). – 3., aktualisierte Aufl. –
Bielefeld: Delius Klasing, 1994
ISBN 3-7688-0570-0
NE: Röhring, Klaus-Jürgen:

3., aktualisierte Auflage
ISBN 3-7688-0570-0

Zeichnungen: Klaus-Jürgen Röhring
Fotos: Helmut Rinne (3–6, 9–18, 22), Bavaria (1, 2, 7, 8, 19–21, 23–28)
Gesamtherstellung: Kunst- und Werbedruck, Bad Oeynhausen
Printed in Germany 1994

Inhalt

Vorwort

Die drei großen Inseln Korsika, Sardinien und Elba gehören im Tyrrhenischen Meer zu den beliebtesten Törnzielen. So unterschiedlich wie ihre äußere Gestalt, so grundverschieden sind die Inseln untereinander. Korsika gehört politisch zu Frankreich, genießt aber in vielen Bereichen weitgehende Autonomie. Elba und Sardinien gehören zu Italien, wobei Sardinien eine mit Korsika vergleichbare Selbständigkeit besitzt. Innerhalb des italienischen Staates gehört Sardinien zu dem wirtschaftlich besonders geförderten Süden, wobei auch die EU ihr Scherflein zu der „Cassa di Mezzogiorno“ (Kasse für die wirtschaftliche Förderung des Südens) beiträgt. Elba dagegen ist ein Anhängsel der Toskana und gehört verwaltungsmäßig zur Provinz Livorno.
Während sich das Landschaftsbild Elbas bis auf die schroff abweisende Westküste dem Besucher anmutig und lieblich darbietet, wirkt Korsika von fern wie ein mächtiger Klotz im Meer, dessen Schönheiten und Reize sich erst beim Näherkommen offenbaren, mit Ausnahme der Ostküste, wo der endlose Strand zwischen Solenzara und Bastia zunächst recht langweilig wirkt. Dahinter aber verbergen sich reizvolle Landschaften, die man sich allerdings nur mit dem Beiboot erschließen kann. Sardinien hingegen überrascht mit ständig neuen und anderen Landschaftsbildern. Sandstrände und die schönsten Dünenlandschaften des Mittelmeerraumes (im Bereich der Costa Verde) wechseln sich ab mit bizarren Felsküsten, in die kleine, intime Strandbuchten eingestreut sind. Auf den etwa 1000 sm sardischer Küstenlinie gleicht kaum ein Abschnitt dem anderen.
Gibt es an der korsischen Küste ein mehr oder weniger dichtes Netz von gut ausgebauten Yachthäfen, die in bequemen Tagesetappen von 20 bis 30 sm zu erreichen sind, und auf Elba eine für die Größe der Insel stattliche Anzahl öffentlicher Häfen – immerhin sechs –, so ist das Angebot an der sardischen Küste beinahe so unterschiedlich wie die Landschaftsformen. Im Norden Sardiniens, vor allem im Bereich der Costa Smeralda, gibt es in geringen Abständen eine Vielzahl gut ausgestatteter und komfortabler Yachthäfen, während an weiten Bereichen der Küste die Entfernungen von Hafen zu Hafen schon mal über 80 sm betragen kann. Hier sind allerdings in den letzten Jahren große Anstrengungen unternommen worden; zahlreiche neue Häfen sind im Bau – andere werden weiter ausgebaut.
Gut essen und trinken kann man auf allen drei Inseln, und jede hat ihre Spezialitäten. Im Zusammenhang mit den Hafenbeschreibungen werden hier und da auch einige Restaurants erwähnt; es bleibt indessen jedem selbst überlassen, die für seinen Geschmack besten Gerichte herauszufinden. Aber Vorsicht: Sardischer Wein ist um einige Alkoholprozente stärker als der Wein auf den übrigen Inseln!
Zum Schluß noch einige Worte zum Wetter: Auch bei strahlendstem Sonnenschein und blauem Himmel sollte man jederzeit, auch in den Sommermonaten, mit einem ausgewachsenen Sturm rechnen – er kommt im Durchschnitt alle 14 Tage und meistens ohne Vorankündigung (jede Wolke am Himmel ist verdächtig!).
Und nun wünschen wir den Lesern viel Vergnügen bei der Erkundung dieser großartigen Inseln im Tyrrhenischen Meer.

Barbara Böhm und Klaus-Jürgen Röhring

KORSIKA

Île de la Giraglia
Capraia
Centuri
Macinaggio
Cap Corse
Elba
Bastia
L'Île Rousse
St–Florent
Pianosa
Sant' Ambrogio
Calvi
Campoloro
Galeria
Girolata
Porto
Korsika
Cargèse
Sagone
Ajaccio
Solenzara
Îles Sanguinaires
Porto Pollo
Pinarello
Propriano
Porto-Vecchio
Campo Moro
Port de Tizzano
Figari
Sta-Manza
Bonifacio
Îles Lavezzi
Straße von Bonifacio
La Maddalena
Sardinien
0
10
20 sm

Korsika

Seekarten und Seebücher Neben den offiziellen deutschen (D), britischen (BA) und französischen (F) Seekarten sind die französischen *Navicartes* – Cartes Guides (mehrfarbig auf wasserabweisendem Spezialpapier gedruckt, Format ca. 110 x 65 cm, gefaltet; keine handschriftliche Berichtigung, korrigierte Nachdrucke erscheienen von Fall zu Fall) CG 1006 bis 1008 zu empfehlen, die in ihrer Darstellung sehr anschaulich sind und zusätzlich Hafenpläne enthalten. Die *Carte des Radiosignaux* (Carte-Guide RX 5), eine mehrfarbige Übersichtskarte des westlichen Mittelmeers, kann als Übersegler und nautischer Funkdienst gleichermaßen dienen.

Seebücher

- Mittelmeer-Handbuch, I. Teil (Ostküste Spaniens und Balearen, Südküste Frankreichs und Korsika), BSH-Nr. 2027
- Leuchtfeuerverzeichnis, Teil V (Mittelmeer und Schwarzes Meer), BSH-Nr. 2105
- Jachtfunkdienst Mittelmeer, BSH-Nr. 2159

Einklarieren und Zollvorschriften Generell ist das Einklarieren, vor allem für Yachten aus dem EU-Raum, in den letzten Jahren vereinfacht worden, und im vereinten Europa ohne Grenzen dürfte dies wohl bald kein Thema mehr sein. In der Capitainerie erhält man das *Fiche d'Escale* (je nach Nationalität in französisch, englisch, italienisch oder deutsch), das man ausgefüllt wieder abgibt. In einigen Häfen kommen Gendarmerie und/oder Zoll *(douane)* an Bord, um sich Ausweise und Schiffspapiere zeigen zu lassen und eine Crewliste zu verlangen, zumeist auf einem besonderen Formular, so daß es nicht lohnend ist, Crewlisten vorher anzufertigen.

Bootspapiere In *Frankreich* ist für das Befahren der Küsten- und Seegewässer mit Wassersportfahrzeugen unter deutscher Flagge das *Flaggenzertifikat* erforderlich, das beim

Bundesamt für Seeschiffahrt und Hydrographie (BSH),
Bernhard-Nocht-Straße 78
20359 Hamburg

beantragt werden kann.

Führerscheine Zum Führen von Booten mit Motoren über 3,68 kW (5 PS) ist der amtliche deutsche *Sportbootführerschein See* erforderlich. Für in Frankreich zugelassene Boote gelten die französischen Führerscheinbestimmungen.

Macinaggio bis Saint-Florent

Die Halbinsel Cap Corse – das ist, in den Umrissen, Korsika im kleinen. In ihrer Mitte erhebt sich eine 800 bis 1000 m hohe Bergkette, von der aus bewaldete Täler bis ans Meer führen. Augenfällig und für die Navigation hilfreich sind die genuesischen Wachtürme, die, in regelmäßigen Abständen errichtet, das Bild der Küste prägen.
Beginnen wir in Macinaggio, das Cap Corse zu runden. Als erster Ankerplatz bietet sich die

Baie de Tamarone südlich der Insel Finocchiarola mit ihrem halb verfallenen Wachturm an. Die etwa 0,5 sm breite Bucht mit schönem Sandstrand lockt viele Yachten an.
Wenn man hier keinen Platz mehr findet, kann man auch südlich von **Finocchiarola** ankern. Zwischen der Insel und dem kleinen Felsen daneben liegt seit Jahren das Wrack eines Frachtschiffes, das stetig weiter absinkt und in der Mitte bereits auseinandergebrochen ist.

42° 59′N
009° 28′E

Finocchiarola

Der nächste Ankerplatz ist die
Rade Ste-Marie Außer bei nordöstlichen Winden hat man hier hervorragenden Schutz. Yachten bis 2 m Tiefgang steuern um den Turm herum und ankern im Inneren der Bucht (siehe Plan). Größere Yachten ankern etwa 50 m nördlich des Turmes auf 5 m Wasser über gut haltendem Sandgrund.

42° 59′N
009° 27′E

Entfernung von Macinaggio 3 sm, von St-Florent 25 sm.

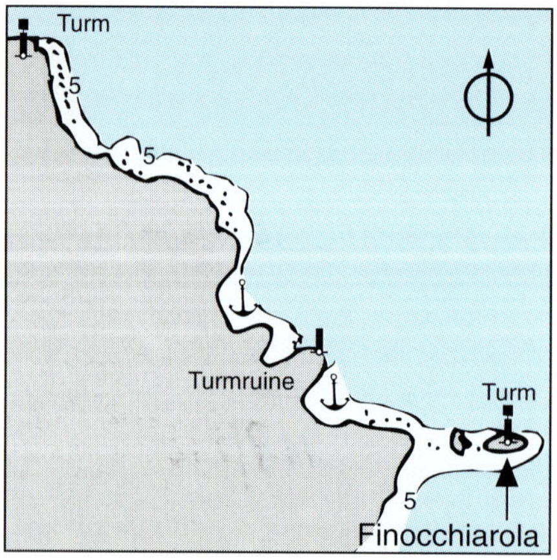

Rade Ste-Marie

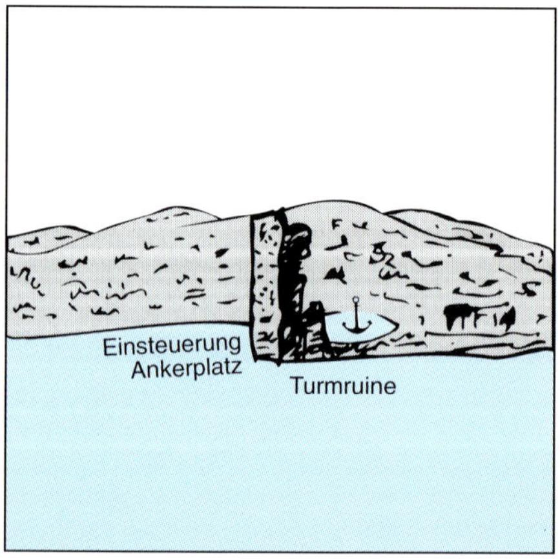

Die Passage zwischen der Insel Giraglia und dem Cap Corse ist eine knappe Seemeile breit und zwischen 8 und 15 m tief. Man kann hier also durchsteuern. Der Leuchtturm auf Giraglia (Fl.5s 28 M) wird auch „der Wächter Korsikas“ genannt. Mit seinem Funkfeuer (GL; Frequenz 308 kHz, Reichweite 100 sm) gehört er zu den markanten Ansteuerungspunkten Korsikas.

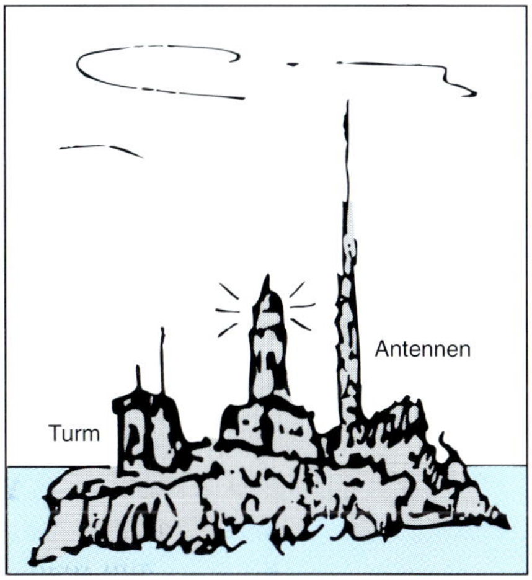

Giraglia

Vorbei an dem Tour d'Agnello, gelangt man nach wenigen Meilen zu dem Weiler

Barcaggio
43° 01′N
009° 25′E

mit einem kleinen Fischerhafen, der nur Yachten bis 1,20 m Tiefgang zugänglich ist. Die von West nach Ost verlaufende 100 m lange Steinmole ist zum größten Teil von Fischerbooten belegt. Die Wassertiefe an ihrem Kopf beträgt etwa 1,50 m, nimmt dann aber rasch ab.
In dem hübschen, ruhigen Dorf gibt es ein hervorragendes Restaurant; ansonsten sind die Versorgungsmöglichkeiten gering.

Entfernung von Macinaggio 6 sm, von St-Florent 22 sm.

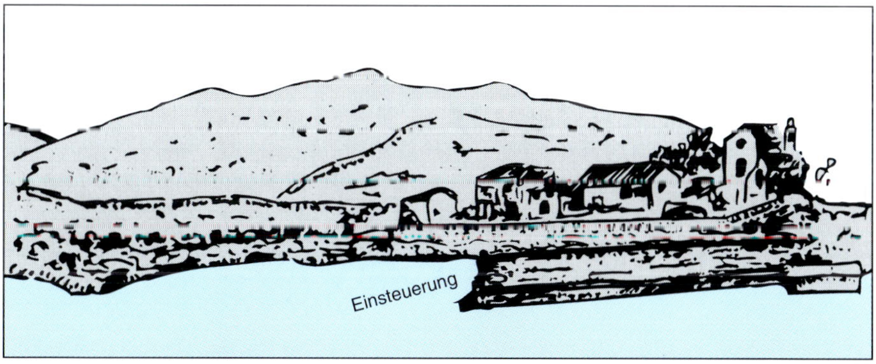

Barcaggio

Tollare

Tollare
43° 01′N
009° 24′E

ist eine kleine Ortschaft 1 sm weiter westlich, leicht auszumachen an dem runden Genuesenturm an ihrer Ostseite. Hier gibt es zwei Slipanlagen für kleinere Boote. Man ankert vor dem Ort.

Der Semaphor über Cap Grosso, von dem aus der Schiffsverkehr nördlich des Cap Corse überwacht wird, weist den Weg um das Cap Bianco in Richtung der Baie de Centuri. In diesem Bereich des Cap Corse ist die Küste steil und unzugänglich.

Centuri
42° 58′N
009° 20′E

ist einer der schönsten Fischerhäfen Korsikas. Um den U-förmigen Hafen stehen die mit grünem Schiefer gedeckten Häuser der Fischer. Sie fangen in der Hauptsache Schalentiere, und zwar mit aus Myrtenzweigen geflochtenen Körben, den *Cassiers.* Ein alter Fischer hat uns erzählt, daß diese besonders dauerhaft sein sollen, wenn die dafür verwendeten Zweige bei Vollmond geschnitten werden.

Centurí

1792 wurde in Centuri die Invasionsflotte zusammengestellt, mit der Napoleon Bonaparte und der korsische Freiheitsheld Pasquale Paoli Sardinien erobern wollten. Zunächst nahmen sie ohne Schwierigkeiten die Insel Capraia ein, doch der Eroberungszug nach Sardinien mißglückte. Napoleon wälzte vor der korsischen Nationalversammlung die alleinige Schuld hierfür auf Paoli ab, woraufhin dieser Korsika verlassen mußte und in England Asyl fand.

Ansteuerung (Seekarten: D 499 und 504, BA 1974 und 1999, F 6969 und CG 1006): Die Ansteuerung sollte nur bei Tage und bei ruhigem Wetter erfolgen – bei westlichen

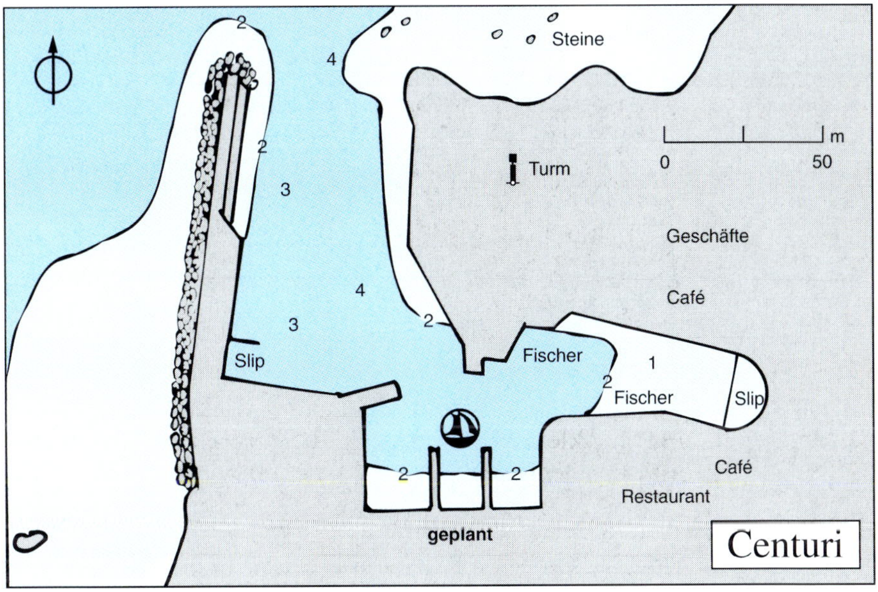

Winden ist ein Einlaufen unmöglich. Die rote Untiefenbake Sèche de la Teja ist beim Einlaufen unbedingt an Backbord zu lassen.

Liegeplatz: Bis jetzt bietet der Hafen nur wenige Liegeplätze für Gäste und auch nur für Yachten mit geringem Tiefgang. Der südliche Teil soll zu einem Yachthafen mit etwa 125 Plätzen ausgebaut werden.

Hafenmeister: Das Hafenbüro befindet sich im Rathaus (Mairie), Telefon 9535 60 06.

Reparaturmöglichkeiten: Der Kfz-Mechaniker im Ort repariert auch die Bootsmotoren der Fischer.

Versorgung: Trinkwasser ist am Hafen erhältlich; ein Lebensmittelgeschäft und mehrere Restaurants liegen unmittelbar am Hafen, wobei das „U Molettu" wegen seiner hervorragenden korsischen Küche gerühmt wird (es liegt an der Nordseite des Hafens).

Bademöglichkeiten: In den beiden Strandbuchten der Marine de Morsiglia südlich der Ile de Centuri.

Entfernungen von Centuri. St-Florent 18 sm, Calvi 37 sm, Macinaggio 11 sm.

Etwa 2 km landeinwärts steht an der N 198 die weithin sichtbare *Moulin Mattei.* Sie wird von der Firma Mattei zur Werbung für ihre Cedrat-Liköre und Aperitifs unterhalten. Von dort hat man einen eindrucksvollen Blick über das Cap Corse.

Von Centuri Richtung Süden ist der nächste Ankerplatz die

Anse d'Aliso
42° 55′N
009° 21′E

eine tiefe Bucht mit einem kleinen Strand, die von NW bis SW offen ist. Sie eignet sich nur bei ruhigem Wetter zum vorübergehenden Ankern;

bei östlichen Winden machen heftige Fallböen von den Bergen das Liegen äußerst ungemütlich. Man ankere im Nordteil der Bucht über gut haltendem Kiesgrund.

Etwa 1 sm südlich davon liegt

Pino
42° 55′N
009° 21′E

eines der schönsten und ursprünglichsten Dörfer am Cap Corse. Es thront auf einem 140 m hohen, steil abfallenden Felsvorsprung über dem Meer. Bei ruhigem Wetter kann man vor dem Strand auf gut haltendem Sandgrund ankern und mit dem Beiboot an Land fahren. Ein Besuch des mittelalterlichen Klosters und der Klosterkirche *Sainte-Marie* lohnen die Mühe des Ankerns.
Etwa 2 km landeinwärts steht der *Tour de Sénèque,* jener Turm, in dem der Philosoph Seneca die Jahre seiner Verbannung von Rom verbracht haben soll.

Südlich der Pointe Minervio mit dem alten Kloster liegt die

Marine de Giottani
42° 52′N
009° 20′E

ein kleiner Hafen für Boote bis 0,50 m Tiefgang, wo man auch slippen kann. Der Kirchturm in der Mitte des Ortes ist eine gute Ansteuerungshilfe.
Yachten ankern auf 2 bis 5 m Wasser über Kiesgrund vor dem Hafen. Man fährt dann mit dem Beiboot in den Hafen, wo es in der Nähe ein Lebensmittelgeschäft, Restaurants und Cafés gibt.

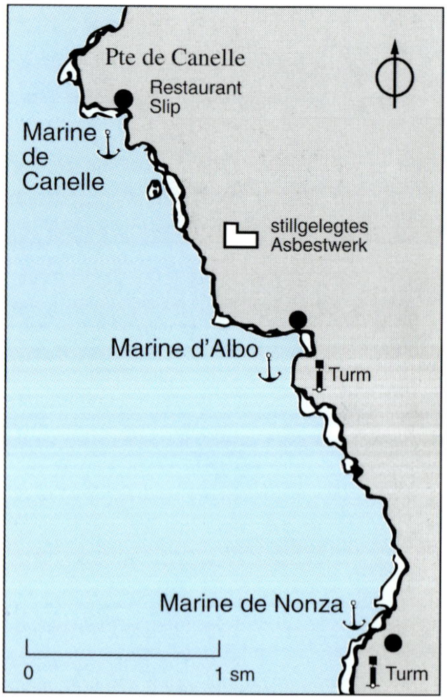

Dicht südlich der Pointe de Canelle liegt die **Marine de Canelle** mit einem Slip und einem Restaurant am Strand.
Zwischen der Marine de Canelle und der Marine d'Albo sieht man schon von weitem die Terrassen und hellen Felsflächen des Bergwerkes, wo im Tagebau das Rohmaterial für das darunter befindliche Asbestwerk gewonnen wurde.

Marine d'Albo
42° 49′N
009° 20′E

war früher die Verladestelle für das Asbestwerk. Seit die Fabrik stillgelegt wurde, ist der Anleger verfallen. Bei gutem Wetter kann man vor der kleinen Ortschaft ankern, wo es ein Lebensmittelgeschäft, ein kleines Restaurant und ein Café gibt.

Marine de Nonza
42° 47′N
009° 20′E

Etwa 2 sm südlich von Marine d'Albo thront das mittelalterliche Dorf auf einem 145 m hohen Felsvorsprung über dem Meer. Man ankere nördlich oder südlich des Ortes.

Ein steiler Treppenweg führt vom Strand zum Ort hinauf und mündet in einem kleinen, schattigen Platz vor der Kirche. An diesem Platz gibt es einen Brunnen mit stets reichlich kühlem Wasser und ein Café, das gern von Touristen besucht wird. Auf der höchsten Spitze des Felsvorsprungs steht ein viereckiger pisanischer Wachturm, von dem aus man eine großartige Aussicht auf das Meer und die Küste hat.

Während des korsischen Freiheitskampfes gegen die Franzosen wurde dieser Turm berühmt. Im Jahre 1768 – die Halbinsel Cap Corse war bereits von den Franzosen unterworfen worden – verschanzte sich der alte Kapitän Casella in dem Turm. Sein Häuflein Milizen hatte ihn verlassen und sich den Franzosen ergeben, wobei sie ihre Flinten und die Munition zurückließen. Um dem Angriff der Franzosen zu begegnen, hatte Casella die Kanone ebenso geladen wie sämtliche Flinten, die er auf die verschiedenen Schießscharten des Turmes verteilt hatte.

Als nun die Franzosen zum Sturm auf den Turm ansetzten, feuerte er erst die Kanone ab und lief dann von Schießscharte zu Schießscharte, um die vorbereiteten Flinten abzufeuern. Diese Empfangssalve verunsicherte die Franzosen so sehr, daß sie einen Unterhändler zum Turm schickten und den Offizieren mit ihren Mannschaften freien Abzug mit allen militärischen Ehren zusicherten, wenn sie das Feuer einstellten.

Casella erbat sich Bedenkzeit, bevor er den verdutzten Franzosen mit den Worten entgegentrat: „Die Offiziere und Mannschaften des Turmes von Nonza stehen vor Ihnen."

Marine de Farinole
42° 44′N
009° 19′E

Der schöne Sandstrand vor dem Wachturm lädt zum Baden ebenso ein wie die beiden kleinen südlich davon gelegenen Strände. Bei ruhigem Wetter kann man tagsüber vor der Küste ankern. Für die Nacht empfiehlt es sich, die 4 sm bis St-Florent weiterzufahren, wo man in einem gut ausgebauten Hafen sicheren Schutz findet.

St-Florent
42° 41′N
009° 18′E

ist eine alte Genuesenbefestigung aus dem 15. Jahrhundert inmitten einer bezaubernden Gebirgslandschaft. Um die Befestigung herum ist ein Fischerdorf entstanden, das auf korsisch San Fiurenzu heißt.

Seit dem Ende der sechziger Jahre hat sich St-Florent zu einem modernen Touristenzentrum entwickelt, ohne seinen eigentümlichen Charakter einzubüßen. Die genuesische Zitadelle, die mittelalterliche Altstadt und die schönen, ausgedehnten Sandstrände vor dem Hintergrund hoher Berge

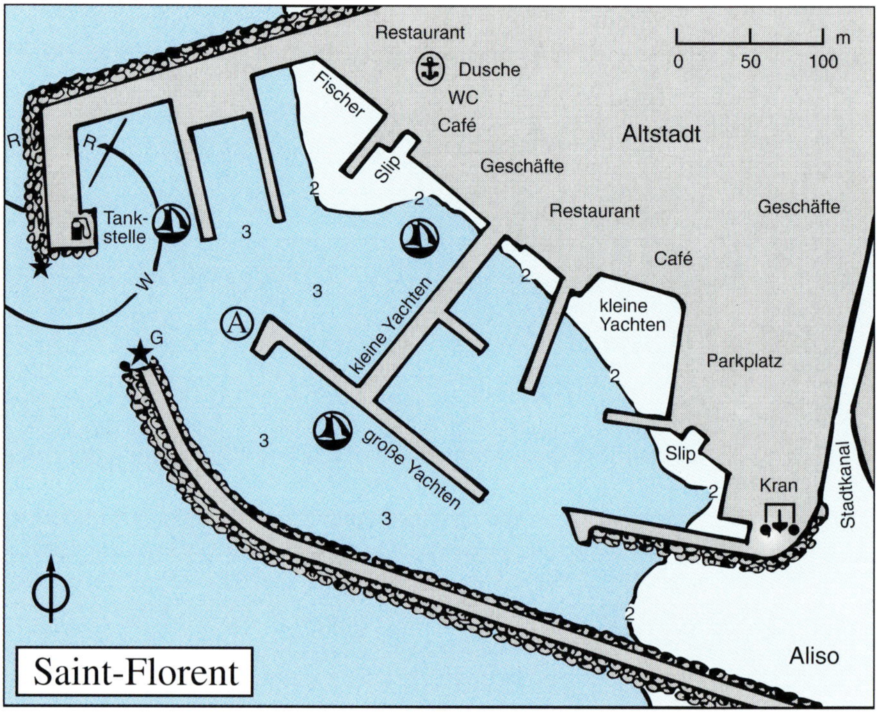

lohnen einen Besuch. Der weite Golf von St-Florent ist zudem ein ideales Segelrevier mit hübschen Ankerplätzen in der näheren Umgebung.

Ansteuerung (Seekarten: D 499 und 504, BA 1974 und 1999, F 6969 und CG 1006): Die Ansteuerung ist bei Tag und bei Nacht problemlos. Die Untiefe Ecueil de la Tegnosa mit ihrem roten Turm sollte man etwa 100 m an Backbord lassen.

Liegeplatz: Der gut ausgebaute Yachthafen verfügt an den Stegen, Kais und an den ausgebauten Ufern des Aliso über 750 Liegeplätze, die mit Grundgeschirr sowie Wasser- und Stromanschlüssen ausgestattet sind. Kraftstoff erhält man an der Hafentankstelle. Die Duschen sind im Gebäude der Capitainerie untergebracht. Yachten, die den Mast legen können und nicht mehr als 1,20 m Tiefgang haben, können rechts und links am Ufer des Aliso festmachen.

Hafenmeister: M. Alexandre Giorgi, Telefon 95 37 00 79. Die Hafenmeisterei ist während der Dienststunden über UKW-Kanal 9 zu erreichen (Liegeplatzreservierung ist im Juli und August empfehlenswert).
Ein Fernsehgerät, das an den französischen Seewetterdienst angeschlossen ist, liefert ständig die neuesten Wetterinformationen.

Reparaturmöglichkeiten: Der Hafen verfügt über einen 24-t-Travellift und zwei 10-t-Autokräne. Verschiedene Firmen sind mit Werkstattbussen am Hafen vertreten; die Hafenmeisterei vermittelt die entsprechenden Mechaniker. Ein Deutscher namens Hans

Maier führt Reparaturen an Bootsrümpfen aus und arbeitet als Taucher. Man kann hier auch Flaschen auffüllen lassen. Yachtzubehör erhält man in drei Geschäften: an der Hafenpromenade, in der Parallelstraße hinter dem Hafen und gegenüber dem Parkplatz hinter der Brücke.

Versorgung: Lebensmittelgeschäfte befinden sich in der Nähe des Hafens, ebenso einige Weinhandlungen, in denen man preiswert Wein vom Faß kaufen kann. St-Florent liegt inmitten zweier großer Weinanbaugebiete (Cap Corse und Balagne), so daß die Auswahl guter Weine groß ist. Am Hafen gibt es mehrere Restaurants; einen romantischen Platz findet man in dem Restaurant unterhalb der Zitadelle mit Blick auf das Meer. Eine Wechselstube ist an der Hafenpromenade, eine Bank gegenüber des Parkplatzes. Korsische Spezialitäten gibt es in einem Geschäft an der Hafenpromenade.

Veranstaltungen: In der zweiten Julihälfte finden in der Zitadelle alljährlich Musikfestspiele statt.

Bademöglichkeiten: An den ausgedehnten Sandstränden nördlich und westlich des Hafens. Am Strand westlich des Hafens befindet sich eine Segel- und Surfschule.

Entfernungen von St-Florent: L'Île Rousse 20 sm, Calvi 30 sm, Macinaggio 31 sm.

Etwa 1 km landeinwärts liegt die gut erhaltene Kathedrale von *Nebbio*. Sie gilt als eines der schönsten romanischen Bauwerke Korsikas. Die im 12. Jahrhundert erbaute Kirche steht auf einem niedrigen Hügel auf römischem Siedlungsgrund. Prachtvoll sind die beiden übereinander liegenden Arkadenreihen an ihrer Fassade. Das Innere ist ergreifend einfach gestaltet und zeugt von der tiefen Religiosität des korsischen Volkes.

Kathedrale von Nebbio

Eine Fahrt mit dem Beiboot auf dem Aliso ist ein Erlebnis besonderer Art. Man fährt kilometerweit flußaufwärts, vorbei an Ferienanlagen und Campingplätzen (am linken Flußufer ist ein kleiner Bootshafen im Bau).
Nach dem Campingplatz mit Anlegemöglichkeiten geht es noch etwa 2 km durch fast unberührte Flußlandschaft, ehe mangelnde Wassertiefe und umgestürzte Bäume eine Weiterfahrt unmöglich machen.

St-Florent bis Calvi

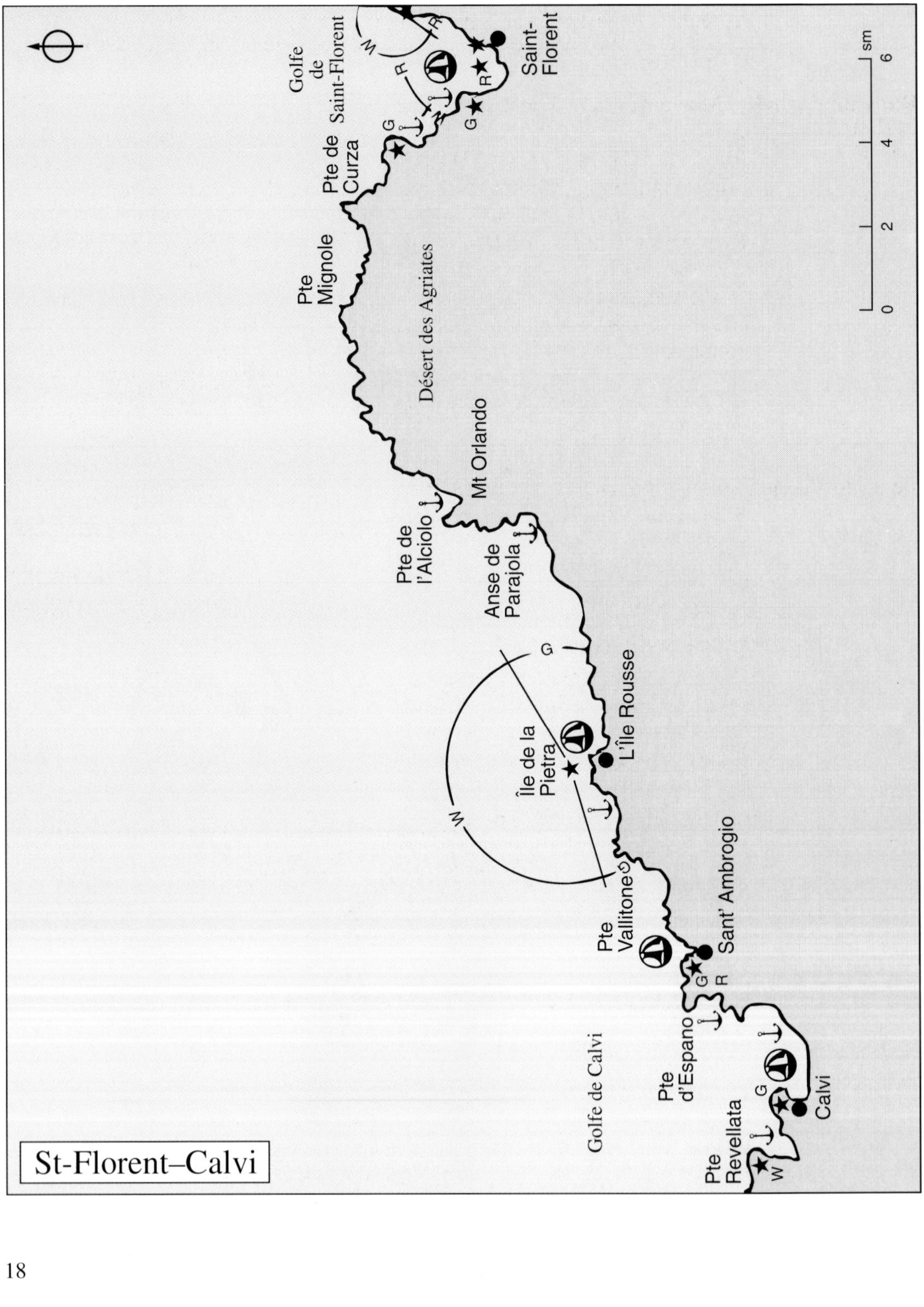

Verläßt man St-Florent in Richtung Calvi, so erheben sich im Westen die Berge des *Désert des Agriates.* Die nächste Ankerbucht ist nach 1,5 sm die

Rade de Fornali
42° 41′N
009° 17′E

Man ankere an einer der im Plan eingezeichneten Stellen. Da die Rade de Fornali nach Norden offen liegt, sollte man bei aufkommenden Winden aus nördlichen Richtungen den Ankerplatz sofort verlassen und im Hafen von St-Florent Schutz suchen.
Die Strände der Rade de Fornali eignen sich gut zum Baden.

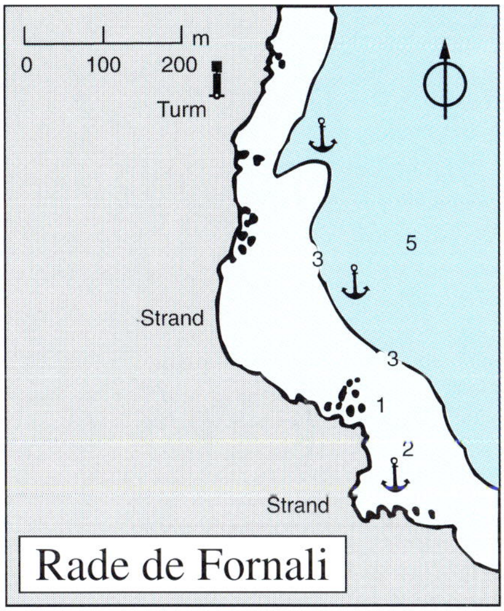

0,5 sm nördlich schließt sich an die Rade de Fornali die

Anse de Fornali
42° 42′N
009° 16′E

an. Sie bietet bei nordwestlichen Winden mittelmäßigen Schutz. Bei

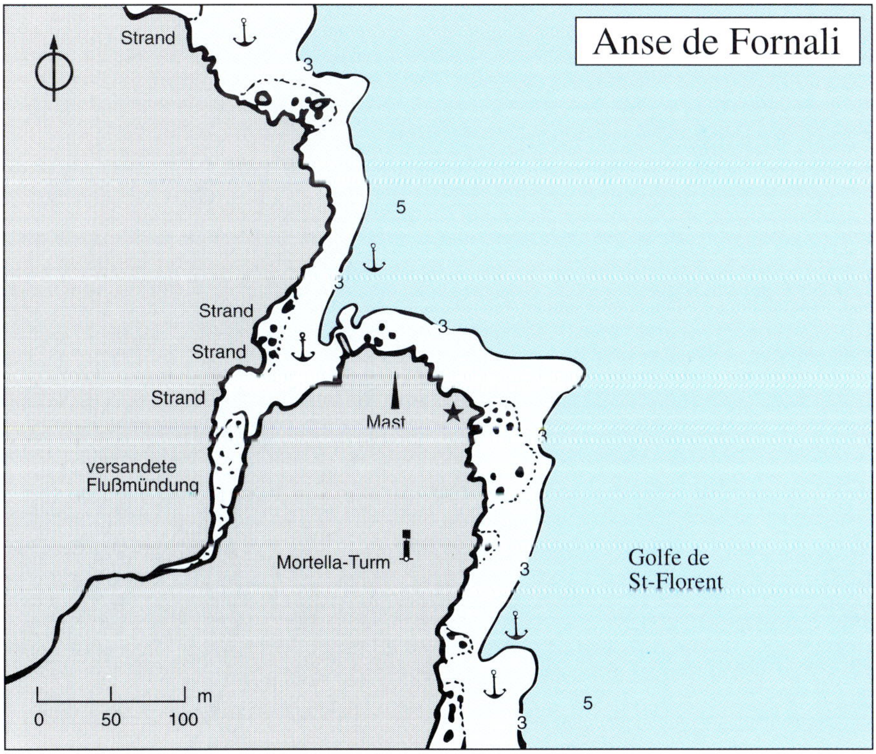

aufkommenden Winden aus Nordost sollte man den Ankerplatz sofort verlassen und in St-Florent Schutz suchen. Yachten mit geringem Tiefgang können tief in den fjordähnlichen Einschnitt einfahren und auf 1,50 bis 2 m Wassertiefe ankern.
Mit dem Wehr- und Wachturm am Cap Mortella hat es eine besondere Bewandtnis: In den Auseinandersetzungen zwischen der französischen Republik und England im Jahre 1794 war es den englischen Kanonen von See her nicht gelungen, den Turm sturmreif zu schießen. Die Engländer ließen ihn später durch Baumeister vermessen, bauten wegen der Invasionsdrohung Napoleons an den Küsten von Kent und Sussex ebensolche Türme und nannten sie Martello Tower (weshalb man in englischen Publikationen für die Wachtürme auf Korsika ebenfalls die Bezeichnung Martello Tower findet).

Die nächste Ankerbucht ist

Plage de Costa-Pano etwa 2 sm weiter nordwestlich. Sie bietet einen herrlichen Badestrand mit unglaublich klarem Wasser, aber nur sehr wenig Schutz.

42° 43′N
009° 14′E

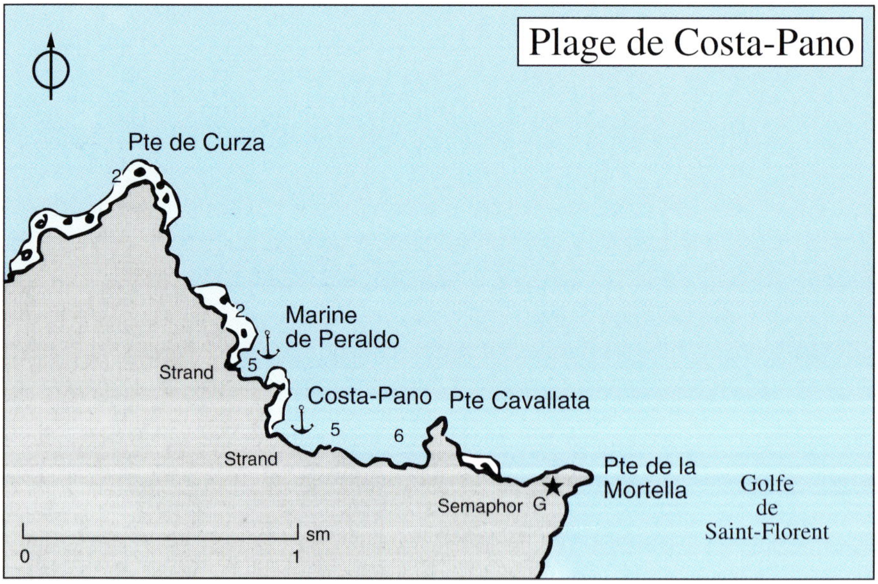

In der dicht nördlich gelegenen **Marine de Peraldo** gibt es einen Slip, wo man kleinere Boote an Land ziehen kann.
2 sm weiter nordwestlich gelangt man nach dem Runden der Pte de Curza zu den

Plages de Saletch wo ein großer Sandstrand mit klarem Wasser zum Baden einlädt.
42° 44′N Schutz findet man hier nur vor südlichen Winden.
009° 12′E

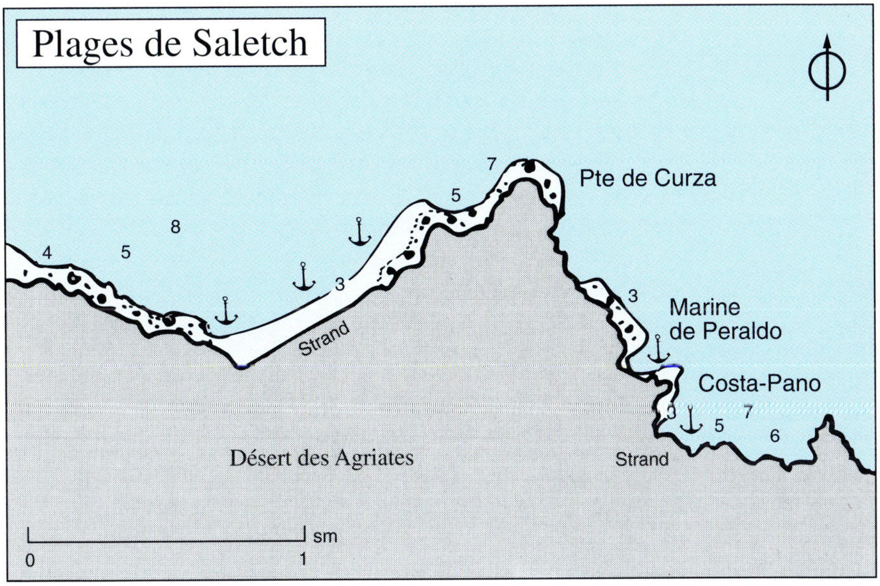

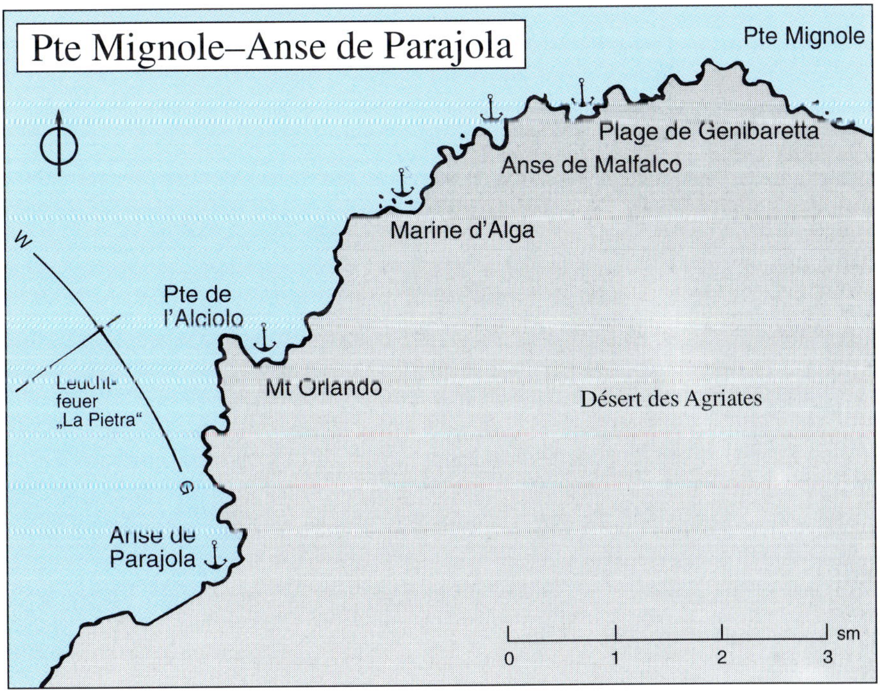

Der *Désert des Agriates (désert* = Wüste) hält, was der Name verspricht. Dieses Gebiet zwischen St-Florent und der Mündung des Ostriconi bietet absolute Abgeschiedenheit und Einsamkeit. Es war nicht immer unbewohnt, wie Funde aus prähistorischer Zeit am Monte Revinco belegen. Vermutlich haben sich die Bewohner dann irgendwann vor den ständigen Piratenüberfällen in das Landesinnere zurückgezogen.

Plage de Genibaretta ist eine nach Norden offene Bucht mit einem schönen Sandstrand 1,5 sm westlich der Pte Mignole. Sie eignet sich bei gutem Wetter als Tagesankerplatz. Bei Winden aus dem Sektor zwischen Nordwest und Nordost gewährt sie keinerlei Schutz.
42° 44′N
009° 09′E

Etwas geschützter liegt man in der

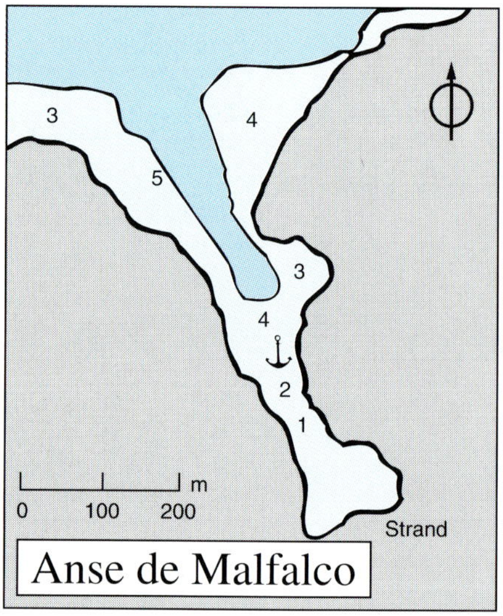

Anse de Malfalco Diese fjordähnliche, fast 500 m tiefe Bucht zwischen der Pte de la Mortella und der Pte de l'Arinetta ist nur nördlichen Winden ausgesetzt. Man ankere auf 3 bis 5 m Wasser über Sandgrund im mittleren und südlichen Teil der Bucht.
42° 44′N
009° 07′E

Marine d'Alga ist ein kleiner Einschnitt im Herzen des Désert des Agriates, in dem ein, zwei Yachten Platz finden. Außer gegen nordwestliche Winde liegt man hier gut geschützt.
42° 43′N
009° 05′E

Anse de Porajola ist eine nach Nordwesten offene Bucht vor einem etwa 800 m langen Sandstrand. Zu beiden Seiten ragen Felsen steil auf. Man ankere in der Mitte der Bucht auf 2 bis 3 m Wasser über gut haltendem Sandgrund.
300 m oberhalb des Strandes liegt ein Campingplatz mit einem Lebensmittelgeschäft und einem Restaurant. Das Flußdelta hinter dem Strand ist landschaftlich wunderschön und lohnt einen Besuch.
42° 39′N
009° 03′E

Bis L'Île Rousse verlockt nur noch die

Baie de Lozari zum Ankern. Die fast 1 sm breite, flache Bucht weist einen sehr schönen Sandstrand und herrlich klares Wasser auf. Man ankere vor dem Strand auf 2 bis 3 m Wasser über Sandgrund. Versorgungsmöglichkeiten bestehen in der Feriensiedlung an der Mündung des Regino.
42° 39′N
009° 00′E

L'Île Rousse

L'Île Rousse
42° 38′N
008° 56′E

wurde 1758 während der korsischen Unabhängigkeitskriege über den Ruinen der Römerstadt Rubico Rocega von Paoli gegründet und nach ihm Paolivilla genannt. Anlaß war, für die Freiheitskämpfer einen Hafen zu schaffen, denn alle Hafenstädte waren fest in genuesischer Hand.

Während der Französischen Revolution erhielt L'Île Rousse (korsisch: Isula Rossa) seinen heutigen Namen – nach den drei rötlichen Granitklippen im Meer vor der Küste. Die größte der Klippen, Grande Île Rousse, ist durch einen Damm mit dem Festland verbunden und bildet mit diesem das weiträumige Hafenbecken.

Mittelpunkt der Stadt ist die Place Paoli mit einem schönen Brunnen und einer Marmorbüste des Stadtgründers, überschattet von großen Platanen und umsäumt von zahlreichen Geschäften und Cafés. Eine Kirche im klassizistischen Stil begrenzt den Platz nach Westen. Heute ist der älteste Fremdenverkehrsort Korsikas ein modernes Seebad, in dem viele bekannte französische Künstler ihr Sommerdomizil haben.

Der Hafen von L'Île Rousse dient nicht nur dem Fährverkehr mit dem französischen Festland, sondern auch dem Export von Oliven, Orangen und Wein aus der Balagne.

Ansteuerung (Seekarten: D 499 und 675, BA 1974 und 1999, F 6970 und CG 1006): Aus der Ferne bieten der 409 m hohe Mt Orcica, zu dessen Füßen die Stadt und der Hafen liegen, sowie der Leuchtturm La Pietra (Fl (3) WG. 12s 15/12M) auf den roten Granitfelsen der Grande Île Rousse die besten Anhaltspunkte. Ein weiterer markanter Ansteuerungspunkt ist der Semaphor südlich von L'Île Rousse.

Liegeplätze: a) Am Anfang des Kais gibt es zehn Liegeplätze für Yachten (Wassertiefe 3 bis 6 m).

b) Etwa 100 m südwestlich der Festmachetonne vor Anker auf 2 bis 6 m Wasser über Sandgrund, im Bereich des geplanten Yachthafens.

c) Am Kopf des Anlegers südlich des Puntella-Felsens finden fünf bis sechs Yachten vor Buganker, Heck zum Kopf des Anlegers, Liegemöglichkeiten.

d) Südöstlich des Anlegers an der im Plan eingezeichneten Stelle auf 5 m Wasser über Sandgrund.

Der ganze Hafen ist gegen Nordosten offen. Bei aufkommenden Winden aus dem 1. Quadranten sollte man ihn sofort verlassen und im 11 sm entfernten Calvi Schutz suchen.

Wasser erhält man aus einem Kran am Fuße des Fähranlegers, Kraftstoff nur in der Stadt von einer Straßentankstelle.

An der Stelle des kleinen Fischerhafens ist ein moderner Yachthafen mit etwa 300 Liegeplätzen und Wassertiefen von 3 bis 5 m geplant (siehe Plan).

Hafenmeister: M. Girard (Leuchtturmwärter), Telefon 95600068 und 95600559 (Affaires Maritimes).

Reparaturmöglichkeiten: Verschiedene Firmen am Hafen führen Reparaturen aus, in der Hauptsache an Motoren. Dort erhält man auch Schiffszubehör in bescheidenem Umfang.

Versorgung: Café und Restaurant am Fuße des Fähranlegers, verschiedene Lebensmittelgeschäfte in der Stadt, ebenso Weinhandlungen mit den hervorragenden Weinen der Balagne. Cafés und Restaurants auch an der Place Paoli, ebenso die kleine Markthalle.

Veranstaltungen: Im September findet die jährliche „Foire d'Île Rousse" statt, eine Art regionaler Handwerks- und Verbraucherschau kombiniert mit Musik-, Folklore- und Theaterdarbietungen. Selbstverständlich gehört auch ein Boule-Wettbewerb dazu.

Bademöglichkeiten: An den Hafen schließt sich östlich ein gut 1000 m langer Sandstrand an mit allen Einrichtungen eines modernen Seebades.

Entfernungen von L'Île Rousse: St-Florent 20 sm, Sant' Ambrogio 7 sm, Calvi 11 sm.

L'Île Rousse bietet sich an als Ausgangsort für eine Fahrt mit der Schmalspurbahn zu dem Eisenbahnknotenpunkt *Ponte Leccia.* Der Fahrplan ermöglicht es, an einem Tag hin und zurück zu kommen. Ratternd und schnaufend quält sich die Bahn in die Berge. Die Fahrt führt, vorbei an großen Macchiaflächen, durch eine nur dünn besiedelte Landschaft. Bei *Belgodère,* mit dem „Garten Korsikas", wechseln sich Olivenhaine mit ausgedehnten Getreidefeldern, Mandelbaumkulturen mit Weinanbau ab. Ponte Leccia ist Zentrum des bekannten Weinanbaugebietes Golo mit seinen hervorragenden Weiß-, Rot- und Roséweinen, die man überall im Ort kaufen kann.

Von L'Île Rousse bis zur Pte Vallitone besteht wegen Unterwasserkabeln Ankerverbot. Erst bei der Pte Vallitone ergeben sich wieder Ankermöglichkeiten, von denen die

Marine de Davia den besten Schutz bietet. Man ankere auf 2 bis 4 m Wasser über Sandgrund (siehe Plan). Der Platz ist von Südwesten bis Nordwesten offen und daher nur bei ruhigem Wetter zu empfehlen.

42° 37′N
008° 53′E

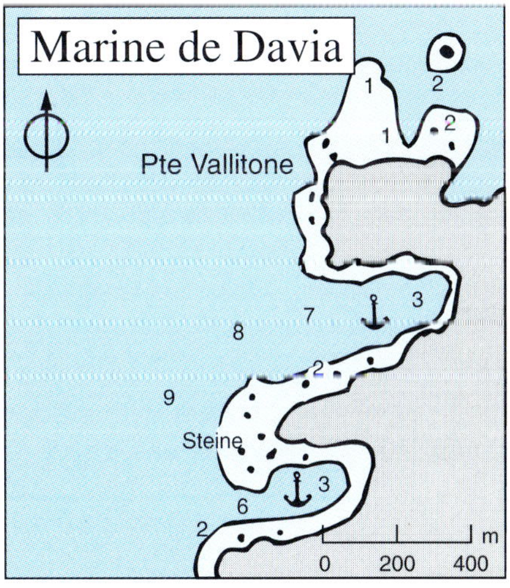

Algajola wurde von den Phönikern als Handelskolonie gegründet. Der Apostel Paulus soll bei seiner Rückkehr aus Spanien hier Station gemacht haben. Bis zur Eroberung und Zerstörung durch die Türken im Jahre 1643 rangierte Algajola als genuesischer Stützpunkt noch

42° 37′N
008° 52′E

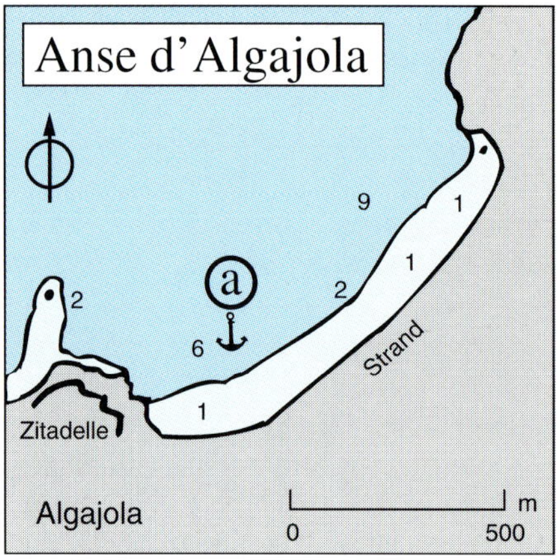

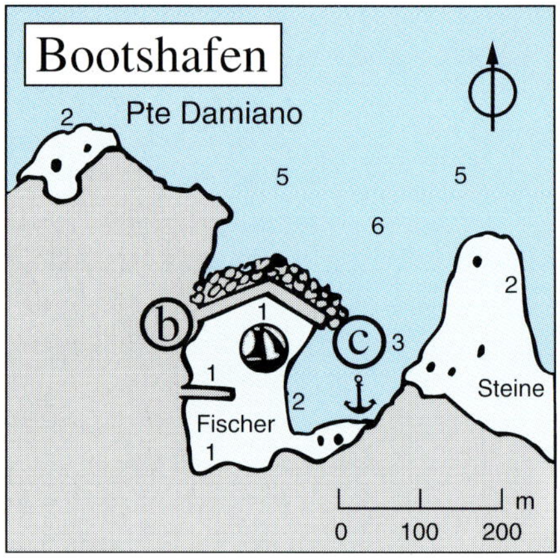

vor Calvi. Die Genuesen bauten den Ort und die Befestigungen wieder auf. Die wuchtige Zitadelle bildet einen romantischen Kontrast zu den modernen Hotels und Ferienbungalows, die sich an dem herrlichen Strand hinziehen.

Bei der Ansteuerung von Algajola ist auf die Untiefe *Danger d'Algajola* mit nur 0,80 m Wassertiefe zu achten. Sie ist durch eine unbefeuerte Bake gekennzeichnet, die wegen häufiger Zerstörung durch die Winterstürme nicht immer vorzufinden ist. Von der einstigen maritimen Bedeutung des Ortes ist nicht mehr viel übriggeblieben.

Liegeplätze: a) Vor Anker in der Anse d'Algajola vor der Ortschaft und vor dem Strand (nur bei ruhigem Wetter möglich).
b) In dem kleinen Bootshafen südlich der Pte Damiano können Yachten bis 6 m Länge und 0,50 m Tiefgang anlegen.
c) In der Bucht vor dem Bootshafen auf 2 bis 3 m Wassertiefe vor Anker.

Versorgung: In Algajola gibt es Lebensmittelgeschäfte, Cafés und Banken. Mehrere gute Restaurants liegen direkt am Strand mit herrlichem Ausblick auf die Zitadelle und das Meer. Im Ort selbst empfehlen sich das rustikal eingerichtete „U Castellu" unmittelbar neben der Zitadelle und das gemütliche „La Vieille Cave", in dem man auf Vorbestellung Langusten und Paella bekommt.

Bademöglichkeiten: An dem über 2000 m langen Sandstrand mit seinen großen Dünen, der sich nordöstlich an den Ort anschließt.

Sant' Ambrogio ist neben dem Port Toga bei Bastia die einzige größere private Yachtmarina auf Korsika. Eine stattliche Ansammlung von Ferienhäusern und ein Club-Mediterranée-Dorf umgeben die Bucht zwischen der Pte Damiano und der Pte Sant'Ambrogio. In der südwestlichen Ecke der Bucht liegt der Yachthafen dicht vor dem Strand.

42° 36′N
008° 50′E

Ansteuerung (Seekarten: D 499 und 675, BA 1974 und 1999, F 6970 und CG 1006): Man halte auf den Strand zu bis zum Ende des östlichen Wellenbrechers und steuere dann gemäß Hafenplan in die nach Süden offene Einfahrt. Auf einem Schild am Ende des östlichen

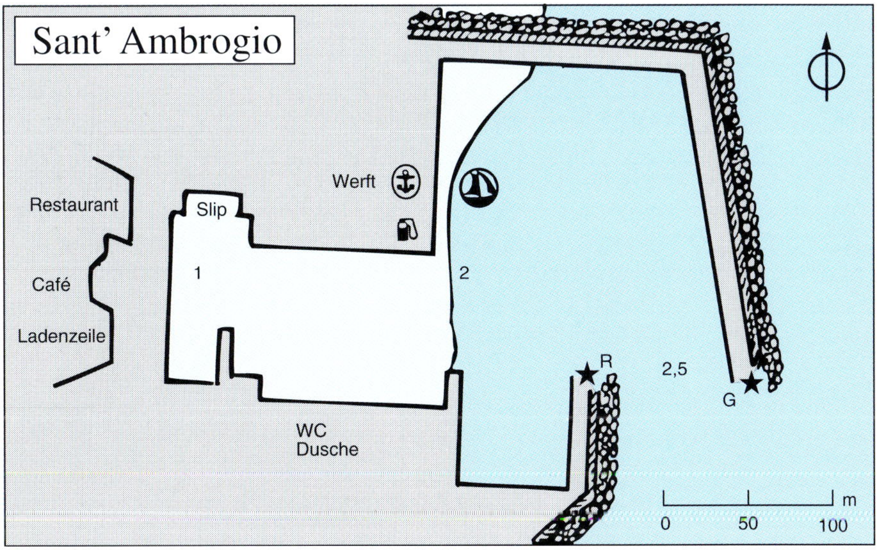

Wellenbrechers ist die aktuelle Einfahrtstiefe angegeben (meistens 2,50 m). Bei Winden aus NW bis NE ist das Einlaufen unmöglich.

Liegeplatz: Der gut ausgebaute Yachthafen verfügt über 200 Liegeplätze, ausgestattet mit Grundgeschirr sowie Wasser- und Stromanschluß. Kraftstoff erhält man an der Hafentankstelle. Duschen sind in dem Gebäude am südlichen Kai untergebracht.
Der Hafen ist im Sommer meist von Yachten belegt, deren Eigner in den Ferienhäusern wohnen. Anlegen in zweiter Reihe ist nicht gestattet. Findet man keinen Platz, ankert man vor dem Strand oder läuft die 4 sm bis Calvi weiter.

Hafenmeister: M. Antoine Rouquerol, Telefon 95 60 70 88. Beim Büro des Hafenmeisters wird zweimal täglich der neueste Wetterbericht ausgehängt.

Reparaturmöglichkeiten: Die Yachtmarina verfügt über einen 15-t-Autokran und eine breite Slipbahn; die Yachtwerft neben dem Büro des Hafenmeisters führt Reparaturen aller Art aus.

Versorgung: Café, Restaurant, Eisdiele, Supermarkt und Schiffszubehörhändler in dem Geschäftszentrum am Hafen (nur von April bis September geöffnet).

Bademöglichkeiten. Der teilweise sehr flache Strand östlich des Hafens ist ein beliebter Badeplatz.

Entfernungen von Sant' Ambrogio: L'Île Rousse 7 sm, Calvi 4 sm.

Bis zum Hafen von Calvi bietet nur die

Baie d'Algajo
42° 35′N
008° 48′E

gegen Winde aus dem 1. Quadranten Schutz. Wegen der Nähe zu Calvi wird der Ankerplatz nur wenig genutzt, zumal die Ufer zum größten Teil steil und unzugänglich sind.

Calvi
42° 34′N
008° 46′E

wurde 1268 von den Genuesern an der Stelle der römischen Siedlung Sinus Caesiae errichtet. Genua baute Calvi zur militärischen Hauptstadt der Region aus, nicht zuletzt wegen der herausragenden strategischen Lage am westlichen Ende des weiten Golfes von Calvi. Durch die Einräumung besonderer Privilegien konnte Genua die Einwohner Calvis an sich binden. „Civitas Calvi semper fidelis“ steht noch heute über dem Torbogen am Eingang zur Zitadelle.

Calvi nimmt ebenso wie einige Städte in Spanien und Italien für sich in Anspruch, der Geburtsort von Christoph Kolumbus zu sein. Die Stadt stützt ihren Anspruch auf zwei handschriftliche Briefe von Kolumbus – in einem so grausigen Italienisch, daß es sich eigentlich nur um Korsisch handeln kann. Das mutmaßliche Geburtshaus in der Oberstadt wurde 1794 bei der Belagerung durch die Engländer zum größten Teil zerstört. Nur eine kleine Tafel weist noch auf die Geburtsstätte hin. Bei dieser Belagerung verlor der spätere Admiral Lord Nelson sein linkes Auge, wie man auf einer verwitterten Inschrift etwa 2 km außerhalb der Stadt lesen kann.

Trotz aller Geschichtsträchtigkeit ist Calvi ein munteres und reges Städtchen mit eigenem Charme. Im Sommer staut sich regelmäßig der Verkehr in den engen Straßen, und die Lokale und Strände sind voll quirlenden Lebens.

Auf einem vorspringenden Felssporn im Süden des weit geschwungenen Golfes thront die mächtige Zitadelle mit der Oberstadt. Die Unterstadt erstreckt sich im Südwesten entlang des von Palmen gesäumten Hafens. Durch die Hanglage bedingt, gibt es zwischen den größeren Straßen viele kleine Verbindungsgassen und -treppchen, von denen aus man stellenweise malerische Ausblicke auf den Golf hat. Ein Aufstieg zur Zitadelle ist unbedingt zu empfehlen. Von dort aus bietet sich ein unvergleichliches Seepanorama.

In der Unterstadt, auf einem kleinen freien Platz des Verbindungsgäßchens zwischen dem Boulevard Wilson und der Rue Clemenceau, steht ein kleiner Kuppelrundbau, flankiert von hohen Rosensträuchern: die öffentliche Bibliothek *(Bibliothèque pour tous)*. Das versteckte Gebäude gehört zu den Schmuckstücken der Stadt.

Der Yachthafen von Calvi bietet bei allen Wetterbedingungen ausgezeichneten Schutz. Für die meisten vom französischen Festland kommenden Yachten ist es der erste Anlaufhafen auf Korsika. Die Entfernungen: Menton 93 sm, Nizza 91 sm, St-Tropez 98 sm.

Im Fährhafen legen die Fähren von Nizza, Marseille und Toulon sowie von San Remo und Savona an. Auf dem 5 km vor der Stadt gelegenen Flughafen Calvi-Ste-Cathérine landen im Sommer regelmäßig Chartermaschinen aus Deutschland.

Ansteuerung (Seekarten: D 499 und 675, BA 1974 und 1999, F 6970 und CG 1006): Die Ansteuerung ist bei Tag und Nacht einfach. Die Pointe Revellata mit ihrem Leuchtturm (Fl (2). 10s 21M) ist weithin sichtbar. Zusammen mit dem Funkfeuer neben dem Leuchtturm (RV, Frequenz 294,2 kHz, Reichweite 100 sm) und dem Flugfunkfeuer am

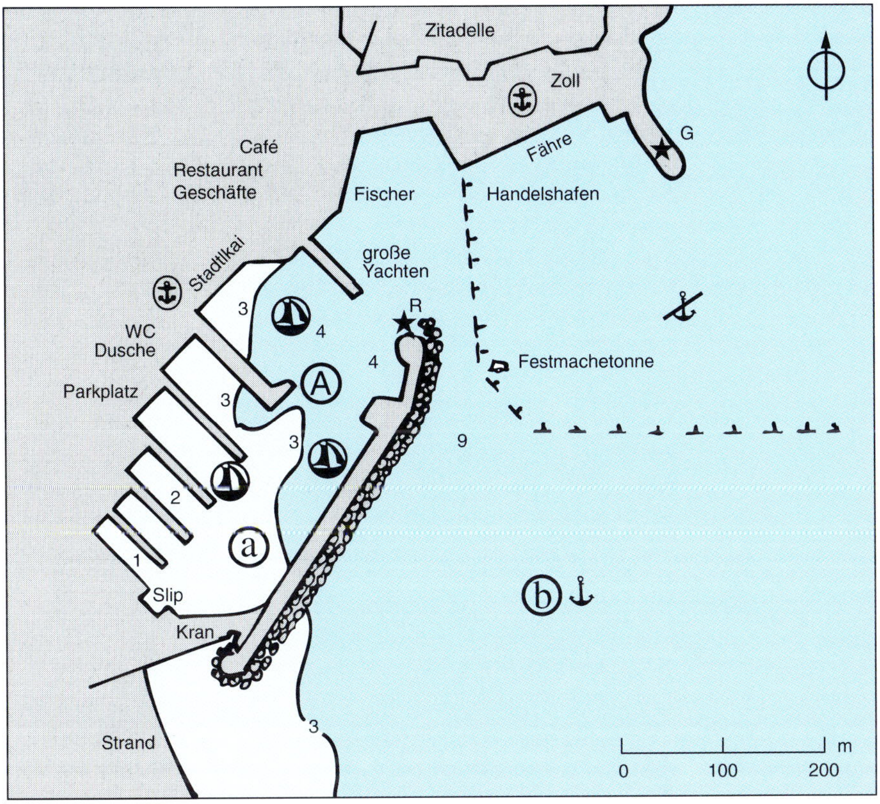

Flughafen Calvi-Ste-Cathérine (CV, Frequenz 404 kHz, Reichweite 35 sm) stellt die Pte Revellata einen der markanten Ansteuerungspunkte Korsikas dar. Bei der Annäherung ist die Zitadelle schon von weitem auszumachen. Nach dem Passieren des Kopfes des Dampferkais halte man entweder auf die Reede zu oder steuere in den Yachthafen, wobei man auf die unbeleuchtete Festmachetonne in der Einfahrt achten sollte. Weitere Leuchtfeuer brennen unterhalb der Zitadelle (Oc(2). G. 6s 10M), auf dem Molenkopf des Dampferkais (Q. G. 9M) und auf der Außenmole des Yachthafens (Fl. R. 4s).

Liegeplatz: a) Der gut ausgebaute Yachthafen verfügt über 430 Liegeplätze, von denen mindestens 200 für durchreisende Yachten reserviert sind. Alle Liegeplätze sind mit Grundgeschirr (Ketten, Leinen oder, am ersten Steg, Festmachebojen) sowie mit Wasser- und Stromanschlüssen ausgestattet. Kraftstoff erhält man an der Hafentankstelle. Die Duschen und Toiletten sind in dem neuen Gebäude der Capitainerie untergebracht.

b) Vor Anker in der weiten Bucht vor der Außenmole des Yachthafens auf 5 bis 10 m Wasser über Sandgrund. Hier liegen im Sommer oft 50 und mehr Yachten vor Anker, um die Liegegebühren im Hafen zu sparen.

Hafenmeister: M. Gerard Berton, Telefon 95 65 10 60. Die Hafenmeisterei ist während der Dienststunden über UKW-Kanal 9 zu erreichen. Liegeplatzreservierung über UKW-Telefon ist im Juli und August empfehlenswert. Zweimal täglich wird der neueste Wetterbericht ausgehängt.

Reparaturmöglichkeiten: Der Hafen verfügt über zwei Slipanlagen sowie Mobilkräne bis 50 t Tragkraft. Verschiedene Firmen in der Stadt führen Reparaturen aller Art aus. Yachtzubehör erhält man bei Nautic Balagne am Boulevard Wilson und in einem Geschäft in der Nähe des Fischerkais.

Versorgung: Lebensmittelgeschäfte, Cafés und Restaurants liegen in unmittelbarer Nähe des Hafens. Auch in den zahlreichen Nebenstraßen und Hinterhöfen findet man kleine, häufig ausgezeichnete Restaurants. Auf dem Boulevard Wilson gibt es ein Geschäft, das korsische Spezialitäten führt und in dem Restaurant „U Cantina" korsische Küche offeriert. Sehr zu empfehlen: Sanglier, Soupe corse und die Terrine de sanglier.

Veranstaltungen: Am Gründonnerstag findet eine Kinderprozession statt, die „Canistrelli" genannt wird nach den kleinen Küchlein, die die Kinder anschließend erhalten. Die Büßerprozession der Bruderschaften am Karfreitagabend beginnt bei der Pfarrkirche nahe beim Hafen und endet in der Oberstadt vor der Kirche Saint-Jean-Baptiste, wobei mit Mönchskapuzen verkleidete Büßer, deren Identität unbekannt bleibt, schwere Kreuze durch die Stadt tragen. Unterwegs halten sie mehrmals an, um die „Granitola" aufzuführen. Das sind alte überlieferte Zeremonien, wobei die Büßer zunächst die Figur einer Spirale bilden, anschließend ein Kreuz, dann lösen sie die Figuren wieder auf und wiederholen sie mehrmals.
Am 15. August zu Maria Himmelfahrt wird ebenfalls eine Prozession veranstaltet. Abends findet ein großes Feuerwerk statt. Darauf folgt ein dreitägiges Volksfest.

Bademöglichkeiten: An den Yachthafen schließt sich ein fast 5 km langer, feiner und sauberer, von Dünen gesäumter Sandstrand an. Hinter dem Strand liegt ein schöner Pinienwald, in dem Campingplätze und Feriensiedlungen versteckt sind. Am Strand gibt es mehrere Restaurants und Imbißstuben.

Entfernungen von Calvi: St-Florent 30 sm, L'Île Rousse 11 sm, Cargèse 37 sm, Ajaccio 55 sm.

Eine Fahrt mit der Eisenbahn (Tramway de la Balagne) von Calvi nach L'Île Rousse sollte man sich nicht entgehen lassen (die Züge verkehren stündlich). Während der Fahrt hat man einen herrlichen Ausblick, zunächst auf Calvi, die Zitadelle und die Bucht von Calvi, später auf die Küste und das Meer bei Sant'Ambrogio, Algajola und L'Île Rousse, wobei der Zug an beinahe jedem Campingplatz anhält. Hauptbeschäftigung des Lokführers ist die Betätigung der Sirene, um Urlauber oder Kühe von den Gleisen zu verscheuchen.
Etwa 2 km südwestlich von Calvi liegt die Kapelle *Notre Dame de la Serra,* zu der jedes Jahr am 8. September eine Wallfahrt stattfindet.

Calvi bis Ajaccio

Die zwischen der Zitadelle von Calvi und der Pte Revellata liegende und nach Nord und Nordost offene

Baie de Revellata wird nur von wenigen Yachten angelaufen. Die Ufer sind zum größten Teil steil, so daß es kaum Möglichkeiten gibt, mit dem Beiboot an Land zu kommen. Der kleine Hafen südlich der Pte Revellata, dessen Molenkopf befeuert ist, gehört zu dem Meeresbiologischen Institut, dessen Gebäude man an Land ausmachen kann. Dieser Hafen ist für Yachten gesperrt.

42° 34′N
008° 43′E

Entfernung von Calvi 2 sm, von Ajaccio 53 sm.

Nach Runden der Pointe Revellata folgt eine Ankerbucht der anderen, und eine ist schöner und romantischer als die andere.

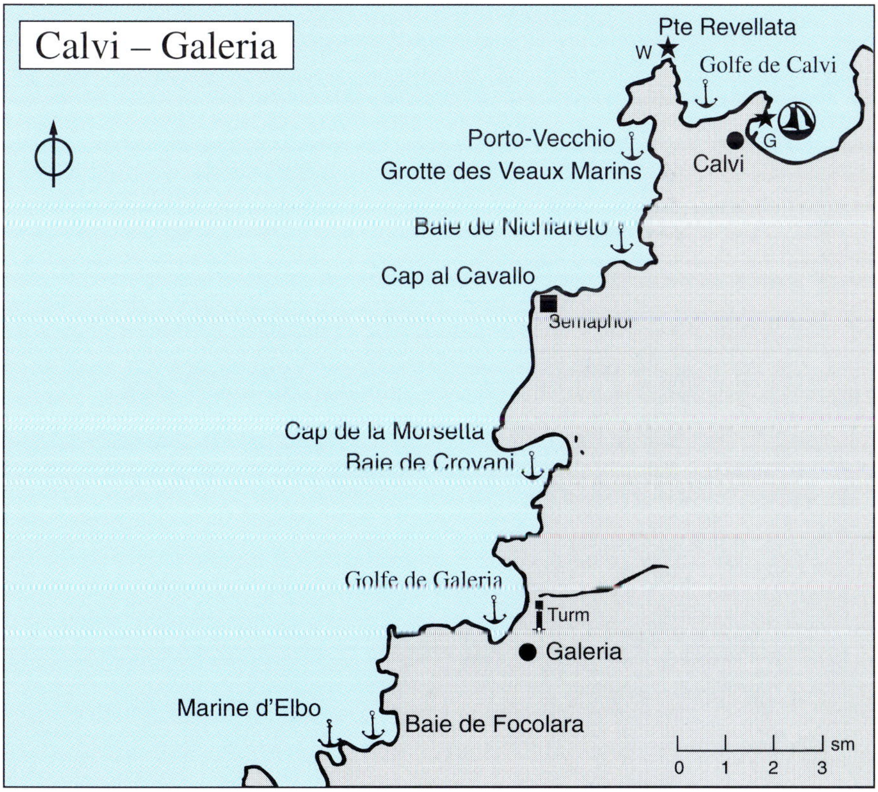

Porto-Vecchio di Calvi ist eine geschützte Bucht südlich der Pte Revellata. Von hier aus lohnt sich ein Ausflug mit dem Beiboot zu der nahegelegenen *Grotte des Veaux Marins,* einer der schönsten Grotten Korsikas. Durch die etwa 5 m breite Einfahrt kann man über 50 m weit in die Grotte vordringen. Je nach Sonnenstand gibt es in dem klaren Wasser die reizvollsten Lichteffekte.
42° 34′N
008° 43′E

Baie de Nichiareto ist eine nach Nordwesten offene Ankerbucht mit 5 bis 6 m Wasser über gut haltendem Sandgrund, die im Sommer viele Yachten anlockt. Das klare Wasser lädt zum Baden ein, und man hat einen herrlichen Ausblick auf die Steilküste der Pointe Revellata.
42° 32′N
008° 42′E

Vorbei am Cap al Cavallo mit dem weithin sichtbaren Semaphor gelangt man zum Cap de la Morsetta. Wegen der vorgelagerten Klippen sollte man es in weitem Bogen runden. Bei ruhigem Wetter kann man auch zwischen den Klippen und dem Cap de la Morsetta durchfahren. Nach dem Runden des Kaps kommt man in die

Baie de Crovani Im Südosten der Bucht findet man bei der halb verfallenen Hafenanlage des Silberbergwerkes von L'Argentelle auf 5 m Wassertiefe einen gut geschützten Ankerplatz. Am Ufer steht ein Café-Restaurant, ein anderes weiter nördlich am Strand. Die sanitären Anlagen und der Supermarkt auf dem nahen Campingplatz sind nur im Sommer geöffnet. Von dem hoch über der Bucht befindlichen Dorf L'Argentelle aus hat man einen herrlichen Blick auf die Bucht.
42° 28′N
008° 42′E

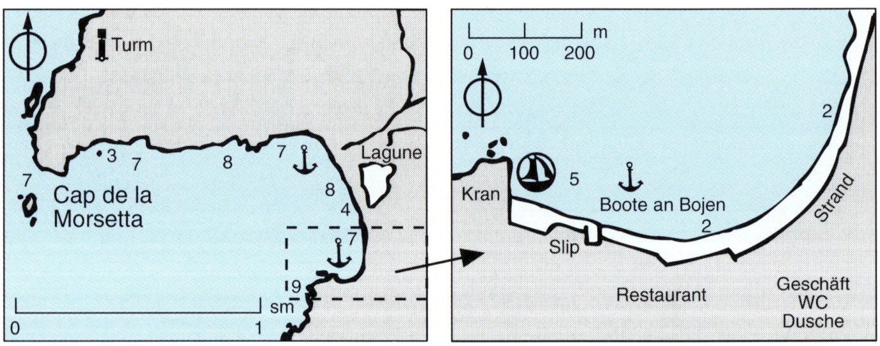

Baie de Crovani

Golfe de Galeria Schon im 6. Jahrhundert v. Chr. haben die Phöniker hier eine Handelsniederlassung gegründet, die später von den Römern übernommen und zu einer Hafenstadt ausgebaut wurde. In jüngster Zeit hat man einige Überreste dieser Siedlung gefunden, die jetzt freigelegt werden.
42° 25′N
008° 39′E

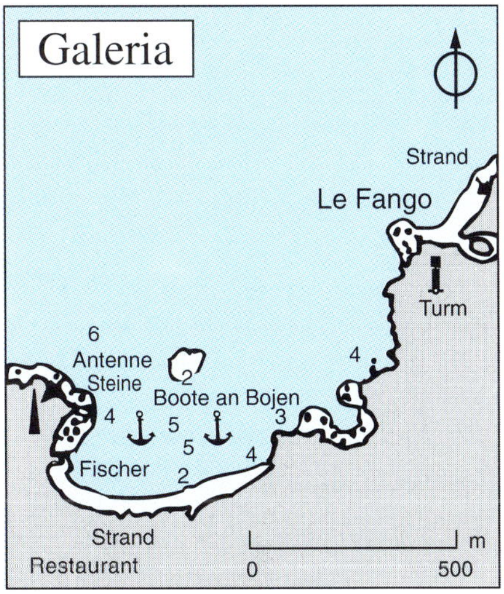

Der 1,5 sm breite Golf lockt im Sommer viele Yachten an. Südlich der Mündung des Fango steht ein alter, genuesischer Wachturm, der als Ansteuerungsmarke dienen kann. Von Norden kommend, halte man zunächst auf diesen Turm zu und steuere den im Plan angegebenen Ankerplatz dann dicht unter Land an, um die 2-m-Untiefe in der Mitte der Bucht zu meiden. Der kleine Anleger im Westen hat nur eine geringe Wassertiefe; hier landen Fischerboote ihren Fang an.

Der Strand nördlich der Mündung des Fango ist weitläufig und einsam. Bei ruhigem Wetter lohnt sich die Mühe, das Beiboot über die Sandbarre an der Mündung zu tragen und flußaufwärts zu fahren. Die Fahrt führt durch eine wildromantische und einsame Landschaft. Nach wenigen Kilometern kommt man zu einer genuesischen Brücke, über die noch heute ein Maultierpfad führt. Verschiedene Gumpen (wannenartige Vertiefungen und Ausbuchtungen) laden zum Baden ein.
In dem hübschen Dorf Galeria (etwa zehn Minuten Fußweg vom Strand) gibt es Lebensmittelgeschäfte, Cafés und Restaurants. Weitere Restaurants finden sich bei den Hotelneubauten am westlichen Ufer der Bucht. Das wohl urtümlichste Restaurant weit und breit ist eine unauffällige Bretterbude auf einem Steinsockel direkt am Strand. Es gibt keine Speisekarte, und man kann allenfalls zwischen zwei Gerichten wählen – die aber sind unverfälschte korsische Küche.

Entfernung von Calvi 14 sm, von Ajaccio 41 sm.

Von Galeria in Richtung Süden sollte man wegen der vorgelagerten *Récifs des Scoglietti* mindestens 0,5 sm Abstand zur Küste halten. Bei ruhigem Wetter kann man ohne Schwierigkeiten zwischen der Küste und den Klippen hindurchfahren. Die nächste Bucht ist die

Baie de Focolara 42° 23′N 008° 36′E
Da von West bis Nord offen, eignet sie sich nur bei ruhigem Wetter als Ankerplatz, und zwar in ihrem nördlichen Teil.

Marine d'Elbo 42° 23′N 008° 34′E
ist ein schmaler, tiefer Einschnitt in der gleichnamigen Bucht südlich der Pte Nera. Die Marine d'Elbo liegt innerhalb des Naturschutzgebietes, in dem es verboten ist, länger als 24 Stunden an einem Ankerplatz zu verweilen. Fischfang, Unterwasserjagd und Tauchen mit Sauerstoffgeräten

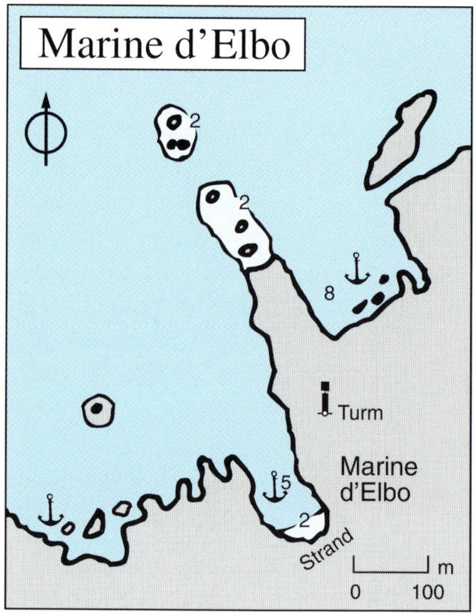

sind ebenfalls untersagt. Der nur etwa 100 m lange Strand am Ende der Bucht wird von steil aufragenden Felsen zu beiden Seiten begrenzt. Etwa sechs Yachten finden auf 3 bis 6 m Wasser über Sandgrund sichere Ankerplätze. Im Sommer ist die Bucht jedoch meistens überfüllt.

Entfernung von Calvi 17 sm, von Ajaccio 38 sm.

Bei ruhigem Wetter sollte man die Passage zwischen der Insel Gargalo mit ihrem Leuchtturm (Fl. WR. 4s 8/5M) und der korsischen Küste benutzen. Die Passage ist an der schmalsten Stelle etwa 15 m breit und weist über 3 m Wassertiefe auf. Das Wasser ist so klar, daß ein Ausguck im Bug die Yacht ohne Schwierigkeiten an den flacheren Stellen vorbeilotsen kann. Die beidseitig steil aufragenden Felsen bilden ein einmaliges Panorama. An der Insel Gargalo bieten zwei kleine Buchten ein bis zwei Yachten sichere Ankerplätze, die jedoch tagsüber wegen der häufig

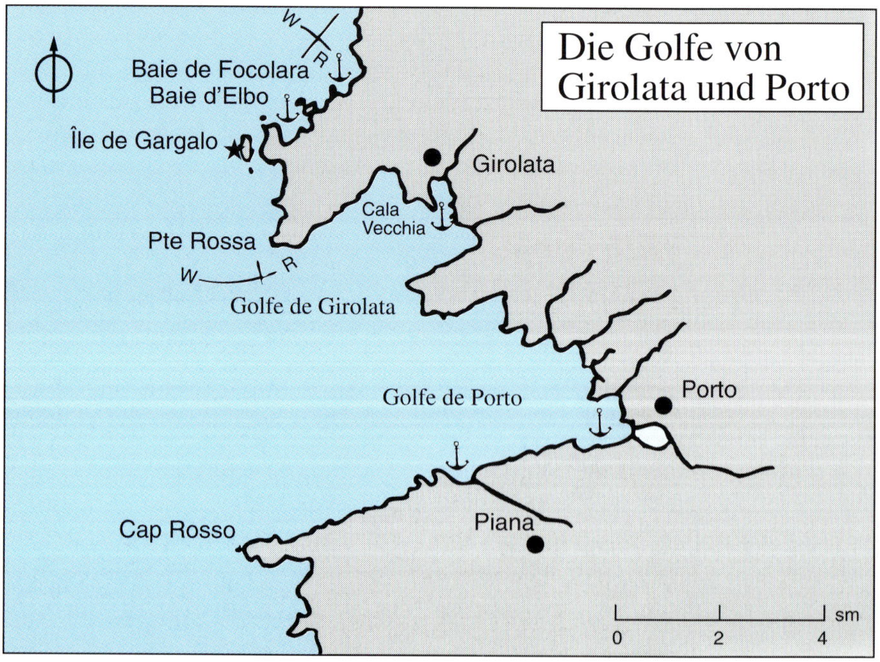

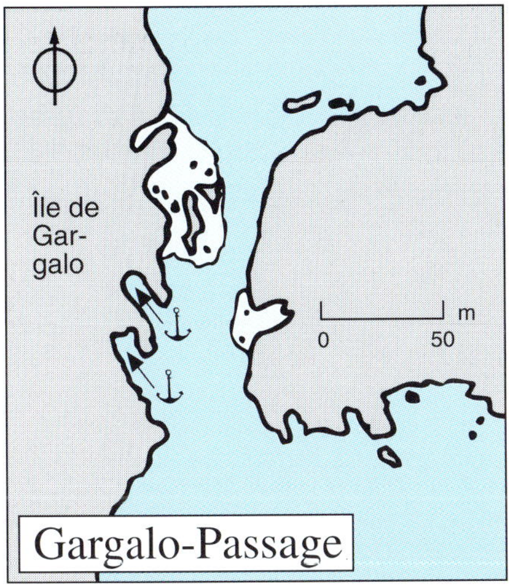

mit voller Fahrt vorbeirauschenden Ausflugsboote recht unruhig sind. Auch dieser Bereich gehört zu dem bereits erwähnten Naturschutzgebiet.

Nach der Pointe Rossa, die wegen der ihr vorgelagerten 0,70-m-Untiefe im Abstand von mindestens 200 m gerundet werden sollte, öffnet sich der Golf von Girolata, an dessen Ende das malerische Fischerdorf

Girolata
42° 21′N
008° 37′E

liegt. Es ist nur von See und über einen Maultierpfad zu erreichen. Erst 1980 wurde das Dorf an das Stromnetz angeschlossen. Bedingt durch die Abgeschiedenheit hat sich hier noch etwas von der korsischen Ursprünglichkeit erhalten können. Wenn abends die Ausflugsboote aus Calvi und Porto wieder abgelegt haben, wird es in dem kleinen Fischerdorf so richtig gemütlich. Man sollte daher unbedingt einmal über Nacht bleiben.
Ein Fußmarsch auf dem Maultierpfad Richtung Porto (etwa drei Stunden) oder Richtung Galeria (etwa zweieinhalb Stunden) führt durch eine herrliche, fast unberührte Landschaft.

Girolata-Bucht

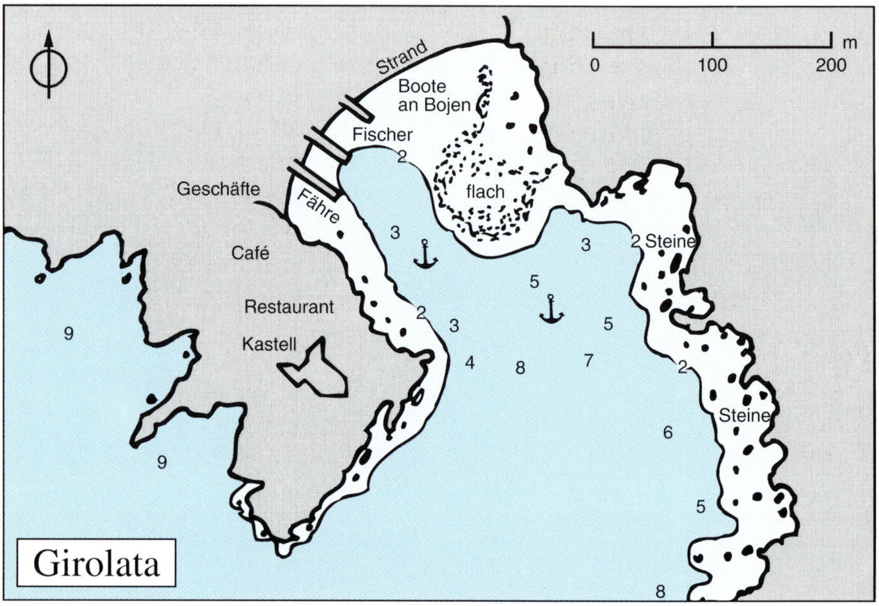

Girolata gilt als der malerischste Ankerplatz Korsikas. Die nach Süden offene Bucht vor dem Ort wird nach Westen durch eine Halbinsel geschützt, die von einer Burg gekrönt ist.

Ansteuerung (Seekarten: D 499, BA 1974, 1999 und 1985, F 7050 und CG 1007): Man halte zunächst auf das Kastell zu und schwenke dann nordwärts in die Bucht ein.

Liegeplatz: Die besten Liegeplätze findet man in der nordwestlichen Ecke der Bucht, südöstlich der hölzernen Stege, an denen die Ausflugsboote anlegen. Beim Ankern ist für diese Boote unbedingt eine Zufahrtsrinne freizuhalten. Außerhalb der Saison können auch Yachten am Kopf der Stege festmachen. Wegen des geringen Platzangebotes ist vor Bug- und Heckanker oder Buganker und Leine zum Land zu ankern – ein Schwojen ist nicht möglich.

Bei südwestlichen Winden steht unangenehmer Schwell in die Bucht. Bei aufkommenden Winden aus Süd empfiehlt es sich, sofort auszulaufen. Wird man in Girolata von einem ausgewachsenen Mistral überrascht, so ist ein Auslaufen nicht mehr möglich. Dann hilft nur noch, Leinen zum Land hin auszubringen und auszuharren.

Im Sommer ist es nahezu unmöglich, zwischen den dicht gedrängt ankernden Yachten noch ein freies Plätzchen zu finden.

Versorgung: Lebensmittel erhält man in einem kleinen Laden, der allerdings nicht auf größere Verproviantierung eingerichtet ist. Ein Café-Restaurant liegt direkt bei den Landungsstegen der Ausflugsboote, ein weiteres Restaurant findet man bei den Fischerhäusern. Die Fischer fangen in der Hauptsache Langusten und Goldbrassen.

Entfernungen von Girolata: Calvi 23 sm, Porto 8 sm, Cargèse 15 sm.

Vom Cap Senino an wird die Landschaft überwältigend. Der azurblaue Golfe de Porto wird von roten Felsen, die in dichtbewaldete Hänge übergehen, und Vorgebirgen mit grünen Tälern eingerahmt, hinter denen das zentralkorsische Bergmassiv steil aufragt. Die satten Farben der Felsen, des Meeres und der Vegetation stehen in einzigartigem Kontrast zueinander, weshalb die Gegend bevorzugt von Malern aufgesucht wird. Auf einem weit vorgeschobenen Felsen am Ende des Golfes, neben der Mündung des Porto, steht ein halb verfallener pisanischer Wachturm vor der malerischen Ortschaft

Porto
42° 16′N
008° 41′E

Sie liegt fast noch schöner, als es die Fremdenverkehrswerbung verspricht. Über eine schmale Brücke über den Porto erreicht man einen im Mündungsbereich gelegenen Eukalyptuswald mit riesenhaften Exemplaren und den davor befindlichen breiten Strand, vor dem allerdings häufig eine mächtige Brandung steht.

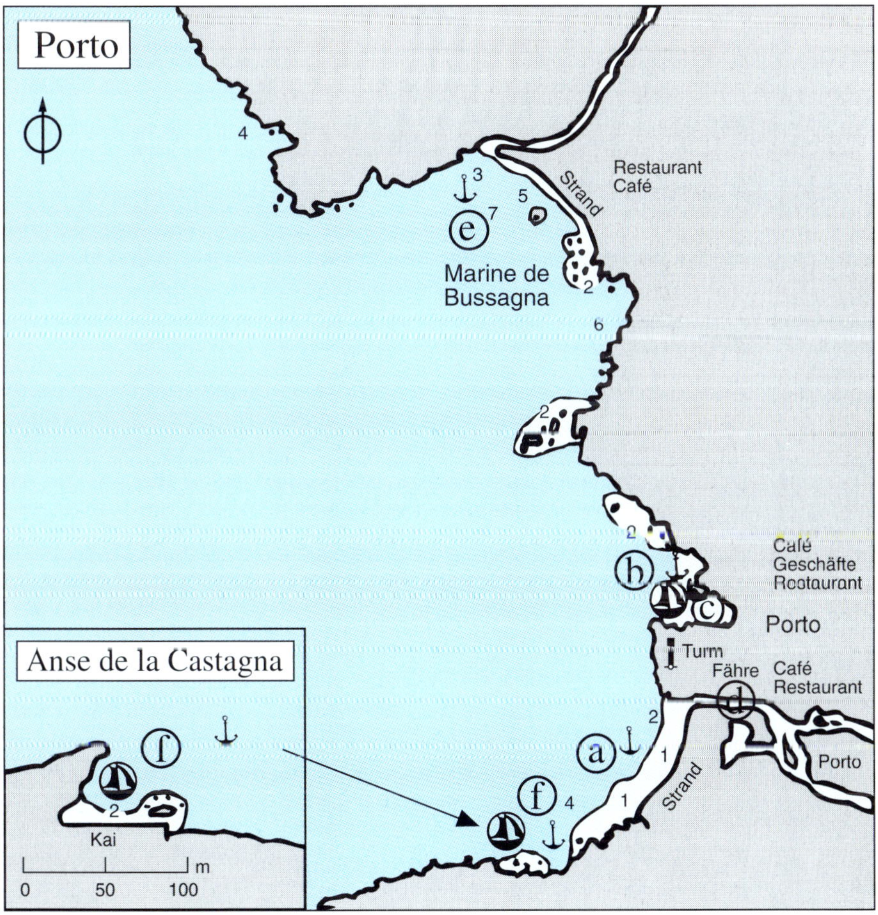

Ansteuerung (Seekarten: D 499, BA 1974, 1999 und 1985, F 7050 und CG 1007): Der pisanische Wachturm ist schon von weitem sichtbar und eine nützliche Ansteuerungshilfe.

Liegeplatz: a) Vor Anker südlich der Halbinsel auf 5 bis 6 m Wasser über Sandgrund vor dem Strand.
b) Vor Anker nördlich der Halbinsel mit dem Wachturm auf 10 m Wassertiefe, wobei die Zufahrt zum Kai für die Ausflugsboote freizuhalten ist.
c) Außerhalb der Saison und nach der Abfahrt des letzten Ausflugsbootes kann man bei ruhigem Wetter an dem Kai nördlich des Wachturmes anlegen. Allerdings finden hier höchstens drei Yachten mit nicht mehr als 1,50 m Tiefgang bei ruhigem Wetter Platz.
d) Boote mit einem Tiefgang bis 0,50 m können an beiden Ufern des Porto anlegen. Bis Ende April führt der Fluß meist noch so viel Wasser, daß auch bis 1,50 m tiefgehende Yachten einlaufen können – am besten dicht am Felsenufer.
e) Etwa 1 sm nördlich von Porto in der Marine de Bussagna vor dem Strand auf 6 m Wasser über Sandgrund.
f) Südwestlich von Porto in der Anse de la Castagna am Kai auf 2 m Wassertiefe oder an der im Plan auf Seite 37 eingezeichneten Stelle vor Anker.

Reparaturmöglichkeiten: Der Mechaniker der Firma Porto Auto Location führt auch Reparaturen an Bootsmotoren aus. Im Sommer ist beim Campingplatz hinter dem Strand eine kleine Werkstatt für Außenbordmotoren geöffnet. Schiffszubehör erhält man in einem Geschäft oberhalb des Hafens.

Versorgung: Lebensmittelgeschäfte, Restaurants und Cafés im Ort Porto. Im Sommer ist auf der anderen Flußseite am Campingplatz ein Lebensmittelgeschäft geöffnet.

Veranstaltungen: Am 14. Juli findet in Porto ein großes Volksfest statt mit Kirmes und Folklore-Aufführungen.

Bademöglichkeiten: Der Strand westlich der Mündung des Porto ist ein beliebtes Badeziel für die Gäste des Campingplatzes und der Hotels in Porto. Der Strand der Marine de Bussagna ist schöner und der Sand wesentlich feiner.

Entfernungen von Porto: Calvi 27 sm, Girolata 8 sm, Cargèse 16 sm.

Eine Fahrt mit dem Beiboot den Porto flußaufwärts ist ein einmaliges Erlebnis. Sie führt durch eine Ebene, die in die großartige *Spelunca* übergeht, eine wilde Gebirgslandschaft, in die das Flußbett tief eingeschnitten ist.
Der Aufstieg auf einem Maultierpfad zu den roten Felsen der *Calanche* ist ebenfalls ein lohnenswerter Ausflug, den man beliebig ausdehnen kann. Nach etwa 1,5 km erreicht man eine Aussichtsplattform mit einem phantastischen Blick auf den Golfe de Porto.

Bedingt durch die Trichterform des Golfe de Porto entsteht schon bei wenig Wind aus westlichen Richtungen ein unangenehmer Seegang. Man sollte deshalb auf allen Ankerplätzen des Golfes zum jederzeitigen Auslaufen bereit sein. 3 sm westlich von Porto liegt die Ankerbucht

Anse de Ficajola 42° 15′N 008° 37′E

Unterhalb des Ortes Piana, in einer versandeten Flußmündung, können Yachten auf 5 m Wasser über Sandgrund ankern. Das 600 Einwohner

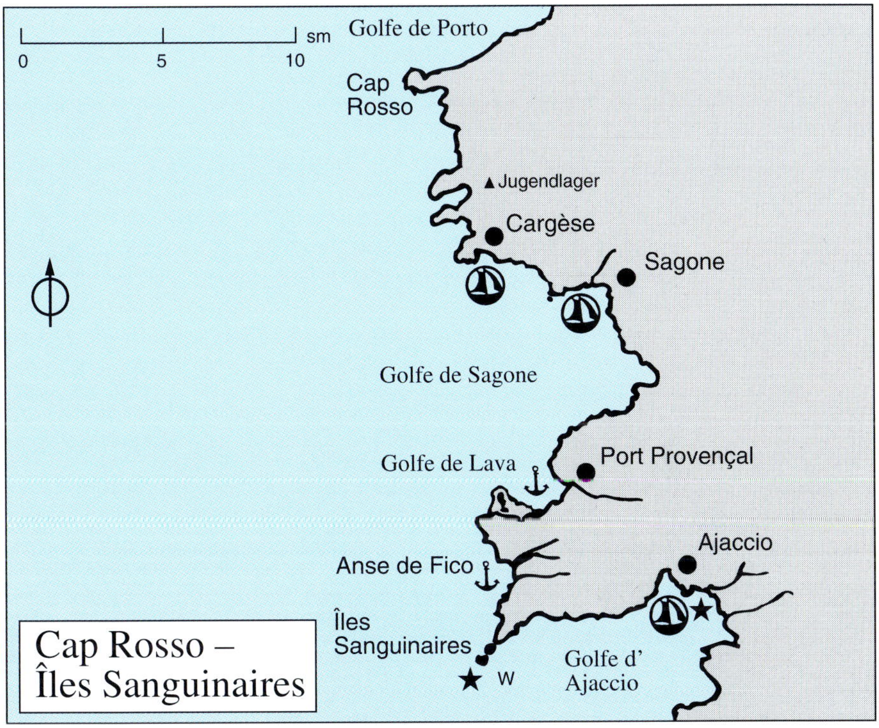

zählende Piana liegt 435 m hoch und ist ein bedeutender Fremdenverkehrsort, den man unbedingt besuchen sollte.

Südlich von Cap Rosso mit den vorgelagerten Klippen liegt die

Anse de Palo
42° 13′N
008° 34′E

eine etwa 1200 m breite, nach Südwesten offene Bucht, die außer bei Winden aus dem 3. Quadranten guten Schutz bietet. Man ankere auf 5 bis 10 m Wasser über Sandgrund (siehe Plan Seite 40).

Entfernung von Calvi 26 sm, von Ajaccio 29 sm.

Anse d'Arone
42° 12′N
008° 35′E

ist eine Ankerbucht 2 sm südlich der Anse de Palo. Man ankere auf 3 bis 6 m Wasser über gut haltendem Sandgrund (siehe Plan Seite 40). Der Sandstrand östlich des Ankerplatzes, vor dem Feriendorf mit dem Café-Restaurant am Strand, lädt zum Baden ein.

Baie de Chioni
42° 10′N
008° 35′E

ist eine 1,5 sm tiefe Bucht südlich der Pte d'Orchino mit einem 500 m langen Sandstrand an ihrem Ende, der zu beiden Seiten von Klippen begrenzt wird. Hinter dem Strand liegt ein Club-Mediterranée-Dorf.

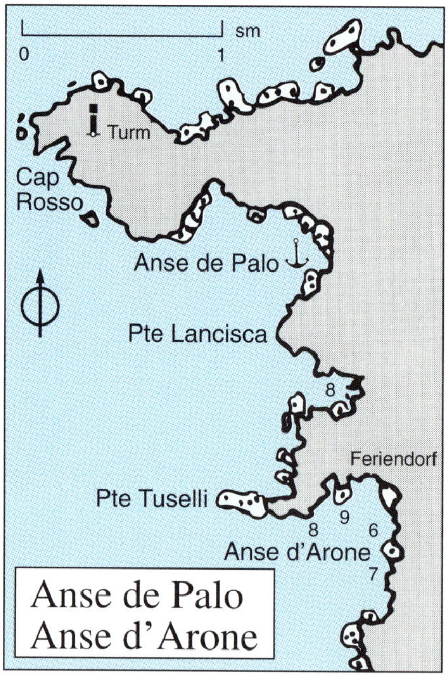

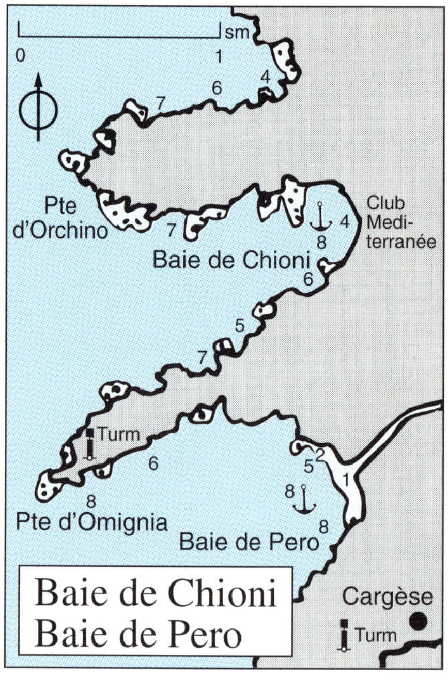

Baie de Pero
42° 09′N
008° 35′E

Diese Bucht schließt sich südlich an die Baie de Chioni an und bildet einen Halbkreis, an dessen östlichem Ende ein fast 1000 m langer Sandstrand mit einem Restaurant und einem Café liegt. Es ist der Badestrand für die Ortschaft Cargèse.

Entfernung von Calvi 31 sm, von Ajaccio 24 sm.

Cargèse
42° 08′N
008° 36′E

wurde 1774 von den Franzosen für die Nachkommen jener griechischen Siedler gegründet, denen Genua 1676 Asyl auf Korsika gewährt hatte. Nachdem ihre Heimat, die Halbinsel Mani, von den Türken besetzt worden war, brachten die Genueser die Griechen auf deren Hilferuf hin nach Korsika und wiesen ihnen ein unbewohntes Gebiet zwischen Sagone und Porto als Siedlungsraum zu. Fleiß und landwirtschaftliches Geschick der Einwanderer brachten ihnen schon bald einen bescheidenen Wohlstand – sehr zum Verdruß der korsischen Hirten der Umgebung, zumal sie noch nie fremde Siedler auf ihrer Insel geduldet hatten. Verschiedene Angriffe führten schließlich im Jahre 1731 zur vollständigen Vernichtung der Siedlungen. Die überlebenden Griechen flüchteten nach Ajaccio, wo sie sich in die Obhut der Genueser begaben. Nachdem Genua Korsika im Jahre 1768 an Frankreich abgetreten hatte, errichteten die Franzosen den Griechen mit der Stadt Cargèse (korsisch: Carghjese) eine neue Heimat.
Heute wird Cargèse als griechische Stadt auf Korsika vermarktet. Überall in den Geschäften sieht man griechische Souvenirs, die zum Teil eigens

1 Korsika. St. Florent an der Nordwestküste hat einen modernen Yachthafen

2

2 Die Reede von Calvi. Im Hintergrund die genuesische Zitadelle

3 Calvi: Der Yachthafen zu Füßen der Zitadelle

4 Der hübsch gelegene Yachthafen von Propriano am Ende des Golfes von Valinco

5 Ajaccio: Blick über den Fischerhafen auf den Yachthafen Port de la Citadelle

6 Der Yachthafen von Porto-Vecchio am Ende des gleichnamigen Golfes

3

4

5

6

7 Steilküste bei Bonifacio: Blick nach Osten auf das Cap Pertusato mit dem Semaphor

Cargèse

aus Griechenland importiert werden. Das Eigenartige an Cargèse sind die beiden Kirchen: Getrennt durch ein kleines Tal, stehen sich eine griechisch-orthodoxe und eine römisch-katholische Kirche gegenüber – beide aus dem letzten Jahrhundert und annähernd gleich groß.

Ansteuerung (Seekarten: D 499, BA 1974, 1999 und 1985, F 7050 und CG 1007): Von Norden kommend, ist der Ort erst auszumachen, wenn man die Pte Cargèse gerundet hat. Unterhalb der Ortschaft liegt der inzwischen ausgebaute Yachthafen.

Liegeplatz: a) Es stehen 180 Liegeplätze für Yachten bis 15 m Länge zur Verfügung, davon 30 für Gäste. Die Plätze an den Stegen sind mit Auslegern ausgestattet. Die Wassertiefen betragen 5 m in der Einfahrt und 3 m im Hafenbecken.

b) Etwa 0,5 sm östlich des Hafens vor einem nur 100 m breiten Sandstrand auf 3 bis 5 m Wasser über Sandgrund. Da der Ankerplatz gegen Süden und Südwesten offen ist, sollte er nur bei ruhigem Wetter angelaufen werden.

Reparaturmöglichkeiten: Ein Schiffszubehörhändler mit angeschlossener Werkstatt im Ort führt Reparaturen aller Art aus.

Versorgung: Ein Café-Restaurant liegt direkt am Hafen; Lebensmittelgeschäfte, Cafés und Restaurants findet man im Ort, der wegen seines eigentümlichen Flairs einen Besuch lohnt. In der Bar „Des Amis“, dem Treffpunkt der Einheimischen, gibt es vorzügliches Eis.

Veranstaltungen: In Cargèse hat man die einmalige Gelegenheit, in der Karwoche die Osterzeremonien nach griechisch-orthodoxer Liturgie zu erleben, zum Beispiel am Karfreitag

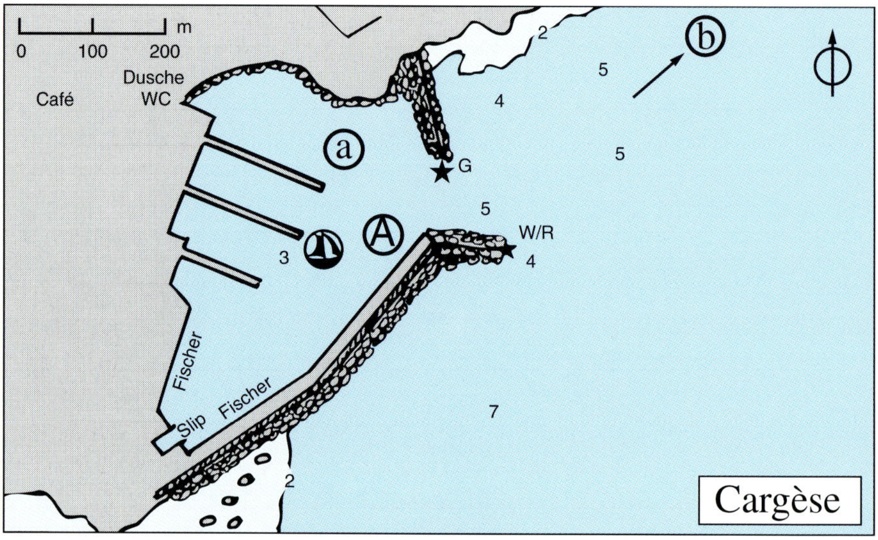

die Klagegesänge in der nicht erleuchteten Kirche und am Karsamstag um Mitternacht die Kerzenanzündungsfeier.

Entfernungen von Cargèse: Porto 16 sm, Sagone 5 sm, Ajaccio 22 sm.

Da man im Hafen von Cargèse häufig keinen Platz findet, bietet sich die

Anse de Molendino nur 2 sm östlich davon als Ankerplatz an. Die kleine, zwischen der Pte Molendino und der Pte des Moines gelegene Bucht mit ihrem 200 m langen Sandstrand ist Winden aus dem 3. Quadranten ausgesetzt. Bei gutem Wetter ankere man auf 3 bis 5 m Wasser über Sandgrund (siehe Plan). In der Feriensiedlung südlich des Strandes sind im Sommer ein Lebensmittelgeschäft, ein Café und ein Restaurant geöffnet.

42° 08′N
008° 37′E

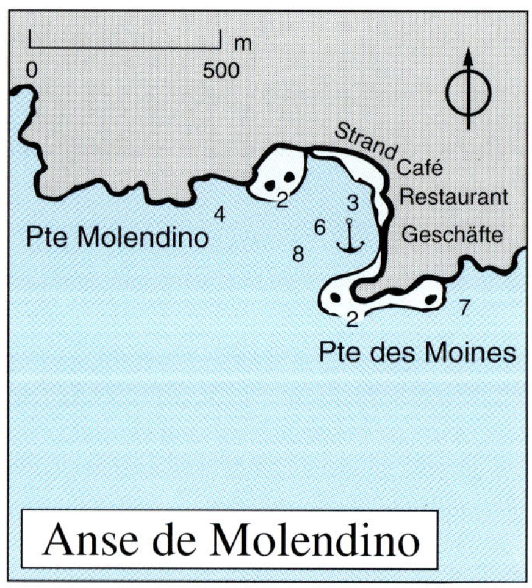

Sagone ist einer der ältesten Orte Korsikas. Schon die Römer hatten hier eine befestigte Ortschaft und einen Hafen errichtet. Bei archäologischen Gra-

42° 06′N
008° 42′E

bungen fand man die Überreste einer frühchristlichen Basilika aus dem 4. und 5. Jahrhundert, von der man heute die zum Teil erhaltene Apsis besichtigen kann.

Bis zur Zerstörung der Stadt durch die Sarazenen im Mittelalter war Sagone ein wichtiger Bischofssitz, wovon die Ruinen der einstigen Kathedrale aus dem 12. Jahrhundert zeugen. Nach der Zerstörung wurde der Bischofssitz weiter in das Landesinnere nach Vico verlegt. Damit sank Sagone zur Bedeutungslosigkeit herab; gleichzeitig versumpfte die Küstenregion zwischen den Mündungen der Flüsse Sagone und Liamone, und die Malaria breitete sich aus. Erst durch die Trockenlegung der Sümpfe nach dem Zweiten Weltkrieg und den massiven Einsatz von DDT wurde diese schöne Landschaft wieder bewohnbar. Heute ist die Gegend um Sagone ein beliebtes Urlaubsziel.

Von den einstigen römischen Hafenanlagen ist nichts mehr zu sehen. Für Yachten gibt es an den Kais und Molen nur wenige Liegeplätze; der kleine Fischerhafen ist fast immer von einheimischen Booten belegt.

Ansteuerung (Seekarten: D 499, BA 1999 und 1985, F 6942 und CG 1007): Von Norden kommend, ist auf die knapp 1 sm südlich der Pointe Molendino liegenden Rocher Morifaja zu achten, die sich nur 1,50 m aus dem Wasser erheben. Von der Pointe Puntiglione und der Pointe de la Batterie sollte man wegen der vorgelagerten Klippen mindestens 500 m Abstand halten. Von Süden kommend, ist auf die Klippenreihe Rocher de Saint Joseph 0,5 sm südwestlich der Pointe St-Joseph achtzugeben. Bei ruhigem Wetter kann man zwischen den Klippen und dem Land durchfahren. Am westlichen Ufer der Baie de Sagone steht ein gut erhaltener genuesischer Wachturm.

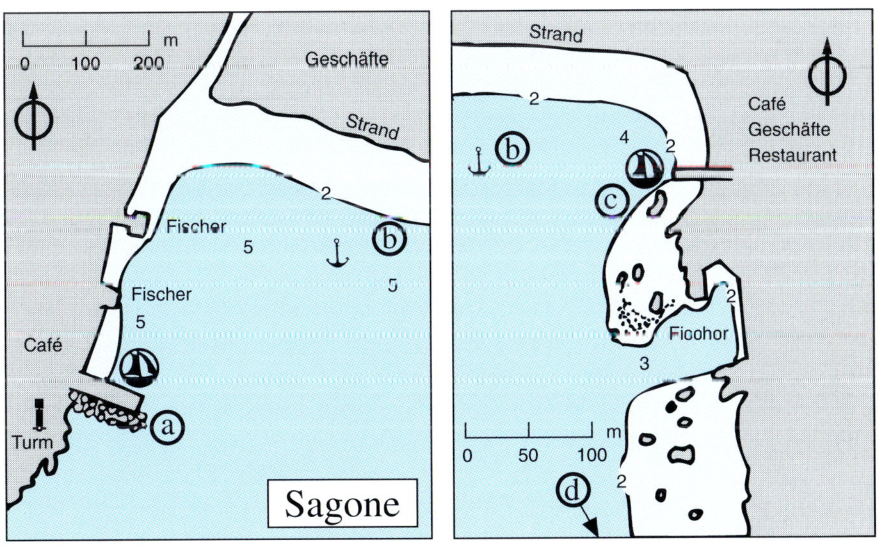

Liegeplatz: a) Am Kopf und an der Nordseite der 30 m langen Mole im westlichen Teil der Baie de Sagone. Die Wassertiefe am Kopf beträgt 6 m, zum Kai hin auf 1 m abnehmend. Hier gibt es einen Wasserhahn, einen 4-t-Mobilkran sowie in der Nähe eine Tankstelle. Die 50 m nördlich gelegene kleine Mole hat nur 1 m Wassertiefe am Kopf.
b) Vor Anker im Nordteil der Baie de Sagone vor dem Strand auf 3 bis 6 m Wasser über Sandgrund.
c) Im Osten der Bucht, unterhalb der Ortschaft am Ende des Strandes, an einer kleinen Mole mit einer Wassertiefe von 2 m am Kopf, auf 0,5 m am Ufer abnehmend. Der kleine Bootshafen südlich der Mole wird von den einheimischen Fischerbooten beansprucht.
d) Vor Anker im Südosten der Baie de Sagone vor dem 800 m langen Sandstrand auf 3 bis 5 m Wassertiefe. Am Südende des Strandes befindet sich ein kleiner Kai mit Steinpollern und einer Treppe zum Wasser. Die Wassertiefe am Kai beträgt 1,50 m. Die Annäherung sollte mit größter Vorsicht geschehen, da vor dem Kai vereinzelt größere Steine unter Wasser liegen.

Reparaturmöglichkeiten: Ein kleiner Mobilkran steht am Kai zur Verfügung; mehrere Firmen am Hafen führen Reparaturen aller Art aus, vornehmlich an Bootsmotoren.

Versorgung: Am Fuß der Mole im Westteil der Bucht (Liegeplatz zu a) ist ein Café; hinter dem Kai im Südosten der Bucht (Liegeplatz zu d) befindet sich ein Restaurant. Weitere Cafés, Restaurants und Lebensmittelgeschäfte findet man im Ort.

Bademöglichkeiten: Sowohl an dem großen Strand östlich der Mündung des Sagone als auch am Strand im Südosten der Baie de Sagone.

Entfernungen von Sagone: Porto 21 sm, Cargèse 5 sm, Ajaccio 22 sm.

Südlich der Pointe Saint-Joseph liegt die Bucht

Plage de Liamone
42° 05′N
008° 42′E

Hier finden Yachten auf 3 bis 6 m Wassertiefe bei gutem Wetter einen ruhigen Ankerplatz. Die Mündung des Liamone unterteilt den fast 2 km langen Strand. Das klare Wasser dieser bis jetzt noch recht einsamen Bucht verlockt zum Baden.

Entfernung von Calvi 35 sm, von Ajaccio 21 sm.

Baie de Liscia
42° 03′N
008° 44′E

Diese etwa 1,5 sm breite und 1 sm tiefe Bucht ist im Sommer ein beliebter Ankerplatz. Vor der Pointe Locca im Norden liegen einige Klippen, die in ausreichendem Abstand zu runden sind. Auf der Pte Locca stehen zwei Wachtürme, auf der Pte Palmentojo im Süden der Bucht erhebt sich der Tour d'Orcine. Hinter dem Strand im Südosten befindet sich ein altes Franziskanerkloster.
Die besten Ankerplätze liegen im Nordteil der Bucht, unterhalb der Ortschaft Tuccia. Hier stehen einige Hotels am Ufer. Man kann aber auch im Südosten vor dem Strand auf 3 bis 5 m Wasser über Sandgrund ankern. Geschäfte, Restaurants und Cafés findet man in der Ortschaft Tuccia, ebenso einen Mechaniker für Bootsmotoren.

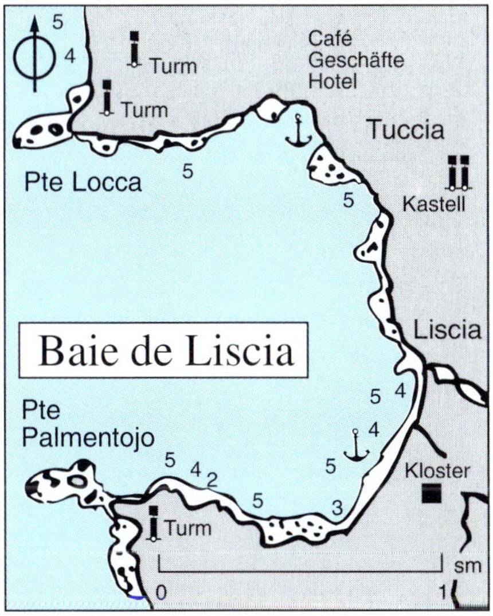

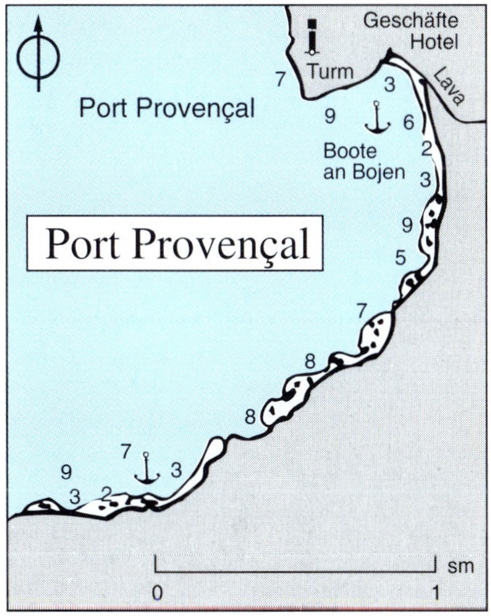

Am nördlichen Ende des Strandes mündet die Liscia, nach der die Bucht benannt wurde. Im beckenförmigen Tal dieses Flusses dehnt sich die fruchtbare Landschaft der *Cinarca* mit Obst-, Gemüse- und Weinkulturen aus.

Das *Castello Capraja,* etwa 500 m vom Ufer entfernt auf einer Anhöhe, war Stammsitz der Grafen von Cinarca, die im Mittelalter eine bedeutende Rolle auf Korsika spielten und denen das gesamte fruchtbare Land ringsum gehörte. Das halb verfallene Kastell lohnt wegen der schönen Aussicht einen Besuch.

Entfernung von Calvi 36 sm, von Ajaccio 19 sm.

Die Klippen vor der Pointe Palmentojo und die Untiefe *Récif de Paliagi* mit nur 1 m Wasser sollte man in gebührendem Abstand passieren. Nach etwa 3 sm öffnet sich der weite

Golfe de Lava
41° 59′N
008° 39′E

Yachten finden im Nordteil des Golfes, unterhalb der Ortschaft *Port Provençal,* gut geschützte Liegeplätze an Festmachebojen. Bei der Einsteuerung von Norden sollte man von der Pointe Pelusella mindestens 300 m Abstand halten, da in etwa 200 m vom Ufer eine Untiefe mit 0,30 m Wasser liegt.

Im Ort Port Provençal und in der Feriensiedlung am Ufer des Flusses Lava gibt es Lebensmittelgeschäfte, Restaurants und Cafés (die meisten sind nur im Sommer geöffnet). Der 800 m lange Sandstrand lädt zum Baden ein.

Im Südteil des Golfe de Lava kann man auch in der **Anse de Fighera** auf 3 bis 6 m Wassertiefe im Schutz einiger vorgelagerter Klippen ankern. Bei

aufkommenden Winden aus West bis Nord sollte man den Ankerplatz allerdings sofort verlassen.
Es bestehen konkrete Pläne, in Port Provençal einen Yachthafen zu errichten, was die weitere touristische Entwicklung der Gegend sicher beschleunigen wird.
Verläßt man den Golfe de Lava in Richtung Ajaccio, so liegt etwa 500 m nördlich der Pointe Pietra Rossa die Felsenklippe *Pietra Piombata,* von der man sich gut freihalten sollte.
Das Cap de Feno mit den vorgelagerten Klippen ist an dem 80 m hoch gelegenen, gut erhaltenen Turm zu erkennen. Etwa 0,7 sm südlich von Cap de Feno liegt die Untiefe *Ecueil de Fico* mit nur 2 m Wasser, etwa 200 m vor den Klippen an der Einfahrt zu der

Anse de Fico
41° 57′N
008° 37′E

Die nach Südwesten offene, etwa 300 m tief ins Land einschneidende Bucht wird an ihrem östlichen Ende von einem 200 m langen Sandstrand begrenzt und im Norden und Süden von Felsen eingerahmt. Yachten ankern 50 bis 100 m vom Ufer entfernt auf Wassertiefen von 3 bis 6 m über Sandgrund. Hinter dem Strand, der ein beliebtes Badeziel ist, stehen einige Ferienhäuser.
Vor dem Südufer der Bucht erstreckt sich ein etwa 100 m langes Unterwasserriff, von dem man sich gut freihalten sollte, wenn man die

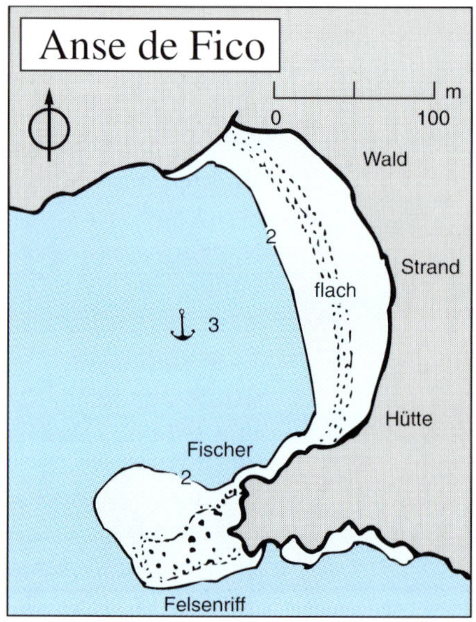

Anse de Minaccia
41° 56′N
008° 37′E

ansteuert. Diese südöstlich der Felseninsel *La Botte* liegende, etwa 1000 m breite Bucht eignet sich nur bei ruhigem Wetter als Ankerplatz, und zwar im Nordteil auf 2 bis 3 m Wasser über Sandgrund. Im Sommer ist der Strand oft dicht bevölkert von Badegästen aus Ajaccio und Umgebung.

Îles Sanguinaires heißen die aus rötlichen Felsen bestehenden Inseln, die sich über fast 2 sm von der Pointe de la Parata nach Südwesten erstrecken. Der *Passe des Sanguinaires* zwischen der Pointe de la Parata und der nördlichsten Insel, der Îlot Porre, ist etwa 500 m breit; die geringste Wassertiefe beträgt 7 m. Bei der Durchfahrt sollte man sich im nordöstlichen Drittel halten, da sich von der Îlot Porre ein Riff unter Wasser nach Nordosten erstreckt.

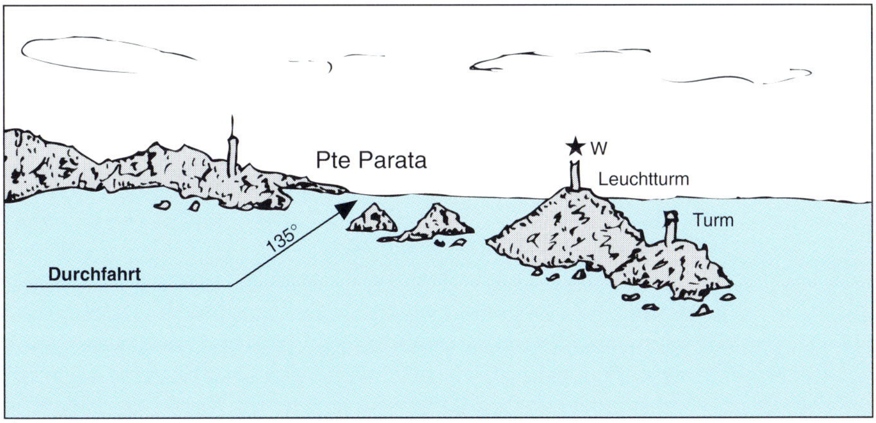

Îles Sanguinaires

Markante Landmarken sind der gut erhaltene genuesische Wachturm auf Pointe Parata und der Leuchtturm auf der Île Grande Sanguinaires mit seinem weit tragenden Feuer (Fl(3) 15s 24M). Zusammen mit dem Flugfunkfeuer Ajaccio-Campo dell'Oro auf Pointe Parata (AJ, Frequenz 341 kHz, Tragweite 50 sm) gehört es zu den wichtigen Ansteuerungspunkten Korsikas.

Rundet man die Îles Sanguinaires südlich, was bei etwas mehr Wind oder unsichtigem Wetter unbedingt zu empfehlen ist, sollte man auch die rote Leuchttonne *Ecueil de Tabernacle* an Backbord lassen. An der Südostseite der **Île Grande Sanguinaires** gibt es eine kleine Mole, an der man für einen Besuch der Insel festmachen kann. Hier legen auch die Ausflugsboote aus Ajaccio an.

Für die Herkunft des Namens Îles Sanguinaires (blutige Inseln) gibt es zwei unterschiedliche Versionen. Eine romantische: Blickt man von Ajaccio bei Sonnenuntergang auf die rötlichen Felsen, so taucht die untergehende Sonne sie in ein dunkles Blutrot. Ist es das, was den Inseln den Namen gab? Oder ist es eher die realistische Version: Bevor auf der Île Grande Sanguinaires der Leuchtturm errichtet wurde, sind des Nachts viele Schiffe auf diese Felsen aufgelaufen. Sollte es das Blut der ertrunkenen Seeleute gewesen sein, das zu der Namensgebung führte?

Am Nordufer des Golfe d'Ajaccio verlockt bis Ajaccio kein Ankerplatz zum Verweilen. Klippen und Untiefen vor dem Ufer machen eine Annäherung unmöglich.

Ajaccio
41° 55′N
008° 45′E

Schon die Römer schätzten den Golfe d'Ajaccio. In der Nähe der heutigen Stadt gab es eine römische Niederlassung. Für die Entstehung des Namens gibt es zwei Versionen: Ajax, strahlender Held der griechischen Mythologie, soll bei seiner Heimkehr aus Troja die Stadt gegründet haben, die

dann nach ihm benannt wurde. Die andere, wahrscheinlichere ist die, daß sich der Name vom lateinischen *adjacium* (Ruheplatz) ableitet, denn die Hirten machten hier Rast, bevor sie weiter ins Gebirge zogen.
Die alte römische Siedlung wurde im 10. Jahrhundert von Sarazenen zerstört und das eigentliche Ajaccio 1492 von den Genuesern an der Stelle der heutigen Altstadt begründet. Bis zum Jahre 1553, als Sampiero Corso, der große Freiheitskämpfer, die Genuesen verjagte, durften innerhalb der Stadt keine Korsen wohnen.
Ajaccio liegt geschützt am Ende des tiefen Golfes, der in weitem Bogen von Gebirgszügen umgeben ist. Die abschirmenden Berge ringsum bewirken selbst im Winter ein ausgesprochen mildes Klima. Besonders reizvoll ist der Golf im Frühjahr, wenn die verschneiten Berggipfel im Kontrast zu der meeresnahen Blütenpracht stehen.
Die am Hafen neben der Zitadelle aus dem 16. Jahrhundert gelegene Altstadt mit ihren vielen engen Gassen und Treppen ist verwinkelt und malerisch. Hier wimmelt es nur so von Leben. Korsen, Algerien-Franzosen mit leichtem Berbereinschlag, Afrikaner, die Handarbeiten verkaufen, und Touristen aus den verschiedensten Ländern tragen zum bunten Bild der Altstadt bei. Die neuen Stadtviertel mit ihren monotonen Wohnblöcken und einförmigen Hochhäusern wuchern an den Hängen um die Altstadt.
Im Juli und August, wenn Tausende von Franzosen hier ihren Urlaub verbringen, geht es in den Straßen oft chaotisch zu. Auf den beiden Hauptverkehrsstraßen, Cours Napoléon und Boulevard Grandval, staut sich der Verkehr. Mitten in diesem Trubel liegt wie eine Insel der Ruhe die *Place du Maréchal Foch* mit einem großen Springbrunnen, der von einer Marmorstatue Napoleons gekrönt wird. Große Palmen spenden Schatten. Hier trifft man sich zu einem Schwätzchen. Am oberen Ende des Platzes steht in einer weißen Marmornische die *Madonuccia,* die Madonna der Barmherzigkeit, die als Schutzpatronin der Stadt verehrt wird.
Napoleon und seine Familie begegnen dem Besucher auf Schritt und Tritt: Denkmäler, Museen, Geburtshaus, Nippes in Andenkenläden und Straßennamen in allen Variationen – Cours Napoléon, Rue Napoléon, Avenue du 1er Consul. Dabei hat Napoleon für Korsika nur sehr wenig übriggehabt und noch weniger getan. Zwar hat er im Jahre 1811 das bis dahin ziemlich bedeutungslose Ajaccio zur Hauptstadt Korsikas erklärt, wofür ihm die Stadtväter noch heute dankbar sind, und den Korsen die nach wie vor bestehende Steuerfreiheit eingeräumt. Ansonsten aber dominierten stets die Interessen Frankreichs.

Ansteuerung (Seekarten: D 499 und 675, BA 1424, 1992 und 1985, F 6942 und CG 1007): Die Ansteuerung ist bei Tag und Nacht einfach. Die Untiefen und Klippen vor dem Nordufer des Golfe d'Ajaccio sind durch Tonnen und Baken bezeichnet, die man einlaufend alle an Backbord läßt. Die Stadt Ajaccio mit ihrer dichten Bebauung und den Hochhäusern am Hang ist schon von weitem auszumachen. Beim Näherkommen sind

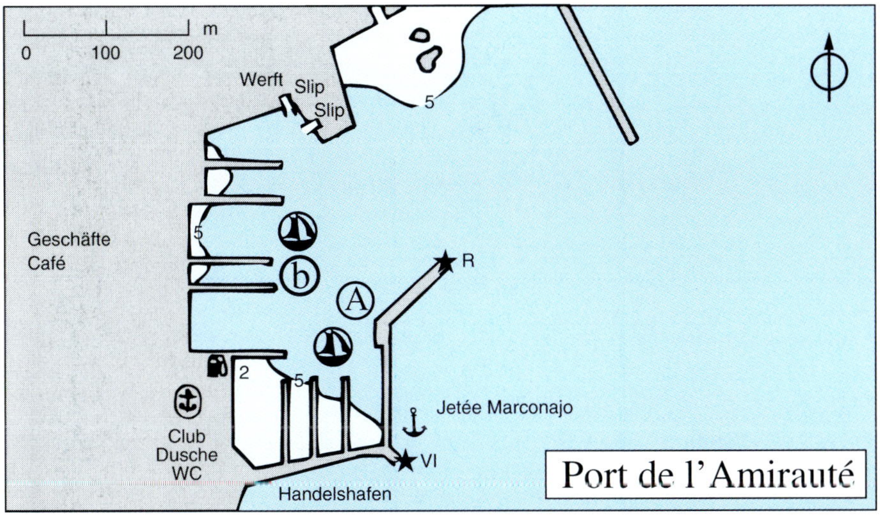

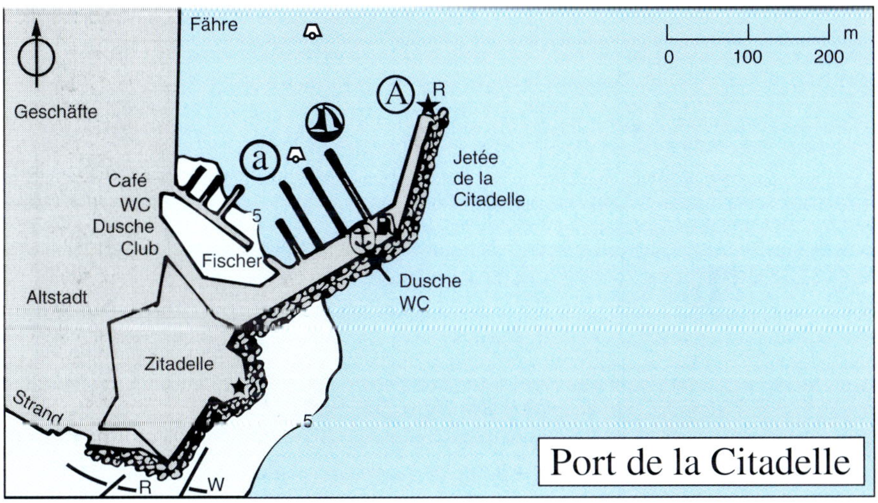

die Zitadelle und die Jetée de la Citadelle, hinter der der Hafen liegt, zu erkennen. Bei Nacht weisen mehrere Feuer den Weg in den Hafen: außer jenen auf den bereits erwähnten Îles Sanguinaires und der Untiefe Ecueil du Tabernacle das weittragende Leuchtfeuer unterhalb der Zitadelle (Fl(2), WR, 10s 20/16M), an dessen weißen Sektor man sich bei der Ansteuerung hält (der rote Sektor deckt die unbefeuerte Bake Ecueil de la Guardiola ab). Weiterhin die rote Leuchttonne La Citadelle (Fl(1) 15s), das Feuer auf dem Molenkopf Jetée des Marconajo (Fl(4). VI. 15s) und der befeuerte Molenkopf an der Einfahrt zum Port de l'Amirauté (Fl(2). R. 6s 6M). Bei der Ansteuerung des Port de la Citadelle ist auf die beiden unbefeuerten Verholbojen des Fährhafens zu achten; östlich der Einfahrt zum Port de l'Amirauté liegt die unbefeuerte Tonne Richelieu.

Liegeplatz: Ajaccio hat zwei bestens ausgestattete Yachthäfen:
a) Port de la Citadelle (in französischen Publikationen auch „Port Tino Rossi“ genannt) an der Jetée de la Citadelle, wo man bequem an Schwimmstegen mit Auslegern festmachen kann. Größere Yachten legen an dem ersten Steg oder neben der Tankstelle an der Jetée de la Citadelle (hier allerdings vor eigenem Anker) an; auch ein Anlegen vor dem Fischereihafen ist möglich. Der Port de la Citadelle verfügt über etwa 260 Liegeplätze, alle mit Strom- und Wasseranschlüssen. Kraftstoff erhält man an der Hafentankstelle. Die Duschen sind im Gebäude der Capitainerie untergebracht.
b) Port de l'Amirauté (in französischen Publikationen auch „Port des Cannes“ genannt) nördlich des Handelshafens, in dem man ebenfalls bequem an Schwimmstegen mit Auslegern anlegen kann. Der Port de l'Amirauté verfügt über etwa 800 Liegeplätze. Auch sie sind mit Wasser- und Stromanschlüssen ausgestattet. Kraftstoff erhält man an der Tankstelle im Hafen. Die Duschen sind in dem Gebäude des Yachtclubs untergebracht.

Hafenmeister: Port de la Citadelle: M. R. Leandri, Telefon 95 21 93 28, Port de l'Amirauté: M. Romiti, Telefon 95 22 31 98. Die Hafenbüros sind während der Dienststunden über UKW-Kanal 9 zu erreichen (Liegeplatzreservierung über UKW-Telefon ist im Juli und August empfehlenswert). Wetterberichte werden zweimal täglich an der Capitainerie im Port de la Citadelle und am Yachtclub im Port de l'Amirauté ausgehängt.

Reparaturmöglichkeiten: Entsprechend seiner Bedeutung als korsisches Zentrum des Yachtsports mit Niederlassungen mehrerer Charterunternehmen gibt es zahlreiche Firmen, die Reparaturen aller Art ausführen. Verschiedene gut ausgerüstete Schiffszubehörhändler finden sich rund um den Hafen. In der Nähe des Yachtclubs im Port de la Citadelle ist eine kleine Werft, die in traditioneller Weise Fischerboote aus Holz baut.

Versorgung: In einer großen Stadt wie Ajaccio gibt es eine Vielzahl von Lebensmittelgeschäften, Cafés und Restaurants jeder Preisklasse. Die meisten Restaurants, vor allem in der Altstadt und am Hafen, sind auf die vielen Touristen eingerichtet, die Ajaccio besuchen. Jeden Morgen wird hinter dem Rathaus Markt abgehalten.

Veranstaltungen: 18. März: Fest der Schutzpatronin der Stadt, Notre-Dame-de-la-Misericorde.
Karfreitag: große Prozession durch die Stadt.
Am 2. Juni führt eine Prozession der Fischer und Seeleute zu Ehren ihres Schutzpatrons St. Erasme durch die Stadt.
24. Juni: Johannisfest.
Im Juli finden die Tage des Kunsthandwerkes mit Ausstellungen und Verkauf kunstgewerblicher Produkte auf dem Markt statt. In der zweiten Juli- und der ersten Augusthälfte wird auf dem ehemaligen Landsitz der Bonapartes das „Milleli-Festival“ mit Jazzkonzerten sowie Konzerten mit klassischer und moderner Musik veranstaltet.
Am 15. August wird mit großen Feiern der Geburtstag Napoleons begangen.
In der ersten Novemberhälfte veranstaltet der Automobilclub von Korsika die berüchtigte Rallye Korsika, die Rallye der 10000 Kurven. Gestartet wird jährlich abwechselnd in Ajaccio und Bastia.

Bademöglichkeiten: Unterhalb der Zitadelle liegt ein kleiner Strand. Weitere Sandstrände finden sich auf dem Weg zu den Îles Sanguinaires sowie südöstlich der Pointe d'Aspretto unterhalb des Flughafens (Tahiti-Plage und Plage du Ricanto).

Entfernungen von Ajaccio: Calvi 55 sm, Porto Pollo 18 sm, Propriano 23 sm.

In Ajaccio gibt es eine Vielzahl von Sehenswürdigkeiten, von denen hier nur die wichtigsten genannt werden können: Die Kirche *Saint-Erasme,* die 1602 erbaut wurde und dem Schutzpatron der Seeleute und Fischer

geweiht ist, bietet dem Besucher in ihrem Innern eine stattliche Sammlung von Schiffsmodellen, die heimkehrende Seeleute gestiftet haben.
In der Kathedrale *Notre-Dame-de-la-Misericorde* hatte die Familie Bonaparte bis 1857 ihre Familiengruft. Auf einer roten Marmortafel in ihrem Innern kann man den „letzten Wunsch" Napoleons nachlesen, den er 1821 während seiner Verbannung auf St. Helena geäußert hat: „Wenn man von Paris aus meine Leiche verbannt, wie man meine Person verbannt hat, so möchte ich neben meinen Vorfahren in der Kathedrale von Ajaccio auf Korsika beigesetzt werden." 1857 ließ Napoleon III. die *Chapelle Imperiale* als letzte Ruhestätte für die Familie Bonaparte errichten. In der Krypta befinden sich die Sarkophage von neun ihrer Angehörigen.
Das *Maison Bonaparte,* das Geburtshaus Napoleons, steht an der kleinen Place Letitia und ist neben dem *Musée Napoléonien* Zentrum des Napoleon-Kultes in Ajaccio.
Im *Musée Fesch* befindet sich die nach der Sammlung des Louvre in Paris größte geschlossene Gemäldesammlung italienischer Meisterwerke. Joseph Fesch nutzte als Onkel Napoleons seine Beziehungen zum Kaiserhaus und seine Stellung als Kardinal innerhalb der Kirche, um sich während der Napoleonischen Kriege die 1200 Bilder zum größten Teil außerhalb der Legalität anzueignen und ein riesiges Vermögen auf die Seite zu schaffen.
Den Grundstock der *Bibliothek* verdankt Ajaccio ebenfalls Kardinal Fesch, der die ersten 10 000 Bände im Gefolge seines kaiserlichen Neffen

Ajaccio

auf dessen Kriegszügen durch Europa zusammenraffte. Heute umfaßt die Bibliothek 50 000 Bücher, darunter eine Literatursammlung über Korsika und wertvolle Handschriften aus dem 15. Jahrhundert.
Napoleons Leben in Kurzform wird dem Besucher auf der *Place d'Austerlitz* vermittelt. Zwei von Adlern flankierte Treppen – im Sockel sind Geburts- und Sterbejahr Napoleons eingemeißelt– führen am Ende des weiten Platzes hinauf zu einer Steinpyramide mit der Statue des Kaisers. Dargestellt in seiner bekannten Pose, blickt er herab auf seine Geburtsstadt. Die Steinplatten zwischen den Treppenaufgängen tragen die Daten seiner siegreichen Schlachten. In der Grotte links daneben soll er als Kind gespielt haben, weshalb sie Napoleonsgrotte genannt wird.
Hat man von dem geschäftigen Treiben in der Stadt und dem Rummel um Napoleon genug, so empfiehlt sich ein Ausflug mit der Eisenbahn nach **Corte.** Gewaltige Felswände und steile Abgründe säumen die Bahnstrecke. Das einsame Gravona-Tal wird mit endlosen Viadukten überbrückt, und die Berge werden in Tunnels durchquert – eine Meisterleistung der Ingenieurbaukunst des ausgehenden 19. Jahrhunderts. Die Fahrt bietet Ausblicke, wie man sie sich schöner kaum vorstellen kann.
Nimmt man den Frühzug nach Bastia und steigt in Corte aus, so bleibt bis zur Rückfahrt am Nachmittag genügend Zeit, diese geschichtsträchtige Stadt in Ruhe zu erkunden. Die zwischen Ajaccio und Bastia auf einer Hochebene über dem Zusammenfluß von Restonica und Tavignano liegende ehemalige Hauptstadt Korsikas ist noch heute geistiger Mittelpunkt des korsischen Autonomiebestrebens. Die 1764 gegründete Universität stärkte das Nationalbewußtsein der Korsen, doch wurde sie schon 1790 von den Franzosen wieder geschlossen und erst 1975 neu eröffnet.

Corte

Die Stadt ist reich an Sehenswürdigkeiten. In der Altstadt, die sich an einen steilen Felsen anlehnt, gibt es viele enge und winklige Gäßchen, in denen die Vergangenheit lebendig ist. Wie ein Adlerhorst thront die Zitadelle auf der Spitze eines steil aufragenden Felsens.

Ajaccio bis Propriano

Die Annäherung an die südöstliche Küste des Golfe d'Ajaccio ist wegen der zahlreichen Klippen – teils unter, teils nur wenig über Wasser – schwierig und sollte nur bei ruhigem Wetter erfolgen. Der erste Ankerplatz auf dem Weg von Ajaccio weiter nach Süden ist

Porticcio
41° 53′N
008° 47′E

südlich der gleichnamigen Pointe. An der nach Westen offenen Bucht haben Segelschulen und ein Yachtclub ihr Domizil. Man ankere vor dem Ort auf 5 m Wasser über Sandgrund, stellenweise mit Algenbewuchs. Außerhalb der Saison kann man auch an einer der vielen Bojen festmachen.
Porticcio ist ein Zentrum für Meerwassertherapie. Zwischen den zahlreichen Ferienhäusern und Hotels finden sich Lebensmittelgeschäfte, Cafés und Restaurants, von denen das „Le Maquis“ für seine korsischen Spezialitäten bekannt ist.

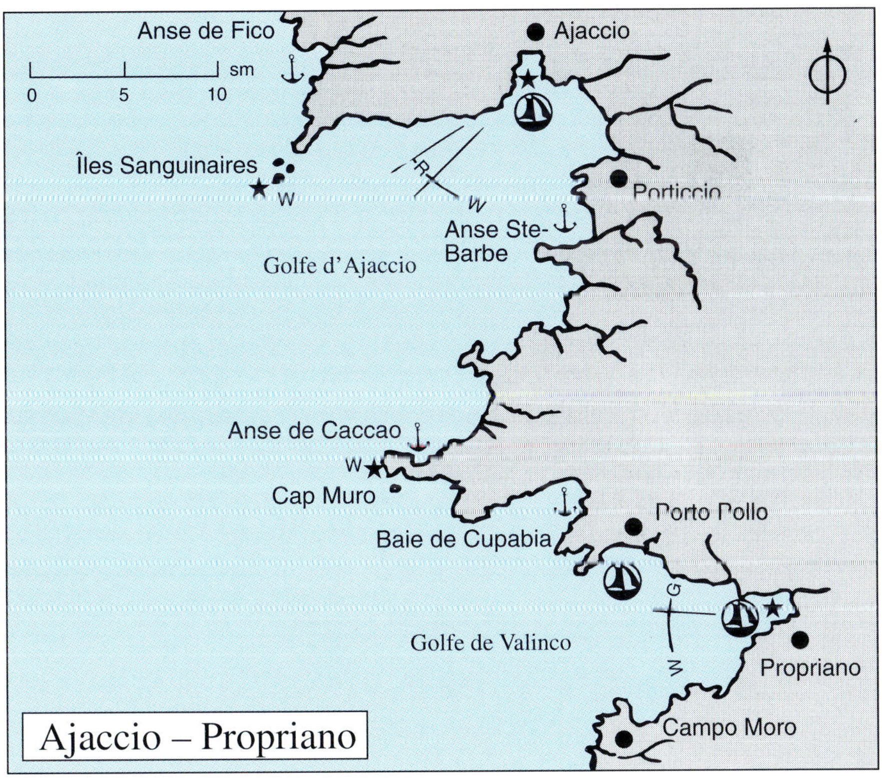

Anse Sainte-Barbe östlich der Halbinsel *Isolella* ist eine beliebte Ankerbucht, leicht auszumachen an dem genuesischen Tour d'Isolella auf der Pointe de Sette Nave. Die Klippen bieten guten Schutz und halten den Seegang aus Westen ab. Man ankere auf 3 bis 4 m Wassertiefe (siehe Plan). Rund um die weite Bucht zwischen Pte Porticcio und Pte Sette Nave sind in den letzten Jahren zahlreiche Ferienhäuser und Hotels entstanden.

41° 51′N
008° 46′E

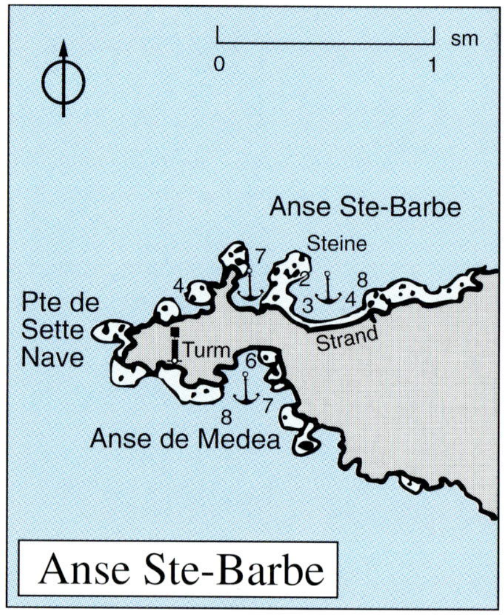

Anse Ste-Barbe

Es gibt hier eine Reparaturwerkstatt für Bootsmotoren, ein Schiffszubehörgeschäft, zahlreiche Lebensmittelgeschäfte, Restaurants und Cafés. Der mehr als 1500 m lange Strand im nördlichen Teil der Bucht lädt zum Baden ein.

An der Südseite der Halbinsel Isolella liegen die kleine, nach Süden offene **Anse de Medea** und die größere, nach Westen offene

Anse d'Ottioni Bei der Ansteuerung sollte man von der Pointe de Sette Nave wegen der zahlreichen Klippen und der Untiefentonne *La Campanina* ausreichenden Abstand halten. Bei ruhigem Wetter ankere man auf 2 bis 4 m Wasser über Sandgrund (siehe Plan Seite 55). Der saubere Sandstrand und das klare Wasser verlocken zu einem Badeaufenthalt.

41° 50′N
008° 46′E

Entfernung von Ajaccio 6,5 sm, von Propriano 16,5 sm.

Der sich südlich anschließende

Port de Chiavari bietet bei ruhigem Wetter zwei durch einen Klippenvorsprung getrennte Ankerplätze. Man ankere auf 2 bis 4 m Wassertiefe (siehe Plan Seite 55). Der Sandstrand geht in ein Pinienwäldchen über und lockt im Sommer viele Badegäste an.

41° 49′N
008° 45′E

Südwestlich der Île Piana liegen die

Anse de Portigliolo und die **Anse de la Castagna**, getrennt durch einen Klippengürtel vor dem Ufer. Die Pte Castagna mit ihrem gut erhaltenen genuesischen Wachturm bietet dieser etwa 1 sm breiten, nach Norden offenen Bucht

41° 48′N
008° 44′E

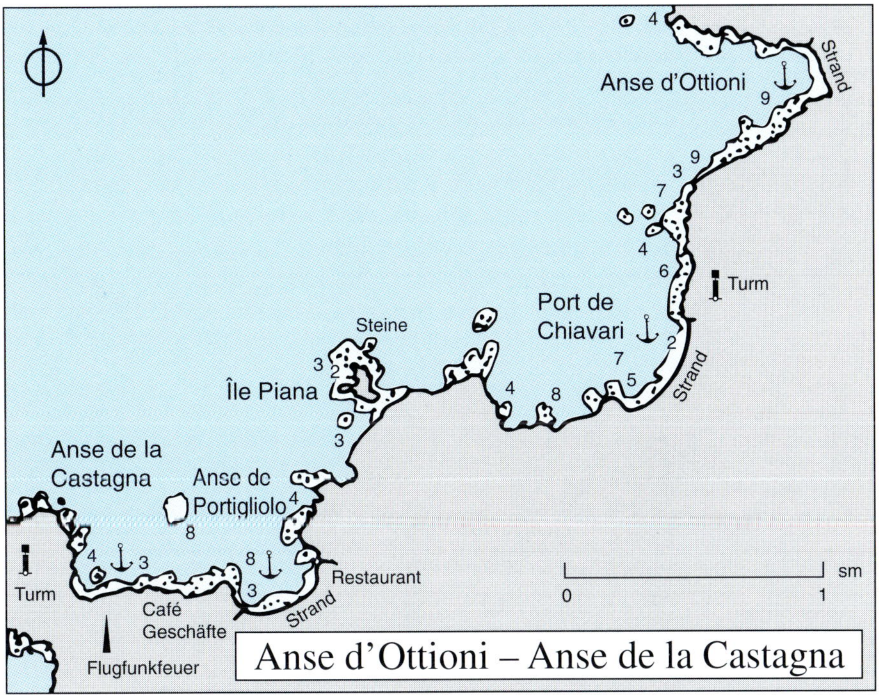

Anse d'Ottioni – Anse de la Castagna

etwas Schutz gegen Winde aus Westen. Man ankere auf 3 bis 5 m Wasser über Sandgrund (siehe Plan).
Von diesem wenig genutzten Ankerplatz eröffnet sich ein herrlicher Ausblick auf die Îles Sanguinaires.

Entfernung von Ajaccio 8 sm, von Propriano 15 sm.

Östlich der Pointe Guardiola, unterhalb des Tour Muro, liegt die

Anse de Caccao
41° 45′N
008° 41′E

ein romantischer Ankerplatz inmitten steil aufragender Felsen, der wenigen Yachten außer gegen Nordwind guten Schutz bietet. Am Ufer stehen einige Fischerhäuser; die Fischer gehen dem Langustenfang nach.

Entfernung von Ajaccio 9 sm, von Propriano 14 sm.

Auf der südlichen Spitze des Cap Muro steht ein weißer Leuchtturm (Oc. 4s 9M), der zusammen mit dem Leuchtfeuer Îles Sanguinaires den Weg in den Golfe d'Ajaccio weist. Gleichzeitig markiert er den nördlichen Eingang zum Golfe de Valinco, an dessen Ende der gut ausgebaute Yachthafen von Propriano liegt. Neben dem Leuchtturm steht die kleine Kapelle *La Madone*. Südöstlich des Cap Muro liegt die

Anse d'Orzo
41° 44′N
008° 42′E

mit einem kleinen Fischerhafen ohne Molen, der wegen der geringen Wassertiefe (0,50 bis 1 m) nur von kleinen Yachten angelaufen werden kann.

Die östlich von Cap Nero gelegene

Baie de Cupabia
41° 44′N
008° 47′E

bietet außer bei südwestlichen Winden guten Schutz. Bei der Ansteuerung sollte man von Cap Nero wegen der vorgelagerten Klippen 500 m Abstand halten, ebenso von der Pointe Pratarella, der Pointe Capanelle und der Pointe de Porto Pollo. Yachten ankern entweder vor dem Strand oder nordwestlich der Turmruine Capanelle. Der kleine Strand inmitten der mit Macchia bewachsenen Hügel lädt zum Baden ein.

Entfernung von Ajaccio 16 sm, von Propriano 7 sm.

Porto Pollo
41° 42′N
008° 48′E

Der ruhige und bescheidene Badeort mit Feriensiedlungen, Hotels und schönen Stränden hat sich zu einem Zentrum des Surfsports entwickelt. Ein kleiner Bootshafen mit Wassertiefen zwischen 0,60 und 0,80 m bietet Yachten mit entsprechend geringem Tiefgang Schutz, ist aber im Sommer stets mit Schlauchbooten und kleinen Motorbooten der Urlauber sowie den einheimischen Fischerbooten überfüllt.

Ansteuerung (Seekarten: D 499 und 675, BA 1424, 1992 und 1985, F 7162 und CG 1008): Nur bei ganz ruhigem Wetter kann man eine der beiden Durchfahrten zwischen der Küste und den südlich der Pointe de Porto Pollo liegenden Klippen benutzen. Besser ist es in jedem Fall, von der Pointe de Porto Pollo mindestens 0,5 sm Abstand zu halten und dann mit Nordkurs in die Bucht einzulaufen.

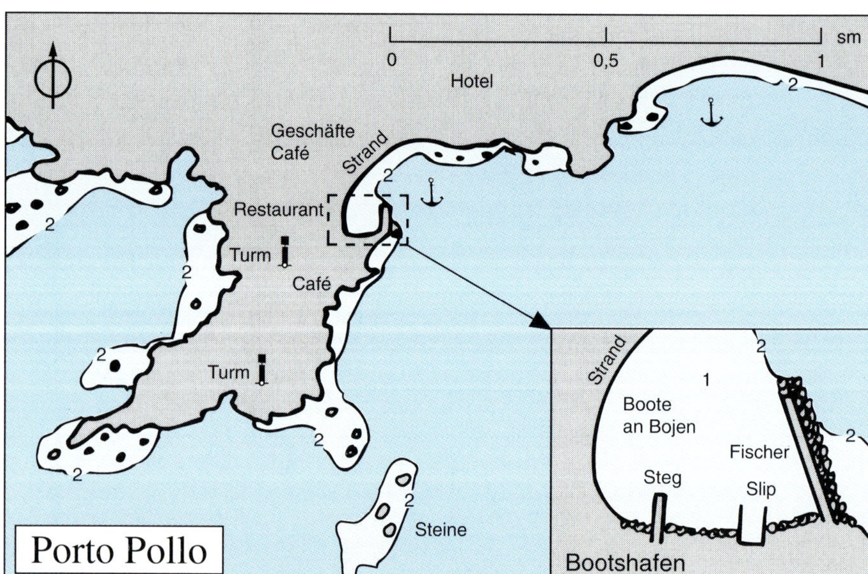

Liegeplatz: Vor Anker im nördlichen Teil der Bucht auf 3 bis 5 m Wasser über Sandgrund. Vor dem Strand liegen an Bojen zahlreiche Fischerboote, zwischen die man sich legen kann. Oder man macht an einer freien Boje fest.
Bei Mistral bietet Porto Pollo den besten Schutz im Golfe de Valinco.

Versorgung: Unmittelbar am Hafen gibt es ein sehr gemütliches Café-Restaurant, von dessen Terrasse aus man einen herrlichen Blick auf den Golf von Valinco hat. Ein weiteres Café und ein Supermarkt befinden sich am Strand gegenüber vom Ankerplatz.

Entfernungen von Porto Pollo: Ajaccio 18 sm, Propriano 5 sm, Campo Moro 5 sm.

Bei dem 7 km entfernt gelegenen kleinen Weiler *Filitosa* wurden 1954 die bedeutendsten Zeugnisse der Megalithkultur auf Korsika entdeckt. Mehr als 20 Menhirstatuen aus der Zeit um 3000 bis 1500 v. Chr. und einige Bauten aus der darauffolgenden Torreaner-Kultur wurden bis heute freigelegt. In dem Museum *Centre de documentation archéologique* am Eingang zu den Ausgrabungsstätten kann man außer einigen Menhirstatuen auch Luftbilder der gesamten Kultstätte, grafische Darstellungen der Siedlungsgeschichte und Fundstücke der Besiedlung dieser Gegend vom frühen Neolithikum bis zum Mittelalter besichtigen.

Propriano
41° 41′N
008° 54′E

Das ehemals verschlafene Fischernest aus dem 19. Jahrhundert hat sich zu einem Touristenzentrum entwickelt. Viele neue Hotels und Feriensiedlungen in der Umgebung sowie die malerische Lage am Ende des Golfe de Valinco ziehen Jahr für Jahr mehr Urlauber an. Regelmäßige Fährverbindungen mit dem französischen Festland tragen ein übriges dazu bei. Von Propriano aus werden die landwirtschaftlichen Produkte des Hinterlandes verschifft. Der vor einigen Jahren erbaute Yachthafen, dessen Erweiterung geplant ist, bietet Yachten gut geschützte und bequeme Liegeplätze.

Ansteuerung (Seekarten: D 499 und 675, BA 1424, 1992 und 1985, F 7162 und CG 1008): Der Friedhof an der Ostseite des Hügels hinter der Stadt und der Leuchtturm auf dem Molenkopf nördlich des Fähr- und Handelshafens (Oc(3).WG.12s 15/12M) sind schon von weitem auszumachen.
Den Molenkopf sollte man in weitem Abstand umfahren, da sich von ihm aus die Klippen Rocher de Scoglio Longo bis zu 200 m in nordwestliche Richtung erstrecken. Der Kopf des Fährkais ist ebenfalls befeuert (Iso. G. 4s 10M). Die Außenmole des Yachthafens trägt an ihrem westlichen Ende ein Feuer (Fl(2). R. 6s); etwas nördlich davon liegt eine rote Leuchttonne (Iso.R.4s). Die Einfahrt in den Yachthafen am östlichen Ende der Außenmole ist ebenfalls befeuert (Fl(3). G. 12s und Iso. R. 4s).

Liegeplatz: a) Im Yachthafen gibt es 380 Liegeplätze für Yachten bis 15 m Länge, wobei man an den Stegen an Auslegern festmacht und am stadtseitigen Kai an Grundleinen bzw. Grundketten.
b) Größere Yachten machen vor Buganker, Heck zur Mole, westlich des Yachthafens im Handelshafen fest. Die Liegeplätze verfügen über Wasser- und Stromanschlüsse. Kraftstoff erhält man an der Hafentankstelle. Duschen und Toiletten sind auf dem stadtseitigen Kai.
c) Bei ruhigem Wetter kann man im Bereich der geplanten Hafenerweiterung ankern.

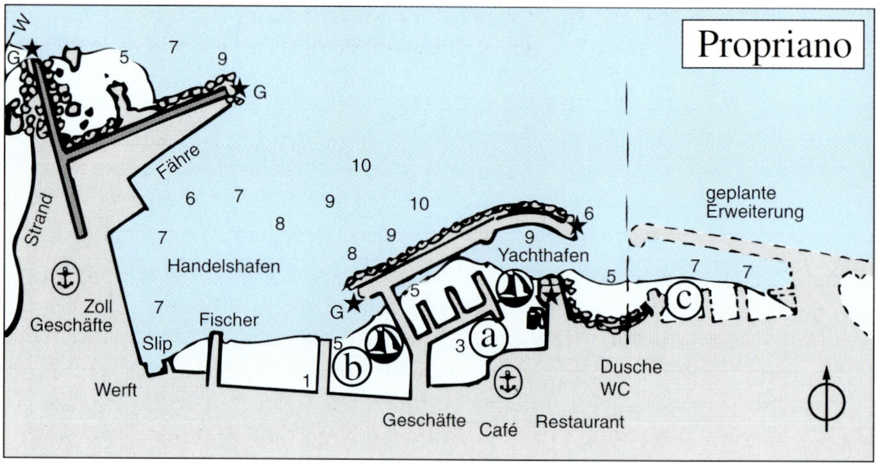

Hafenmeister: M. Antoine-Jean Giannetti, Telefon 95 76 10 40. Die Hafenmeisterei ist während der Dienststunden über UKW-Kanal 9 zu erreichen (Liegeplatzreservierung über UKW-Telefon ist im Juli und August empfehlenswert). Wetterberichte werden zweimal täglich am Hafenbüro ausgehängt. Im Zuge der geplanten Hafenerweiterung soll ein neues Hafenbüro mit sanitären Einrichtungen gebaut werden.

Reparaturmöglichkeiten: Zwei 12-t-Mobilkräne stehen am Hafen zur Verfügung. Mehrere Firmen führen Reparaturen aus und haben ihre Büros am Yachthafen. Werftbetriebe liegen hinter dem Handelshafen. Yachtzubehör erhält man am Yachthafen in einem Container, an der Hauptstraße am Hafen in einem Camping- und Schiffszubehörgeschäft sowie in einem großen Geschäft am Handels- und Fährhafen.

Versorgung: Lebensmittelgeschäfte, Restaurants und Cafés liegen in unmittelbarer Nähe des Hafens und im Stadtzentrum unterhalb der Kirche. Viele der Cafés und Restaurants am Hafen haben auf der anderen Straßenseite, zwischen der Promenade und dem Hafen, großzügige Terrassen, die zum Verweilen einladen. Unmittelbar am Yachthafen befindet sich ein Schnellimbiß. In der Markthalle oberhalb des Yachthafens findet täglich ein Obst- und Gemüsemarkt statt.

Veranstaltungen: Am 2. Juni wird zu Ehren des St. Erasme, dem Schutzpatron der Fischer und Seeleute, ein großes Fest veranstaltet.

Bademöglichkeiten: Westlich des Fähr- und Handelshafens liegt ein schöner, durch Klippen unterteilter Strand, der im Sommer stark frequentiert wird. Östlich der geplanten Hafenerweiterung ist ein weitläufiger Strand durch einige Felsvorsprünge unterteilt. Der östliche Abschluß des Golfe de Valinco wird von einem breiten Sandstrand gebildet, dem Propriano wesentlich seinen guten Ruf als Badeort verdankt.

Entfernungen von Propriano: Ajaccio 23 sm, Port de Tizzano 14 sm, Bonifacio 31 sm.

Nur 2,5 km von Propriano entfernt liegt der Thermalkurort *Baracci* mit seinen Schwefel-Jod-Bädern von 37 °C. Schon die Römer wußten um die heilende Wirkung der heißen Quellen bei Rheuma und Hautkrankheiten.

Ein weiterer empfehlenswerter Ausflug führt nach *Sartène,* der nach dem französischen Schriftsteller Prosper Mérimée „korsischsten Stadt" der Insel, etwa 13 km von Propriano entfernt. Die terrassenförmig an steil aufragenden Felsen gelegene Stadt beherbergt das *Musée de Préhistoire Corse* (Museum für Vor- und Frühgeschichte Korsikas) und ist gleichzeitig archäologisches Forschungszentrum Korsikas.
Die mittelalterlichen Häuser der Altstadt mit ihren verwitterten Fassaden gleichen teilweise kleinen Festungen, so daß man meinen könnte, die berüchtigte „Vendetta" gehe noch um – jenes ungeschriebene Gesetz der Blutrache, das auf Korsika Familien oft über Jahrhunderte untereinander verfeindet hat. Die Vendetta ist noch heute Bestandteil des korsischen Ehrenkodex, nur daß man nicht mehr so leicht bereit ist, einen Mord zu begehen – außer vielleicht bei Vergewaltigung.
Sartène wird zu Ostern von vielen Touristen besucht, um den in seiner Realistik nur mit dem im spanischen Sevilla zu vergleichenden Karfreitagsumzug, den *Catenacciu,* zu erleben. Stundenlang werden in den nur von Kerzen erhellten Straßen der Stadt die Leidensstationen Christi dargestellt. Ein Büßer in roter Kutte und mit schweren Ketten an den nackten Füßen (*catena* = Kette, daher der Name Catenacciu) trägt ein schweres Holzkreuz. Sein Haupt wird durch eine rote Kapuze mit Sehschlitzen verdeckt. Nur dem Pfarrer ist seine Identität bekannt – Voranmeldungen von Bußwilligen liegen bereits für die nächsten Jahrzehnte vor. Ihm folgen in weißer Kutte Simon von Cyrene und acht weitere Büßer in schwarzer Kutte, die auf einer Bahre mit schwarzem Baldachin die Statue Christi tragen. Altüberlieferte korsische Kirchengesänge aus der gregorianischen Liturgie begleiten die Prozession.

Propriano bis Bonifacio

Verläßt man Propriano in Richtung Südwesten, so bietet die Südküste des Golfe de Valinco verschiedene Ankerplätze, wie etwa die Bucht von

Portigliolo
41° 39′N
008° 52′E

südlich des Cap Lauroso mit ihrem fast 3,5 km langen Sandstrand. Wegen ihrer offenen Lage sollte sie aber nur bei ruhigem Wetter für einen Badeaufenthalt aufgesucht werden. Einen halbwegs geschützten Ankerplatz findet man im Süden der Bucht vor der Ortschaft Portigliolo.

Entfernung von Propriano 2 sm, von Bonifacio 29 sm.

Besseren Schutz, außer gegen nördliche Winde, findet man in der Bucht von

Campo Moro
41° 38′N
008° 49′E

(Lager der Mauren) vor einer hübschen Ortschaft. Die halbkreisförmige, nach Norden offene Bucht ist der schönste Ankerplatz im Golfe de Valinco. Die weit nach Norden vorspringende Pointe de Campo Moro schützt gegen Wind und Seegang aus Westen. Vor ihr erstreckt sich fast 0,5 sm weit eine Klippenreihe – teils über, teils unter Wasser –, so daß man bei der Ansteuerung ausreichend Abstand halten muß. Der genuesische Wachturm auf der Pte de Campo Moro und das Kastell oberhalb der Ortschaft sind markante Ansteuerungspunkte.

Die besten Ankerplätze sind in der Südwestecke der Bucht auf 4 bis 6 m Wasser über gut haltendem Sandgrund. Hier gibt es auch einen kleinen Steg, der im Sommer meist von einheimischen Booten belegt ist und am Kopf 2 m Wassertiefe aufweist. In einem Abstand von weniger als 300 m von der Wasserlinie des Ufers darf weder geankert noch mit Motor gefahren werden.

Lebensmittelgeschäfte, Restaurants und Cafés finden sich in Campo Moro, das sich zu einem beliebten Ferienort entwickelt hat. Die Mühe des

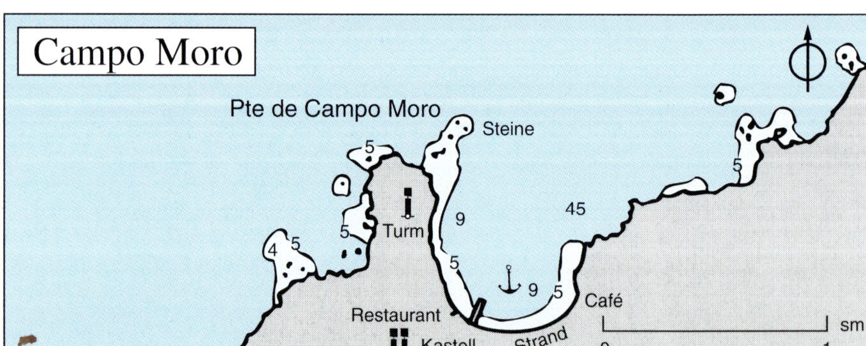

Aufstiegs zu dem genuesischen Wachturm auf der Pte de Campo Moro wird mit einem herrlichen Ausblick auf den Golfe de Valinco belohnt.

Von der Pte de Campo Moro an ist die Küste steil und stark zerklüftet. Viele kleine, fjordartige Einschnitte und weit vorgelagerte Klippen bestimmen das Bild. Wer einsame Ankerplätze sucht, kommt hier auf seine Kosten.

Anse d'Agulia
41° 36′N
008° 47′E

ist ein tiefer Einschnitt nördlich der Pointe d'Eccica, der außer bei westlichen Winden und Mistral guten Schutz bietet. Man ankere auf 3 bis 5 m Wasser über Sandgrund (siehe Plan). Am Ende dieser einsamen Bucht gibt es einen schönen Sandstrand.

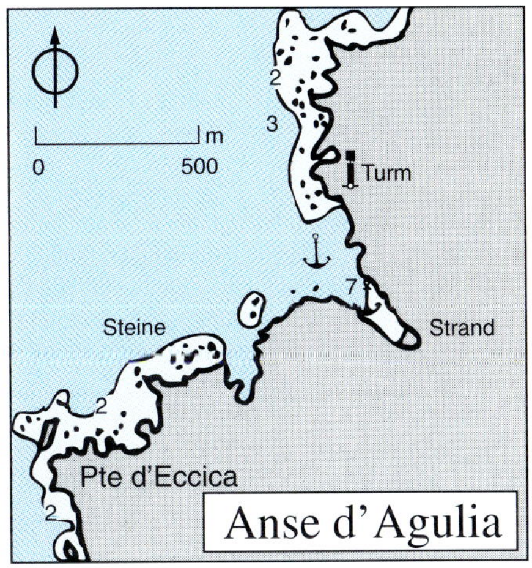

Die Pointe d'Eccica mit den vorgelagerten Klippen und der Île d'Eccica sollte in weitem Bogen umfahren werden. Die Durchfahrt zwischen den Klippen und der Île d'Eccica ist wegen einer Untiefe mit nur 0,40 m Wasser in der Mitte nicht zu empfehlen. Südlich der Pte d'Eccica liegen die

Anse de Ferro
41° 35′N
008° 47′E

und die **Anse d'Arana**. Diese nach Südwesten offenen, sehr schönen Buchten bieten gut geschützte, einsame Ankerplätze. Allerdings ist die Zufahrt wegen der Klippen ringsum schwierig; sie empfiehlt sich nur bei ruhigem Wetter und mit der gebotenen Vorsicht. Die Buchten sind durch einen Klippenvorsprung voneinander getrennt. Man ankere auf 4 bis 6 m Wassertiefe (siehe Plan Seite 62). Der Ostteil der Anse d'Arana ist von Klippen übersät.

Südlich der Anse d'Arana liegt die

Calanque de Conca
41° 34′N
008° 47′E

Diese enge, fast 0,5 sm tief ins Land einschneidende reizvolle Bucht bietet außer vor Winden aus West bis Südwest guten Schutz. Man ankere auf 3 bis 4 m Wasser über Sandgrund. In der Nähe des Leuchtturms ist ein Dorf mit Lebensmittelgeschäft und Café (etwa zehn Minuten zu Fuß entfernt). Am Ende des fjordartigen Einschnittes liegt ein schöner Sandstrand.

Von der Pointe de Sénétose mit ihrem Leuchtturm (Fl. WR. 5s 20/16M; der rote Sektor deckt die Klippen *Les Moines* ab) sollte man wegen der

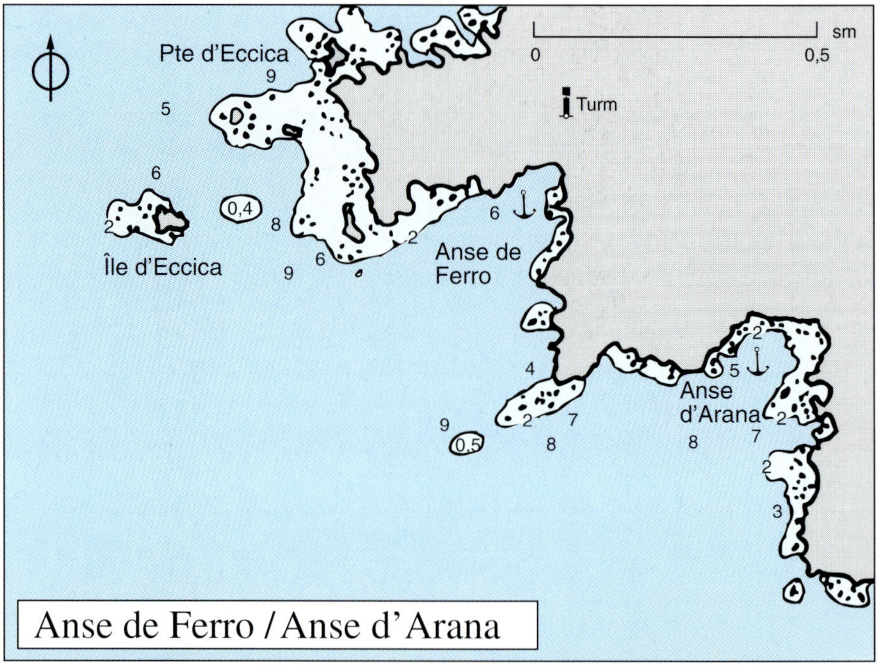

Anse de Ferro / Anse d'Arana

zahlreichen vorgelagerten Klippen mindestens 0,5 sm Abstand halten. Das Leuchtfeuer Pte de Sénétose bildet zusammen mit dem Funkfeuer (SE, Frequenz 294,2 kHz, Reichweite 100 sm) die nördliche Einsteuerungsmarke für die *Straße von Bonifacio.* Die südlich der Pte de Sénétose liegenden Buchten

Anse de Tivella
41° 33′N
008° 49′E

und **Anse Cala Longa** können nur bei ruhigem Wetter aufgesucht werden. Sie liegen keine halbe Seemeile voneinander entfernt, getrennt durch einen Klippengürtel. Die Zufahrt ist wegen der sie umgebenden Klippen nicht ganz einfach, doch findet man in beiden Buchten ruhige und einsame Ankerplätze in einer schönen Umgebung.

Port de Tizzano
41° 32′N
008° 41′E

ist ein reizender Fischerort an einer Flußmündung und die einzige Ortschaft zwischen Campo Moro und Bonifacio, die unmittelbar am Wasser liegt. Die wenigen Fischerhäuser am östlichen Ufer des tief ins Land einschneidenden Fjordes vermitteln den Eindruck einer friedlichen Idylle. Hafen und Ankerplatz sind außer gegen Winde aus Südwest gut geschützt.

Ansteuerung (Seekarten: D 499 und 438, BA 1992 und 1985, F 7162 und CG 1008): Das Fort an der Westseite der Einfahrt ist ebenso wie die Fischerhäuser am Ostufer gut auszumachen. Der westlichen Huk, auf der das Fort steht, sind bis zu 500 m nach Westen und Süden Klippen vorgelagert, so daß man entsprechend Abstand halten muß.

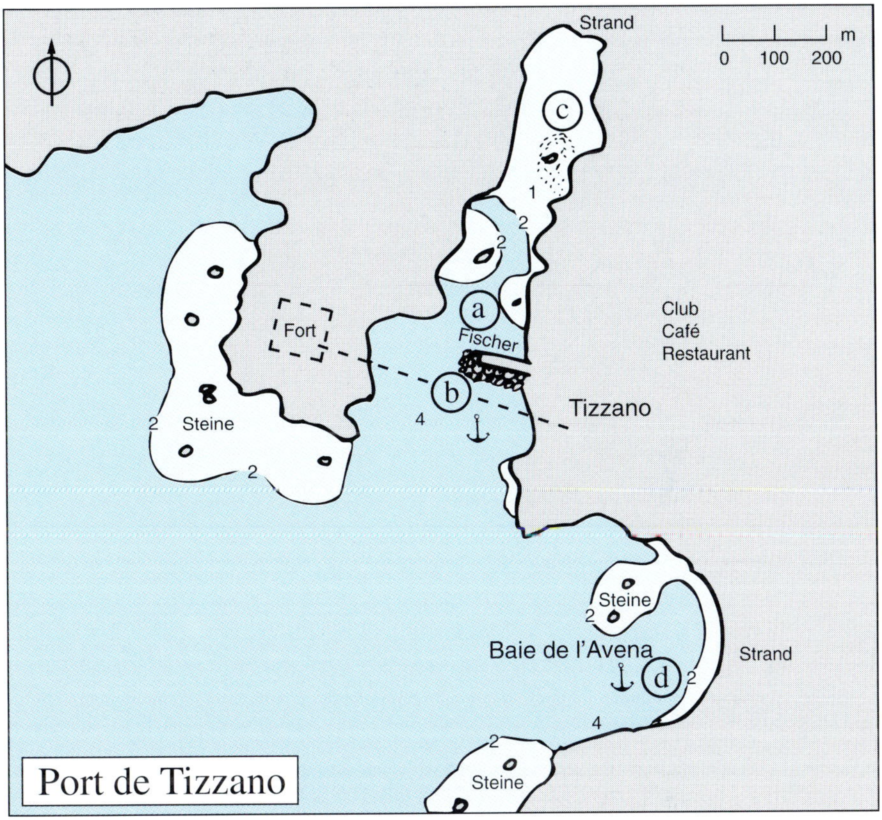

Port de Tizzano

Liegeplatz: a) Yachten mit weniger als 0,70 m Tiefgang können versuchen, in dem Fischerhafen hinter der Mole ein freies Plätzchen zu finden.

b) Vor Anker auf der Linie Fort und Häuser am Fischerhafen auf 2 bis 4 m Wasser über Sandgrund.

c) Yachten bis 0,80 m Tiefgang können auch im nördlichen Teil des Fjordes ankern.

d) Ist in Port de Tizzano kein Platz mehr, so ankere man in der südöstlich gelegenen Baie de l'Avena vor dem Strand auf 2 bis 4 m Wasser über Sandgrund.

Versorgung: In dem Fischerort gibt es das vorzügliche Café-Restaurant „Chez Jean Baptiste", ein Lebensmittelgeschäft und den Yachtclub Tizzano.

Bademöglichkeiten: An dem 500 m langen Sandstrand in der Baie de l'Avena.

Entfernungen von Port de Tizzano: Propriano 14 sm, Figari 12 sm, Bonifacio 18 sm.

Etwa 16 km von Port de Tizzano, an der Straße nach Sartène, befindet sich die auf Korsika und im gesamten Mittelmeerraum größte Ansammlung von megalithischen Menhirstatuen: die *Alignements de Palaggiu.* 258 Statuen aus dem 2. Jahrtausend v. Chr. sind bisher ausgegraben wor-

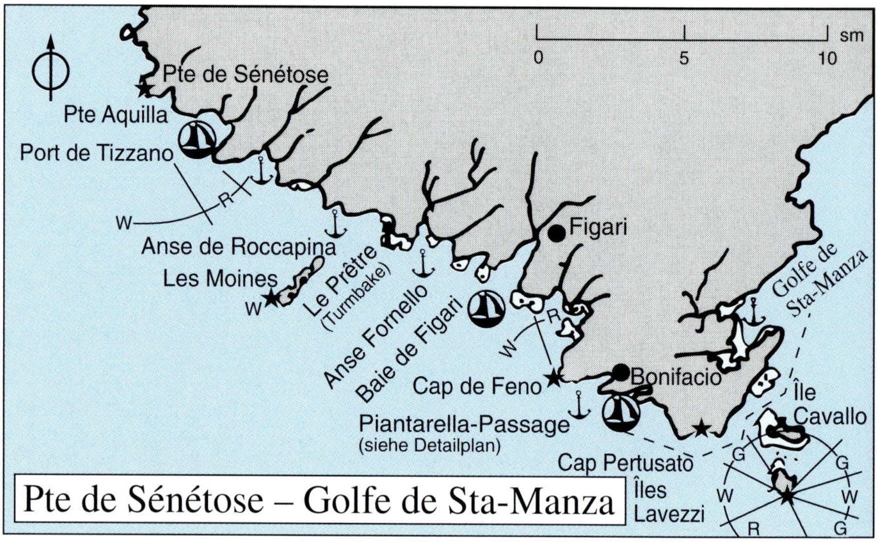

den. Die Alignements verlaufen fast alle in nord-südlicher Richtung, die einzelnen Steine sind nach Osten gewandt. Am Rande der Alignements hat man fünf Steinkistengräber gefunden – Vorläufer der späteren Sarkophage –, die zum Teil in ihrem Inneren wunderschöne Gravierungen aufweisen.

Die Pointe Latoniccia (in älteren Seekarten Cap de Zivia genannt) und die Îlot Latoniccia (Botte de Tizzano) sollte man in ausreichendem Abstand runden, ehe man in den

Golfe de Mortoli einläuft. Dieser etwa 1 sm breite und 0,5 sm tief einschneidende Golf bietet sich bei ruhigem Wetter für einen Badeaufenthalt an, wozu der schöne, einsame Sandstrand und das glasklare Wasser geradezu verlocken. Man ankere auf 4 bis 5 m Wasser über Sandgrund (siehe Plan Seite 65).

41° 31′N
008° 52′E

Etwa 2,5 km landeinwärts beim *Mont Cauria* befindet sich der größte und besterhaltene Dolmen Korsikas, bestehend aus mehreren hochgestellten Granitsteinplatten und einer über 3 t schweren Deckplatte von respektablen 3,40 m Länge und 2,90 m Breite. Die Korsen nennen diesen Dolmen *Stazzona del Diavolo,* was übersetzt

Dolmen

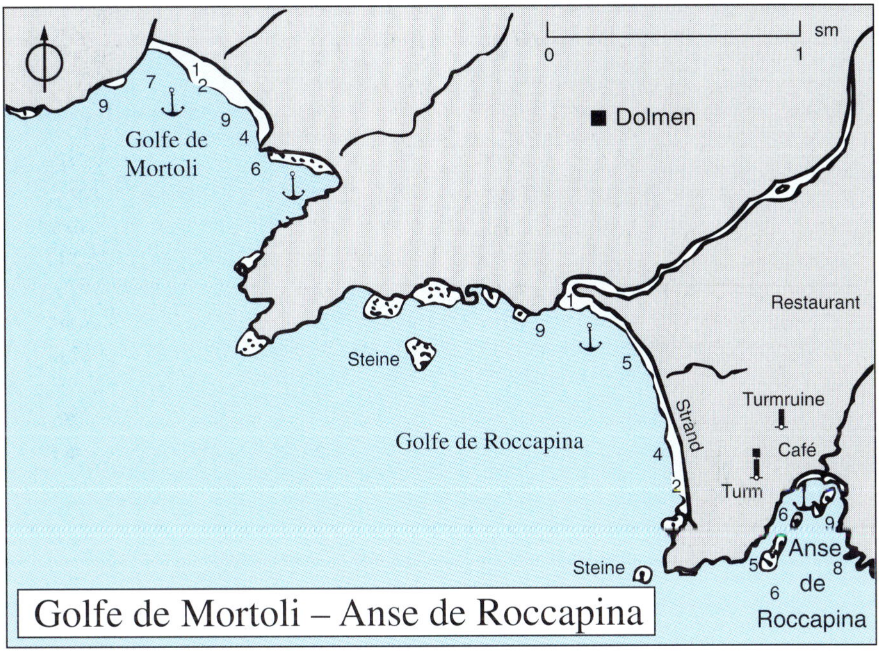

Golfe de Mortoli – Anse de Roccapina

soviel wie „Teufelsschmiede“ heißt. Entdeckt wurde der Dolmen von Fontanacciá 1840 von dem französischen Schriftsteller Prosper Mérimée.

Südöstlich des Golfe de Mortoli, getrennt durch die Pte de Mortoli, liegt der nach Südwesten offene

Golfe de Roccapina mit seinem fast 2 km langen Sandstrand. Man ankere vor dem Strand auf 4 bis 5 m Wasser über Sandgrund.

41° 30′N
008° 55′E

Besseren Schutz bietet die östlich der Pointe Roccapina gelegene

Anse de Roccapina Das Anlaufen dieser klippenreichen Bucht lohnt schon allein wegen der landschaftlichen Schönheit und der abgeschiedenen Lage. Die Ansteuerung empfiehlt sich nur bei ruhigem Wetter, denn die Bucht ist von Klippen übersät. Von Westen kommend, sollte man die schmale Passage zwischen der Küste und den Klippen wählen. Von Osten her halte man auf die Mitte der Bucht zu und schwenke zwischen den Klippen hindurch auf den Ankerplatz ein (siehe Plan). Der genuesische Wachturm auf der Pointe Roccapina ist eine gute Ansteuerungshilfe, ebenso wie der an einen schlafenden Löwen erinnernde Felsen nordöstlich des Wachturmes.

41° 29′N
008° 56′E

In dem kleinen Dorf oberhalb der Bucht gibt es ein Lebensmittelgeschäft und ein Café; etwa 2 km entfernt an der Hauptstraße liegt ein Restaurant. Der Sandstrand am Ende der Bucht lädt zum Baden ein.

Die schwarz-rot-schwarze Untiefenbake *Le Prètre* kann man bei ruhigem Wetter in etwa 200 m Entfernung nördlich oder südlich passieren. Ansonsten aber sollte man entweder zwischen der Untiefe Grande Ecueil d'Olmeto und der Klippengruppe Les Moines durchfahren oder, noch besser, südlich in weitem Bogen um die Klippen Les Moines herumsteuern. Der 26 m hohe, rot-weiße Turm *Les Moines* mit seinem Leuchtfeuer (Q(6) + LFl. 15s 9M) begrenzt die Klippenreihe nach Süden. Westlich der Untiefenbake Le Prêtre liegt die

Anse Fornello
40° 30′N
009° 00′E

Diese nach Süden offene Bucht bietet guten Schutz gegen westliche Winde. Der Tour d'Olmeto, ein genuesischer Wachturm auf dem Landvorsprung am westlichen Ufer, erleichtert die Orientierung. Beim Einlaufen in die Bucht halte man sich dicht an das westliche Ufer und ankere auf 5 m Wasser über Sandgrund (siehe Plan). Am Ende der Bucht sowie am nordöstlichen Ufer gibt es Sandstrände. Diese schöne Bucht ist auf dem Landwege nur über einen Maultierpfad zu erreichen und daher noch recht einsam.

Anse d'Arbitro
41° 28′N
009° 01′E

Diese ebenfalls nach Süden offene Bucht mit einem sauberen, 500 m langen Sandstrand an ihrem Ende ist von zahlreichen Sommer- und Ferienhäusern umgeben. In der Mitte vor dem Sandstrand liegen einige Klippen

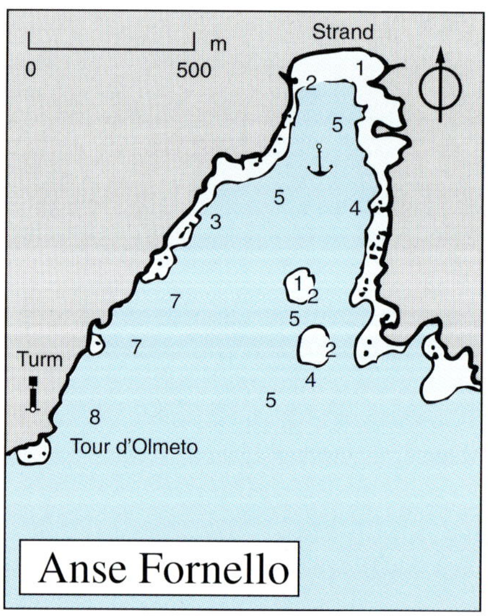

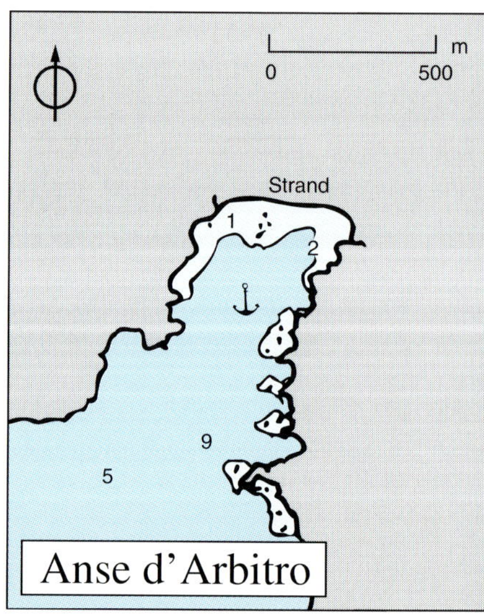

in nord-südlicher Richtung. Bei der Einsteuerung bleibe man in der östlichen Hälfte der Bucht, da die westliche Seite flach ist. Man ankere im nördlichen Teil auf 3 bis 5 m Wasser über gut haltendem Sandgrund.
Von den südöstlich der Anse d'Arbitro liegenden Îles Bruzzi sollte man wegen Klippen über und unter Wasser westlich und südlich mindestens 0,5 sm Abstand halten, ehe man in die

Anse de Capinero 41° 28′N 009° 02′E einläuft. Dieser tief ins Land einschneidende malerische Fjord mit einem Sandstrand am Ende bietet außer gegen südliche Winde guten Schutz. Wegen der von den Ufern aus rasch zunehmenden Wassertiefe ist er als Ankerplatz freilich nur bedingt geeignet – man muß immerhin zwischen 40 und 70 m Kette stecken. Das Westufer ist von Klippen übersät.
Bessere Ankermöglichkeiten bietet die direkt daneben liegende

Baie de Figari 41° 27′N 009° 03′E mit ihrem kleinen Fischerhafen. Diese fjordartige, fast 2 sm nach

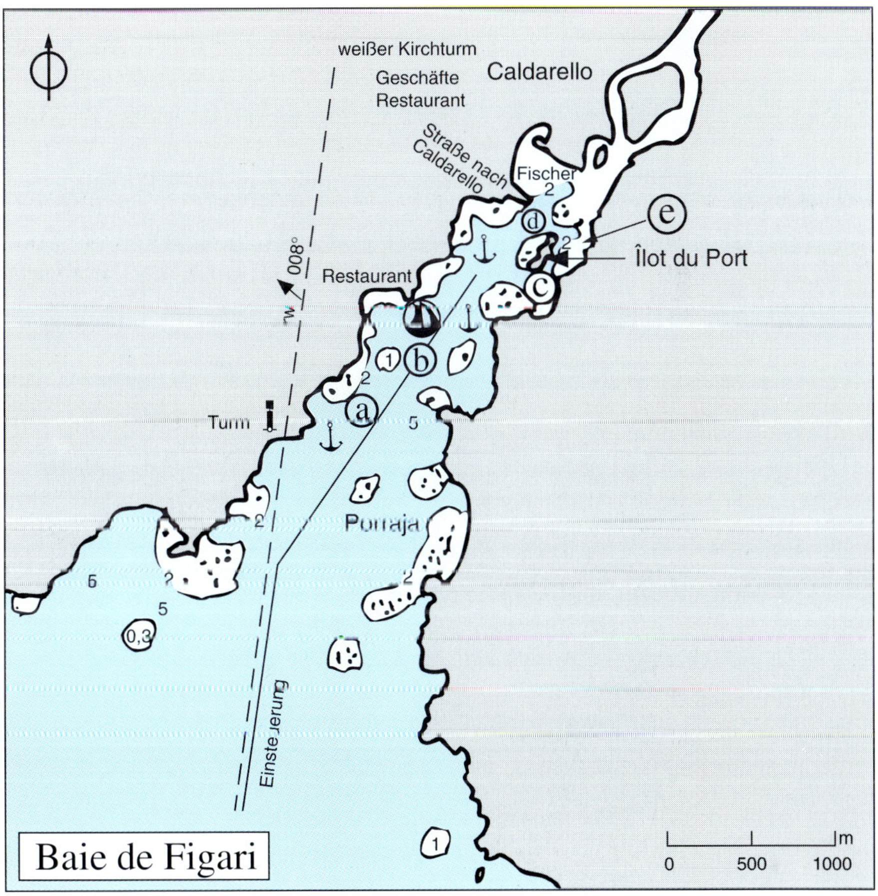

Nordosten einschneidende Bucht, in die an ihrem Ende ein Fluß mündet, ist einer der besten und damit auch meistbesuchten Ankerplätze Korsikas.

Ansteuerung (Seekarten: D 499 und 438, BA 1992 und 1985, F 7162 und CG 1008): Peilt der Turm am Westufer der Bucht in Linie mit dem weißen Kirchturm des Dorfes Caldarello nordwestlich am Hang (rwP 008°), hat man den Einsteuerungskurs. Etwa 500 m vor dem Turm laufe man zwischen dem Turm und der Insel Porraja in die Bucht ein.

Ankerplatz: a) Dicht nordöstlich des Turmes auf 5 bis 10 m Wassertiefe.
b) Dicht südlich des Restaurants mit Anlegesteg. Yachten bis 1 m Tiefgang können direkt am Steg anlegen.
c) Vis-à-vis vom Restaurant am Ostufer auf 2 bis 3 m Wassertiefe.
d) An dem Steg neben der Straße nach Caldarello.
e) Östlich der Îlot du Port. Wegen des begrenzten Platzes muß man Leinen zum Land hin ausbringen, damit die Yacht nicht schwojt.

Versorgung: Um die Bucht verstreut finden sich mehrere Café-Restaurants (nur im Sommer geöffnet). Lebensmittelgeschäft, Restaurant und Café in Caldarello.

Bademöglichkeiten: An den Stränden am Ostufer.

Entfernungen von der Baie de Figari: Propriano 26 sm, Port de Tizzano 12 sm, Bonifacio 8 sm.

Die Kapelle *San Quilico de Montilati* aus dem 12. Jahrhundert überrascht durch ihre geringen Ausmaße: Sie ist 7,50 m lang und 3,10 m breit und mit einem Tonnengewölbe abgedeckt. Ein Besuch lohnt sich.
Der in der Nähe gelegene Flughafen Figari wird im Sommer regelmäßig von Paris und vor allem Nizza aus angeflogen.

Wegen der südöstlich der Baie de Figari fast 0,5 sm vor der Küste liegenden Untiefe *Ecueil de Testa di Gatto* muß man ausreichend Abstand von der Küste halten, wenn man in den

Golfe de Ventilègne einlaufen will. Der etwa 1,5 sm breite, nach Südwesten offene Golf sollte nur bei ruhigem Wetter angesteuert werden. Die mehrere Einbuchtungen aufweisenden Ufer sind mit Klippen übersät.

41° 26′N
009° 06′E

Der südlich des Golfes auf *Cap de Feno* stehende Leuchtturm (Fl(4).WR.15s 21/7/4M; der auf 21 sm verstärkte Sektor von 108° bis 112° deckt die Klippen Les Moines ab, der rote Sektor die Untiefe *Ecueil de Testa di Gatto)* ist eine gute Ansteuerungsmarke. Bei der Einsteuerung halte man sich an die Mitte des Golfes, um dann einen der im Plan auf Seite 69 eingezeichneten Ankerplätze anzulaufen:
a) In der nördlichen Einbuchtung kann man vor einem 200 m langen Sandstrand auf 2 bis 3 m Wasser über Sandgrund ankern.
b) Die 0,5 sm westlich davon liegende Einbuchtung ist nur für Yachten mit weniger als 1 m Tiefgang zugänglich.
c) Die Einbuchtung vor der Einfahrt in den *Étang de Ventilègne* bietet auf 2 bis 4 m Wassertiefe den besten Ankerplatz.

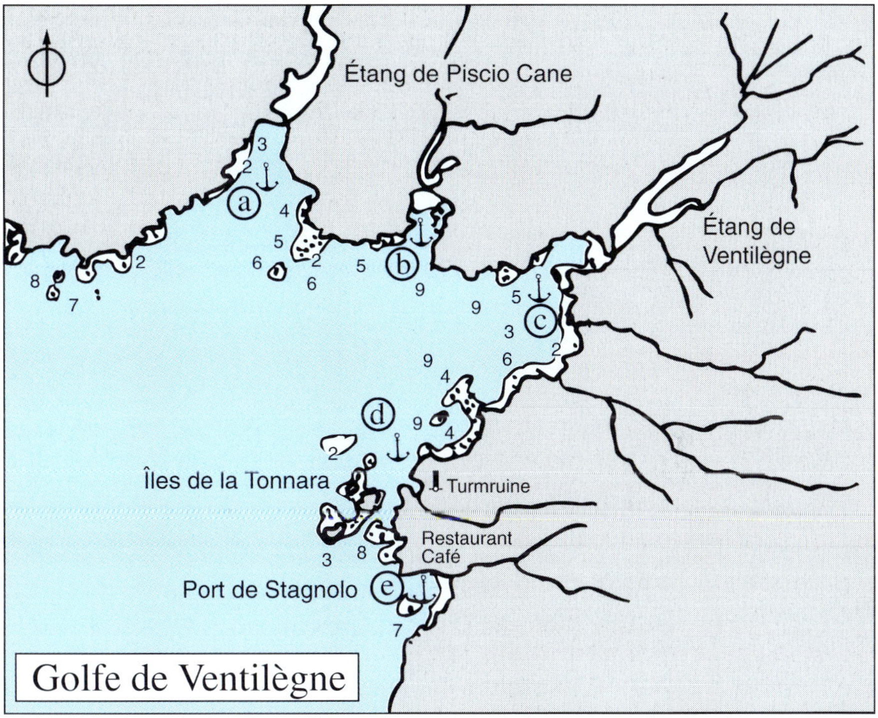

d) Nordöstlich der *Îles de la Tonnara* kann man auf 2 bis 5 m Wassertiefe vor dem kleinen Fischerhafen ankern.

e) Die *Port de Stagnolo* genannte Einbuchtung im Südosten des Golfes bietet vor dem kleinen Strand auf 3 bis 5 m Wassertiefe einen guten Ankerplatz. Mit dem Beiboot kann man an einem kleinen Anleger festmachen.

Gegenüber den Îles de la Tonnara befindet sich ein Café-Restaurant mit guter korsischer Küche.

Entfernung von Propriano 26 sm, von Bonifacio 5 sm.

Anse de Paragnano ist eine 1000 m nach Nordosten ins Land einschneidende, fjordartige Bucht mit einem 200 m breiten Sandstrand an ihrem Ende. Wegen des flachen Umlandes bietet sie nur wenig Schutz. Bei der Ansteuerung sollte man sich an das Südostufer halten, da dem Nordwestufer Klippen vorgelagert sind. Man ankere vor dem Strand auf 4 bis 6 m Wassertiefe.

41° 24′N
009° 08′E

Ein Ausflug zu dem 215 m hoch gelegenen *Croix de la Trinité* wird mit einem fantastischen Blick auf die Straße von Bonifacio belohnt. Um die kleine Wallfahrtskirche *Ermitage de la Trinité* ganz in der Nähe ranken sich alte Sagen und Geschichten.

Port de Fazzio
41° 24′N
009° 08′E

In dieser kleinen Bucht bei den Îles de Fazzuolo unterhält das Centre Nautique des Glénans eine Segelschule für Jollen- und Küstensegeln. Hinter den Îles de Fazzuolo findet man in bemerkenswert schöner Landschaft und herrlich klarem Wasser einen geschützten Ankerplatz.

„Wir erreichten den trefflichen Hafen, den ringsum
Himmelanstrebende Felsen von beiden Seiten umschließen,
Und wo vorn an der Öffnung sich zwei vorragende Klippen
Gegeneinander drehn, ein enggeschlossener Eingang!
... und niemals erhoben sich Wellen darinnen,
Weder große noch kleine; rings herrschet spiegelnde Stille ...“

So beschreibt schon Homer die berühmte Bucht von

Bonifacio
41° 23′N
009° 09′E

eine malerische Kulisse aus steilen, überhängenden Kreidefelsen, die von der Brandung teilweise unterspült und ausgehöhlt sind. Über allem thront in 65 m Höhe die größte Zitadelle Korsikas und südlichste Stadt Frankreichs. Durch den 1 sm langen Fjord ist die Stadt wie eine Halbinsel von Wasser umgeben. Von jeher wurde der tiefe Einschnitt als Hafen geschätzt. Schon Odysseus fand auf seinen Irrfahrten hier Zuflucht, während seinen Gefährten die steilen Felsen an der Einfahrt zum Verhängnis wurden. Er entging den tödlichen Steinwürfen der gigantischen Laistrygonen und konnte sich in den sicheren Hafen retten.
Die Geschichte der Stadt beginnt im Jahre 828, als der toskanische Graf Bonifacio hier eine Zitadelle zur Abwehr der räuberischen Sarazenen errichten ließ. Im Laufe der Jahrhunderte wurde die Festung von Pisanern, Genuesen, Sarazenen, Franzosen, Türken und Spaniern belagert. Die vom Meer heraufführende Treppe – Escalier du Roi d'Aragon – mit ihren 192 Stufen soll auf Anordnung Alfons V. von Aragon während der Belagerung in einer einzigen Nacht in den Stein gehauen worden sein, um die Stadt von See her erobern zu können. Die Mühe war allerdings vergeblich. Der Hafen war von jeher uneinnehmbar. Noch heute sieht man die Überreste der in die Felsen geschlagenen Bollwerke mit ihren Schießscharten sowie beiderseits mächtige Winden, mit denen schwere Eisenketten im Fjord abgesenkt werden konnten. So schnell kam kein Schiff in den Hafen hinein oder wieder heraus, wenn die Bewohner es nicht wollten.
Im Jahre 1195 gelang es den Genuesern allein durch eine List, sich der Stadt zu bemächtigen. Sie deportierten die Bewohner und siedelten ligurische Einwanderer an, weshalb man in Bonifacio noch heute einen besonderen Dialekt spricht, der von den übrigen Korsen kaum verstanden wird. Die Lage der Stadt auf dem schmalen, halbinselartigen Plateau zwang dazu, in die Höhe zu bauen: Die meisten Häuser in der Altstadt sind vier

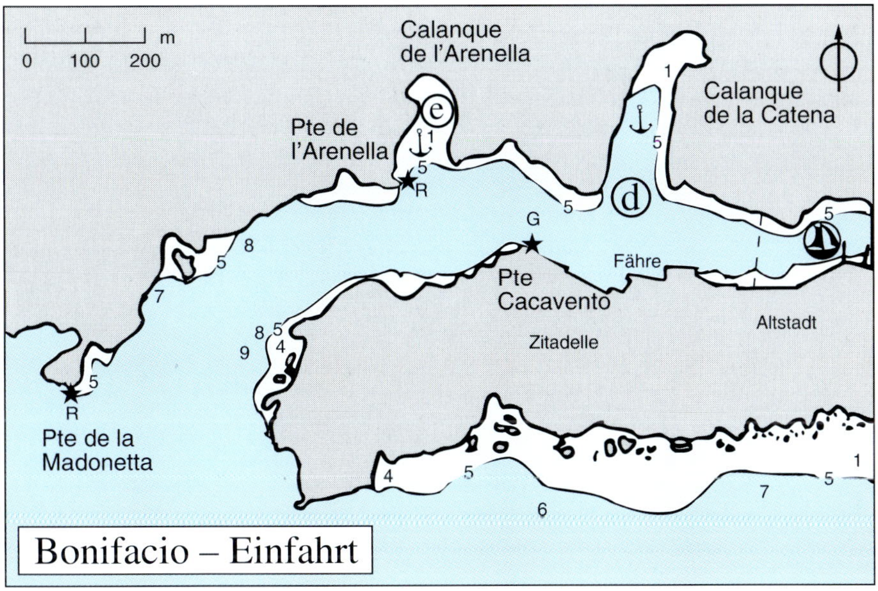

Bonifacio – Einfahrt

und fünf Stockwerke hoch. Die Querbögen zwischen den Häusern sind Reste einer Wasserleitung, mit der das Regenwasser von den Dächern in unterirdische Zisternen geleitet wurde. In die befestigte Altstadt mit ihrer Zitadelle gelangt man durch die Porte de Gênes mit ihrer Zugbrücke, die bis in das 19. Jahrhundert der einzige Zugang war.

Die Unterstadt besteht aus der sich am Hafen entlangziehenden Straße mit ihren Cafés, Restaurants, Hotels und Geschäften auf der einen und dem breiten Kai auf der anderen Seite. Am Kai drängen sich im Sommer die Tische und Stühle der Cafés und Restaurants.

Ansteuerung (Seekarten: D 499 und 438, BA 1992, 1213 und 1985, F 7024 und CG 1008). Bei der Annäherung von See glaubt man nicht, daß sich in den hohen weißen Kreidefelsen eine Zufahrt finden läßt. Erst kurz vor der Einfahrt scheinen die Klippen wie Schiebetore auseinanderzuweichen, um die Einfahrt in den Fjord freizugeben.

Die Ansteuerung ist ansonsten bei Tag und Nacht einfach. Die Einfahrt liegt etwa in der Mitte zwischen den Leuchttürmen von Cap de Feno (Fl(4). WR. 15s 21/7/4M) im Nordwesten und Cap Pertusato (Fl(2). 10s 25M) im Südosten. Die Westseite der Einfahrt wird durch das Leuchtfeuer La Madonetta (Iso.R.4s 6M), einen 10 m hohen roten, viereckigen Turm markiert.

Bei Nacht weisen die Feuer Pointe de l'Arenella (Oc(2). R. 6s), Pointe Cacavento (Fl. G. 4s) und Jetée de Grande Barcadère (Oc. G. 4s) den Weg in den Hafen.

Liegeplatz: a) Der gut ausgebaute Yachthafen verfügt über 450 Liegeplätze für Yachten bis 40 m Länge. Die Plätze an den Stegen vor dem nördlichen Kai und jene am Ostkai sind mit Grundleinen ausgestattet, die Schwimmstege am südlichen Kai sollen nach und nach durch dauerhafte Betonstege ersetzt werden. An allen Liegeplätzen gibt es Wasser- und Stromanschlüsse. Kraftstoff erhält man an der Hafentankstelle. Duschen und Toiletten befinden sich hinter Centre Nautique und Yachtclub.

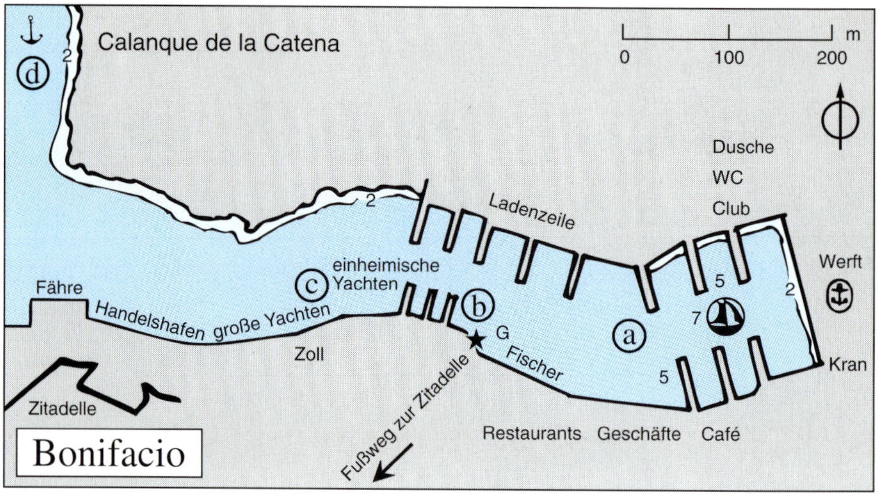

b) Die Schwimmstege sind für einheimische Yachten reserviert.

c) Westlich dieser Schwimmstege sind am Kai Liegeplätze für große Yachten, die am Ostkai keinen Platz finden. Man liegt hier vor Buganker und nicht so ruhig und geschützt wie im Yachthafen.

d) Vor Anker in der Calanque de la Catena auf 2 bis 4 m Wassertiefe.

e) Vor Anker in der Calanque de l'Arenella auf 0,50 bis 2 m Wassertiefe.

Hafenmeister: Antoine Poggi, Telefon 95 73 10 07. Die Hafenmeisterei ist während der Dienststunden über UKW-Kanal 9 zu erreichen (Liegeplatzreservierung über UKW-Telefon ist im Juli und August empfehlenswert). Zweimal täglich wird der neueste Wetterbericht ausgehängt.

Reparaturmöglichkeiten: Ein 30-t-Mobilkran steht zur Verfügung. Neben der Capitainerie befinden sich ein größerer Werftbetrieb, ein gut sortierter Schiffsausrüster sowie ein Motorenservice. Über die Niederlassung von Swan-Sailing (links neben der Capitainerie) kann man einen deutschen Mechaniker erreichen, der seine Werkstatt etwas außerhalb von Bonifacio hat. Ein deutscher Segelmacher hat sich auf halbem Weg zwischen Bonifacio und Porto-Vecchio niedergelassen (Voilerie du Sud, P. Haener, Chiova d'Asinu an der N 198, Telefon 95 70 21 85). Schiffszubehör erhält man auch in einem Geschäft am südlichen Kai (Yamaha Service-Station).

Versorgung: Lebensmittelgeschäfte, Cafés und zahlreiche Restaurants in der Häuserzeile am Südkai. Der Yachtclub ist nur von Mai bis September geöffnet. Auch die meisten Restaurants am Hafen öffnen nur während der Saison. Zu empfehlen ist das Restaurant „A Zappara" nahe dem Aufgang zur Zitadelle, das ganzjährig geöffnet hat – meist nur mittags oder nach Lust des Patrons. Hier gibt es hervorragende korsische Küche. Auch die Oberstadt in der Zitadelle weist eine Vielzahl Cafés und Restaurants auf, von denen die Crêperie besondere Erwähnung verdient.

Veranstaltungen: Gründonnerstag findet am Hafen eine Prozession statt.

Karfreitag pilgern die fünf Bruderschaften abends von ihren Kirchen zur Hauptkirche

Sainte-Marie-Majeure, wobei jeweils zehn bis zwölf starke Männer eine große Trage mit einer barocken Skulpturengruppe, die von Fackeln erleuchtet wird, durch die engen Gassen tragen. Es ist sehr ergreifend, wie die Männer in ihren schwarzen, grünen und roten Kutten dabei alte liturgische Gesänge wie das Misereor anstimmen. Die Bruderschaften treffen nacheinander in der Hauptkirche ein, wo sie den Segen der Reliquie, eines Splitters des Kreuzes Christi, empfangen. Der damit verbundene Gottesdienst in der Kirche Saint-Marie-Majeure dauert mehrere Stunden.

Entfernungen von Bonifacio: Propriano 31 sm, Santa Teresa di Gallura (Sardinien) 10 sm, Cala Gavetta (La Maddalena) 17 sm, Porto-Vecchio 25 sm.

Einen Besuch der Altstadt und Zitadelle mit ihren engen Gassen und Treppen sollte man auf keinen Fall versäumen. Von verschiedenen Stellen hat man einen herrlichen Ausblick auf die Straße von Bonifacio und auf die seltsam geformten Kreidefelsen vor der Küste, wie beispielsweise den Dito Grosso, der auf unzähligen Postkarten abgebildet ist.

Die Kirche *Sainte-Marie-Majeure* aus dem 13. Jahrhundert ist der Mittelpunkt der Altstadt. In der an die Kirche angebauten Loggia versammelte sich früher der Ältestenrat, um über die Geschicke der Stadt zu beraten. Unterhalb der Loggia befindet sich eine 650 m^3 Regenwasser fassende Zisterne, in der früher das Wasser von den benachbarten Hausdächern gesammelt wurde. Auf der Place Grandval sieht man noch die Fundamente der ehemaligen Kornspeicher, die bei Belagerung der Stadt die Versorgung sicherstellten.

Ein Spaziergang zum Leuchtturm von *Pertusato* – etwa 5 km östlich der Stadt – wird durch einen großartigen Panoramablick auf Bonifacio und das dahinterliegende Bergland sowie die Straße von Bonifacio mit ihren zahlreichen Inseln und die Küste Sardiniens belohnt.

Bei ruhigem Wetter sollte man mit dem Beiboot die Grotten in der Umgebung besuchen, vor allem die westlich des Leuchtturms La Madonetta gelegene *Grotte du Sdragonato.* Nachmittags fällt das Sonnenlicht durch eine Öffnung in der Decke und färbt das Wasser und die umgebenden Felsen in allen erdenklichen Farben.

Straße von Bonifacio: Die französischen Inseln

Die zu Frankreich gehörenden Inseln Lavezzi und Cavallo mit den unzähligen sie umgebenden Klippen und Untiefen sind bei ruhigem Wetter ein herrliches Segelrevier, in dem es sich leicht einige Zeit aushalten läßt. Bei schwerem Wetter sollte man einen großen Bogen um die Inseln machen, damit man nicht das Schicksal der französischen Fregatte „La Sémillante" erleidet, die 1855 auf dem Weg zur Krim an den Klippen südlich von Lavezzi zerschellte. Für die 773 Opfer der Schiffskatastrophe sind auf der Insel Lavezzi zwei Friedhöfe angelegt worden. Strohblumen und wilde Lilien wuchern über den Gräbern, und in einer besonders ruhigen Nacht hat man manchmal das ungute Gefühl, die Geister der toten Seeleute und Soldaten trieben ihr Unwesen auf der Insel. Nicht umsonst wird sie auch heute nur von einigen Seevögeln bewohnt.

Das ganze Gebiet ist inzwischen Naturschutzgebiet mit den entsprechenden Auflagen und Verboten (wie schon bei Marine d'Elbo, Seite 33, beschrieben). Näheres erfährt man in den Hafenbüros in Bonifacio und Porto-Vecchio.

In der Straße von Bonifacio werden bedingt durch die Trichterform und die damit verbundene Düsenwirkung vor allem westliche Winde um bis zu 2 Bft verstärkt, und es baut sich schnell eine steile See auf. Westliche Winde und Mistral erzeugen eine Strömung von etwa 3 kn in östlicher Richtung, die noch ein bis zwei Tage nach Abklingen des Mistral spürbar ist. Das gleiche gilt in umgekehrter Richtung bei östlichen und nordöstlichen Winden.

Ansteuerung (Seekarten: D 499 und 438, BA 1992, 1213 und 1985, F 7024 und CG 1008): Der auf der Südspitze der Insel Lavezzi, der Pointe Becchi, stehende Leuchtturm (Oc(2). WRG. 6s 15–11M – weiß 053° bis 111°, grün 111° bis 237°, weiß 237° bis 278°, grün 278° bis 334°, weiß 334° bis 346°, rot 346° bis 053°, 138° bis 218° werden durch die Höhen der Insel verdeckt) gehört zusammen mit dem Funkfeuer Lavezzi (VZ, Frequenz 287,3 kHz, Reichweite 30 sm) zu den wichtigen Ansteuerungspunkten in der Straße von Bonifacio. Südlich der Îles Lavezzi markiert der 19 m hohe schwarz-rot-schwarze Turm Ecueil de Lavezzi Fl(2) 6s 9M) eine Klippe und darum verstreut liegende Untiefen. Etwa 0,6 sm weiter südlich liegt die Untiefentonne Lavezzi Sud (Q(6) + LFl. 15s 4M) mit Südtoppzeichen. Sie ist die nördliche Begrenzung der Grande Passe des Bouches de Bonifacio, der Durchfahrt durch die Straße von Bonifacio, die auch von der Großschiffahrt benutzt wird. Weitere Ansteuerungshilfen sind die östlich der Inseln liegenden Untiefenbaken Perduto (Q(9) 10s 6M) mit Westtoppzeichen und Ecueil de Perduto (Q(3) 10s 11M) mit Osttoppzeichen.

ÎLES LAVEZZI Das ist ein Gewirr von rosafarbenen Felsen, bestehend aus der Insel Lavezzi und gut zwei Dutzend Inselchen und unzähligen Klippen, die eine rauhe und beängstigende Szenerie bilden, aber einige interessante Ankerplätze aufweisen.

Cala Lazavina
41° 20′N
009° 15′E

ist der wohl interessanteste Ankerplatz der Insel, tief versteckt in einem Gewirr von Klippen. Die Pyramide zum Gedenken der Opfer der Fregatte „La Sémillante“ auf dem südwestlich vorgelagerten Inselchen markiert die westliche Seite der Einfahrt zu dem Ankerplatz. Von Südwesten kommend, sollte man die beiden Klippen südlich der Pyramide etwa 20 m

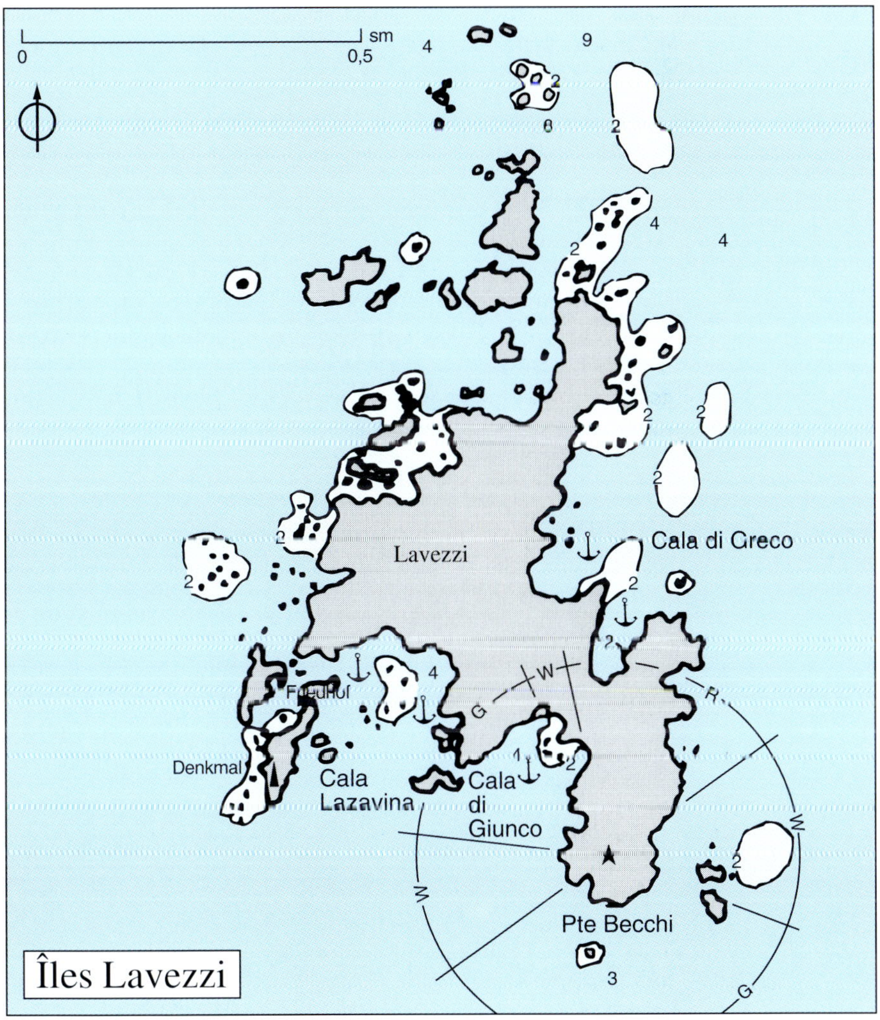

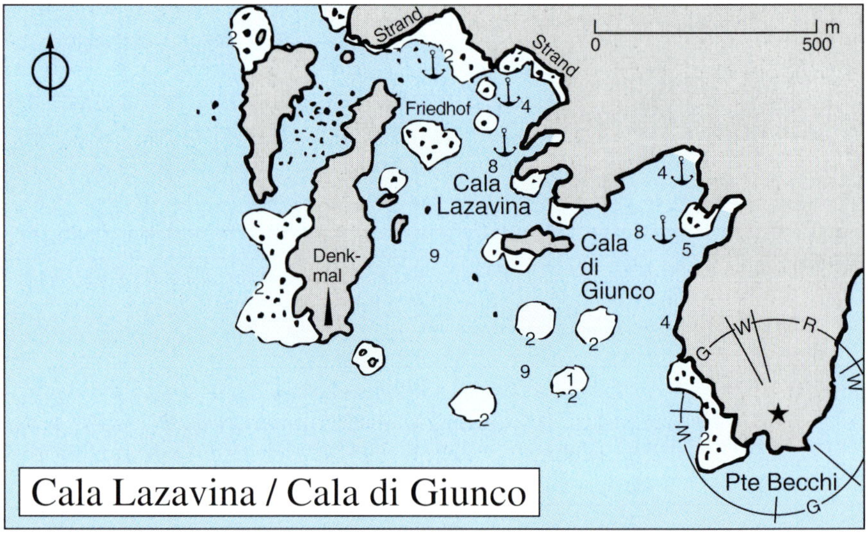

Cala Lazavina / Cala di Giunco

an Backbord lassen und mit nordöstlichem Kurs auf den Ankerplatz zusteuern. Zwei größere Felsen kennzeichnen die Zufahrt zu einem traumhaften Ankerplatz, der sich im Sommer regen Zuspruchs erfreut.
Man ankere an der im Plan eingezeichneten Stelle auf 3 bis 5 m Wasser über Sandgrund, der mit Steinen durchsetzt ist. Wenn bereits mehrere Yachten dort ankern, sollte man zusätzlich eine Landfeste ausbringen, um ein Schwojen der Yacht zu verhindern.

Unmittelbar östlich der Cala Lazavina liegt die

Cala di Giunco
41° 21′N
009° 15′E

Sie ist nicht ganz so wildromantisch wie die Cala Lazavina und auch gegen Wind und Seegang aus West weniger geschützt, bietet aber bei ruhigem Wetter eine gute Ausweichmöglichkeit, wenn die Cala Lazavina überfüllt ist. Bei der Einsteuerung halte man sich dicht am östlichen Ufer – die Klippen vor dem Ufer sind gut auszumachen. Man ankere an der im Plan eingezeichneten Stelle auf etwa 8 m Wassertiefe und bringe sicherheitshalber eine Leine zum Land hin aus.

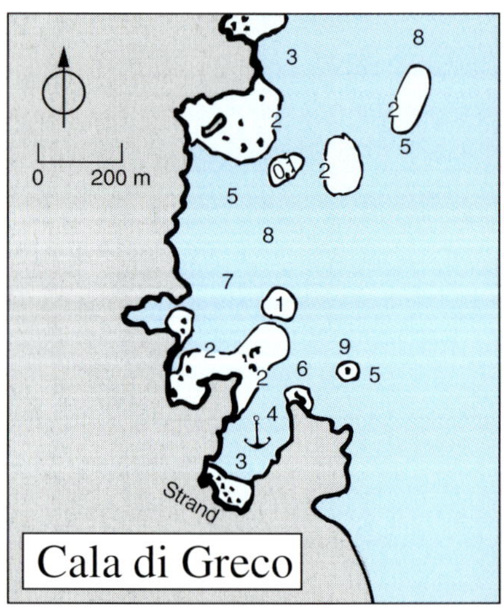

Cala di Greco

Ein vor Winden aus westlichen Richtungen geschützter Ankerplatz ist die

Cala di Greco
41° 20′N
009° 16′E

an der Ostseite der Insel Lavezzi. Bei der Ansteuerung halte man sich von der östlich vorgelagerten Klippe gut frei und steuere dann mit südwestlichem Kurs auf den Sandstrand zu. Man ankere an der im Plan auf Seite 76 unten eingezeichneten Stelle auf 3 bis 4 m Wasser über gut haltendem Sandgrund. Wegen der Enge der Bucht empfiehlt es sich, zusätzlich eine Landfeste auszubringen. Der kleine Strand am Ende der Bucht lädt zum Baden ein.

Entfernungen von den Îles Lavezzi: Bonifacio 7 sm, Santa Teresa di Gallura (Sardinien) 7 sm, Porto-Vecchio 20 sm.

ÎLE CAVALLO Die Insel wurde ebenso wie das südlich gelegene Inselchen Baïnso bereits von den Römern als Steinbruch genutzt. Zahlreiche wie auf ihren Abtransport wartende Steinquader und von den Sklaven in den Granit geritzte Basreliefs zeugen noch heute davon.

Cavallo gehört einem französischen Immobilien- und Tourismus-konsortium. Offensichtlich sind die Korsen damit nicht einverstanden. Denn ein unübersehbarer Schriftzug auf den Felsen in der Hafeneinfahrt von Bonifacio fordert: „Cavallo den Korsen."

Außer den Sommerhäusern gibt es noch einen kleinen Flugplatz – und ein Restaurant, das nicht nur für seine hervorragende Küche, sondern auch für seine hohen Preise bekannt ist.

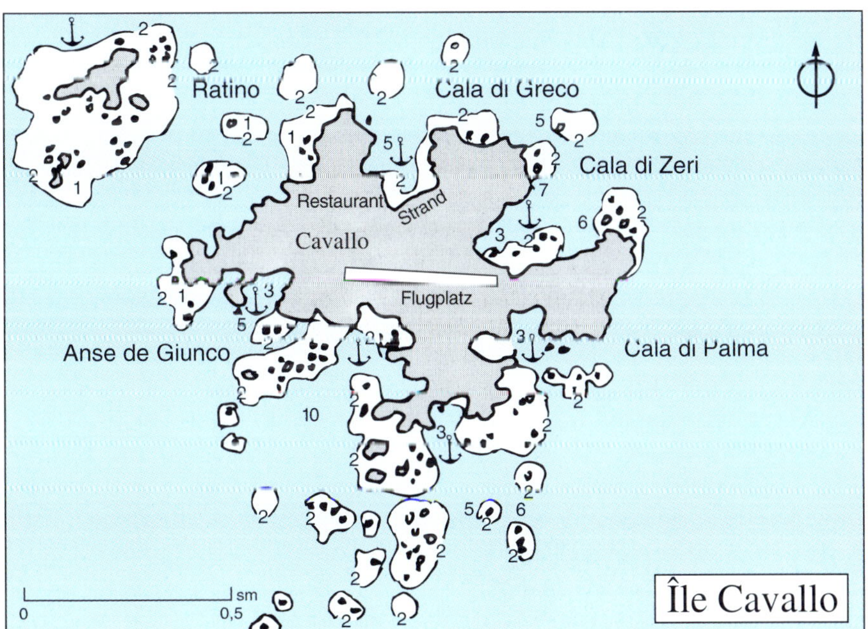

Da sich die Insel in Privatbesitz befindet, ist das Betreten verboten. Auch sehen es die Eigentümer nicht gern, wenn man an den im folgenden beschriebenen Ankerplätzen ankert.
Das Klippengewirr zwischen den Îles Lavezzi und der Île Cavallo läßt eine Durchfahrt nicht zu.

Anse de Giunco 41° 22′N 009° 15′E ist eine Ankerbucht im Südwesten der Insel, die vor Winden aus dem. 1. Quadranten guten Schutz bietet. Wegen der Klippen zu beiden Seiten der Einfahrt sollte man sich bei der Ansteuerung in der Mitte der Zufahrt halten. Vor dem Strand lasse man auf 3 bis 5 m Wasser über Sandgrund den Anker fallen. Kündigt sich Wind oder Seegang aus West an, muß man den Ankerplatz unverzüglich verlassen.

Cala di Palma 41° 22′N 009° 16′E (Anse de Palma) ist eine ruhige Bucht mit kristallklarem Wasser im Südosten der Insel. Die Ansteuerung erfolgt von Osten; zwischen den Klippen und dem nördlichen Ufer führt eine 3 m tiefe Zufahrt in die Bucht. Man ankere an der im Plan Seite 77 eingezeichneten Stelle auf 3 m Wasser über Sandgrund inmitten einer urtümlichen Felslandschaft. Bei Westwind steht unangenehmer Schwell in die Bucht.

Cala di Zeri 41° 22′N 009° 16′E ist eine tief ins Land einschneidende Bucht im Nordosten der Insel, die guten Schutz vor Winden aus Nordwest bis Südwest bietet. Bei der Ansteuerung halte man sich gut frei von den Klippen beiderseits der Zufahrt. Das südliche Ufer ist im hinteren Teil der Bucht mit Klippen übersät. Man ankere auf 3 bis 5 m Wassertiefe (siehe Plan). Der Strand am Ende der Bucht ist ein vielbesuchter Badeplatz.

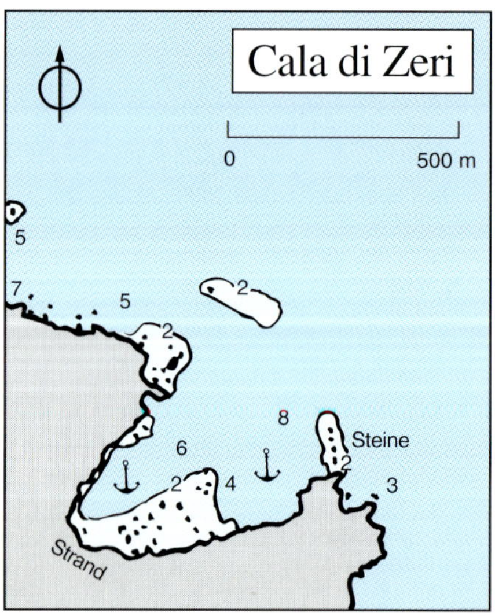

Cala di Greco 41° 22′N 009° 16′E

ist die größte, schönste und meistbesuchte Bucht der Insel mit kristallklarem Wasser. Sie bietet außer bei nördlichen Winden guten Schutz.
Die Ansteuerung ist wegen verschiedener Untiefen und Klippen nicht ganz einfach. Entweder laufe man in weitem Bogen von Norden oder direkt unter Land von Osten in die Bucht ein und ankere vor dem durch einen Felsvorsprung geteilten weißen Sandstrand auf 4 bis 5 m Wasser über gut haltendem Sandgrund. Das Restaurant hinter dem Strand bietet außergewöhnlich gute französische Küche – allerdings zu entsprechend hohen Preisen.

Entfernungen von Île Cavallo: Bonifacio 6,5 sm, Santa Teresa di Gallura (Sardinien) 8,5 sm, Porto-Vecchio 19,0 sm.

ÎLE RATINO

Dieses kleine Felseneiland bietet nur im Norden einen brauchbaren Ankerplatz, der freilich nur bei ruhigem Wetter angelaufen werden sollte. Zahlreiche Klippen erschweren die Ansteuerung, die am sichersten von Norden oder Nordwesten her erfolgt. Man ankere an der im Plan auf Seite 77 eingezeichneten Stelle auf etwa 4 m Wasser über Sandgrund, der mit Felsen durchsetzt ist.

Bonifacio bis Porto-Vecchio

Südöstlich von Bonifacio thront auf den Steilfelsen der Semaphor von Cap Pertusato, von dem aus der Schiffsverkehr in der Straße von Bonifacio überwacht wird. Dicht daneben steht der Leuchtturm Pertusato (Fl(2)10s 25M). Zusammen mit dem Leuchtfeuer von Capo Testa auf Sardinien (Fl(3)12s 17M), den bereits bei den Inseln Lavezzi und Cavallo erwähnten Leuchtfeuern und -baken und dem Leuchtfeuer der Insel Razzoli im Maddalena-Archipel (Fl. WR. 5s 13/9M) weist er den Schiffen den Weg durch die Straße von Bonifacio.
Für die Fahrt durch die Straße von Bonifacio gibt es verschiedene Möglichkeiten, je nach Wetterverhältnissen und dem ins Auge gefaßten Ziel.

Die

Grande Passe des Bouches de Bonifacio (Bocca Grande) wird von der Großschiffahrt benutzt und bereitet weder bei Tag noch bei Nacht irgendwelche Schwierigkeiten, ungeachtet von Windrichtung und -stärke. Die Durchfahrt ist an der schmalsten Stelle immerhin 3 sm breit. Yachten, deren Ziel die Ostküste Korsikas ist, können den Weg verkürzen, indem sie zwischen den

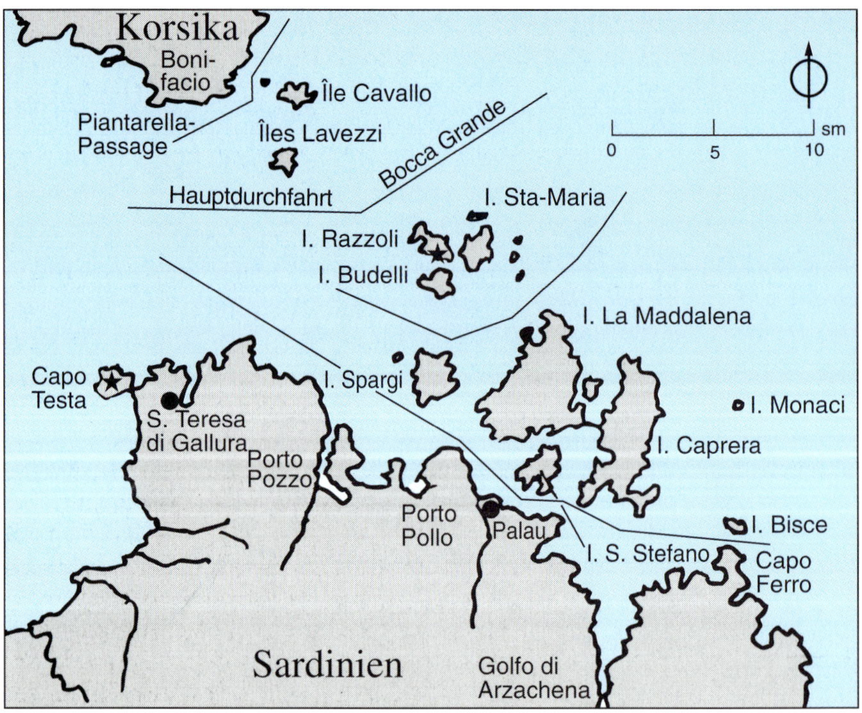

Îles Lavezzi und dem Ecueil de Lavezzi und dann auf nördlichem Kurs zwischen der Île Cavallo und den Perduto-Klippen durchfahren.
Nur bei ruhigem Wetter und auch nur bei Tage ist die

Piantarella-Passage zu benutzen. Sie verkürzt den Weg zur Ostküste erheblich, ist aber wegen der vielen Klippen und Untiefen, die das Fahrwasser säumen, navigatorisch nicht ganz einfach. Die beiden Baken, die das Fahrwasser markieren, sind nicht leicht auszumachen. In umgekehrter Richtung von Nordosten kommend, kann man sie so gut wie gar nicht erkennen.
Von Bonifacio kommend, steuere man südlich an der schwarz-roten Untiefenbake *Le Prêtre* vorbei und bleibe so lange auf diesem Ostkurs, bis die Untiefenbake *Tignosa de Ratino* mit der Pointe Capicciolo (östlichste Spitze der Halbinsel Santa Manza) in Linie ist. Dann halte man auf die Untiefenbake *Tignosa de Ratino* zu, die man etwas westlich passiert.

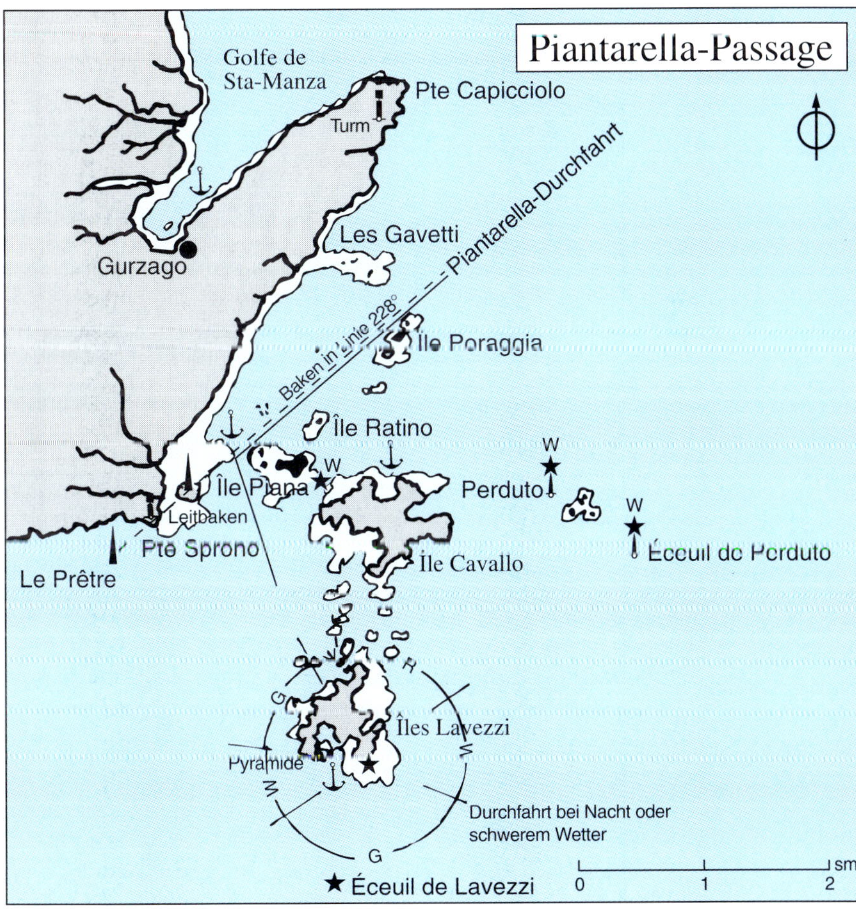

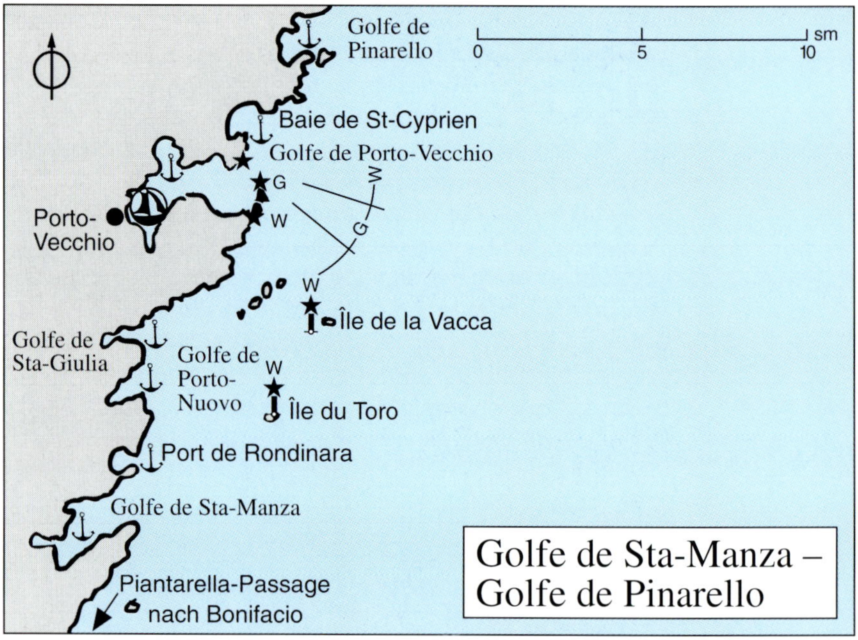

Steuert man von hier aus rw 048°, so ist man frei von den Untiefen an der *Île Poraggia* und dem *Écueil de Poraggia.* Auf diesem Kurs müssen zurückschauend die beiden gemauerten schwarzen Steinbaken auf der Pointe Sprono und der Île Piana in Linie sein.
Von der Ostküste Korsikas kommend, halte man zunächst auf den *Écueil de Poraggia* zu, bis das östliche Ende der *Île Cavallo* mit der *Pointe Capicciolo* in Linie ist. Kurs 228° führt dann vorbei an der *Île Poraggia* zu der Untiefenbake *Tignosa de Ratino,* wobei die beiden gemauerten schwarzen Steinbaken in Linie voraus sein müssen. Nach dem Passieren der Bake gehe man auf Südkurs, bis die Untiefenbake *Le Prêtre* querab ist. Von nun an führt Westkurs zum Cap Pertusato und weiter in Richtung Bonifacio.
Bei ruhigem Wetter kann man zwischen **Île Piana** und **Pointe Sprono** an der im Plan auf Seite 81 markierten Stelle auf 3 bis 4 m Wassertiefe ankern. Die Zufahrt zu dem Ankerplatz ist allerdings nur von Süden möglich. Der Strand nördlich der Pte Sprono verlockt zu einem Badeaufenthalt.
Nach Runden der Pte Capicciolo öffnet sich nach Südwesten der weite

Golfe de Santa-Manza
41° 25′N
009° 14′E

Die 1,5 sm breite und 2,5 sm tief einschneidende Bucht bietet außer gegen nordöstliche Winde hervorragenden Schutz. Der Golfe de Santa-Manza ist ein beliebtes Surf- und Jollenrevier.

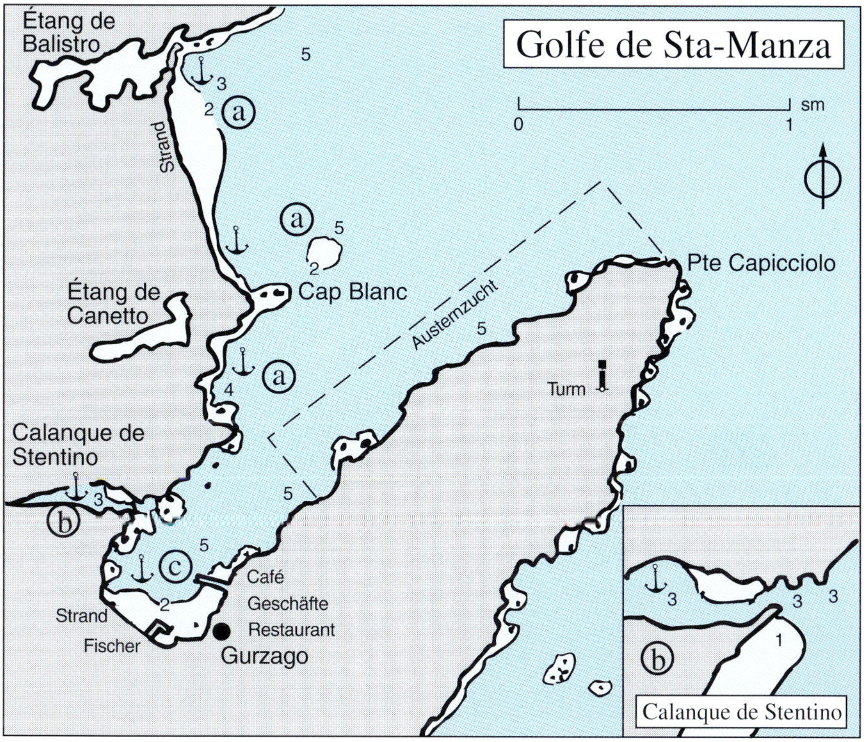

Ansteuerung (Seekarten: D 499 und 438, BA 1992, 1213 und 1985, F 7024, 6929 und CG 1008): Bei der Ansteuerung ist auf die 2-m-Untiefe nordöstlich von Cap Blanc zu achten und auf die 500 m breite Austernbank, die sich von der Pte Capicciolo aus 1,5 sm weit in den Golf hineinzieht.

Liegeplatz: a) Vor Anker an den im Plan eingezeichneten Stellen auf 2 bis 8 m Wassertiefe.
b) In der Calanque de Stentino findet man die sichersten Ankerplätze. Die Flußmündung droht allerdings ständig zu versanden, so daß meist nur Yachten mit weniger als 1,50 m Tiefgang einlaufen können.
c) Bei dem Fischerdorf Gurzago vor Anker auf 3 bis 5 m Wassertiefe etwa 200 m vor dem Strand. Bei stärkerem Wind aus Südwest bis West sollte man zwei Anker ausbringen, da manchmal heftige Fallböen von den Bergen herabstürzen – außerdem hält der Ankergrund nicht besonders gut.

Versorgung: Im Dorf Gurzago gibt es ein Lebensmittelgeschäft, Restaurants und Cafés. In den letzten Jahren sind um die Bucht mehrere Hotels und Campingplätze entstanden.

Entfernung von Bonifacio 11 sm, von Porto-Vecchio 15 sm.

Port de Rondinara ist eine nahezu kreisrunde Bucht nördlich der Pointe Rondinara, die fast vollkommen von weißem Sandstrand umsäumt und in einer lieblichen Landschaft gelegen ist. Bei der Ansteuerung ist auf die Klippen östlich und nordwestlich der Pte Rondinara zu achten.

41° 28′N
009° 17′E

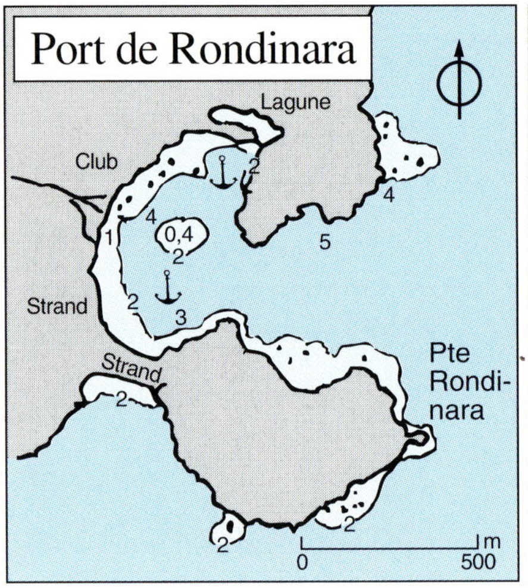

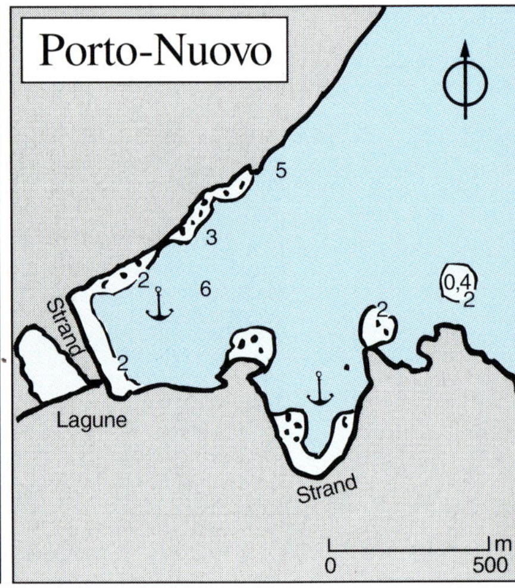

Man ankere nördlich oder südlich der 0,40-m-Untiefe auf 3 bis 6 m Wasser über Sand- und Felsgrund (siehe Plan). Bei ruhigem Wetter kann man auch südlich der Landzunge vor dem Strand ankern. Das klare Wasser und die weiten Strände laden zum Baden ein.

Das Centre Nautique des Glénans unterhält hier eine Schule für Jollensegeln. Abends kann man an der Bar des Centre Nautique ein Glas Wein trinken und mit den meist aus Frankreich kommenden Segeleleven fachsimpeln.

Entfernung von Bonifacio 12 sm, von Porto-Vecchio 14 sm.

Golfe de Porto-Nuovo ist eine noch recht einsame und fast 1 sm weit nach Südwesten ins Land einschneidende Bucht mit begrünten Ufern und einem Sandstrand im Südwesten. Wegen vorgelagerter Klippen sollte man um die südliche Huk einen weiten Bogen machen. Die Ansteuerung des westlich gelegenen Ankerplatzes bereitet keine Schwierigkeiten, jedoch sollte man den südlich gelegenen wegen zahlreicher Klippen über und unter Wasser nur mit äußerster Vorsicht ansteuern. Hier liegt man freilich sehr viel geschützter als im Westen. Man ankere auf 3 bis 4 m Wasser über Sandgrund, der stellenweise mit Felsen durchsetzt ist (siehe Plan).

41° 30′N
009° 16′E

Entfernung von Bonifacio 14 sm, von Porto-Vecchio 12 sm.

Golfe de Santa-Giulia Die nach Osten offene, fast runde Bucht mit ihrem blaugrünen Wasser hat sich zu einem beliebten Wassersportzentrum entwickelt. Die Ansteuerung ist wegen der zahlreichen Untiefen und Klippen nicht ganz einfach, doch dank des klaren Wassers kann ein Ausguck im Bugkorb bei ruhigem Wetter die Yacht sicher an einen der im Plan verzeichneten Ankerplätze lotsen (siehe nächste Seite).

41° 31′N
009° 17′E

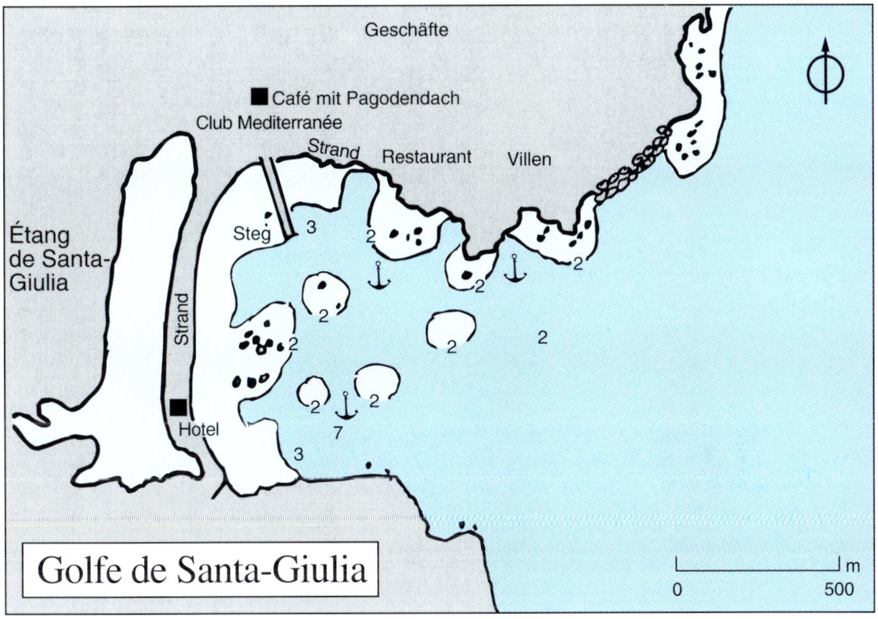

Im Westen der Bucht liegt hinter dem Strand eine ausgedehnte Lagune, der Étang de Santa-Giulia. Im nordwestlichen Teil der Bucht unterhält der Club Mediterranée ein Club-Dorf mit Segel- und Surfschule. Der große Sandstrand lockt nicht nur die Urlauber aus dem Club-Dorf an, sondern auch viele Besucher der umliegenden Campingplätze. Das Restaurant „Moby Dick" an der Nordwestseite verfügt über einen kleinen Steg, an dem man mit dem Beiboot anlegen kann.

Entfernung von Bonifacio 16 sm, von Porto-Vecchio 10 sm.

Bei ruhigem Wetter kann man bei Tage zwischen der Küste und den Îles Cerbicales durchfahren, bei Mistral hat man hier weniger Wind und Seegang, jedoch muß man mit heftigen Fallböen von den Bergen rechnen.
Bei Nacht oder viel Wind sollte man unbedingt 4 sm Abstand von der Küste halten und sich an den befeuerten Untiefentonnen *Danger de Torro* (Q(6) + LFl 15s) mit Südtoppzeichen und *Danger de la Vacca* (Q(3) 10s) mit Osttoppzeichen orientieren.

Baie de Palombaggia ist ein fast 4 km langer Sandstrand. Es lohnt sich, bei ruhigem Wetter hier eine Badepause einzulegen. Der schöne Strand wird durch Klippen und vorspringende Felsen unterbrochen. Man ankere im nördlichen oder südlichen Teil der Bucht vor dem Strand auf 4 bis 8 m Wasser über Sandgrund.

41° 33′N
009° 20′E

Die gegenüberliegenden *Îles Cerbicales* bieten keinen geschützten Ankerplatz, sind jedoch bei Tauchern und Unterwasserjägern sehr beliebt.

Carataggio
41° 34′N
009° 20′E

ist eine kleine Bucht nördlich der Pointe Cerbicale mit einem kleinen Strand vor einem Eichenwäldchen. Inzwischen haben sich die um den Golfe de Porto-Vecchio entstandenen Feriensiedlungen bis hierher ausgedehnt, so daß die Bucht im Sommer von Surfern und Badegästen überlaufen ist. Man ankere auf 2 bis 4 m Wassertiefe vor dem Strand.

Golfe de Porto-Vecchio ist ein fast 4 sm tief in eine prächtige Berg- und Hügellandschaft einschneidender Fjord mit endlos langen weißen Sandstränden zu beiden Seiten, die von Klippen und Felsvorsprüngen unterbrochen werden. Entlang der Bucht sind Campingplätze, Hotels, Feriendörfer, Restaurants, Segel- und Surfschulen entstanden. Sowohl am Nord- als auch am Südufer finden sich mehrere Ankerplätze, die man je nach Wetterlage anlaufen kann.

Am südwestlichen Ende des Golfes liegt auf einem 70 m hohen Hügel, umgeben von einer teilweise noch erhaltenen Festungsmauer, die Stadt

Porto-Vecchio
41° 35′N
009° 17′E

mit ihrem Handels- und Yachthafen. Schon 883 v. Chr. siedelten sich Griechen aus Sizilien hier an und gründeten den Portus Syracusanus. 1539 ließen sich die ersten Genuesen am Golf nieder und errichteten die Festungsanlagen. Der Hafen und die Festung erlangten rasch eine große strategische Bedeutung an der damals ungeschützten Ostküste zwischen Bonifacio und Bastia.

Ausgedehnte Korkeichenwälder erstrecken sich auf einer Fläche von etwa 8000 ha in der weiteren Umgebung der Stadt. Sie gehören zu den schönsten Korsikas und brachten der Stadt einen gewissen Wohlstand – noch heute dient der Handelshafen in der Hauptsache dem Export der Korkeichenrinde.

An der Mündung des Stabiacco liegen die einzigen Salinen Korsikas, die nicht nur die Insel mit Salz versorgen; ein Teil kann auch ausgeführt werden.

Der Aufschwung des Fremdenverkehrs – geradezu herausgefordert durch die reizvolle Lage des Golfes – hat der Stadt und ihrer Umgebung neue wirtschaftliche Entwicklungsmöglichkeiten gebracht. Der Handelshafen soll so ausgebaut werden, daß in naher Zukunft hier auch Fährschiffe vom französischen Festland und aus Italien anlegen können. In Marina dei Fiori sollen ein weiterer Yachthafen und ein Wassersportzentrum entstehen.

Ansteuerung (Seekarten: D 499 und Plan auf 675, BA 1992, F 6929, CG 1004 und CG 1008): Schon von weitem sieht man über der Pointe de la Chiappa in 65 m Höhe den Semaphor, den Leuchtturm mit seinem weittragenden Feuer (Fl(3+1) 15s 23M) sowie die Antennen des Funkfeuers (CP, Frequenz 308 kHz, Reichweite 100 sm) und der UKW-Relaisstation von Grasse Radio (Kanal 25).

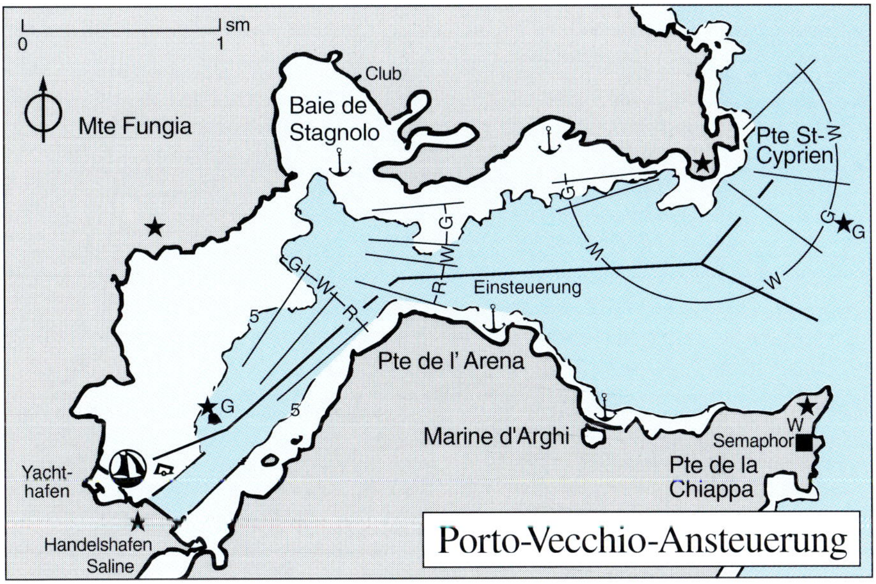

Die Einsteuerung in den Golfe de Porto-Vecchio erfordert Aufmerksamkeit, ist aber dank der zahlreichen Leuchtfeuer und Tonnen einfach.

Von Süden kommend, halte man sich bei Tage nach dem Runden der Pointe de la Chiappa an das betonnte Fahrwasser. Achtung: Die Klippe Chiappino ist nicht mehr durch eine Tonne gekennzeichnet, wie noch in den meisten Seekarten dargestellt!

Bei Nacht steuere man auf die Untiefenbake Pecorella (Fl(3). G.12s) zu, bis kurz vor der Bake der grüne Sektor des Leuchtfeuers Saint-Cyprien (Fl. WG. 4s 11/8M) aufleuchtet. Fast gleichzeitig sieht man dann das Richtfeuer Fozzoli (Oc(2).WRG. 6s 15-13M), dessen weißer Sektor zu dem betonnten Fahrwasser und durch dieses hindurch bis zur grünen Leuchttonne San Benedetto (Fl(4). G. 15s) führt. Von hier halte man auf die weithin sichtbaren Natriumlampen des Handelshafens zu – das Richtfeuer dazwischen, auf dem Quai du Commerçe, ist erst sehr spät auszumachen – bis zur nächsten grünen Leuchttonne (Q. G). Von dort steuere man rechtweisend 255° in Richtung Yachthafen, wobei die rote Leuchttonne La Cioccia (Fl. R. 2s) unbedingt an Backbord zu lassen ist.

Von Norden kommend, halte man zwischen der Pointe Saint-Cyprien und der Leuchtbake Pecorella (Fl(3). G. 12s) auf das betonnte Fahrwasser zu – bei Nacht auf den weißen Leitsektor des Richtfeuers Fozzoli und dann weiter wie von Süden kommend.

Liegeplatz: Der gut ausgebaute Yachthafen verfügt über 540 absolut sichere und bequeme Liegeplätze an den verschiedenen Stegen und am Nordkai; der Südkai ist den einheimischen Yachten und Fischerbooten vorbehalten. Yachten bis 25 m Länge finden hier Platz, wobei die größeren am Nordkai oder am ersten Steg Richtung Hafeneinfahrt festmachen. Alle Liegeplätze verfügen über Grundleinen und Grundketten sowie über Wasser- und Stromanschlüsse. Kraftstoff erhält man an der Hafentankstelle am Knick der Nordmole. Die Duschen befinden sich in dem Gebäude der Capitainerie.

Yachten über 25 m Länge können nach Rücksprache mit dem Hafenmeister an dem Kai des Handelshafens anlegen.

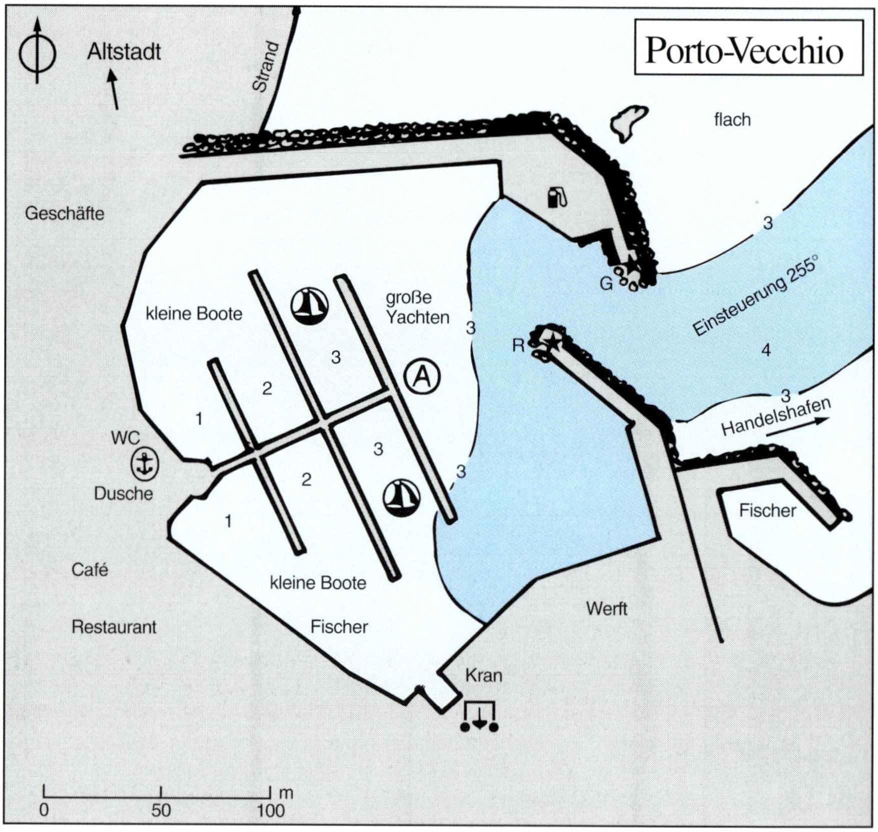

Hafenmeister: *M. J.-L. Lesguer, Telefon 95 70 17 93. Die Hafenmeisterei ist während der Dienststunden über UKW-Kanal 9 zu erreichen (Liegeplatzreservierung über UKW-Telefon ist im Juli und August empfehlenswert). Zweimal täglich wird der neueste Wetterbericht ausgehängt.*

Reparaturmöglichkeiten: Verschiedene Werftbetriebe mit Autokran in der Nähe des Slips am Südkai führen Reparaturen aller Art aus. Schiffszubehör erhält man an der Hauptstraße gegenüber der Capitainerie und hinter dem Südkai. In dem Industriegebiet nördlich der Stadt, an der Straße nach Bastia, hat sich ein deutscher Schlosser niedergelassen, der auch Aluminium- und Nirostaschweißarbeiten ausführen kann. Segelmacher siehe unter Bonifacio.

Versorgung: In unmittelbarer Nähe des Hafens Lebensmittelgeschäfte, Cafés, zahlreiche Restaurants und Eisdielen – besonders zu empfehlen ist der „Eisbecher für Verliebte", gedacht für zwei Personen, reicht aber, um vier Personen von der hervorragenden Qualität des Eises zu überzeugen (an der Straße am Hafen). An der Hauptstraße nach Bonifacio liegt ein großer Supermarkt (etwa 10 Minuten zu Fuß), der an Bord liefert. Weitere Geschäfte und Restaurants findet man in der Altstadt, wobei vor allem die Restaurants mit Blick auf den Golf den mühsamen Anstieg lohnen.

Ein Restaurant besonderer Art soll hier noch erwähnt werden: Etwa 0,5 sm nordöstlich des Hafens in einer kleinen Bucht stehen unter mächtigen Eukalyptusbäumen einige

Tische und Stühle und ein kleiner, halb offener Pavillon. Dahinter, zur Straße hin, schirmt ein Kiosk den Platz ab. Am Wasser rundet ein halb verfallener Anlegesteg das romantische Bild ab. Seitlich vom Kiosk befindet sich eine große offene Feuerstelle, wo das Fleisch gegrillt wird. Unter den leise raschelnden Eukalyptusblättern – abends bei Kerzenschein – kann man sich mit den Köstlichkeiten der korsischen Küche verwöhnen lassen und den Ausblick auf den Golf genießen, das vom Mondschein silbrig schimmernde Wasser zum Greifen nah. Romantischer geht es kaum noch. Das Restaurant ist auch zu Fuß zu erreichen: etwa 15 Minuten vom Yachthafen Richtung Bastia.

Bademöglichkeiten: Der Golfe de Porto-Vecchio mit seinen kilometerlangen Sandstränden.

Entfernungen von Porto-Vecchio: Bonifacio 25 sm, Solenzara 19 sm, Anse de Fautea 10 sm.

Einen Besuch der Altstadt mit ihren verwinkelten Gassen und dem schönen großen Platz vor der Kirche sollte man auf keinen Fall versäumen. Hier spielt sich das tägliche und vor allem abendliche Leben der Stadt ab. Von dem östlichen Stadttor, der *Porte Gênoise* aus dem 16. Jahrhundert, überblickt man den Golf und den Hafen.

Porto-Vecchio ist idealer Ausgangsort für Exkursionen in das Hinterland (Autovermietungen am Hafen). Ein Halbtagesausflug ist der Besuch der torreanischen Fundstätten *Ceccia, Bruschicciu* und *Tappa* etwa 6 km in Richtung Bonifacio.

Ein lohnenswerter Tagesausflug führt in den *Fôret de l'Ospedale* zu einem wunderschön gelegenen Stausee. Vorher sollte man einen Abstecher zu der großartigen torreanischen Ausgrabungsstätte *Castellu d'Arraggiu* machen. In steilen Serpentinen führt die Straße hinauf zu der Sommerfrische *L'Ospedale,* die ihre Existenz der Gründung eines Hospitals in der Römerzeit verdankt. Der mit wenigen Ausnahmen nur im Sommer bewohnte Ort liegt 800 m hoch auf einem Felsvorsprung. Von der Terrasse des Restaurants an der Straße aus hat man einen großartigen Blick auf die Golfe von Porto-Vecchio und Santa Manza, die Îles Cerbicales und die Südspitze Korsikas.

Unmittelbar hinter der Ortschaft sollte man das Auto in einem Waldweg parken und sich in diesem herrlichen Wald die Beine vertreten – dabei die frei herumlaufenden Schweine bei ihrer Nahrungssuche beobachtend, denn dann weiß man, warum das korsische Schweinefleisch so hervorragend schmeckt.

Einige Kilometer weiter liegt in einer malerischen Umgebung der Stausee von L'Ospedale. In der Ferne sieht man die Felszacken des Col de Bavella, der korsischen Dolomiten. Nach etwa 1 km zweigt ein Fußweg ab zu dem Wasserfall *Piscia di Gallo* (Hahnenpiß), der aus 50 m Höhe tosend auf die ausgehöhlten Steine herabstürzt. Im Sommer kann es passieren, daß er ausgetrocknet ist.

Über den *Col d'Ilarata,* eine enge Paßstraße in über 1000 m Höhe – vor jeder Kurve hupen! –, geht es nach *Zonza,* dem Zentrum dieser Bergregion. Die terrassenartig an einem Berghang ansteigende Ortschaft ist

von schönen Kiefern-, Steineichen- und vor allem Kastanienwäldern umgeben. Von Porto-Vecchio und Solenzara fahren fast täglich Ausflugsbusse hierher, die vor allem um die Mittagszeit ihre Fahrgäste in die Restaurants des Ortes entlassen.
Nur 9 km weiter liegt der *Col de Bavella,* das große landschaftliche Erlebnis einer Korsikareise. Dieser 1234 m hoch gelegene, wohl schönste Paß Korsikas ist Treffpunkt für Wanderer und Bergsteiger, die unter der *Madonna de la Neige* im Schatten der riesigen, vom Wind gebeugten Laricio-Kiefern eine Rast einlegen. Thymianstauden und niedriges Macchia-Gebüsch verbreiten einen aromatischen Duft. Eine faszinierende Kulisse von steinernen Nadelspitzen und Türmen, die durch Erosion an den senkrechten Klüften entstanden sind, beherrscht die nördliche Seite des Passes. Am Osthang lädt eine kleine rustikale Berg- und Wanderhütte zum Verweilen ein. Die Wirtin serviert hervorragende Spezialitäten dieser Bergregion.
Will man abends wieder in Porto-Vecchio sein, sollte man hier umkehren und über Zonza, Levie, wo man im *Musée Archéologique* Funde aus vorgeschichtlicher Zeit der Umgebung besichtigen kann, Carbini und Sotta zurückfahren. In der Nähe von Levie, 3 km in Richtung Sainte-Lucie-de-Tollano, liegt die neben Castellu d'Arraggiu bedeutendste Ausgrabungsstätte torreanischer Kultur, das *Castellu di Cucuruzzu.* Nahebei befindet sich die torreanische Fundstätte *Castellu di Capula,* die allerdings wegen Ausgrabungsarbeiten zeitweise nicht besichtigt werden kann.

Porto-Vecchio bis Solenzara

Der Golf von Porto-Vecchio bietet mehrere Ankerplätze, die man je nach vorherrschender Windrichtung aufsuchen kann.

Île Ziglione
41° 34′N
009° 17′E

Im Südosten der Insel kann man zwischen der Insel und dem Land auf 2 bis 4 m Wasser über Sandgrund ankern oder an einer der zahlreichen Bojen festmachen. Vor der Feriensiedlung am Ufer befindet sich ein Slip, auf dem die Gäste der Siedlung ihre Trailer- und Gummiboote zu Wasser lassen. Der Platz bietet guten Schutz gegen Winde aus Ost.

Marina Vizza
41° 34′N
009° 18′E

ist eine kleine geschützte Bucht mit einem Sandstrand an ihrem Ende. Sie liegt etwa 0,5 sm östlich der Pointe de l'Arena. Man ankere auf 2 bis 4 m Wasser über Sandgrund (siehe Plan). Der Strand ist ein beliebter Badeplatz.

Marine d'Arghi
41° 34′N
009° 19′E

Die Bucht mit ihrem von Klippen begrenzten Sandstrand gehört zu den beliebtesten Ankerplätzen im Golfe de Porto-Vecchio. Man ankere an der im Plan verzeichneten Stelle auf 2 bis 3 m Wasser über Sandgrund.
Der kleine, halbfertige Hafen ist in Privatbesitz und darf nicht angelaufen werden.

An der Nordseite des Golfe de Porto-Vecchio liegt die

Marina dei Fiori
41° 35′N
009° 19′E

Hier sollen ein Yachthafen und ein großes Wassersportzentrum entstehen. Der L-förmige Steg ist den Gästen des Hotels und der Restaurants vorbehalten.

Baie de Stagnolo
41° 37′N
009° 19′E

ist eine große, tief nach Norden ins Land einschneidende Bucht an der Mündung des Flusses Osu, die von Sandstrand umgeben ist. Campingplätze, Hotels, Ferienhäuser, Segel- und Surfschulen säumen den Strand.

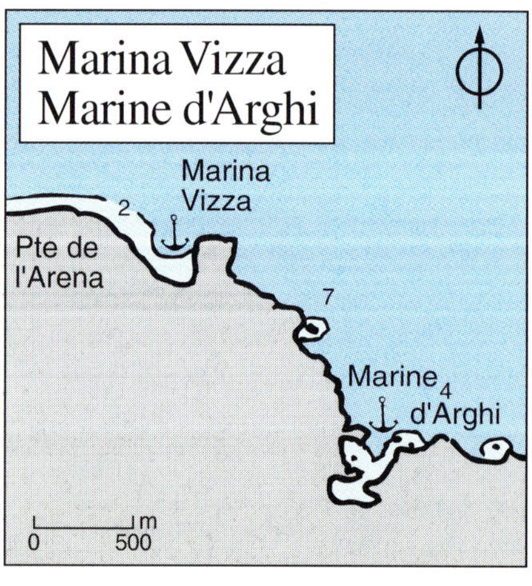

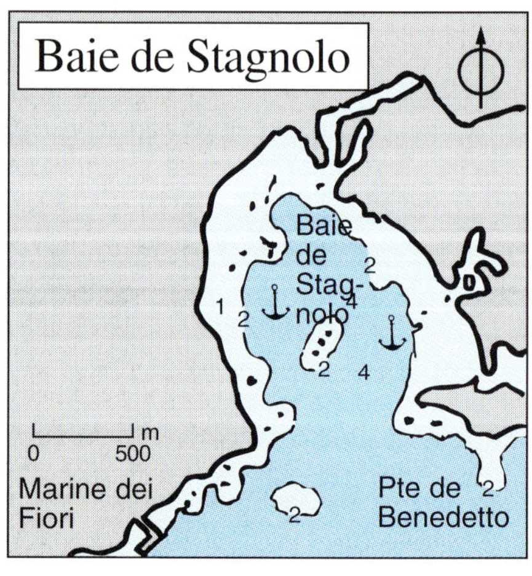

Die Ansteuerung ist wegen der zahlreichen Klippen und Untiefen nicht ganz einfach, aber dank des klaren Wassers kann ein Ausguck im Bugkorb die Yacht an einen der im Plan eingezeichneten Ankerplätze lotsen. Auf den Campingplätzen gibt es Lebensmittelgeschäfte.

Anse de Tramulimacchia ist eine von Sandstrand gesäumte Bucht mit einer Feriensiedlung,
41° 37′N
009° 20′E
die wegen verschiedener Flachstellen nur von Yachten bis 1,50 m Tiefgang angelaufen werden kann. Eine Wasserskischule macht den Ankerplatz tagsüber recht unruhig.

Verläßt man den Golfe de Porto-Vecchio Richtung Norden, so ist die nächste Bucht die

Baie de Saint-Cyprien Die 1 sm breite und 0,7 sm tiefe, nach Südosten offene Bucht ist
41° 38′N
009° 22′E
ein beliebter Ankerplatz. Vor dem Sandstrand, von dem nahezu die gesamte Bucht umgeben ist, liegen zahlreiche Untiefen und Klippen. Der beste Ankerplatz ist nordwestlich der *Île Saint Cyprien* auf 3 bis 5 m Wasser über Sandgrund. Am westlichen Ufer befindet sich ein Steg mit 1,50 m Wassertiefe am Kopf, zum Ufer hin abnehmend. Zahlreiche Ferienhäuser säumen die Ufer.

Entfernung von Porto-Vecchio 4,5 sm, von Solenzara 15 sm.

Anse de Cola ist eine kleine Bucht südwestlich der *Île Pinarello* vor einem Sandstrand,
41° 40′N
009° 23′E
hinter dessen Dünen sich eine wunderschöne Aulandschaft erstreckt. Man ankere entweder vor dem Strand auf 3 bis 4 m Wasser über Sandgrund, in

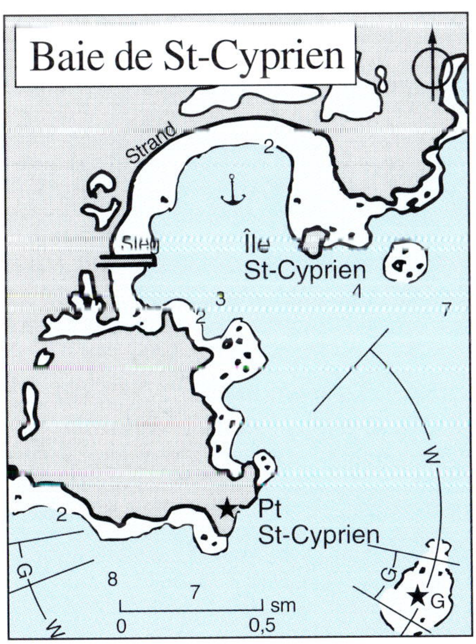

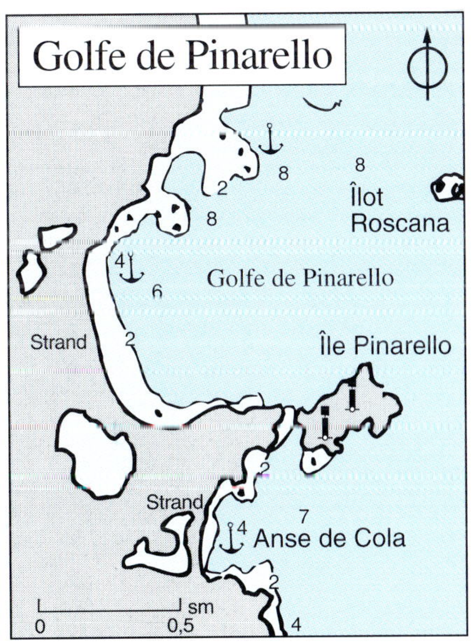

der südlichen Ausbuchtung der Île Pinarello auf 5 bis 10 m Wassertiefe oder südlich der Öffnung zwischen der Île Pinarello und dem Land. Eine Durchfahrt ist wegen der geringen Wassertiefe nur mit dem Beiboot möglich.

Golfe de Pinarello ist eine weite, nach Osten offene Bucht nördlich der Île Pinarello mit ihrem genuesischen Wachturm. Bei der Ansteuerung ist auf die 20 m hohen Klippen *Îlot Roscana* zu achten, von denen man mindestens 100 m Abstand halten sollte.
41° 41′N
009° 23′E

Je nach vorherrschender Windrichtung ankere man auf 2 bis 5 m Wasser über Sandgrund (siehe Plan Seite 93). Vor dem Ort Pinarello befindet sich ein kleiner Steg mit 3 m Wassertiefe am Kopf. Lebensmittelgeschäfte, Restaurants und Cafés liegen hinter dem Strand im Ort.

Entfernung von Porto-Vecchio 8 sm, von Solenzara 11 sm.

Anse de Fautea
41° 43′N
009° 23′E

Nördlich und südlich der Pointe Fautea mit dem genuesischen Wachturm und der vorgelagerten Île de Fautea bietet je eine kleine Bucht einen vor westlichen Winden gut geschützten Ankerplatz.

Nördlich der Mündung des Rio de Cavo erstreckt sich ein weiter Sandstrand vor der Lagune *Étang de Lovo Santo*. Bei ruhigem Wetter kann man für einen Badeaufenthalt vor dem Strand ankern.
Eine Fahrt mit dem Beiboot in die Lagune führt in eine zauberhafte Auenlandschaft. Am Strand der nördlichen Ankerbucht steht ein Café-Restaurant mit guter korsischer Küche.

Anse de Tarco ist eine kleine, nach Osten offene Bucht vor einem wunderschönen Sandstrand. Auszumachen ist die Bucht an einer hellen Straßenbrücke und einem fünfgeschossigen Hotel in ihrem südlichen Teil.
41° 45′N
009° 23′E

Das klare und saubere Wasser verlockt zu einem Badeaufenthalt. Man ankere vor dem Strand. Jenseits der Straße bei dem Campingplatz liegt ein

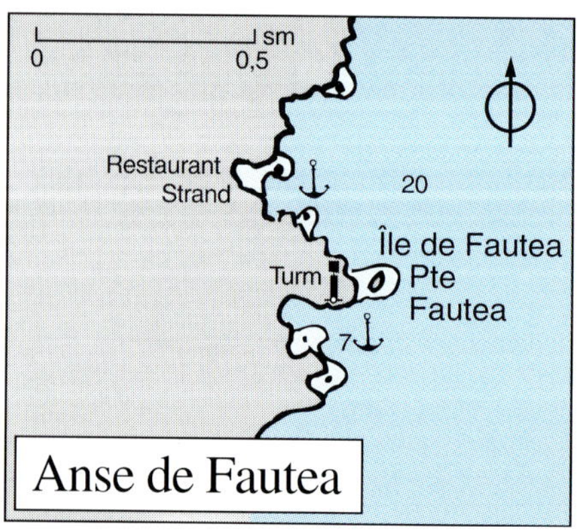

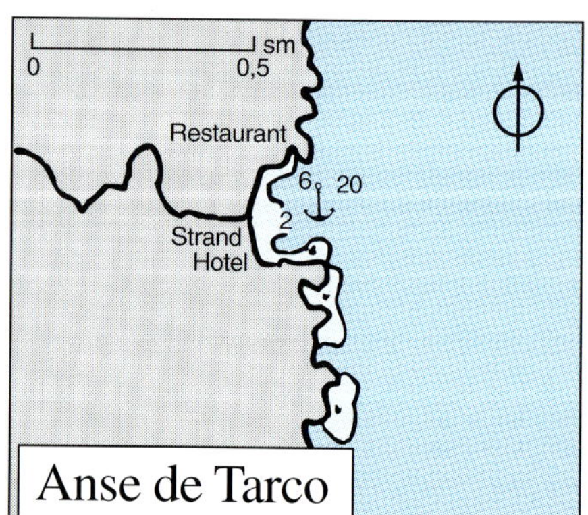

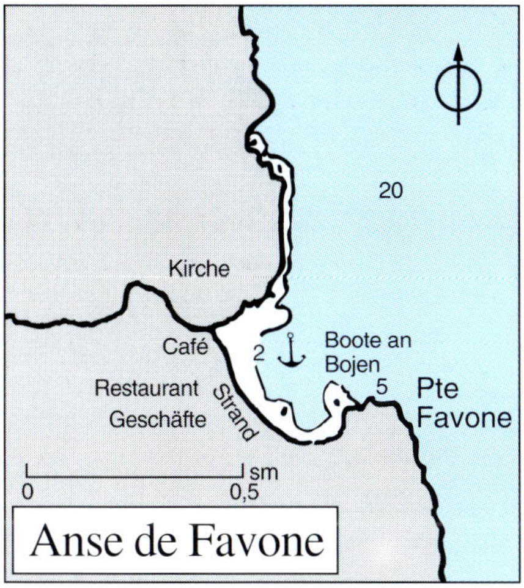

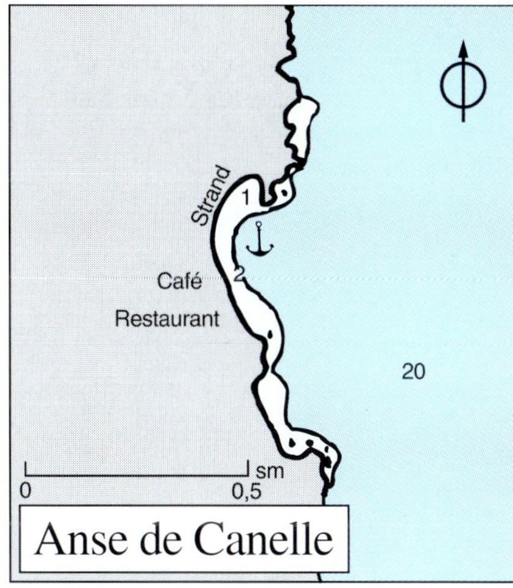

Restaurant, dessen Spezialität eine hervorragende Pizza ist. An der nördlichen Seite der Bucht gibt es ein weiteres Restaurant, von dessen Terrasse aus man einen schönen Blick auf die Bucht hat.

Anse de Favone ist eine vielbesuchte Ankerbucht, die im Norden und Süden von einer steilen Felshuk begrenzt wird. Im Südteil der Bucht haben einige Fischer ihre Bojen. Man ankere je nach vorherrschender Windrichtung im Nord- oder Südteil auf 3 bis 4 m Wasser über Sandgrund, der stellenweise mit Steinen durchsetzt ist. Lebensmittelgeschäft, mehrere Restaurants und Cafés liegen um die Bucht verstreut. Der weite Sandstrand lockt im Sommer viele Badegäste an.

41° 46′N
009° 24′E

Entfernung von Porto-Vecchio 15 sm, von Solenzara 4 sm.

Anse de Canelle ist eine kleine Bucht, die bei westlichen und nördlichen Winden guten Schutz bietet. Die steil aufragende Felshuk im Norden der Bucht hilft bei der Ansteuerung.

41° 48′N
009° 23′E

Man ankere an der im Plan eingezeichneten Stelle auf 2 bis 3 m Wasser über Sandgrund. Ein Restaurant, eine Pizzeria und ein Café liegen an dem Strand, der im Sommer viele Badegäste anzieht.

Entfernung von Porto-Vecchio 16 sm, von Solenzara 3 sm.

Bis Solenzara gibt es noch die

Cala d'Oro und die **Anse de Manichino,** kleine, einsame Buchten, in denen ein, zwei Yachten Platz finden. Der Strand und das klare Wasser der Cala d'Oro verlocken zum Baden.

41° 49′N
009° 24′E

Solenzara 41° 51′N 009° 24′E

ein an der Mündung des gleichnamigen Flusses gelegener, aufstrebender Ferienort, verfügt über einen gut ausgebauten Yachthafen. Da hier der schier endlose Sandstrand der korsischen Ostküste beginnt, hat sich Solenzara zu einem Zentrum des Fremdenverkehrs entwickelt.

Ansteuerung (Seekarten: D 499, BA 1999, F 6855, CG 1004 und CG 1007): Etwa ein halbes Dutzend heller Appartementhäuser sind von See her schon von weitem zu erkennen. Die Hafeneinfahrt ist nach Osten offen und liegt unterhalb dieser Wohnhäuser. Am Knick der Außenmole steht ein kleiner Leuchtturm (Fl.Vi); die Molenköpfe der Einfahrt sind befeuert (Fl. G und Fl. R). Man achte besonders darauf, den Klippen und Steinen westlich der Hafeneinfahrt nicht zu nahe zu kommen. Bei starken Winden aus Ost oder Südost ist das Einlaufen in den Hafen problematisch. Nachdem man aber in das Hafenbecken eingeschwenkt und auf Nordkurs ist, herrscht Ruhe, und die Yacht ist sicher wie in Abrahams Schoß.

Liegeplatz: Der Yachthafen verfügt über 350 sichere und bequeme Liegeplätze an Stegen; außerdem kann man an der Außenmole festmachen. Eine Erweiterung des Liegeplatzangebotes um zwei Stege ist geplant. Einlaufenden Yachten wird ein Liegeplatz zugewiesen. Die Plätze an den Stegen sind mit kurzen Auslegern versehen: Je zwei Yachten teilen sich eine Box. An den Stegplätzen gibt es Strom- und Wasseranschlüsse. Kraftstoff erhält man an der Tankstelle auf der Südmole. Die Duschen sind im Gebäude der Capitainerie untergebracht. Yachten mit weniger als 1 m Tiefgang können in den Solenzara einlaufen und dort am linken Ufer an den ehemaligen Hafenbefestigungen anlegen.

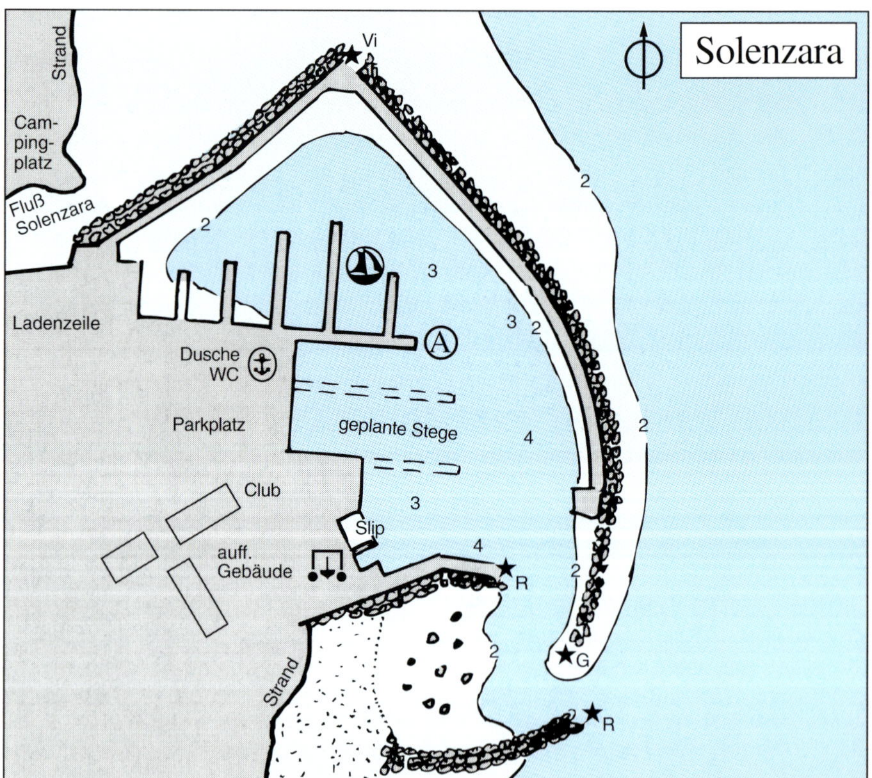

Hafenmeister: M. de la Housse, Telefon 95 57 46 42. Die Hafenmeisterei ist während der Dienststunden über UKW-Kanal 9 zu erreichen. Liegeplatzreservierung ist zwar möglich, aber normalerweise nicht erforderlich. Zweimal täglich wird der neueste Wetterbericht ausgehängt.

Reparaturmöglichkeiten: 25-t-Travellift, Mobilkran und zwei Slipbahnen im Hafengelände, Motorenwerkstätten, Schiffszubehörhändler an der Straße vom Hafen zur Hauptstraße und an der Hauptstraße selbst.

Versorgung: Lebensmittelgeschäfte, Post, Bank, Restaurants und Cafés liegen an der Hauptstraße (Porto-Vecchio–Bastia). Von den zahlreichen Restaurants ist das „Au bon Accueil Chez Doumé" besonders zu empfehlen – die korsische Gemüsesuppe ist hervorragend. Am Flußhafen gibt es weitere Restaurants und Cafés sowie die Bar „Solenzara" mit korsischer Musik „live".

Bademöglichkeiten: Nördlich der Flußmündung beginnt der Sandstrand, der sich bis kurz vor Bastia hinzieht.

Eine besondere Attraktion am Strand von Solenzara ist das Fallschirmfliegen. Nach etwa 30 m Anlauf am Strand hebt man von einem Motorboot gezogen ab und kann sich die Landschaft aus 50 m Höhe anschauen – ein Riesenspaß.

Die Idylle des Strandlebens wird freilich häufig durch Tiefflugübungen von dem nördlich gelegenen Militärflugplatz aus gestört.

Entfernungen von Solenzara: Porto-Vecchio 19 sm, Campoloro 31 sm, Bastia 54 sm.

Brücke über den Solenzara

Eine Fahrt mit dem Beiboot den Solenzara flußaufwärts ist sehr zu empfehlen. Man kann an dem Campingplatz vorbei bis zu der Straßenbrücke fahren. Wenn man dort die nördliche Uferböschung hinaufsteigt, gelangt man zu einem kleinen, einfachen Restaurant mit hervorragender korsischer Küche. Der Fluß ist in dem Bereich zwischen Campingplatz und Straßenbrücke sehr fischreich – mit einem Kescher hat man in kurzer Zeit sein Mittagessen beisammen.

Solenzara bis Campoloro

Hinter Solenzara entfernt sich das Gebirge allmählich von der Küste, di nun durch Lagunen und Flußmündungen geprägt wird. Zahlreiche Ferien siedlungen, Hotels und Campingplätze sind an dem Küstenstreifen entstan den. Bei ruhigem Wetter sollte man vor der Mündung des

Travo
41° 54′N
009° 24′E

ankern und mit dem Beiboot ein Stück den Fluß hinauffahren. Die Fahr führt durch eine wunderschöne Waldlandschaft, vorbei an dem Militärflug platz zu der Ortschaft *Le Pont Travo,* wo die Hauptstraße nach Bastia de Fluß überquert. Vor allem im Frühjahr kann man noch kilometerwei flußaufwärts fahren durch eine nahezu unberührte Landschaft.
Auf dem Militärflugplatz nördlich der Flußmündung gibt es das für die Navi gation interessante Flugfunkfeuer Solenzara (SZA, Frequenz 349,5 kHz Reichweite 80 sm). Etwa 0,7 sm vor der Küste liegt die Leuchttonne Solenza ra (Q(3) 10s 6M), die das Ende einer Unterwasserpipeline zur Versorgung de Flughafens kennzeichnet. Zwischen der Leuchttonne und dem Ufer sind vie unbeleuchtete Festmachetonnen für die Tankschiffe verankert.
Etwa 0,5 sm südlich der Mündung des Fium Orbo liegt das Wrack eine gestrandeten Frachters etwa 100 m vor dem Strand.
Mehrere Campingplätze und Feriensiedlungen säumen die Küste. Bis spä in das Frühjahr hinein kann man mit dem Beiboot in den

Fium Orbo
41° 59′N
009° 26′E

einlaufen und durch eine wunderschöne Waldlandschaft bis in die Näh von *Ghisonaccia* fahren. Diese 4,5 km vom Meer entfernte Siedlung ha sich zum landwirtschaftlichen Zentrum der Küstenebene entwickelt.
Etwa 1,5 sm nördlich der Mündung des Fium Orbo liegt 150 bis 200 m vo dem Ufer eine Untiefe mit knapp 1,50 m Wasser, die noch in keiner See karte verzeichnet ist.

Die Einfahrt in den

Étang d'Urbino
42° 03′N
009° 30′E

ist durch zwei kleine Molen geschützt. Bei ruhigem Wetter lohnt es sich vor der Einfahrt zu ankern und mit dem Beiboot an den Strand zu fah ren, um die weiträumige Lagune zu betrachten – aus Naturschutzgrün den ist das Befahren des Étangs mit Sportbooten verboten (Pla Seite 101).

Vor der Mündung des

Tavignano
42° 07′N
009° 34′E

sollte man bei ruhigem Wetter ankern, um mit dem Beiboot nach *Aleri* zu fahren. Der Ort wurde bereits 600 v. Chr. als eine der ersten griechi schen Kolonien auf Korsika gegründet. Fast ein Jahrtausend lang war Ale ria, das damalige Alalia, ein wichtiger Handelshafen und strategisch be deutender Platz im westlichen Mittelmeer. Nach der Eroberung und Zer störung durch die Römer wurde die Stadt wiederaufgebaut. Sie entwickelt

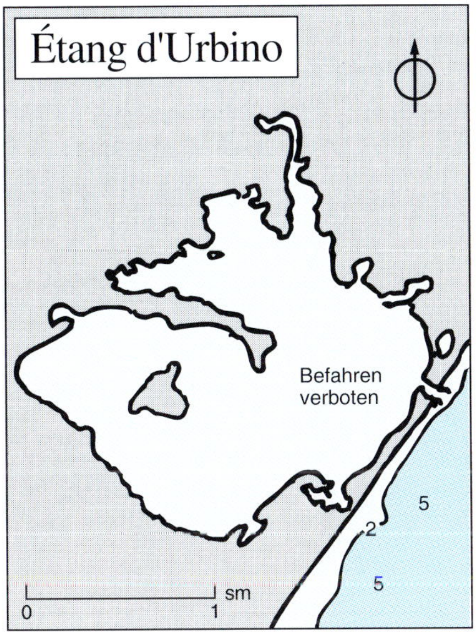

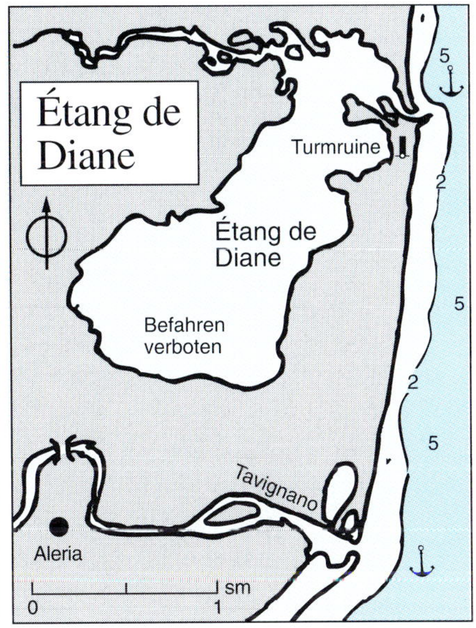

sich zur größten römischen Stadt Korsikas, war Verwaltungshauptsitz und hatte in ihrer Blütezeit etwa 20 000 Einwohner. Die Mündung des Tavignano, die damals noch weiter im Landesinnern lag, war zu einem großen Handelshafen ausgebaut worden, und dort, wo heute der Etang de Diane ist, befand sich einst ein römischer Kriegshafen.

Noch einmal machte Aleria von sich reden, als 1736 der westfälische Baron Theodor von Neuhoff hier landete, um sich zum König von Korsika krönen zu lassen.

Der heutige, unscheinbare Ort mit seinen knapp 2000 Einwohnern läßt nichts mehr von seiner ehemaligen Bedeutung erahnen. Seit 1958 wird die römische Stadt ausgegraben. Die wichtigsten Funde sind im *Musée Jérôme Carcopino* in dem genuesischen *Fort de Matra* aus dem 16. Jahrhundert zu besichtigen.

In dem Gebiet etwas südlich der Mündung des Tavignano (etwa ab 042° 05′N) bis südlich des Leuchtturms Alistro (etwa bis 042° 14′N) hat die französische Luftwaffe ein 3 sm breites Schießübungsgebiet eingerichtet, in dem öfters simulierte Land-Luftkämpfe stattfinden.

Entfernung von Solenzara 16 sm, von Campoloro 15 sm.

Étang de Diane
42° 09′N
009° 33′E

Der ehemalige römische Kriegshafen dient heute der Muschel- und Austernzucht. Die Einfahrt in die Lagune wird durch einen kleinen Wellenbrecher geschützt, an dessen Fuß ein halb verfallener genuesischer Wachturm steht. Die kleine Kapelle bei der Einfahrt kann als Ansteuerungshilfe dienen.

Leuchtturm Alistro

Die Einfahrt ist zwar versandet, aber bei ruhigem Wetter sollte man in der Nähe des Wellenbrechers ankern und mit dem Beiboot an den Strand fahren. Rund um den Étang, dessen Befahren mit Sportbooten aus Naturschutzgründen verboten ist, kann man in einfachen, von den Fischern betriebenen Restaurants hervorragend Muscheln und Austern essen. Allein dafür lohnt es, der Lagune einen Besuch abzustatten. Die eintönige Landschaft bis Campoloro wird unterbrochen durch den 27 m hohen Leuchtturm Alistro mit seinem weittragenden Feuer (Fl(2) 10s 22M). Er steht fast 1,5 km landeinwärts auf einem 65 m hohen Plateau. Etwa 5 sm nördlich davon liegt zwischen den Ortschaften Prunete und Moriani Plage der gut ausgebaute Yachthafen

Campoloro
42° 21′N
009° 33′E

Das Gebäude der Fischercooperative, ein Geschäftszentrum mit Restaurant, Café, Lebensmittelgeschäft, Ship-Chandler mit Werftbetrieb und der Turm der Capitainerie sind die einzigen Gebäude am Hafen, der in französischen Publikationen auch „Port de Taverna" genannt wird. An dem Weg zur Hauptstraße Porto-Vecchio – Bastia liegt, teilweise im Wald versteckt, eine Feriensiedlung mit Schwimmbad und Tennisplätzen, die im Sommer fast ausschließlich von Deutschen bewohnt wird.

Ansteuerung (Seekarten: D 499, BA 1999, F 6823, CG 1004 und CG 1007): Der Hafen ist von See her schwer auszumachen. Das am Berg liegende Dorf Cervione oberhalb des Hafens kann der Orientierung ebenso dienen wie der Leuchtturm Alistro 5 sm südlich davon. Die sich nach Nordosten öffnende Einfahrt ist befeuert (Oc(2). WR. 6s 9/6 M; Fl. G. 2s).
Beim Ein- und Auslaufen halte man sich gut frei vom östlichen Wellenbrecher, da die Wassertiefe in seiner Nähe stellenweise weniger als 2 m beträgt. Der Hafen neigt zum Versanden und wird regelmäßig ausgebaggert – die angegebenen Wassertiefen sind daher nicht immer vorhanden, weshalb bei der Einsteuerung stets größte Vorsicht geboten ist.

Liegeplatz: Der gut ausgebaute Yachthafen verfügt über 500 sichere und bequeme, mit Grundleinen ausgestattete Liegeplätze, so daß der eigene Anker nicht benötigt wird. Einlaufenden Yachten wird vom Hafenmeister ein Platz zugewiesen. An den Liegeplätzen befinden sich Wasser- und Stromanschlüsse. Kraftstoff erhält man an der Hafentankstelle (nur von Juni bis Ende August geöffnet). Duschen und WCs sind in dem Geschäftszentrum am Hafen untergebracht. Im Vorhafen wird Seetang abgelagert, was bei nördlichen Winden zu unangenehmer Geruchsbelästigung führt.

Hafenmeister: M. Ange Retali, Telefon 95 38 07 61. Die Hafenmeisterei ist während der Dienststunden über UKW-Kanal 9 zu erreichen. Liegeplatzreservierung ist möglich, wegen der großen Kapazität des Yachthafens aber normalerweise nicht erforderlich.

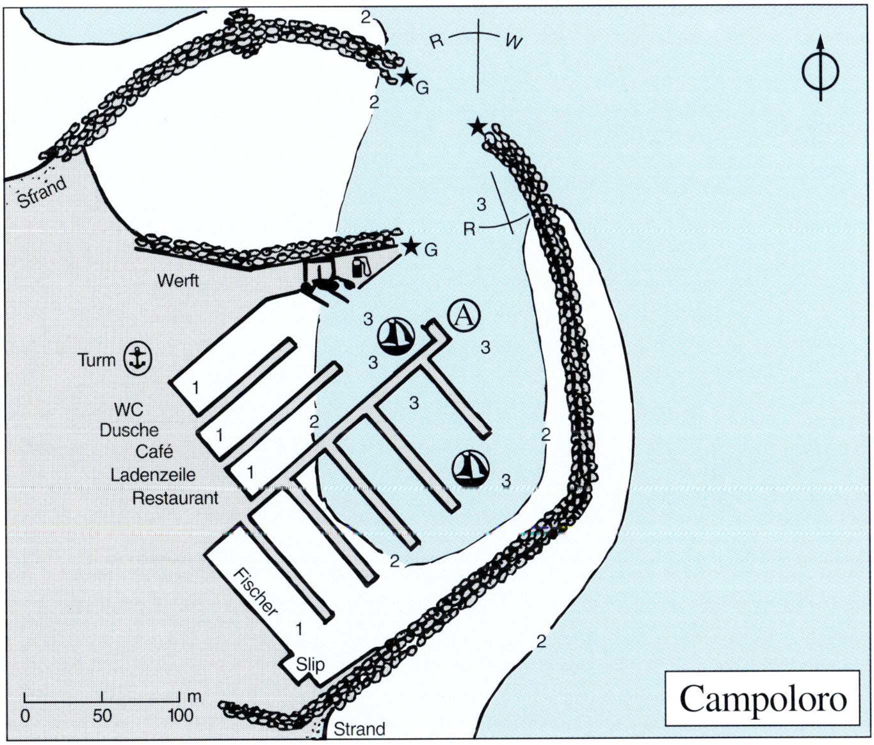

Reparaturmöglichkeiten: 50-t- und 20-t-Travellift sowie eine Slipbahn stehen im Hafengelände zur Verfügung. Werftbetrieb und Ship-Chandler übernehmen Reparaturen aller Art.

Versorgung: In dem Supermarkt am Hafen erhält man nicht nur Lebensmittel, auch Zeitungen, Tabakwaren usw. In der Capitainerie kann man Geld wechseln. Außer dem Restaurant und Café direkt am Hafen gibt es ein empfehlenswertes Restaurant an der Hauptstraße Richtung Bastia (etwa 800 m vom Hafen entfernt).

Entfernungen von Campoloro: Solenzara 31 sm, Bastia 23 sm, Macinaggio 40 sm, Marina di Campo (Elba) 39 sm.

Das etwa 2 km südlich von Campoloro gelegene Dorf *Prunete* hat eine urtümliche Atmosphäre. In dem gemütlichen Café treffen sich die Bewohner der Umgebung und die Fischer, die von Campoloro aus auf Fang gehen, zum Pastis oder einer köstlichen Fischsuppe.

Im Supermarkt am Hafen sollte man ein Auto mieten, um das geschichtsträchtige *Cervione* zu besuchen. 1736 residierte hier der einzige korsische König, der aus Westfalen stammende Theodor von Neuhoff. Vom Ort, der halbkreisförmig in Terrassen am Hang des Monte Castello ansteigt, hat man einen herrlichen Ausblick auf das Meer und die weite Küstenebene. Etwa 2,5 km nördlich von Campoloro liegt der Ort *Moriani Plage,* wo im Jahre 1815 Napoleon bei der Rückkehr aus der Verbannung auf Elba an Land ging.

Campoloro bis Bastia

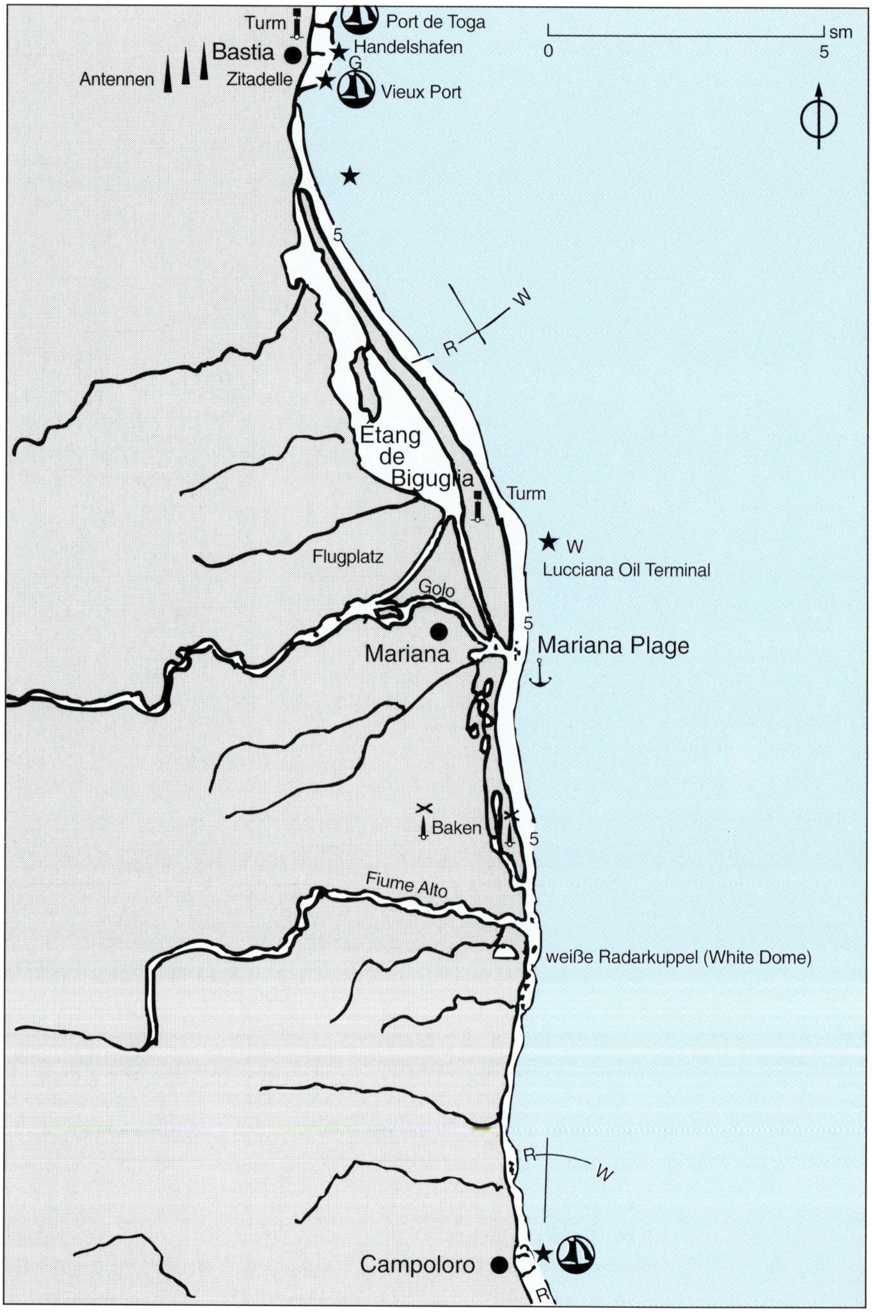

Auch zwischen Campoloro und Bastia besteht die Küste aus Sandstrand; die Berge treten noch weiter zurück. Die Orientierung an dieser einförmigen Küste ist vor allem bei Tag sehr schwer, da es nur wenige markante Punkte gibt.

Nähert man sich vom italienischen Festland oder von Elba kommend, so ist der auffälligste Orientierungspunkt die in den englischen Seekarten als „White Dome" bezeichnete Kuppel am Südufer der versandeten Mündung des Fiume Alto. Unter der weithin sichtbaren weißen Kuppel verbergen sich die Antennen des Flugfunkfeuers Bastia Poretta (BP, Frequenz 369 kHz, Reichweite 200 sm). Etwa 2 sm nördlich davon stehen zwei Baken mit einem liegenden Kreuz: eine direkt am Strand, die andere etwa 2 km landeinwärts. In der Nähe der Mündung des

Golo
42° 31′N
009° 33′E

sollte man bei ruhigem Wetter ankern und mit dem Beiboot ein Stück flußaufwärts nach *Mariana* fahren, um die im 12. Jahrhundert erbaute Kathedrale *Santa Maria Assunta „La Canonica"* zu besichtigen. Sie ist ein ausgezeichnetes Beispiel pisanischer Baukunst und Prototyp romanischer Kirchen auf Korsika.

La Canonica

Die Kathedrale steht auf dem Boden der im Jahre 100 v. Chr. gegründeten römischen Siedlung Mariana, die ein bedeutendes landwirtschaftliches Zentrum war. Bis heute ist von der Siedlung nur wenig ausgegraben worden.

Etwa 1 sm vor *Mariana Plage* liegt die schwarz-gelb-schwarze Leuchttonne Lucciana (VQ(3) 5s 8M) mit Osttoppzeichen. Sie markiert den *Lucciana Oil Terminal* zur Versorgung des Flughafens *Bastia-Poretta.*

Nördlich des Flughafens erstreckt sich 10 km weit der

Étang de Biguglia
42° 39′N
009° 30′E

die größte Lagune Korsikas. Ein 200 bis 300 m breiter Sand- und Dünenstreifen trennt sie vom Meer. Die Salzwasserlagune ist ausgesprochen fischreich, vor allem Aale und Weißfische werden hier gefangen. Am Strand reihen sich Feriensiedlungen und Campingplätze aneinander. Das nördliche Ende der versandeten Einfahrt ist auszumachen an der schwarz-gelb-schwarzen Leuchttonne Biguglia (Q(3) 10s 7M) mit Osttoppzeichen, die den *Biguglia Oil Terminal* zur Versorgung der Stadt Bastia markiert. Aus Naturschutzgründen ist das Befahren des Étangs mit Sportbooten verboten.

Schon von weitem sieht man die nach Süden auswuchernden Wohnviertel und die mächtige Zitadelle von

Bastia
42° 42′N
009° 27′E

Die ehemalige Hauptstadt Korsikas verfügt über den wichtigsten Handels- und Fährhafen der Insel und ist seit 1975 Sitz der Präfektur des Departements Haute Corse. Südlich der Stadt liegt der Flughafen Bastia-Poretta. Dank der günstigen Lage zu Italien und Südfrankreich ist Bastia in den letzten Jahren zur Drehscheibe des Tourismus auf Korsika geworden.
Aus dem einstigen römischen Mantinum entwickelte sich an der Stelle des heutigen Vieux Port der Fischerhafen Marine de Cardo. Im Jahre 1380 errichteten die Genueser südlich des Fischerhafens die mächtige Zitadelle *La Bastiglia,* woraus sich später der Name Bastia ableitete.
Inzwischen verfügt Bastia über einen neuen Yachthafen, den Port de Toga nördlich des Fähr- und Handelshafens Port St-Nicolas.
Der Vieux Port liegt zwar malerisch zwischen Altstadt und Zitadelle, doch der Fähr- und Frachtverkehr im benachbarten Port St-Nicolas erzeugt unangenehmen Schwell. Hinzu kommt die Betriebsamkeit der Fischer, die in den frühen Morgenstunden auslaufen.

Ansteuerung (Seekarten: D 499 und 504, BA 1999, F 6823, CG 1004 und CG 1006): Bei Tage dient die Zitadelle als Ansteuerungspunkt – der Hafen liegt dicht nördlich davon. Oberhalb der Stadt stehen auf den Bergen in etwa 1000 m Höhe drei weithin sichtbare Antennenmasten; sie sind auch im Golfe de Saint-Florent gut zu sehen.
Einer der Masten ist die Relaisstation für die französische Küstenfunkstelle Grasse Radio. Bei Nacht ist der Fuß der Antennen von einem Kranz weittragender Lichter umgeben; ihre

Bastia – der alte Hafen

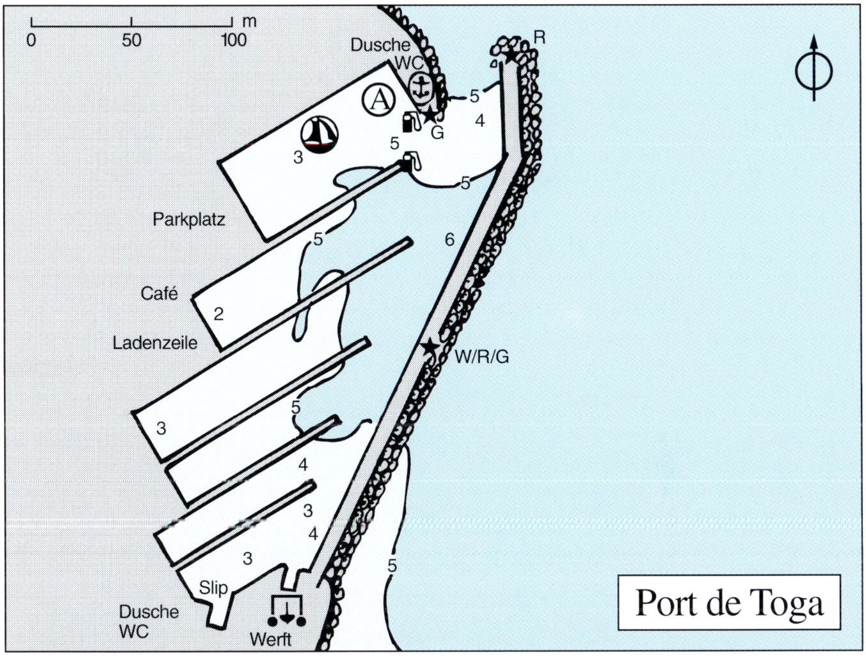

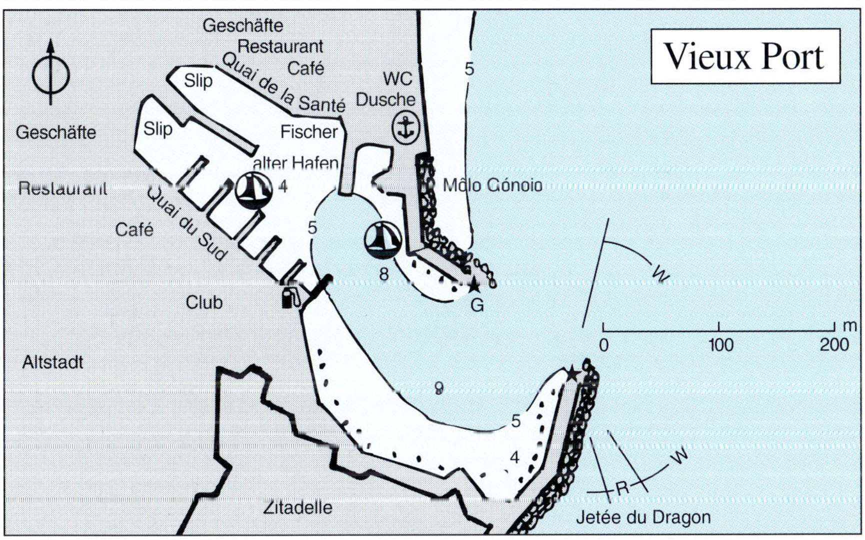

Tragweite ist größer als die des Leuchtfeuers Jetée du Dragon (Fl(4). WR. 12s 15/12M) am Hafen, das außerdem wegen der Lichter der Stadt nur sehr schwer auszumachen ist. Der Kopf des Môle Génois ist befeuert (Oc(2). G. 6s 8M), ebenso das südliche Ende der Außenmole (Fl. G. 4s 11M), die Stichmole im Port St-Nicolas (Q. R) sowie die Einfahrt des Port de Toga.

Liegeplatz: Der Port St-Nicolas (Nouveau Port) ist den Fähr- und Frachtschiffen vorbehalten; Yachten können nur im Ausnahmefall mit Genehmigung des Hafenmeisters am Nord- oder

Ostkai festmachen. Sportboote legen entweder im Vieux Port am Quai de la Santé, am Môle Génois (vorzugsweise im inneren Teil – am äußeren Teil behindern Steinanschüttungen die Annäherung) oder an der Jetée du Dragon an, wo ebenfalls Steinanschüttungen die Annäherung behindern. An den vom Quai Sud ausgehenden Stegen stehen etwa 250 mit Grundleinen ausgestattete Liegeplätze zur Verfügung, davon 40 für Gastyachten.
Der Port de Toga bietet etwa 400 Liegeplätze mit dem Komfort einer modernen Marina, davon 150 für Gäste.
Bei Winden aus Ost und Nordost steht unangenehmer Schwell in beiden Yachthäfen.

Reparaturmöglichkeiten: Im Vieux Port stehen ein Slip und ein Autokran zur Verfügung, im Port St-Nicolas ein 40-t-Slip. Reparaturbetriebe und Schiffsausrüster findet man in beiden Häfen.

Versorgung: In einer großen Stadt wie Bastia gibt es eine Vielzahl von Lebensmittelgeschäften, Cafés und Restaurants jeder Preisklasse. Auf der Place de l'Hôtel de Ville findet täglich Markt statt, der an das Markttreiben in den italienischen Hafenstädten in der Toskana und in Ligurien erinnert.

Bademöglichkeiten: Südlich der Stadt beginnt der Sandstrand, der sich bis Solenzara hinzieht. Nördlich von Bastia gibt es eine Vielzahl anheimelnder Badebuchten.

Entfernungen von Bastia: Campoloro 23 sm, Macinaggio 17 sm, Marciana Marina (Elba) 34 sm, Marina di Campo (Elba) 35 sm.

Das Herz von Bastia ist die *Place Saint-Nicolas* zwischen Vieux Port und Nouveau Port. Der etwa 300 m lange Platz wird von Platanen und Palmen überschattet und von zahlreichen Bars, Restaurants und Straßencafés gesäumt. Im Südteil des Platzes steht ein Standbild Napoleons als römischer Kaiser und in der Mitte ein Musikpavillon für sommerliche Konzertveranstaltungen.
Das *Théâtre Municipal* (Stadttheater) aus dem 19. Jahrhundert beherbergt gleichzeitig die städtische Bibliothek mit über 50 000 Bänden, darunter Dokumente über die Geschichte Korsikas, wertvolle Handschriften und seltene Ausgaben wie das „Decamerone“ von Boccaccio.
Die Kirche *Saint-Jean-Baptiste* wurde im 17. Jahrhundert erbaut und ist das größte und bedeutendste Gotteshaus von Bastia. Die Barockkirche überragt mit ihren Glockentürmen den alten Hafen und ist ein Wahrzeichen der Stadt (siehe auch Zeichnung Seite 106).
In die *Zitadelle* gelangt man am Ende des Jardin Romieu durch einen tunnelartigen Gang, der von den Genuesen als Ausfalltor konstruiert war. An der Place du Donjon innerhalb der Zitadelle liegt der ehemalige Palast der genuesischen Gouverneure, der heute das *Musée d'Ethnographie Corse* beherbergt. Ausgestellt sind Fundstücke von der Steinzeit bis zum Mittelalter, alte Landkarten von Ptolemäus und Mercator sowie landwirtschaftliche Geräte, Töpferwaren und Erzeugnisse des Handwerks.
Im alten Pulvermagazin der Zitadelle ist das *Meeresmuseum* untergebracht, mit zahlreichen Funden aus in der Nähe gestrandeten Schiffen wie Ölkrüge, Gefäße für Wein und Oliven, Kannen und Amphoren, Anker römischer Galeeren und vieles mehr.

Bastia bis Macinaggio

An der nördlich von Bastia wieder steil aufragenden Küste gibt es bis Macinaggio mehrere kleine romantische Häfen, die jedoch nur von Yachten mit geringem Tiefgang angelaufen werden können, sowie einige Ankerplätze, die freilich nur gegen westliche Winde geschützt sind.

Marine de Miomo
42° 44′N
009° 27′E

ist eine kleine Bucht mit einem genuesischen Wachturm an ihrer Nordseite. Hotelbauten am Ufer erleichtern die Ansteuerung. Man ankere an der im Plan eingezeichneten Stelle auf 2 bis 4 m Wasser über Sandgrund. Lebensmittelgeschäfte, Restaurants und Cafés finden sich in der Ortschaft hinter dem Strand. Marine de Miomo ist ein beliebter Badeplatz für die Einwohner von Bastia.

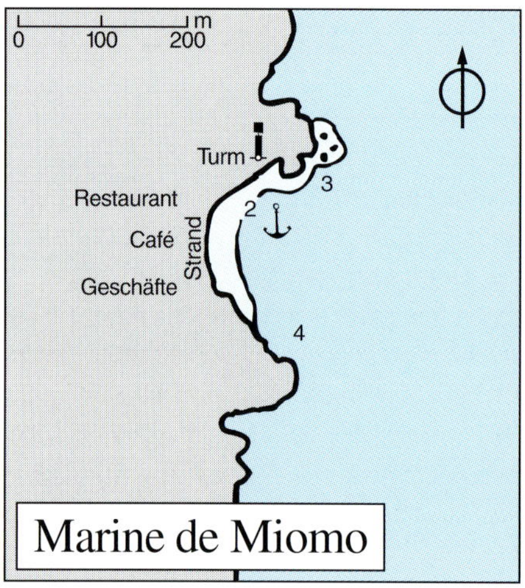

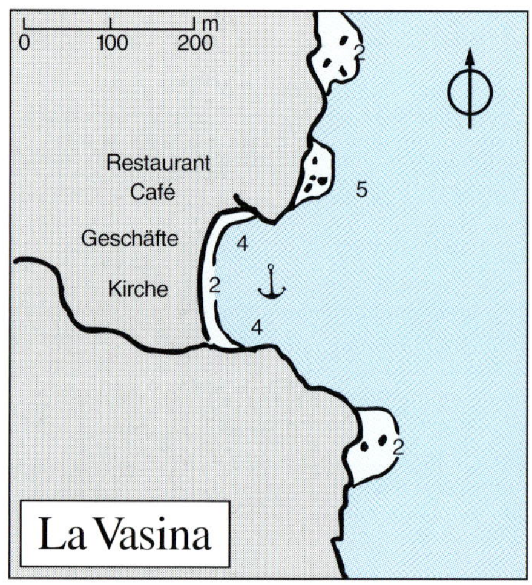

La Vasina
42° 45′N
009° 28′E

ist eine kleine Bucht vor dem gleichnamigen Wallfahrtsort. Der hohe weiße Kirchturm läßt sich schon von weitem ausmachen. Nördlich der Bucht liegen einige Klippen, von denen man ausreichend Abstand halten sollte. Man ankere auf 3 bis 6 m Wassertiefe vor dem Strand (siehe Plan). Jährlich am 8. September findet von Bastia aus eine Wallfahrt zu dem Altargemälde der Madonna von La Vasina in der Kirche *Notre-Dame-des-Grâces* statt. Die Barockkirche stammt aus dem 17. Jahrhundert; dem Altargemälde wird Wundertätigkeit nachgesagt.
Im Ort gibt es Lebensmittelgeschäfte, zwei Restaurants und mehrere Cafés. Der Strand ist ein beliebter Badeplatz.

Erbalunga
42° 46′N
009° 29′E

ist das wohl schönste Dorf an der Westseite des Cap Corse, mit malerischen alten Häusern, die bis zum Meer vordringen. Auf einer felsigen Landzunge steht ein halb verfallener genuesischer Wachturm.

Erbalunga

Ansteuerung (Seekarten: D 499 und 504, BA 1999, F 6822, CG 1004 und CG 1006): Der Wachturm auf der Landzunge ist gut auszumachen. 1,5 sm nördlich davon steht auf der Höhe der Semaphor von Cap Sagro mit einem Leuchtfeuer (Fl(3) 12s 10M).

Liegeplatz: Der kleine Fischerhafen ist nur für Yachten bis 1,20 m Tiefgang zugänglich; größere ankern entweder südlich der Landzunge auf 4 bis 8 m Wassertiefe oder nördlich des Wellenbrechers vor dem Strand auf 3 bis 4 m Wasser über Sandgrund.

Reparaturmöglichkeiten: Eine kleine Werkstatt führt Reparaturen an Bootsmotoren aus.

Versorgung: Lebensmittelgeschäfte im Ortszentrum, Restaurants und Cafés direkt am Hafen. In dem für seine Fischspezialitäten bekannten Restaurant „Le Pirate“ sitzt man sehr gemütlich, und sei es auch nur für eine Flasche Wein.

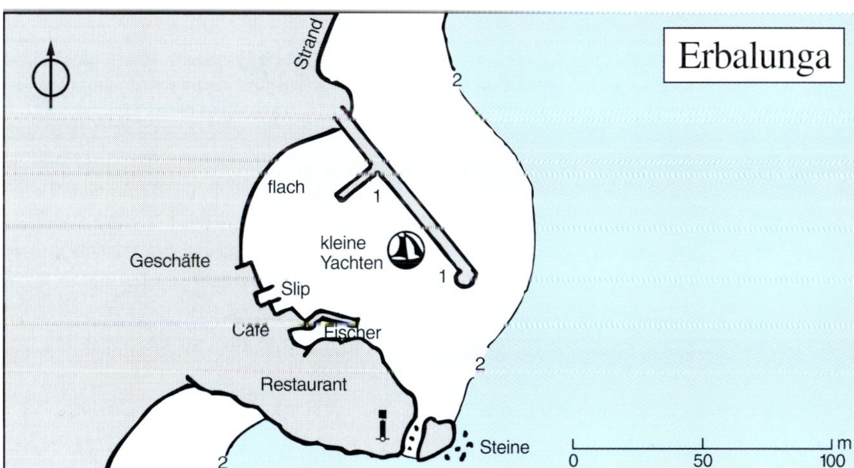

Die kleine romanische Kapelle *Notre-Dame-des-Neiges,* in Richtung des Weilers *Castello* gelegen, ist ein schönes Beispiel frühchristlicher Baukunst. Das Schloß, heute nur noch eine Ruine, war einst Stammsitz der Familie des französischen Dichters Paul Valéry.

Marine de Sisco
42° 48′N
009° 29′E

Sisco, vom frühen Mittelalter bis in das 18. Jahrhundert eine der wohlhabendsten Gemeinden am Cap Corse, war jahrhundertelang Zentrum des Waffen-, Werkzeug- und Kunstschmiedehandwerks der Insel.
Südlich des Ortes steht ein hoher Antennenmast, der schon von weitem auszumachen ist. Der kleine Privathafen des Club Nautique de Sisco in der Bachmündung kann nur von Booten mit weniger als 1 m Tiefgang angelaufen werden. Größere Yachten ankern südlich der Hafeneinfahrt vor dem Strand.
Am Kai sind mehrere Wasserzapfstellen. Duschen und Toiletten finden sich in dem komfortablen Clubhaus mit Café und Restaurant. Am Hafen gibt es einen Slip und einen 8-t-Kran. Einen Bootshändler mit Werkstatt findet man nahe der Brücke über den Bach an der Hauptstraße, Lebensmittelgeschäfte, Restaurants und Cafés im Ort.

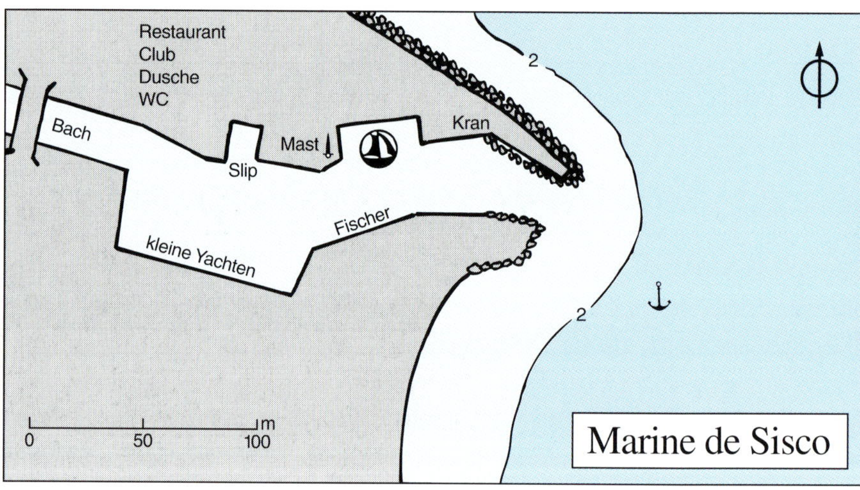

In der Kirche *Saint-Martin* werden seit dem 13. Jahrhundert zahlreiche Reliquien aufbewahrt, unter anderem der Totenschädel des heiligen Johannes Chrisostomus, für den ein Kunstschmied aus Sisco eine schöne Maske aus vergoldetem Kupfer angefertigt hat.

Entfernung von Bastia 8 sm, von Macinaggio 9 sm.

Marine de Pietracorbara ist eine schöne Ankerbucht vor einem hellen Sandstrand nördlich des Tour d'Aquila, der in 130 m Höhe auf einem Felsvorsprung thront. Unterhalb des Turmes mündet der Bach Pietracorbara in die Bucht. Hier
42° 50′N
009° 29′E

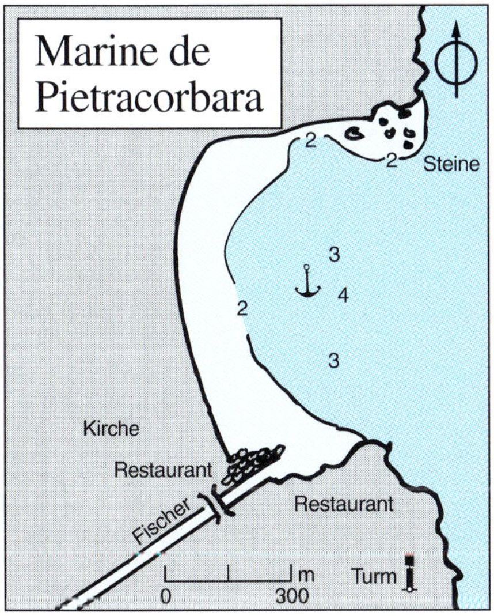

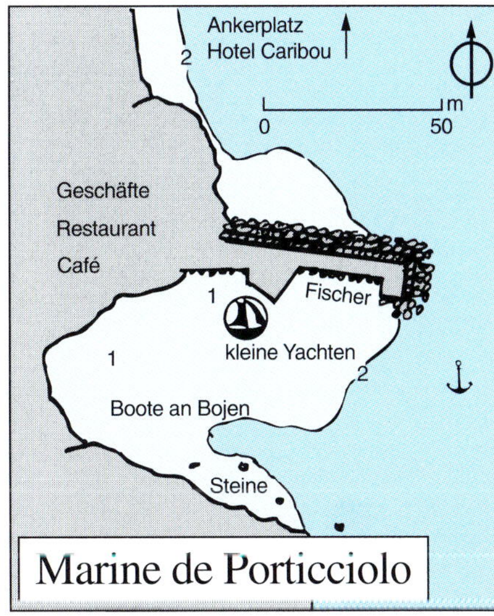

ist auch ein Kai für Fischerboote. Vor der nördlichen Huk liegen einige Klippen teils über, teils unter Wasser, von denen man sich gut freihalten muß.
Boote bis 1 m Tiefgang können an dem Fischerkai anlegen, größere Yachten ankern vor dem Strand auf 3 bis 5 m Wasser über Sandgrund. In den beiden Restaurants an der Mündung des Baches erhält man hervorragende Fischgerichte. Der helle Sandstrand verlockt zum Baden.

Entfernung von Bastia 9 sm, von Macinaggio 8 sm.

Tour de Losse
42° 51′N
009° 29′E

Unterhalb des gut erhaltenen genuesischen Wachturmes bietet eine kleine Felsenbucht auf 4 m Wassertiefe einen einsamen Ankerplatz. Von dem Turm aus hat man einen schönen Ausblick auf die Küste.

Marine de Porticciolo
42° 52′N
009° 29′E

ist ein Fischerdorf, vor dem sich eine 50 m lange Mole ostwärts erstreckt. Hier legen die einheimischen Fischerboote an. Die Wassertiefe beträgt am Molenkopf 2 m, zum Ufer hin abnehmend. Vor dem Südufer der Bucht liegen einige Klippen, so daß man vorsichtig manövrieren muß. Nördlich der Mole, in einer Bucht mit Sandstrand, kann man auf etwa 3 m Wassertiefe ankern. Im Südteil der Bucht, neben der Mündung eines Baches, befindet sich der versandete Privathafen *Caribou* vor dem gleichnamigen Hotel. Mit dem Beiboot kann man in dem kleinen Hafen anlegen: In dem Restaurant des Hotels gibt es hervorragende französische Küche. Im Ort findet man ein Lebensmittelgeschäft, mehrere Restaurants und Cafés.

Entfernung von Bastia 11 sm, von Macinaggio 6 sm.

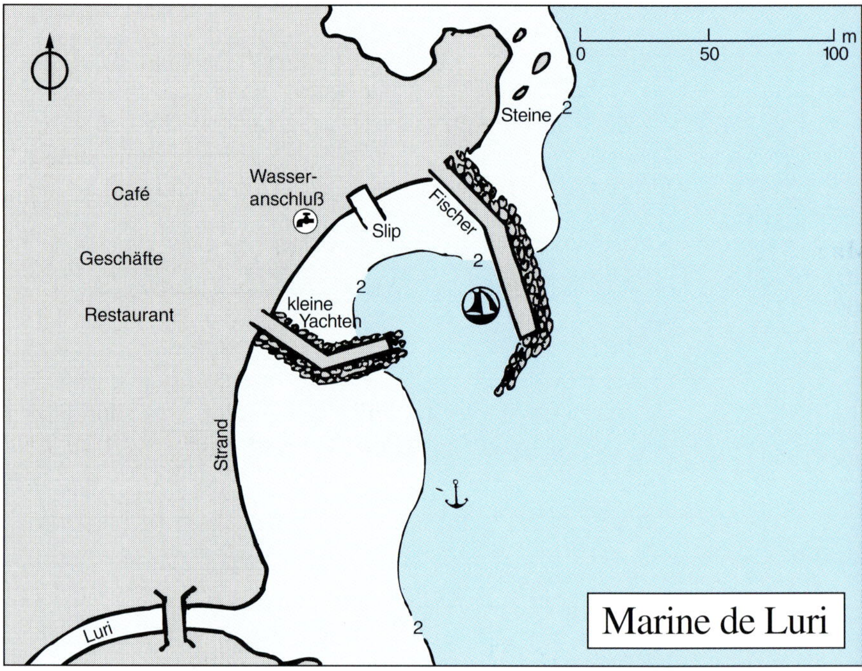

Vor der malerischen Ortschaft *Santa Severa* liegt der kleine Yachthafen

Marine de Luri 42° 53′N 009° 29′E mit je einer abgewinkelten Ost- und Südmole. Yachten bis 2 m Tiefgang können hinter der östlichen Mole festmachen. Achtung! Wir haben mehrmals im Sommer beobachtet, daß schwimmende Balken in 20 m Abstand von der Mole die Annäherung unmöglich machten. Größere Yachten ankern entweder in der Bucht nördlich des Hafens auf 3 bis 5 m Wassertiefe oder südlich davon vor dem Strand und der Mündung des Luri auf 3 bis 4 m Wasser über Sandgrund. Der Hafen verfügt über einen Slip sowie eine Wasserzapfstelle. Lebensmittelgeschäfte, Restaurants und Cafés befinden sich in unmittelbarer Nähe.

Entfernung von Bastia 12,5 sm, von Macinaggio 4,5 sm.

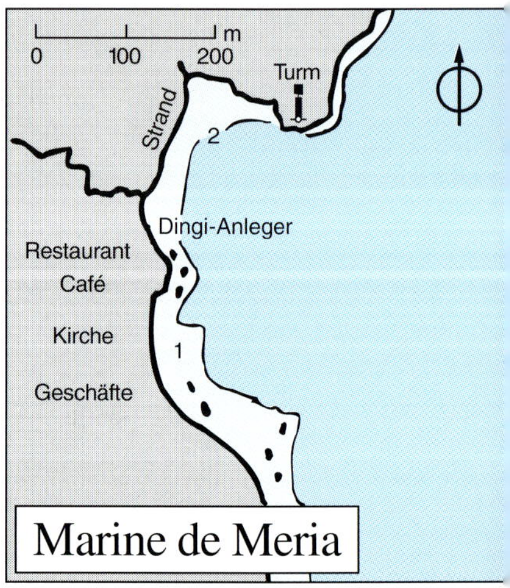

Marine de Meria 42° 56′N 009° 28′E ist eine hübsche, gegen Winde aus Südwest über West bis Nord Schutz bietende Ankerbucht vor

einem kleinen Dorf. Der gut erhaltene genuesische Wachturm im Norden der Bucht vermittelt ein Gefühl der Sicherheit. Man ankere vor dem Strand auf 3 bis 4 m Wasser über Sandgrund, der mit Felsen durchsetzt ist. Im Süden des Strandes, an einem etwa 10 m langen Kai, kann man mit dem Beiboot anlegen. In den Häusern hinter dem Strand befinden sich ein Lebensmittelgeschäft, ein kleines Restaurant und ein Café.

Macinaggio
42° 57′N
009° 27′E

verfügt über einen modernen und sicheren Yachthafen. Schon die Römer nutzten die geschützte Bucht als Handels- und Kriegshafen. Bis 1870 der Nouveau Port in Bastia fertiggestellt wurde, war Macinaggio der bedeutendste Handelshafen an der Ostküste Korsikas.
Heute lebt der Ort vom Tourismus und dem gut geführten Yachthafen, der im Sommer häufig überfüllt ist. Yachten aus Südfrankreich und vor allem aus Italien belegen ihn im Juli und August mit Beschlag – die Nähe zu Italien macht sich spürbar bemerkbar (Elba 35 sm, Livorno 52 sm, Viareggio 65 sm, Capraia 20 sm, Punta Ala 58 sm).

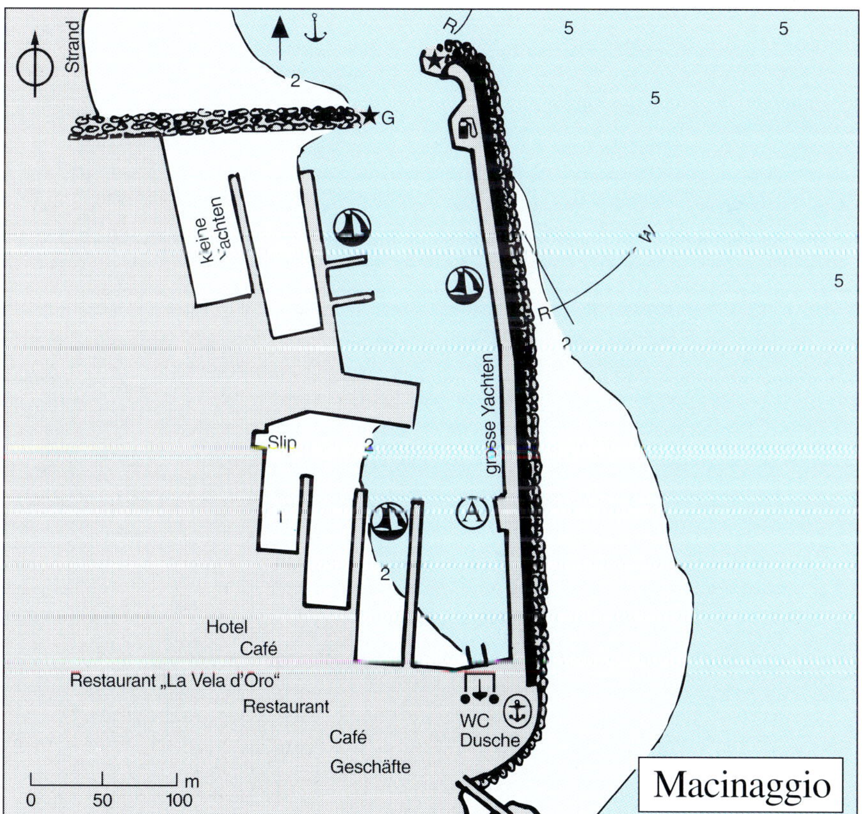

Ansteuerung (Seekarten: D 499 und 504, BA 1999, F 6822, CG 1004 und CG 1006): Die bunten Häuser des Ortes sind von See her gut auszumachen, ebenso wie der genuesische Wachturm auf der Pointe de la Coscia nördlich des Hafens. Der Kopf der Ostmole ist befeuert (Oc(2). WR. 6s 12/9M; die roten Sektoren decken die Insel Finocchiarola im Norden sowie die Küste im Süden ab). Der Kopf der nördlichen Mole ist ebenfalls befeuert (Fl. G. 2s).

Liegeplatz: Der Hafen bietet über 500 Yachten sichere und bequeme Liegeplätze an den Stegen und der Ostmole. Alle Liegeplätze sind mit Grundgeschirr (Ketten oder Leinen), Strom- und Wasseranschluß ausgestattet.
Kraftstoff erhält man an der Hafentankstelle. Duschen und WCs sind in dem Gebäude der Capitainerie untergebracht.
Ist der Hafen überfüllt, kann man in der Bucht nördlich davon vor dem Strand auf 2 bis 5 m Wassertiefe ankern.

Hafenmeister: M. Joseph Polidori, Telefon 95 35 42 57. Die Hafenmeisterei ist während der Dienststunden über UKW-Kanal 9 zu erreichen (Liegeplatzreservierung über UKW-Telefon ist im Juli und August empfehlenswert). Zweimal täglich wird der neueste Wetterbericht ausgehängt. Im Hafenbüro sind öffentliche Fernsprecher. Die Bank im Obergeschoß der Capitainerie ist nur in den Sommermonaten geöffnet; in der übrigen Zeit wechselt der Hafenmeister Geld.

Reparaturmöglichkeiten: Der Hafen verfügt über eine breite Slipbahn und einen 15-t-Travellift, der vom Hafenmeister bedient wird. Mehrere kleine Firmen in der Nähe führen Reparaturen aller Art aus; einen gut sortierten Ship-Chandler findet man am Hafen. Eine Segelmacherei liegt etwas versteckt hinter dem ausgetrockneten Flußbett.

Versorgung: Post, Bank, ein Lebensmittelgeschäft, mehrere Restaurants und Cafés liegen an der Straße am Hafen. Beim Bäcker kauft man die Baguettes morgens frisch aus dem Ofen.
Von den Restaurants ist das „La Vela d'Oro“ in der Parallelstraße hinter der Hafenpromenade besonders zu empfehlen. Die zahlreichen Pokale auf den Regalen an den Wänden legen beredtes Zeugnis ab vom Hobby des Wirtes, dem Rallyesport. Au einem großen Aquarium kann man sich die Languste selbst aussuchen. Auf Vorbestellun erhält man eine hervorragende Bouillabaisse. Auf dem langgezogenen Hang hinter dem Haus wächst der hauseigene Wein.
Das Restaurant „U Sant Agnellu“ in dem Bergdorf Rogliano oberhalb von Macinaggio unterhält im Sommer einen kostenlosen Zubringerdienst mit einem Kleinbus. Auch dort erhält man hervorragende korsische Küche.

Bademöglichkeiten: Die große Bucht nördlich des Hafens wird von einem breiten, weißen Sandstrand gesäumt, der zum Baden einlädt.

Entfernungen von Macinaggio: Bastia 17 sm, Centuri 11 sm, St-Florent 28 sm, Marciana Marina (Elba) 35 sm, Portoferraio (Elba) 43 sm, Nizza 90 sm.

Einen Besuch der terrassenartig am Hang des Monte Poggio liegenden acht Weiler von *Rogliano* sollte man auf keinen Fall versäumen. Der Weg führt durch weite Weinanbauflächen zu den inmitten von Oliven- und Kastanienhainen gelegenen Überresten einer wohlhabenden Stadt, die zur Römerzeit etwa 4000 Einwohner gezählt hat. Damals hieß sie Pagus Aurelianus. Drei Burganlagen, ein Kloster und mehrere befestigte Türme aus der Pisaner- und Genueserzeit erinnern an die einstige Bedeutung des Ortes.

Im Jahre 1869 suchte die Kaiserin Eugenie auf der Rückkehr von der Einweihung des Suezkanals in Macinaggio Schutz vor einem Sturm. Für ihre Rettung vor dem Unwetter stiftete sie der Kirche *Saint-Agnel* in Rogliano ein reichgeschnitztes Chorgeländer.
Die schönste Aussicht hinab zum Meer und über das Cap Corse – bei guter Fernsicht bis hin zum italienischen und manchmal sogar zum französischen Festland – hat man von dem Weiler *Quarcioli* aus. In der Nähe befinden sich die Ruinen der Burg *San Colombano,* dem Stammsitz der Familie Da Mare, die das Cap Corse im 12. Jahrhundert als Lehen erhalten hatte und seitdem über die Region herrschte.

SARDINIEN

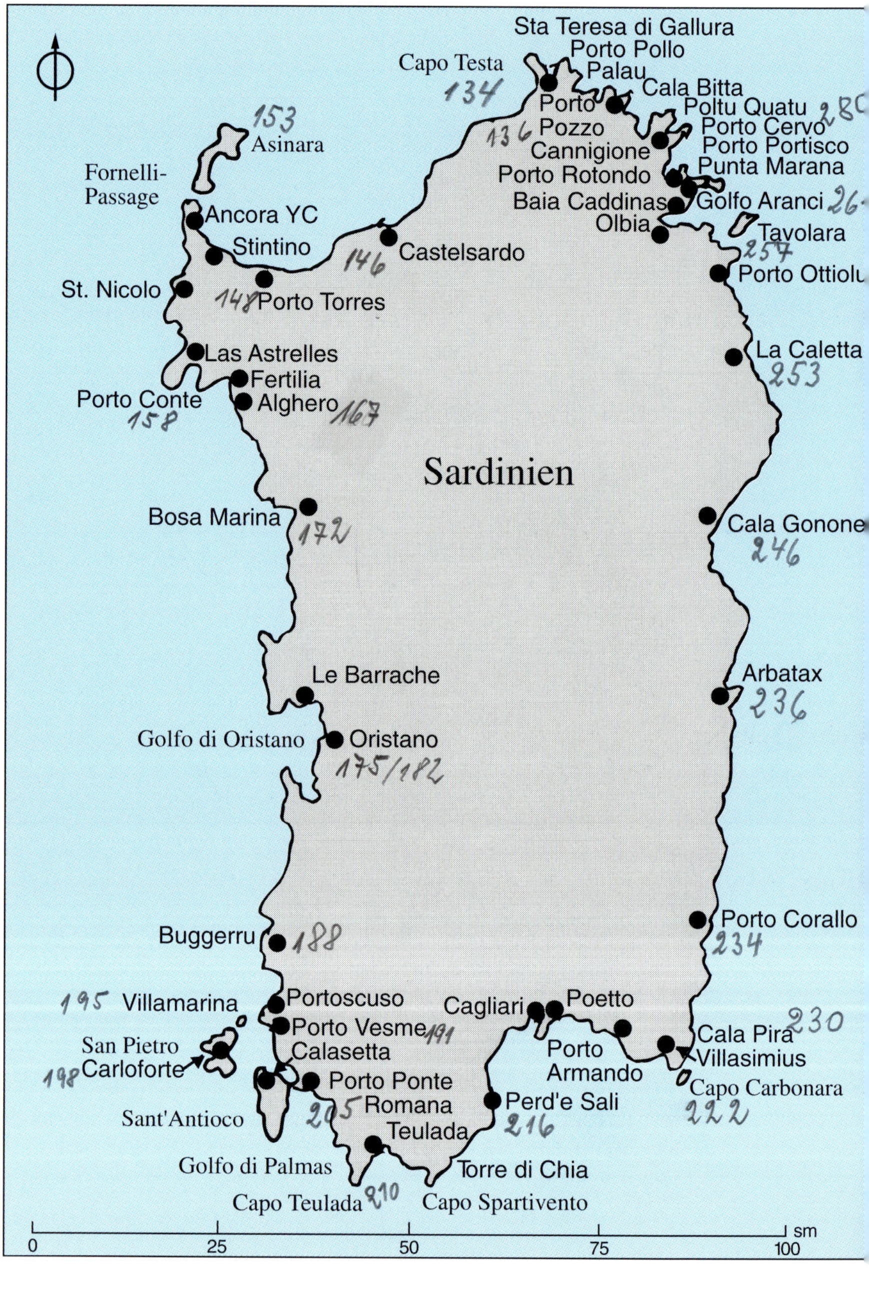

Sta Teresa di Gallura
Porto Pollo
Capo Testa
Palau
Cala Bitta
Porto Pozzo
Poltu Quatu
Porto Cervo
Asinara
Cannigione
Porto Portisco
Fornelli-Passage
Porto Rotondo
Punta Marana
Baia Caddinas
Golfo Aranci
Ancora YC
Olbia
Tavolara
Stintino
Castelsardo
Porto Ottiolu
St. Nicolo
Porto Torres
Las Astrelles
La Caletta
Fertilia
Porto Conte
Alghero
Sardinien
Bosa Marina
Cala Gonone
Arbatax
Le Barrache
Golfo di Oristano
Oristano
Porto Corallo
Buggerru
Villamarina
Portoscuso
Cagliari
Poetto
Porto Vesme
Cala Pira
San Pietro
Carloforte
Calasetta
Porto Armando
Villasimius
Porto Ponte Romana
Capo Carbonara
Sant'Antioco
Perd'e Sali
Teulada
Golfo di Palmas
Torre di Chia
Capo Teulada
Capo Spartivento
0
25
50
75
100
sm

Seekarten und Seebücher Neben den amtlichen deutschen (D), britischen (BA) und italienischen (I) Seekarten sind die italienischen Sportbootkarten *Nauticard zu empfehlen* (Sonderdrucke auf der Basis amtlicher italienischer Seekarten, mehrfarbig, auf wasserfestem Kunststoff gedruckt, Format 68 x 45 cm; die strukturierte Oberfläche erlaubt das Zeichnen mit dem Bleistift; die Karten werden nicht handschriftlich berichtigt, korrigierte Nachdrucke erscheinen von Fall zu Fall).

Seebücher:

- Mittelmeer-Handbuch, II. Teil: Italien mit Sardinien und Sizilien (BSH-Nr. 2028)
- Leuchtfeuerverzeichnis, Teil V: Mittelmeer und Schwarzes Meer (BSH-Nr. 2105)
- Jachtfunkdienst Mittelmeer (BSH-Nr. 2159)

Einklarieren und Zollvorschriften Generell ist das Einklarieren, vor allem für Yachten aus dem EU-Raum, in den letzten Jahren vereinfacht worden, und im vereinten Europa ohne Grenzen dürfte dies wohl bald kein Thema mehr sein – allerdings wird es noch etwas länger dauern, bis sich die entsprechenden Vorschriften bis zu den einzelnen sardischen Hafenämtern durchgesprochen haben.

Bootspapiere In Italien sind Wassersportfahrzeuge zulassungs- und kennzeichnungspflichtig. Für Boote unter deutscher Flagge wird der *Internationale Bootsschein für Wassersportfahrzeuge* anerkannt, der vom DSV, DMYV und ADAC ausgegeben wird. Es empfiehlt sich, über alle Ausrüstungsgegenstände an Bord Kaufbelege mitzuführen, ebenso wie den Nachweis über die entrichtete Umsatzsteuer für die Yacht.

Führerscheine Zum Führen von Booten mit Motoren über 3,68 kW (5 PS) in italienischen Gewässern ist der amtliche *Sportbootführerschein See* erforderlich. Für in Italien zugelassene Boote gelten die italienischen Führerscheinbestimmungen.

Haftpflichtversicherung In Italien sind Boote mit Motoren über 3 italienische Steuer-PS haftpflichtversicherungspflichtig. Als Deckungsnachweis gilt die Blaue Versicherungskarte, die beim Befahren italienischer Gewässer unbedingt an Bord sein muß. Die Mindesthöhe der zu versichernden Summe ist vorgeschrieben; Auskünfte erteilen die deutschen Versicherungsgesellschaften.

Sicherheitsausrüstung Wassersportfahrzeuge unter deutscher Flagge müssen mindestens nach den in der Bundesrepublik Deutschland gültigen Bestimmungen ausgerüstet sein (siehe die BSH-Broschüre „Sicherheit in der Sportschiffahrt im See- und Küstenbereich“). An Bord muß eine entsprechende in italienischer Sprache abgefaßte und von einem deutschen Konsulat beglaubigte Erklärung mitgeführt werden.

Der Maddalena-Archipel

Der Maddalena-Archipel (italienisch: Arcipelago di la Maddalena) besteht aus sieben großen Inseln und zahlreichen kleinen Eilanden und Felsen. Außer den beiden Häfen Cala Gavetta und Porto Massimo auf der Hauptinsel La Maddalena gibt es in diesem Archipel zahlreiche Ankerplätze und Anlegemöglichkeiten.
Während der englisch-französischen Kriege 1803/04 diente die Inselgruppe Admiral Nelson als Flottenstützpunkt. 1887 bauten die Italiener sie zur uneinnehmbaren Seefestung aus, wovon noch heute die umfangreichen Befestigungsanlagen auf der Insel Caprera zeugen. Wegen der strategisch günstigen Lage haben die Amerikaner nach dem Zweiten Weltkrieg Teile ihrer 6. Flotte hier stationiert.
Man kann tagelang zwischen den Inseln umherkreuzen und wird dabei immer wieder Neues entdecken. Die geringen Entfernungen ermöglichen es, von einem der beiden Häfen aus Tagestouren in die Inselwelt zu unternehmen und bei ruhigem Wetter auch einmal eine Nacht auf einem der schönen Ankerplätze zuzubringen.

RAZZOLI bildet zusammen mit Santa Maria und Budelli die nördliche Inselgruppe des Archipels. Von den französischen Inseln Îles Lavezzi und Cavallo kommend, fällt auf, daß die Landschaft sehr viel lieblicher ist – nicht so rauh und abweisend, sondern hügelig und begrünt.

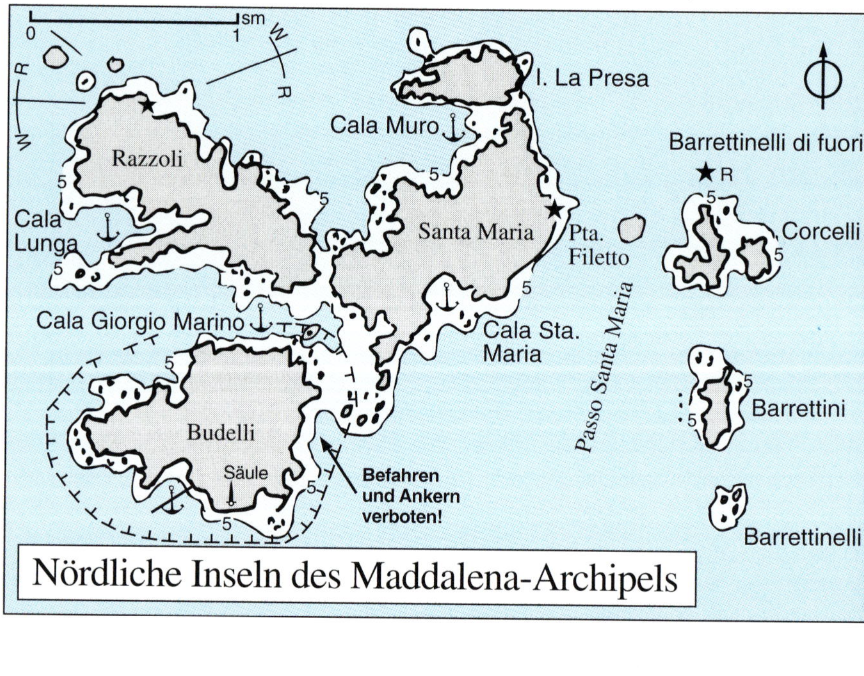

Nördliche Inseln des Maddalena-Archipels

Der durch steile Berghänge gebildete Hafen und die Unterstadt von Bonifacio

La Maddalena: Der Yacht- und Fischerhafen Cala Gavetta im Süden der Insel

10

11

10 Sardinien. Die Steganlage der Marina Aquarius tief im Innern des Golfes von Longonsardo

11 Alghero mit seinen mittelalterlichen Stadtmauern

12 Leucht- und Wachturm an der Hafeneinfahrt von Castelsardo, einem alten Städtchen mit gewaltiger Festung

13

14

13 Felseneiland Foradada am Capo Caccia, nördlich der Einfahrt in di Grotta di Nettuno

14 Die Ruinen der römischen Stadt Tharros auf der Halbinsel Sinis ar Golf von Oristano

Die Insel Razzoli mit ihrem Leuchtfeuer (Fl. WR. 5s 13/9M) ist die südliche Begrenzung der **Grande Passe des Bouches de Bonifacio** (italienisch: Bocca Grande). Sie bietet Yachten in der

Cala Lunga
41° 18′N
009° 20′E

einen gut geschützten Ankerplatz in einer fjordartigen Bucht. Bei der Einfahrt ist auf die zahlreichen Klippen beiderseits der Einfahrt zu achten. Man ankere an der im Plan eingezeichneten Stelle auf 3 bis 5 m Wassertiefe. Der kleine Steg am nördlichen Ufer ist für die Bediensteten des Leuchtturms reserviert. Die Insel ist bis auf einige Ferienhäuser unbewohnt; Versorgungsmöglichkeiten bestehen nicht.
Bei aufkommendem Seegang oder Wind aus West sollte man den Ankerplatz unverzüglich verlassen und in einer der Buchten an der nordöstlichen Küste Schutz suchen.

Entfernung von Cala Gavetta 8 sm, von Porto Massimo 6 sm.

Cala Giorgio Marina heißt die von den Inseln Razzoli, Budelli und Santa Maria gebildete natürliche Bucht, die nach Südosten von den Inselchen Paduleddi und Stramanari begrenzt wird. Man ankere auf 3 bis 6 m Wassertiefe nahe der Insel Razzoli (siehe Plan Seite 120).
41° 18′N
009° 20′E

Bei aufkommendem Seegang oder Wind aus West sollte man den Ankerplatz unverzüglich verlassen und in der Cala Santa Maria Schutz suchen. Die Durchfahrt zwischen den Inseln Budelli und Santa Maria ist wegen der zahlreichen Steine unter und über Wasser nur bei ruhigem Wetter, genauer Ortskenntnis und nicht allzu großem Tiefgang möglich; sie heißt nicht umsonst *Passo cerca di morto* (Passage der Selbstmörder).

SANTA MARIA ist von der Insel Razzoli durch den nur etwas mehr als 10 m breiten Passo degli Asinelli getrennt, der nur von Yachten mit weniger als 1 m Tiefgang befahren werden kann. Santa Maria scheint mit der nördlich liegenden *Isola La Presa* eine Einheit zu bilden – die Passage dazwischen ist nur etwa 5 m breit und mit Steinen übersät. Es gibt auch auf dieser Insel nur ein paar Ferienhäuser; Versorgungsmöglichkeiten bestehen also nicht.
An der Ostseite steht auf der *Punta Filetto* das Leuchtfeuer Santa Maria (Fl(4) 20s 10M), das zusammen mit dem Leuchtfeuer auf dem Inselchen *Barrettinelli di fuori* nördlich der Corcelli-Inselchen (Fl(2). R. 10s 7M) die nördliche Einfahrt in den Maddalena Archipel und den *Passo Santa Maria* markiert.

Cala Santa Maria ist eine hübsche Bucht im Südosten der Insel, die außer bei südöstlichen Winden guten Schutz bietet. Die Einfahrt ist wegen der vorgelagerten Klippen nicht ganz einfach; am besten steuert man zwischen der Punta Vecchio Marino und den Klippen in die Bucht ein und ankere an der im
41° 17′N
009° 22′E

Plan Seite 120 verzeichneten Stelle auf 3 bis 4 m Wasser über Sandgrund. Die Bucht wird von einem schönen Sandstrand gesäumt.

Entfernung von Cala Gavetta 7 sm, von Porto Massimo 4 sm.

Im Nordwesten liegt die von den Inselchen La Presa und Cappiciola gebildete

Cala Muro
41° 18′N
009° 22′E

Sie bietet außer bei Mistral guten Schutz inmitten einer malerischen Hügellandschaft. Hinter den beiden Klippen mitten in der Bucht findet man einen hervorragenden Ankerplatz auf 5 m Wassertiefe; man kann zusätzlich eine Leine zu den Klippen oder an Land ausbringen.

Entfernung von Cala Gavetta 8 sm, von Porto Massimo 6 sm.

BUDELLI
41° 17′N
009° 21′E

ist in Privatbesitz, und das Betreten ist verboten. Im Südwesten dieser von duftender Macchia dicht bewachsenen Insel, die von weitem wie ein einziger großer grüner Hügel aussieht, befindet sich einer der schönsten Ankerplätze des Archipels: in einer von rötlichen Felsen umgebenen, nahezu kreisrunden Bucht mit einem schönen Sandstrand, den man aber nicht mehr anlaufen darf. Rund um die Insel ist eine 300 m breite Naturschutzzone eingerichtet worden, in der das Befahren und der Aufenthalt verboten sind. Zu warnen ist vor knapp unterhalb der Wasseroberfläche liegenden Felsen innerhalb der Bucht. Von den unbewohnten Felseneilanden an der Ostseite des Passo Santa Maria bietet lediglich **Corcelli** einen gegen östliche Winde geschützten Ankerplatz. Die Barrettini- und Barrettinelli-Inselchen sind ein Paradies für Taucher und Unterwasserjäger.

SPARGI

eine bis zu 150 m hohe, teilweise mit Macchia bewachsene Felseninsel, ist von zahlreichen Klippen umgeben. In den letzten Jahren sind hier mehrere Ferienhäuser und eine kleine Feriensiedlung entstanden.
Von den Ankerplätzen ist die

Cala Corsara
41° 14'N
009° 21'E

im Süden der Insel der beliebteste Platz. Bei der Ansteuerung halte man sich gut frei von der *Secca Corsara* etwa 0,5 sm südwestlich der Bucht. Die Untiefe ist mit einer Tonne mit Westtoppzeichen gekennzeichnet (Q(6) + LFl. 15s 5M). Man ankere an der im Plan verzeichneten Stelle auf 5 m Wassertiefe. An den beiden kleinen Kais in der Bucht kann man mit dem Beiboot anlegen.
1958 fand man zwischen den Unterwasserfelsen der Secca Corsara das Wrack eines etwa 30 m langen römischen Frachtschiffes aus dem 1. Jahrhundert v. Chr. Etwa 300 Amphoren, meist griechischer Herkunft, und zahlreiche andere Gegenstände konnten aus dem Wrack geborgen werden.

Entfernung von Cala Gavetta 3,5 sm, von Punta Sardegna Yachthafen 2 sm, von Porto Massimo 6 sm.

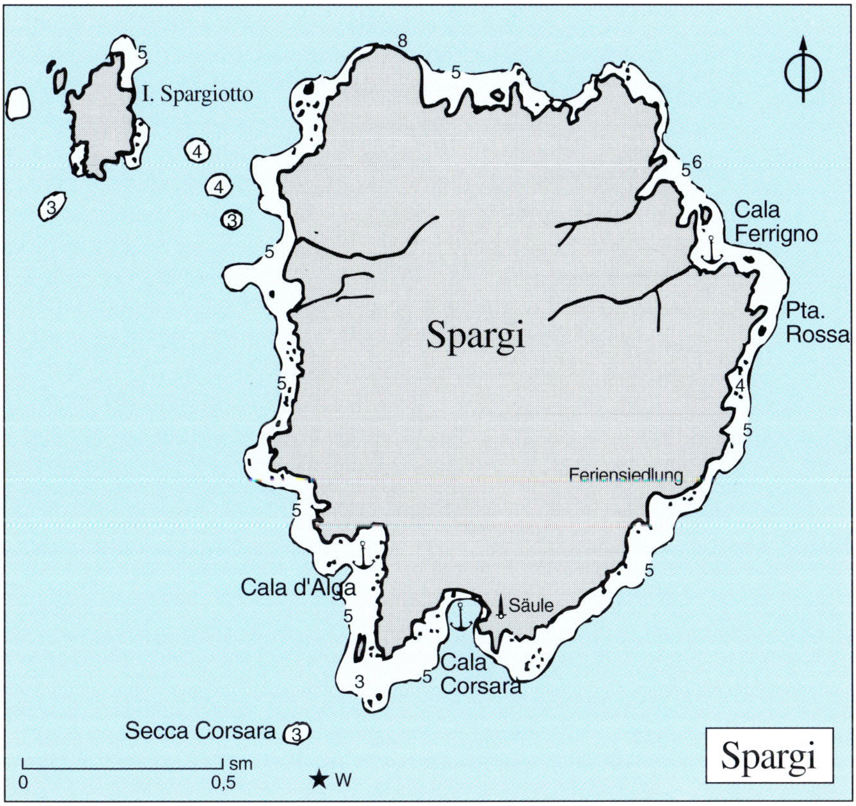

Cala d'Alga
41° 14′N
009° 21′E

ist eine von Klippen übersäte Bucht im Südwesten der Insel, die nur bei ruhigem Wetter und nur mit größter Vorsicht angesteuert werden kann. Liegt man erst einmal sicher vor Anker (auf 2 bis 5 m Wassertiefe), wird man von der Schönheit der Umgebung überwältigt: rechts und links steil aufragende Felsen, voraus ein liebliches Tal. Versorgungsmöglichkeiten bestehen nicht. Über Nacht sollte man hier nur bei wirklich ruhigem Wetter bleiben.

Ähnlich romantisch und auch nur bei ruhigem Wetter zu empfehlen ist die

Cala Ferrigno
41° 15′N
009° 22′E

im Nordosten von Spargi. Die Bucht ist so klein, daß nur ein, zwei Yachten darin Platz finden.
Der Anleger vor der Feriensiedlung an der Südostseite der Insel ist während der Saison den Gästen der Siedlung vorbehalten.

LA MADDALENA Rund um die knapp 20 km² große Hauptinsel des Archipels sind in den letzten Jahren zahlreiche Hotels und Feriensiedlungen entstanden. Halbstündlich besteht Fährverbindung mit Palau auf Sardinien; die Fahrt kostet

keine drei Mark je Person. Der Südostteil der Insel mit den Anlagen der italienischen Marine ist militärisches Sperrgebiet. Das Bild in den Straßen des Hauptortes La Maddalena wird von den Besuchern der Kadettenschule geprägt.
Auf der mit 150 m höchsten Erhebung der steinigen und mit niedriger Macchia bewachsenen Insel steht der weithin sichtbare Semaphor Guardia Vecchia, eine Wetterstation, deren Meßwerte fester Bestandteil der italienischen Wetterberichte sind.
Die Fahrwasser zwischen Sardinien und den Inseln La Maddalena und Santo Stefano sowie zwischen La Maddalena und Santo Stefano sind voller Untiefen und Klippen, die durch zahlreiche und zum größten Teil befeuerte Tonnen und Baken sowie durch Richtfeuer gekennzeichnet sind.

La Maddalena – Cala Gavetta Hauptort und Haupthafen der Insel an ihrer Südseite, ist zugleich quirliges Zentrum des Archipels. Von Korsika kommend, sind die Geschäftigkeit und Lebendigkeit des Ortes besonders augenfällig. Schließen auf Korsika die Geschäfte spätestens um 19 Uhr, kann man hier meist noch bis 22 Uhr einkaufen. Und während auf Korsika gegen 21 Uhr die Bürgersteige hochgeklappt werden, beginnt hier dann erst das Leben. Es ist nichts Außergewöhnliches, abends mit der Fähre nach Palau in die Disco zu fahren und mit der letzten Fähre zurückzukommen.

41° 13′N
009° 24′E

Gleich östlich des Hafenbeckens von Cala Gavetta erstreckt sich die Altstadt mit ihren Häusern aus der Zeit der Jahrhundertwende, dem klassizistischen Rathaus, der Markthalle und der Piazza.

Ansteuerung (Seekarten: D 500 und 438, BA 1992 und 1213, I 324 und 325): Die Ansteuerung ist bei Tag und Nacht nicht schwierig, erfordert aber Aufmerksamkeit.

a) Von Norden aus dem Passo Santa Maria kommend: Man halte auf den Leuchtturm von Punta Sardegna (Fl. 5s 16M) zu bis zu der Untiefenbake Secca di Mezzo Passo (Fl(2) 6s 5M), die man an Backbord läßt und auf die Richtbaken Cala Chiesa (F. G. 3M) und Forte Camicio (F. G. 3M) in rwP 064° einsteuert. Der Kurs führt, vorbei an den Untiefentonnen Secca di Forte Tegga, Secca Padula und Secca di Punta Nera, vor die Einfahrt zur Cala Gavetta, die mit rotem und grünem Festfeuer markiert ist. Vor der Insel Santo Stefano, dicht südlich des Fahrwassers, liegen zahlreiche unbeleuchtete Festmachetonnen der italienischen Marine.

b) Von Süden (Palau) kommend: Die Richtbaken Guardia Vecchia Semaphore (Oberfeuer: Oc. G. 4s 8M, Unterfeuer: Iso. G. 2s 8M in rwP 014°) führen zwischen der Isolotto Roma an Steuerbord und der Untiefenbake Secca del Palau ((Q(6) + LFl. 10s 5M) sowie der schwarz-gelben Untiefentonne mit Nordtoppzeichen an Backbord hindurch zu dem unter a) genannten Ansteuerungskurs 064°.

c) Von Südosten kommend, zwischen Santo Stefano und Caprera hindurch: Vorbei an den Anlagen der amerikanischen Marine, halte man auf die Cala Camiciotto zu, die durch ein rotes Festfeuer an Backbord markiert ist. Achtung: In der Rada di Santo Stefano liegen mehrere unbeleuchtete Festmachetonnen der amerikanischen Marine! Nach Passieren der Punta Sassu halte man auf die Einfahrtsfeuer südlich der Insel Chiesa zu (F. R und F. G). Von der Einfahrt aus steuere man auf die Punta Chiara zu (2F. R. vert), wobei die grüne Tonne an Backbord zu lassen ist. Westlicher Kurs führt direkt in die Cala Gavetta. Achtung! Eine Warnung für Besitzer von GPS-Navigatoren: Die italienische Marine stört zeitweise den Empfang von GPS, so daß man entweder gar keinen oder einen falschen Standort erhält. Mit diesen Geräten ist daher in allen Gegenden, in denen die italienische Marine präsent ist, mit äußerster Vorsicht zu navigieren.

Liegeplatz: Die Wassertiefe beträgt in der Einfahrt und in der Mitte des Hafenbeckens 7 m, an den Kais 3,50 m, nach innen hin abnehmend. Ein Teil des westlichen Kais ist für die Boote der Capitaneria di Porto und der Guardia di Finanza reserviert, ein Teil des östlichen Kais für die Ausflugsboote. Der hintere Teil des Hafenbeckens ist flach und wird von den Fischern beansprucht. Yachten finden gut ausgestattete Liegeplätze an den vom westlichen Kai ausgehenden Schwimmstegen. Weitere Liegeplätze für Yachten finden sich an den beiden Stegen östlich des Fähranlegers in der Cala Mangiavolpe.

Kraftstoff erhält man an der Tankstelle an der Nordwestseite des Hafens; allerdings können hier nur Yachten mit weniger als 1 m Tiefgang anlegen. Eine weitere Tankstelle ist auf der Außenmole neben dem Bb-Einfahrtsfeuer geplant.

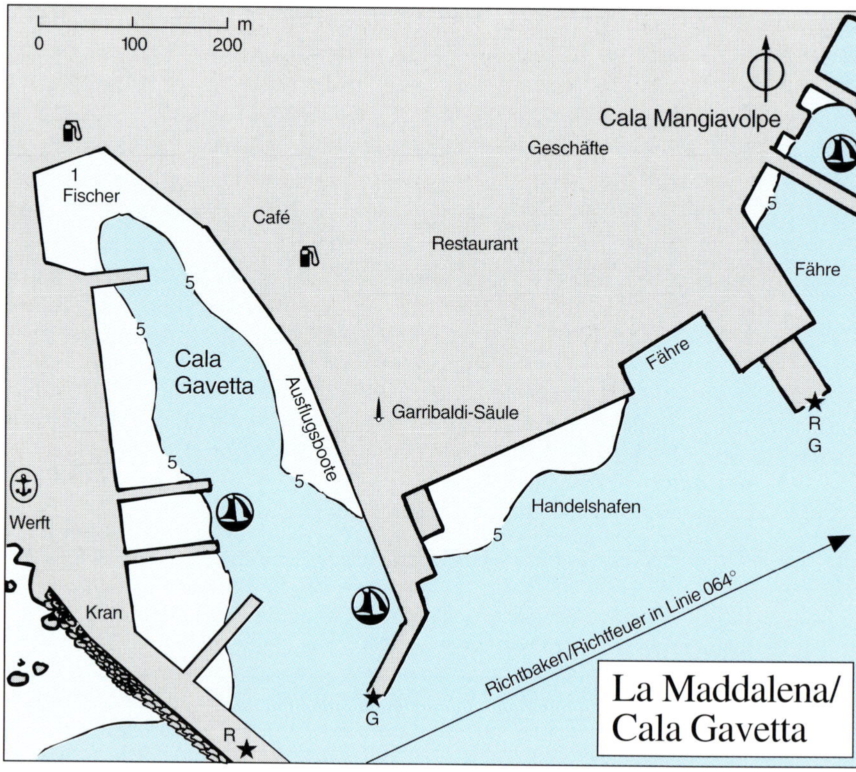

Hafenmeister: Das Büro der Capitaneria di Porto liegt hinter dem westlichen Kai der Cala Gavetta. Mit etwas Glück findet man unter den zahlreichen Papieren im Vorraum auch den neuesten Wetterbericht.

Reparaturmöglichkeiten: Am Westkai steht ein fest installierter Kran; die Yachtwerft hinter dem Westkai führt Reparaturen aller Art aus. Die Werft westlich des Gebäudes der Capitaneria di Porto baut traditionelle Fischerboote. Schiffszubehörgeschäfte liegen um das Hafenbecken, eine Segelmacherei befindet sich in der Altstadt.

Versorgung: Am Hafen findet man Lebensmittelgeschäfte, Restaurants und Cafés. Besonders zu empfehlen ist die Markthalle (neben dem Rathaus) mit Fisch-, Fleisch- sowie Obst- und Gemüseständen. In verschiedenen Cantinas kann man preiswert sardischen und, in begrenztem Umfang, den auf der Insel angebauten Wein erstehen.

Entfernungen von Cala Gavetta: Porto Massimo 6,5 sm, Palau 2,5 sm, Porto Cervo 13 sm, Bonifacio (Korsika) 17 sm, Santa Teresa di Gallura 13 sm, Porto-Vecchio (Korsika) 21 sm.

Ein etwa halbstündiger Fußweg führt zu dem Semaphor *Guardia Vecchia* hinauf. Von dort oben hat man einen herrlichen Ausblick auf den gesamten Archipel und die sardische Nordküste.

Porto Massimo ist eine private Yachtmarina im Nordosten der Insel, vor einer Feriensiedlung in der Bucht Porto Lungo.
41° 15′N
009° 26′E

Ansteuerung (Seekarten: D 500 und 438, BA 1992 und 1213, I 324 und 325): Wegen zahlreicher Klippen unter und über Wasser halte man ausreichend Abstand von der Punta Lunga. Der Hafen liegt an der Westseite der Bucht. Die Anlagen der Feriensiedlung sind schon von weitem auszumachen. Bei Nacht sind die Molenköpfe befeuert (F. G und F. R).

Liegeplatz: Der Hafen bietet etwa 50 Yachten sichere und bequeme Liegeplätze an den Stegen und Kais. Tagsüber werden die Plätze zugewiesen. Gäste machen an der Ostmole an Festmachebojen, Heck zum Kai, fest. Kleinere Yachten können auch am gegenüberliegenden Kai oder dem Schwimmsteg anlegen. An den drei Festmachebojen außerhalb der Ostmole kann man festmachen, wenn im Hafen selbst kein Platz mehr ist. Die Liegeplätze verfügen über Strom- und Wasseranschlüsse. Duschen und Toiletten sind in dem Gebäude gegenüber vom Hafenbüro untergebracht.

Reparaturmöglichkeiten: Ein fest installierter 7,5-t-Kran steht am Kai beim Hafenbüro. Reparaturwerkstätten werden durch das Hafenbüro vermittelt.

Versorgung: Lebensmittelgeschäft, Restaurant und Café finden sich in der Feriensiedlung (nur von Juni bis September geöffnet).

Bademöglichkeiten: An dem kleinen Strand südlich des Hafens.

Entfernungen von Porto Massimo: Cala Gavetta 6,5 sm, Porto Cervo 9,5 sm, Porto-Vecchio (Korsika) 23 sm.

Außer diesen beiden Häfen bietet die zerklüftete Insel zahlreiche Ankerplätze:

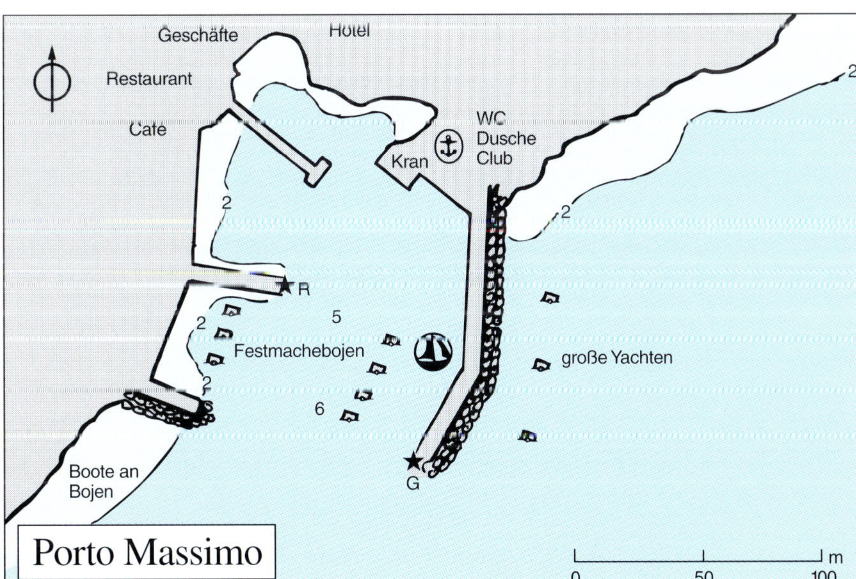

Cala Nido d'Aquila ist eine klippenreiche Bucht im Südwesten von La Maddalena. Bis vor wenigen Jahren wurden hier noch die Steine aus dem inzwischen stillgelegten Steinbruch verladen. Bei der Ansteuerung achte man auf die Klippe vor dem südlichen Ufer. Die beiden Stege haben 2 m Wassertiefe am Kopf; ansonsten ankere man östlich der Klippe auf 3 bis 4 m Wassertiefe.

41° 13′N
009° 23′E

Entfernung von Cala Gavetta 1,5 sm, von Porto Massimo 5,5 sm.

Cala Francese an der Westseite der Insel bietet in ihrem nördlichen Teil gut geschützte Ankerplätze. Hier befindet sich auch eine kleine gemauerte Mole mit 2 m Wassertiefe am Kopf, an der man anlegen kann. Die Einsteuerung bereitet keine Schwierigkeiten; die Fabrik im Süden der Bucht ist weithin auszumachen. Der Strand im Nordteil ist einer der wenigen Badeplätze auf der Insel.

41° 13′N
009° 23′E

Entfernung von Cala Gavetta 2 sm, von Porto Massimo 5 sm.

Cala l'Inferno und **Cala Majore** an der Nordwestseite sollten nur bei ruhigem Wetter anlaufen werden. Die Buchten sind durch die Punta di Guardia Maiori und einige vorgelagerte Klippen voneinander getrennt und bieten nur Schutz gegen Winde aus südlichen und östlichen Richtungen. Bei aufkommendem Wind aus West sollte man den Ankerplatz unverzüglich verlassen.

41° 14′N
009° 23′E

Entfernung von Cala Gavetta 3,5 sm, von Porto Massimo 3,5 sm.

Stagno Torto ist eine tief ins Land einschneidende Bucht im Norden der Insel, die außer gegen nördliche Winde hervorragenden Schutz bietet. Bei der Ansteuerung von Westen halte man sich wegen der zahlreichen Klippen gut frei von der *Punta Abbatoggia*; bei der Ansteuerung von Osten gilt Entsprechendes für die *Punta Marginetto*. Die besten Ankerplätze sind im Süden der Bucht auf 2 bis 5 m Wassertiefe. Die Sandstrände laden zum Baden ein.

41° 15′N
009° 24′E

Cala Spalmatore ist eine tiefe Bucht nur wenig südlich des Hafens Porto Massimo und der beste Ankerplatz der Insel. Außer bei nordöstlichen Winden liegt man hier gut geschützt. Der Steg am Ende der Bucht hat am Kopf 2 m Wassertiefe, zum Ufer hin rasch abnehmend. Man ankere in der Nähe des Steges auf 2 bis 5 m Wasser über gut haltendem Sandgrund – das Anlegen an dem Steg ist für Yachten verboten. Der Strand am Ende der Bucht ist ein beliebter Badeplatz.

41° 15′N
009° 26′E

La Peticchia ist eine fjordartige Bucht zwischen La Maddalena und dem Inselchen Giardinelli, das durch einen Damm mit La Maddalena verbunden ist. Bei der Ansteuerung halte man sich mehr an das Ufer von Giardinelli, da südlich der Punta Rossa zahlreiche Klippen liegen. Man ankere in der Mitte des Fjordes auf 2 bis 5 m Wasser über Sandgrund. Das klare Wasser verlockt zum Baden.

41° 14′N
009° 26′E

Zwischen La Maddalena und Caprera liegt der **Passo della Moneta,** ein mit Klippen übersätes Fahrwasser. Ein Damm, unterbrochen von einer 18 m langen Brücke mit 4,80 m Durchfahrtshöhe, verbindet die beiden Inseln miteinander.

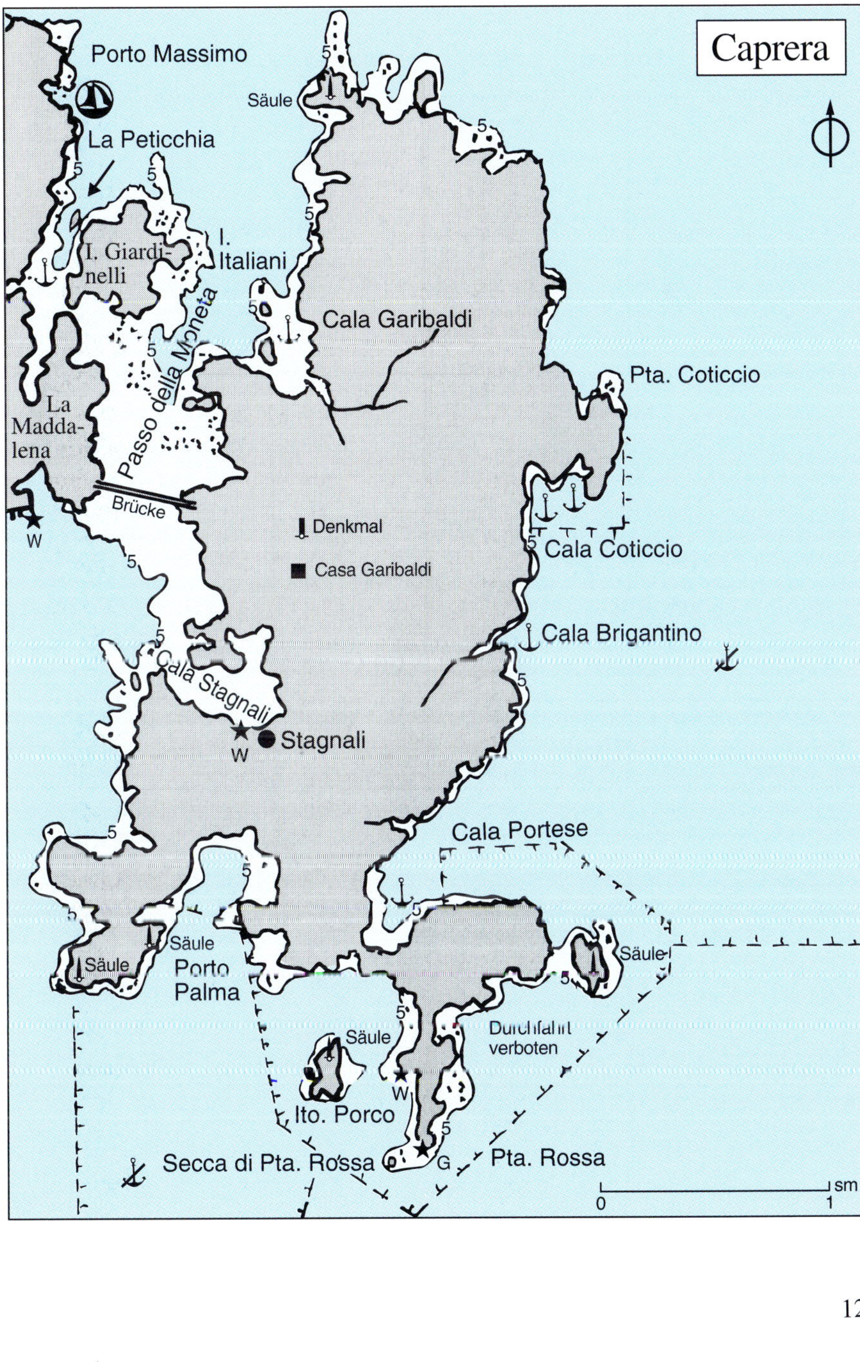

CAPRERA ist der Länge nach von einem steil aufragenden Granitmassiv durchzogen, das bis fast zur Spitze von dichten Pinienwäldern bewachsen ist. Die Insel ist Naturschutzgebiet. (Plan siehe Seite 129.)

Ohne den italienischen Nationalhelden Giuseppe Garibaldi hätte wohl kaum jemand je von Caprera gehört oder Notiz genommen. Von hier aus brach Garibaldi 1860 mit seinen 1000 Freiwilligen nach Sizilien auf, stürzte das süditalienische Königreich „beider Sizilien" und schuf damit die Grundlage für das geeinte Königreich Italien. Von den Alpen bis Sizilien war Italien unter der Führung des Hauses Piemont erstmals wieder zu einem einzigen Staat vereint.

Der eingefleischte Republikaner Garibaldi, dem für seine Verdienste um die italienische Einigung im Parlament ein Sitz auf Lebenszeit eingeräumt worden war, scheiterte an den Intrigen am Königshof und an der Ministerialbürokratie und zog sich auf seinen Landsitz „Casa Bianca" auf Caprera zurück, der heute als „Casa Garibaldi" Erinnerungsstätte und Museum ist, und führte mit einem Hofstaat von rund 50 Leuten das Leben eines Landadligen.

Großer Beliebtheit erfreute sich Garibaldi bei der italienischen Damenwelt – die Nachfrage nach ihm soll enorm gewesen sein. Als sich bei einer seiner Verehrerinnen, der 19jährigen Francesca (seiner späteren dritten Frau), Nachwuchs einstellte, pflanzte er eigenhändig die Pinie, die heute im Hof der „Casa Garibaldi" Schatten spendet.

In dem Haus kann man zahlreiche Erinnerungsstücke besichtigen, wie den Sattel seines Pferdes Marsala, auf dem er 1860 in Palermo einritt.

Caprera ist nur geringfügig kleiner als La Maddalena, aber nur von wenigen Menschen bewohnt. Die zerklüftete Küste bietet Yachten mehrere gut geschützte Ankerplätze.

Cala Garibaldi
41° 13′N
009° 27′E

ist eine tiefe, nach Norden offene Bucht, die im Westen von den Inselchen *Italiani* begrenzt wird. Bei der Ansteuerung halte man sich dicht an diese Inselchen, da vor der Küste Capreras zahlreiche Klippen liegen. Der Steg am Ende der Bucht gehört der italienischen Marine. Das Anlegen ist verboten. Man kann mit dem Beiboot beim Club Méditerranée anlegen, wenn man die „Casa Garibaldi" besichtigen will. Der Strand westlich des Steges ist ein beliebter Badeplatz.

Entfernung von Cala Gavetta 9 sm, von Porto Massimo 2,5 sm.

An der Ostseite von Caprera befinden sich an der Südseite der Punta Coticcio in der

Cala Coticcio
41° 13′N
009° 29′E

zwei romantische, von steil aufragenden Felsen flankierte Ankerbuchten. Südlich der Punta Coticcio liegen Klippen teils über, teils unter Wasser; bei der Einsteuerung muß man also ausreichend Abstand halten. Man ankere auf etwa 5 m Wassertiefe (siehe Plan Seite 129). Wegen der steilen Felsen ist es kaum möglich, an Land zu kommen.

Entfernung von Cala Gavetta 8 sm, von Porto Massimo 4,5 sm.

Etwa 0,5 sm südlich der Cala Coticcio liegt die

Cala Brigantino ein kleiner, nach Osten offener Einschnitt in den Felsen, der ein, zwei Yachten auf 5 m Wassertiefe einen geschützten Ankerplatz bietet.

Cala Portese
41° 11′N
009° 28′E

ist eine tief ins Land einschneidende Bucht im Südosten von Caprera, die außer bei nordöstlichen Winden guten Schutz bietet. Vor dem Strand, auf 4 bis 8 m Wasser über Sandgrund, liegt man am besten. Bei aufkommenden Winden aus den Richtungen Ost bis Nordost sollte man den Ankerplatz unverzüglich verlassen und westlich der Punta Rossa oder in Porto Palma Schutz suchen.

Die südlichste Spitze von Caprera, Punta Rossa, ist durch ein Leuchtfeuer (Fl. G. 5s 5M) markiert. Etwa 200 m westlich davon kennzeichnet eine grüne Spitztonne die *Secca di Punta Rossa*, die man in ausreichendem Abstand runden sollte, wenn man den Anleger bei

Punta Rossa
41° 10′N
009° 28′E

anlaufen will. Etwa in der Mitte der sich wie eine Halbinsel nach Süden erstreckenden Punta Rossa liegt gegenüber von *Isolotto Porco* eine rund 30 m lange, südwärts gerichtete Mole, auf der nachts ein weißes Festfeuer brennt. Die über 10 m breite Mole hat am Kopf 3 m und an der Ostseite

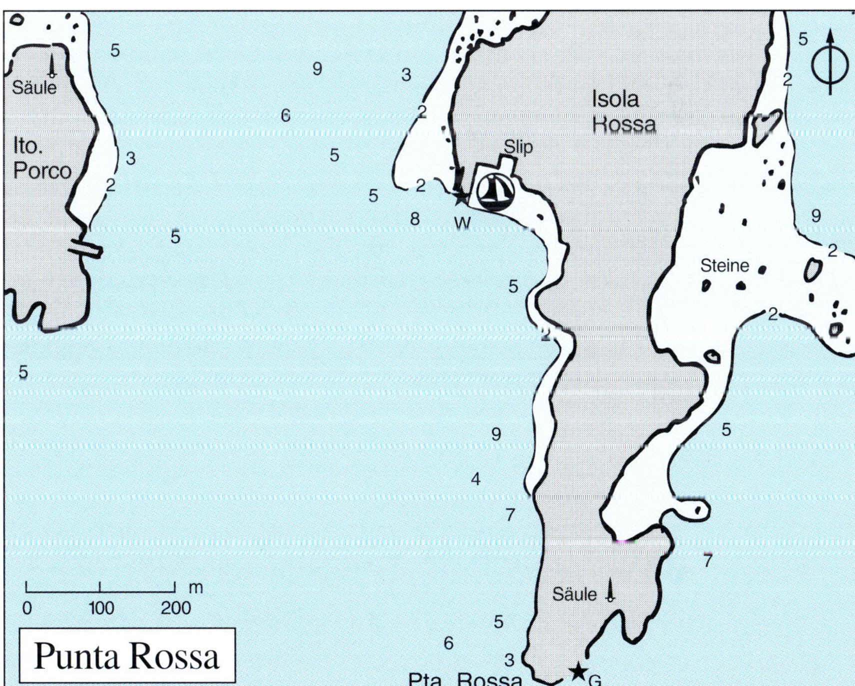

2 m Wassertiefe. Die Westseite ist wegen einer Steinschüttung ungeeignet zum Anlegen. Der Anleger ist für die italienische Marine reserviert. Das Anlegen von Sportbooten wird aber offensichtlich toleriert, sieht man doch häufig Yachten dort liegen.

Auf der *Isola Rossa,* die wie ein Anhängsel an der Insel Caprera klebt, sind noch große Teile der Befestigungsanlagen erhalten, die die Inseln Ende des vorigen Jahrhunderts zu einer uneinnehmbaren Seefestung machten. Zahlreiche Munitionsdepots und Reste von Geschützen legen beredtes Zeugnis der ruhmreichen Vergangenheit ab.

Entfernung von Cala Gavetta 4,5 sm, von Porto Massimo 8 sm, von Cala Bitta (Golfo d. Arzachena/Sardinien) 3 sm.

Porto Palma
41° 11′N
009° 27′E

ist eine etwa 1000 m breite Bucht im Süden von Caprera mit zwei kleinen Molen mit 2 und 2,50 m Wassertiefe. Eine Segelschule für Regatta- und Seesegeln hat hier ihr Domizil. Die beiden Festmachetonnen der italienischen Marine werden nicht mehr benutzt; auch daran kann man festmachen.

Entfernung von Cala Gavetta 3,5 sm, von Porto Massimo 9 sm.

Cala Stagnali
41° 12′N
009° 27′E

Die Einsteuerung in diese Bucht an der Westseite von Caprera ist nicht ganz einfach. Der Weg zwischen den Klippen und Untiefen hindurch ist jedoch mit Tonnen, Pricken und Richtbaken markiert. Die beiden gemauerten Stege sind für die italienische Marine reserviert. Die Wassertiefe in der Zufahrt beträgt zwischen 2 und 2,50 m.

Entfernung von Cala Gavetta 2 sm.

Südlich der Insel La Maddalena liegt

SANTO STEFANO Bis zu ihrer touristischen Erschließung wurde die Insel als Müllkippe für La Maddalena und als Steinbruch genutzt. Auf dem westlich vorgelagerten Inselchen *Roma* steht eine weiße Säule als Denkmal für die im Zweiten Weltkrieg gefallenen italienischen Soldaten. Die Ostseite von Santo Stefano ist militärisches Sperrgebiet. Hier liegt ein Teil der 6. amerikanischen Flotte. Im Nordwesten der Insel ist ein großes Feriendorf des Club Mediterranée, weitere Ferienhäuser und -anlagen gibt es im Westen und Süden.
An der Südseite von Santo Stefano erhebt sich das auffällige Fort San Giorgo nahe einem fjordartigen Einschnitt, der

Cala Villamarina
41° 11′N
009° 24′E

Seit an der Mole im Inneren der Bucht keine Steine mehr verladen werden, ist sie ein beliebter Anker- und Anlegeplatz für Yachten. Auf der Punta Villamarina, der südlichsten Spitze von Santo Stefano

steht ein Leuchtfeuer (Fl. G. 4s 4M). Bei der Einsteuerung in die Cala Villamarina halte man sich ziemlich genau in der Mitte, da dem westlichen und östlichen Ufer zahlreiche Klippen vorgelagert sind. Auf das weiße Gebäude mit Arkaden am Ende der Bucht sollte man mit rechtweisendem Kurs 025° zuhalten. Die Plattform am Kopf der Mole hat ausreichende Wassertiefe auch für größere Yachten. Von hier aus kann man dem *Fort San Giorgio* einen Besuch abstatten und die Aussicht auf Sardinien genießen. Der „Bär“ über dem Capo d’Orso zeigt sich von hier in sehr fotogener Weise (siehe Seite 288).

Entfernung von Cala Gavetta 2 sm, von Palau (Sardinien) 1 sm.

Punta Sardegna bis Castelsardo

Die Punta Sardegna mit ihrem Leuchtfeuer (Fl. 5s 17M) ragt wie ein Finger weit nach Norden in den La-Maddalena-Archipel. Westlich und südöstlich von ihr erstreckt sich die **Costa Smeralda** mit ihrem glasklaren, smaragdgrünen Wasser, das diesem Küstenstreifen den Namen gegeben hat.

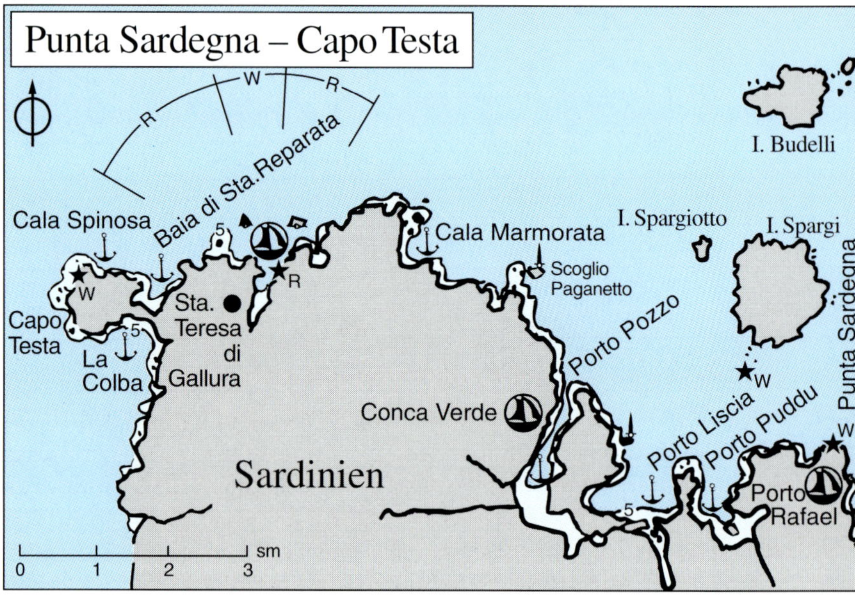

Etwa 2 sm westlich der Punta Sardegna liegt die tief nach Süden ins Land einschneidende Bucht

Porto Puddu (Porto Pollo) ein hübscher, gut geschützter Naturhafen. Der Süd- und Westteil wird von feinem Sandstrand gesäumt. Der Nordteil hat sich wegen der besonderen Windsituation zu einem der beliebtesten Surfreviere Sardiniens entwickelt.

41° 11′N
009° 20′E

Die besten Ankerplätze sind im Südosten hinter dem Inselchen vor dem Strand auf 3 bis 10 m Wasser über Sandgrund. In den Feriensiedlungen gibt es Restaurants und Cafés, ein Lebensmittelgeschäft ist auf dem Campingplatz (alles nur von Juni bis September geöffnet). Der Strand im Süden der Bucht ist ein beliebter Badeplatz.

Entfernung von Punta Sardegna Yachthafen 3 sm, von Santa Teresa di Gallura 9 sm.

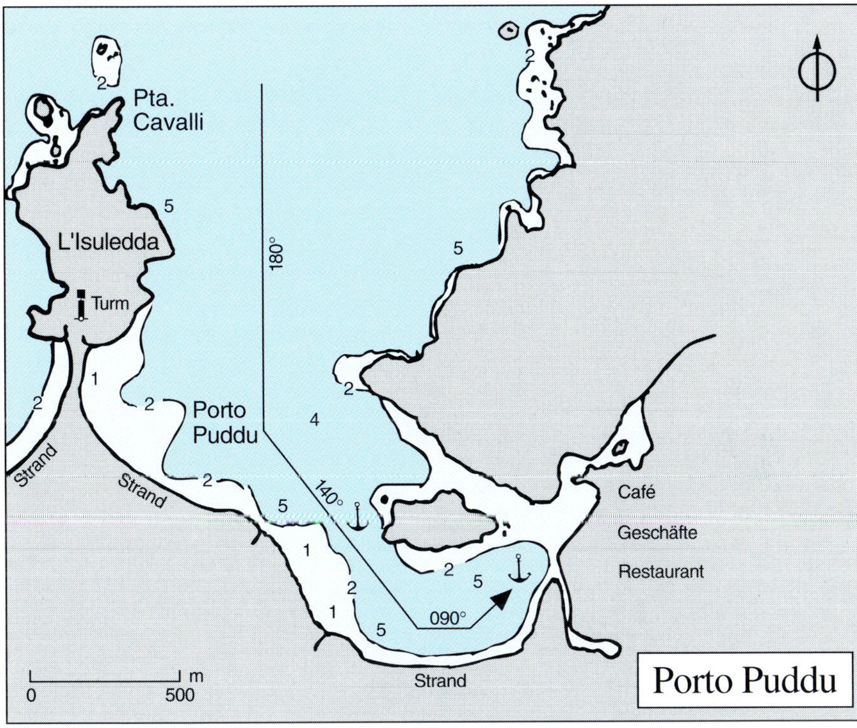

Porto Liscia
41° 12′N
009° 18′E

ist eine breite Bucht vor der Mündung des Flüßchens Liscia, die vor allen Winden guten Schutz gewährt. Je nach Windrichtung ankere man im äußersten westlichen oder im östlichen Teil der Bucht auf etwa 5 m Wasser über gut haltendem Sandgrund (siehe Plan Seite 136). Nördliche und nordöstliche Winde erzeugen unangenehmen Schwell.
In den Feriensiedlungen rund um die Bucht finden sich Lebensmittelgeschäfte, Restaurants und Cafés (nur von Juni bis September geöffnet).

Entfernung von Punta Sardegna Yachthafen 3,5 sm, von Santa Teresa di Gallura 8,5 sm.

Westlich von Porto Liscia, durch die *Isola delle Vacche* getrennt, liegt der tiefe Fjord

Porto Pozzo
41° 13′N
009° 18′E

mit seinen verschiedenen Liege- und Ankermöglichkeiten. Etwa in der Mitte der Bucht befindet sich die Steganlage

Conca Verde mit einigen Liegeplätzen für kleine Yachten.

Ansteuerung (Seekarten: D 500 und 438, BA 1992 und 1213, I 42 und 325): Von der Punta delle Vacche halte man wegen der vorgelagerten Klippen ausreichend Abstand und

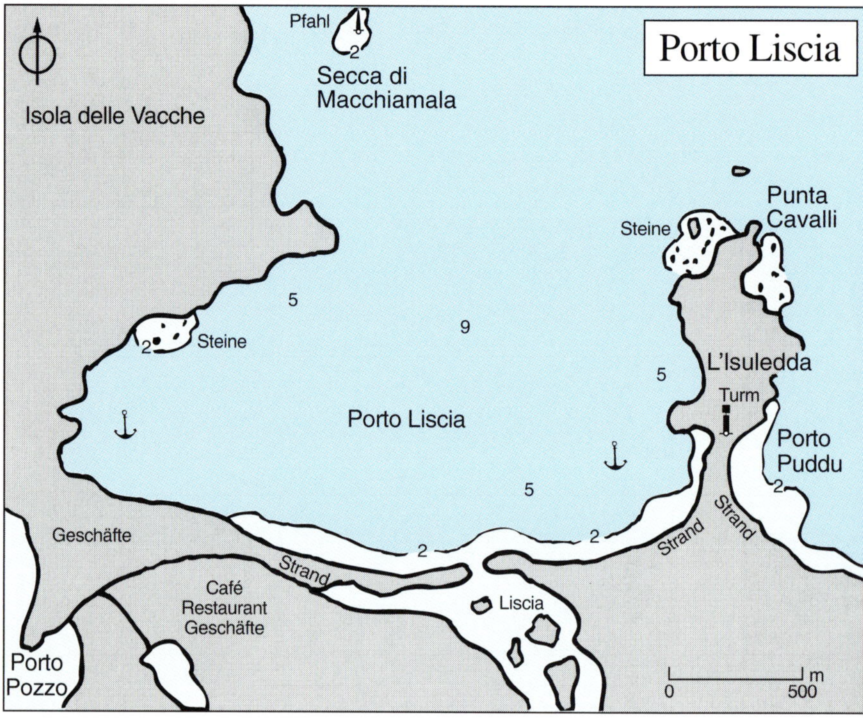
Porto Liscia
Pfahl
2
Secca di Macchiamala
Isola delle Vacche
Punta Cavalli
Steine
5
2
Steine
9
L'Isuledda
5
Turm
Porto Liscia
Porto Puddu
2
5
Strand
2
Geschäfte
2
Strand
Strand
Café Restaurant Geschäfte
Liscia
Porto Pozzo
0
500
m

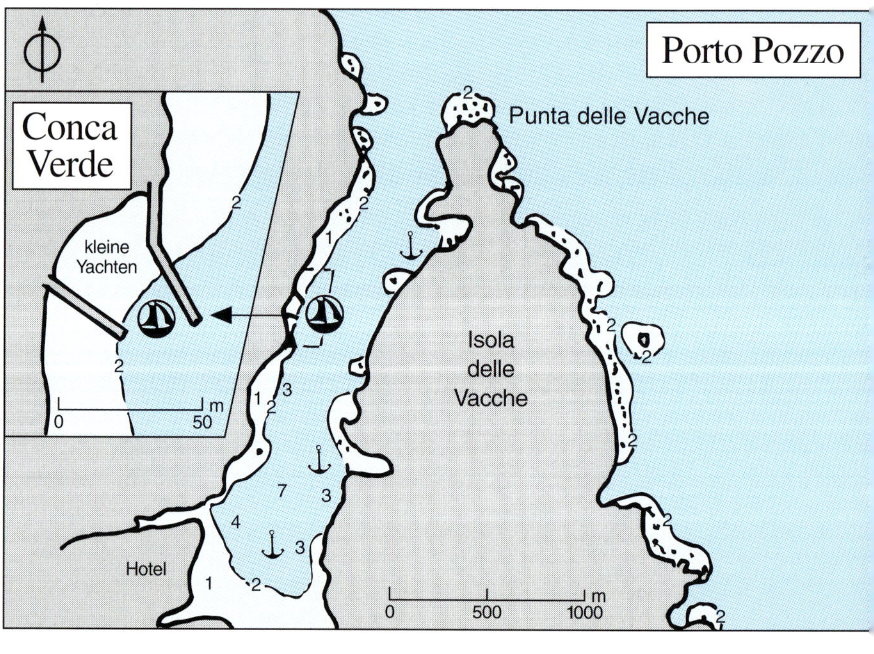
Porto Pozzo
Conca Verde
Punta delle Vacche
2
2
1
kleine Yachten
2
2
Isola delle Vacche
2
2
1
3
2
2
7
3
4
3
2
Hotel
1
2
0
500
1000
m
0
50
m

steuere in die Mitte der Bucht. Nach etwa 1200 m liegt am Westufer, südlich der Feriensiedlung Rossastro, die Steganlage Conca Verde.

Liegeplatz: Je nach Tiefgang macht man an der Mole oder, nach Rücksprache, an dem Steg fest; die Liegeplätze sind den Bewohnern der Feriensiedlung vorbehalten, freie Plätze werden aber an Gäste vergeben.

Versorgung: Lebensmittelgeschäft, Restaurant und Café befinden sich in der Feriensiedlung Rossastro.

Bademöglichkeiten: Das klare Wasser der Bucht lädt an vielen Stellen zum Baden ein.

Entfernungen von Conca Verde: Punta Sardegna Yachthafen 4,5 sm, Santa Teresa di Gallura 8 sm, Bonifacio (Korsika) 13 sm.

Ankerplätze findet man im Süden der Bucht auf Wassertiefen zwischen 2 und 7 m. An dem 70 m langen Holzsteg, der vom westlichen Ufer nach Nordnordost ausgerichtet ist, können nur Yachten bis 1,50 m Tiefgang festmachen. Der Steg ist ausschließlich für Gäste und Besucher des Hotels am Ufer reserviert.

Cala Marmorata südlich der Marmorata-Inseln ist eine nach Nordosten offene Bucht vor einem schönen Sandstrand. Am Hang hinter dem Strand zieht sich wie ein grauer Termitenbau ein Feriendorf des Club Mediterranée mit über 1000 Wohnzellen hinauf.

41° 15′N
009° 14′E

Bei der Ansteuerung halte man sich gut frei von den Klippen *Scoglio Paganetto* südöstlich der Bucht. Die Durchfahrt zwischen der Küste und den Klippen ist nur bei ruhigem Wetter zu empfehlen und nur mit weniger als 2 m Tiefgang möglich. Die besten Ankerplätze sind dicht südlich der Marmorata-Inseln auf etwa 5 m Wassertiefe. Die kleine Einbuchtung im Südosten der Bucht bietet einen ruhigen Ankerplatz fernab vom Betrieb des Feriendorfes. (Siehe dazu Plan auf Seite 134).

Punta Marmorata und Punta Falcone bilden die nördlichste Spitze Sardiniens. Etwa 2 sm westlich davon liegt am Golfo di Longonsardo

Santa Teresa di Gallura Der hübsche Ort thront auf einem Felsplateau hoch über dem Meer, inmitten einer herben und windzerzausten Granitlandschaft. Eine Kleinstadt gallurischer Tradition und Schönheit mit rechtwinkligen Straßen. Die Einfahrt in den fjordartigen Golf wird seit über 500 Jahren vom *Torre Longonsardo* bewacht.

41° 14′N
009° 12′E

Schon die Römer nutzten die strategisch günstige Lage der Bucht und errichteten hier den Hafen und die Ortschaft *Longone*. Am Hafen kann man noch einige Ruinen der römischen Siedlung sehen.

Im Mittelalter stand auf dem Felsplateau das Schloß Balaino der Richter von Arborea. Der heutige Ort geht auf die Gründung durch piemontesische Einwanderer Anfang des 19. Jahrhunderts zurück. Zu Ehren von Maria Theresia von Österreich, Gattin von Victor Emanuel I., König von

Piemont, nannten sie ihn Santa Teresa di Gallura. Auf der terrassenförmi angelegten Piazza Vittorio Emmanuele findet allabendlich ein bunte Treiben statt, denn Santa Teresa di Gallura ist mittlerweile ein beliebte Seebad und Urlaubszentrum.

Der Hafen an der Westseite des Golfo di Longonsardo dient dem Fährver kehr mit Bonifacio auf Korsika – im Sommer verkehren bis zu fünf Fähre täglich – und der Ausfuhr der landwirtschaftlichen Produkte der Gallura Liegeplätze für Yachten gibt es in der Marina Aquarius und an zahlreiche Schwimmstegen im Inneren des Golfes.

Ansteuerung (Seekarten: D 500 und 438, BA 1992 und 1213, I 42 und 325): Der Torre Lon gonsardo auf der Huk am westlichen Ufer und der Leuchtturm auf der Punta Corvo (F. WR. 3s 6/4M) am Ostufer sind schon von weitem gut auszumachen. Bei der Ansteue rung von Osten lasse man die rote Tonne etwa 500 m vor dem Ufer an Backbord un steuere zwischen dieser und der grünen Tonne hindurch auf die Mitte der Bucht zu. Be Nacht halte man sich an den weißen Sektor des Leuchtfeuers auf Punta Corvo. Ei Ober- und Unterfeuer (Fl. R. 4s 4M und Oc. R. 4s 3M) in Linie 196,5° im Inneren de Golfes weisen den Weg zum Hafen. Das Unterfeuer steht auf dem Fährkai, das Ober feuer weiter südlich am Hang.

Von Westen kommend, halte man ausreichend Abstand von Isola Municca und de vorgelagerten Klippen. Die grüne Tonne ist unbedingt an Steuerbord zu lassen, eh man auf die Mitte der Bucht zusteuert. Der Hafen liegt tief im Inneren des Golfes.

Liegeplatz: a) An der Westseite der Bucht hinter dem Fährkai. Die Wassertiefe nimmt nac Süden hin ab. Der Kai ist meistens von einheimischen Yachten und Fischerbooten be legt, so daß für Gastyachten in der Regel kein Platz bleibt.

b) An der Steganlage der Marina Aquarius finden Yachten bequeme und sichere Liege plätze mit Grundleinen sowie Strom- und Wasseranschlüssen. Kraftstoff erhält man a der Tankstelle am Anfang der Steganlage. Duschen und Toiletten sind in dem Clubhau oberhalb der Steganlage untergebracht.

c) In den Sommermonaten werden am Ostufer sieben Schwimmstege ausgelegt, a denen man ebenfalls bequeme Liegeplätze findet (das Farbbild Nr. 10 zeigt di Schwimmstege noch nicht).

Hafenmeister: Das Zoll- und Hafenbüro befindet sich am Fährkai (Telefon 75 46 02), die Ver waltung für die Steganlage der Marina Aquarius im Clubgebäude oberhalb der Stege Die Marina Aquarius ist über UKW-Kanal 16 zu erreichen. Telefonische Liegeplatz reservierung über UKW-Telefon ist im Juli und August empfehlenswert.

Reparaturmöglichkeiten: Ein 15-t-Kran und eine Slipbahn befinden sich südlich des Fähr- un Handelskais bei der Tankstelle, ebenso ein Reparaturwerftbetrieb. Bei der Marin Aquarius findet man eine kleine Motorenwerkstatt.

Versorgung: Das Clubhaus der Marina Aquarius ist als Restaurant und Café bewirtschafte Lebensmittel erhält man nur in Santa Teresa di Gallura, wo sich weitere gute Restau rants wie das „La Torre", die „Pizzeria OK" und die Trattoria „Sandy" befinden.

Veranstaltungen: Mitte Juni findet auf der Piazza ein großes Volksfest mit gemeinsamem Kut teln (trippa)-Essen statt – für alle gratis aus einem riesigen Kessel.

Bademöglichkeiten: Westlich vom Torre Longonsardo liegt die Bucht Rena Bianca mit ihren herrlichen Sandstrand, der von zahlreichen Urlaubern aufgesucht wird.

Entfernungen von Santa Teresa di Gallura: Punta Sardegna Yachthafen 11 sm, Castelsard 32 sm, Bonifacio (Korsika) 10 sm.

Capo Testa
41° 14′N
009° 09′E

mit seinem weittragenden Leuchtfeuer (Fl(3) 12s 17M) gehört zu dem Bizarrsten, was Wind, Regen und Meer aus den Felsen der Gallura geformt haben. Riesige Granitblöcke, spitze Felsnadeln, ausgehöhlte Steine werden unterbrochen von Sandstränden zwischen hoch aufragenden Felswänden. Über allem thronen auf dem Capo Testa die Ruinen der alten römischen Stadt *Tibula* (siehe Plan Seite 140).

Das Capo Testa bietet Yachten drei Ankerplätze, auf denen man je nach Windrichtung Schutz findet.

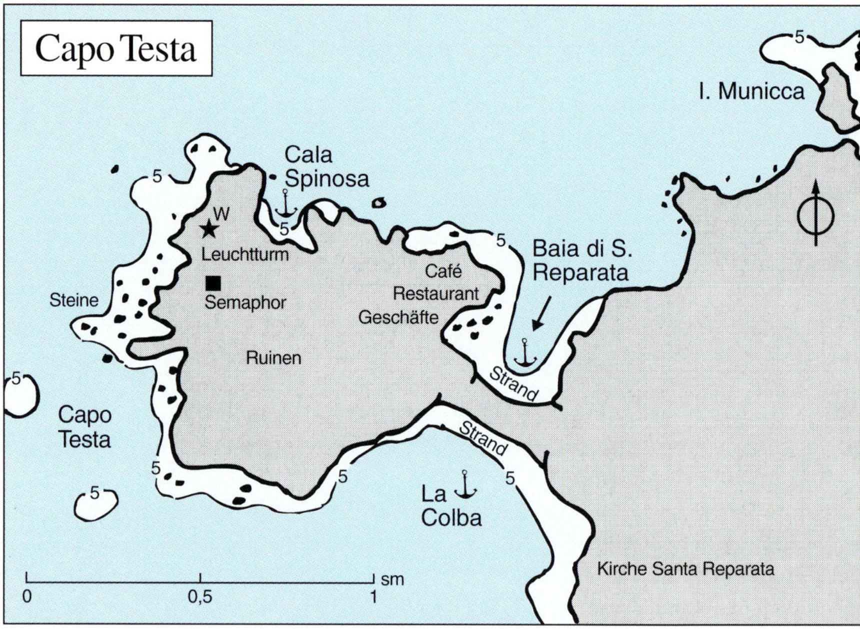

Baia di Santa Reparata ist eine tief ins Land einschneidende Bucht zwischen Sardinier
41° 14′N und dem Capo Testa, die nach Süden von der schmalen Landzunge abge-
009° 09′E schlossen wird, die Sardinien mit dem Capo Testa verbindet. Die Buch bietet außer gegen nördliche und nordöstliche Winde ausgezeichneter Schutz.

Auf Capo Testa und an der sardischen Küste sind in den letzten Jahren zahlreiche Feriensiedlungen und Hotels entstanden. In dem kleiner Fischerdorf gibt es ein Lebensmittelgeschäft und ein Café, in den Hotels Restaurants mit teilweise hervorragender Küche.

Entfernung von Santa Teresa di Gallura 2,5 sm, von Castelsardo 29,5 sm.

Cala Spinosa ist eine enge Bucht im Norden von Capo Testa, die außer bei nördlicher
41° 14′N Winden guten Schutz bietet. Bei Mistral steht unangenehmer Schwel
009° 07′E hinein. Bei aufkommendem Wind aus den Richtungen Nord bis Nordos sollte man die Bucht verlassen und die hübsche Ankerbucht

La Colba an der Südseite von Capo Testa, gegenüber der Baia di Santa Reparata
41° 14′N aufsuchen. Sie ist nur bei südlichen Winden ungeschützt. Der beste Anker-
009° 09′E platz befindet sich im Nordteil der Bucht, etwa auf der 5-m-Tiefenlinie.

Entfernung von Santa Teresa di Gallura 5 sm, von Castelsardo 27 sm.

Capo di Monte Russu ein 90 m hoher, steil aufragender Felsvorsprung, schiebt sich etwa
41° 09′N 500 m weit ins Meer. Zusammen mit der davor liegenden Klippe *Scoglio*
009° 07′E *di Monte Russu* und einigen Steinen zwischen der Klippe und der Küste

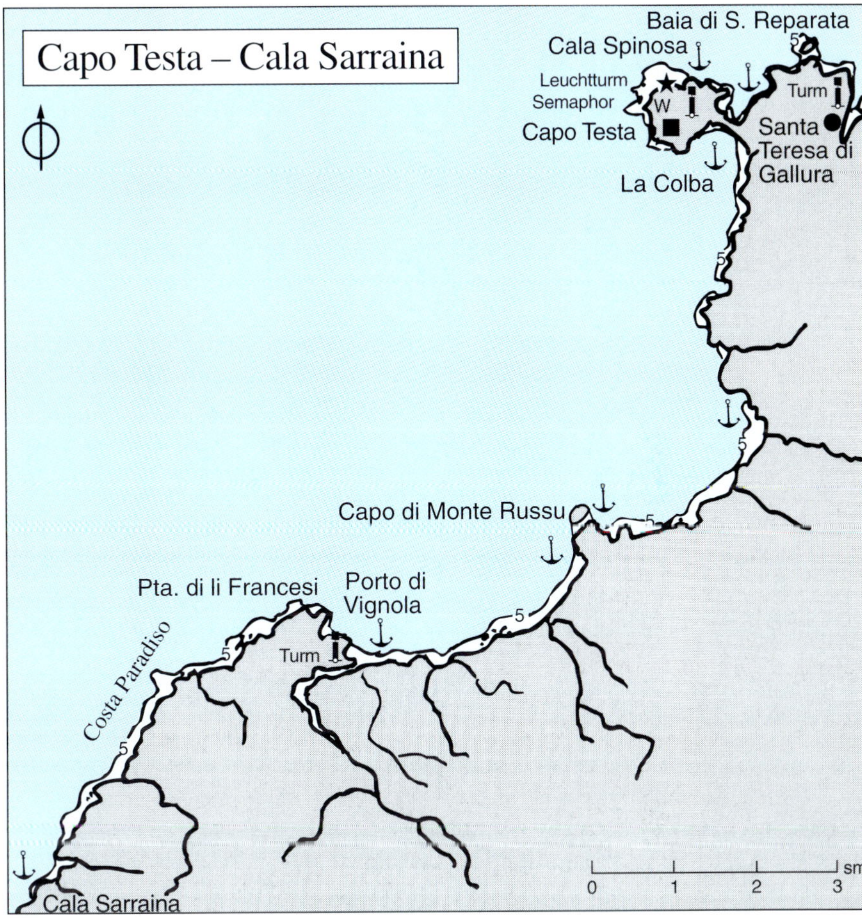

bildet es ein wildromantisches Panorama. Man kann je nach vorherrschen der Windrichtung nordöstlich oder südwestlich des Capo di Monte Russu auf 2 bis 5 m Wasser über Sandgrund ankern. Der Aufstieg auf den Monte Russu wird mit einem herrlichen Ausblick auf die Küste und das Capo Testa belohnt.

Hier beginnt die **Costa Paradiso** mit ihren steil aufragenden Granitfelsen, unterbrochen von kleinen Buchten, langen Sandstränden und Dünenlandschaften. Über der Steilküste stehen zahlreiche Ferienvillen, zum Teil mit in die Felsen gehauenen Treppen, die oft zu einem kleinen Bootssteg führen.

Porto di Vignola ist ein Fischerdorf südöstlich der Punta di li Francesi, die an der kleinen Kapelle auf der Huk gut zu identifizieren ist. Der spanische Wachturm von Porto di Vignola ist schon von weitem auszumachen. Hinter der 30 m lan-

41° 07′N
009° 01′E

gen Steinmole des Fischerhafens **Portobello di Gallura** können nur Yachten bis 1 m Tiefgang Schutz finden; der Hafen ist allerdings meist von einheimischen Fischern voll belegt. Man kann jedoch vor der Mündung des *Riu Vignola* ankern. In dem idyllischen Fischerdorf gibt es ein Lebensmittelgeschäft, ein Restaurant mit hervorragenden Fischgerichten und Cafés. Ganz in der Nähe ist die gut erhaltene *Nuraghe Tuttusoni* zu besichtigen (man folge den Hinweisschildern). Von Porto di Vignola bis Capo di Monte Russu erstreckt sich ein schöner Sandstrand, der im Sommer von vielen Badegästen aufgesucht wird.

Cala Sarraina
41° 05′N
008° 58′E

ist eine einsame, von steilen Felsen umgebene Bucht. Bei der Ansteuerung halte man auf die Mitte der Bucht zu, da nördlich und südlich einige Klippen vorgelagert sind. Man ankere in der Mitte der Bucht auf etwa 5 m Wasser über Sandgrund, der mit Steinen durchsetzt ist. Bei aufkommenden Winden aus West sollte man den Ankerplatz unverzüglich verlassen.

Isola Rossa
41° 01′N
008° 52′E

ist das südliche Ende der Costa Paradiso. Ihre roten Porphyrfelsen sind an Schönheit kaum zu überbieten – Klippen, ausgewaschenes Felsgestein

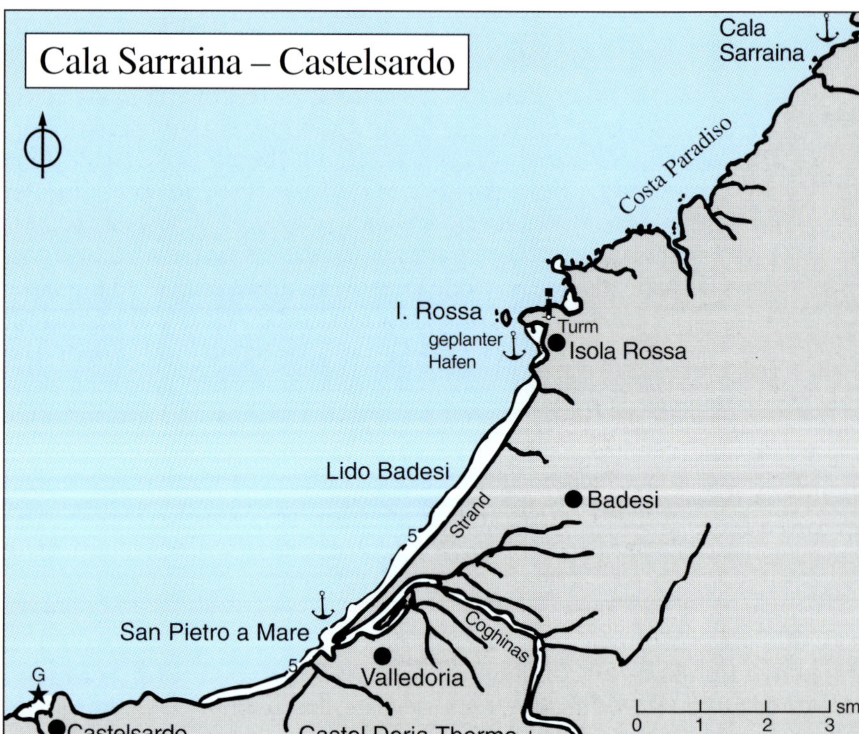

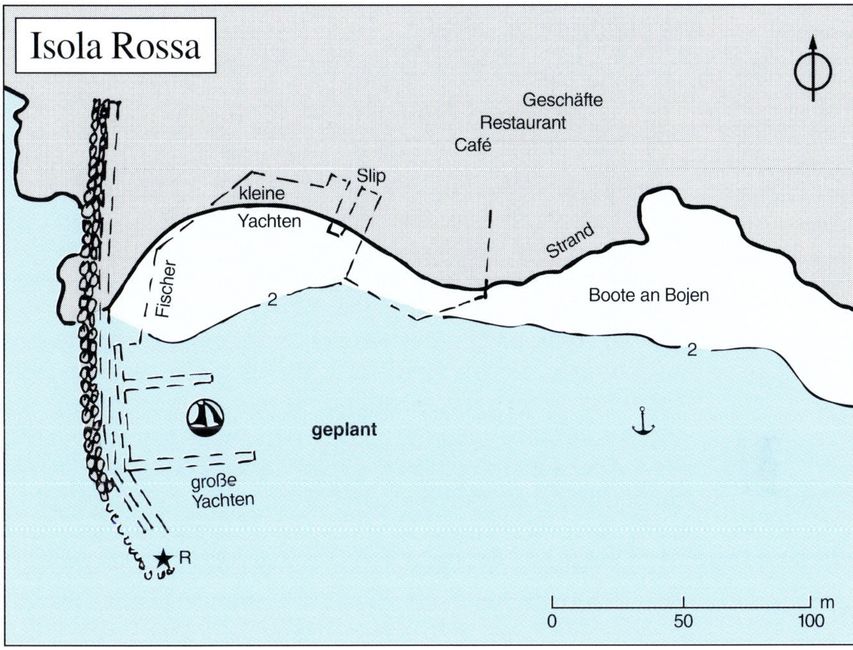

und drumherum das smaragdgrün schimmernde Meer. Das außerhalb der Saison verschlafen erscheinende gleichnamige Fischerdorf wird im Juli und August von Touristen regelrecht überschwemmt, Feriensiedlungen und -villen säumen die Küste von Torre Isola Rossa bis zur Punta li Canneddi.
Eine Steinschüttung schließt den hinteren Teil der Bucht südlich von Isola Rossa ab, in der ein Yachthafen mit einigen hundert Liegeplätzen entstehen soll. Bei nördlichen Winden findet man südlich des Torre Isola Rossa einen geschützten Ankerplatz auf etwa 5 m Wassertiefe. In dem Fischerdorf gibt es ein Lebensmittelgeschäft, zwei Hotels mit Restaurant und mehrere Cafés.
Die Strandbuchten nördlich und südlich von Isola Rossa sind im Sommer von Urlaubern belagert.

0,5 sm weiter südlich beginnt der kilometerlange Strand von *Badesi.* Die Berge treten weit zurück, und das flache Delta des *Coghinas* bestimmt mit seinen Dünen die Landschaft.
Bei ruhigem Wetter lohnt es sich, vor der Mündung des Coghinas, unterhalb der Kapelle *San Pietro a Mare,* zu ankern. Im Frühjahr kann man aber auch vorsichtig ein Stück in die Flußmündung einsteuern und an einem der Stege festmachen, um dann mit dem Beiboot flußaufwärts nach *Castel Doria Terme* an einer seeförmigen Erweiterung des Flusses zu

fahren. Bereits die Römer hatten hier für die rheumageplagten reichen Bürger das Thermalbad Juliola errichtet, wovon noch spärliche Reste zu sehen sind. Die heißen Schwefelquellen werden auch heute noch zu Bade- und Trinkkuren genutzt.
Auf einer Anhöhe außerhalb des Kurortes stehen die Ruinen einer genuesischen Festung. Von hier aus hat man einen herrlichen Ausblick auf das Flußtal und die Dünenlandschaft der Küste.

Castelsardo
40° 55′N
008° 42′E

ist eine Stadt wie aus dem Bilderbuch. Am Sockel eines großen Trachytkegels, der wie eine Orgelpfeife aus dem Meer steigt, liegt im Westen der Hafen, und an den Seiten zieht sich die Altstadt terrassenförmig empor. Hoch oben thront ein Kastell. Der Glockenturm der gotischen Kathedrale ragt wie ein mahnender Finger in den Himmel. Die engen Straßen der Altstadt sind mit kleinen Treppengassen untereinander verbunden.
Die von den Römern an dieser Stelle gegründete Kolonie wurde wegen der Sarazenenüberfälle im 8. und 9. Jahrhundert aufgegeben. 1102 errichtete die damals in Genua herrschende Familie Doria hier die ersten Befestigungen und nannte sie Castelgenovese. Während der Kämpfe zwischen Genua und Pisa um die Vormacht auf Sardinien fiel der Ort 225 Jahre später an die Pisaner, die auch die Kathedrale bauten. Mit der Besetzung der Insel durch die Spanier wurde der Ort in Castelaragonese umbenannt und die Befestigungsanlage erweitert. Nach der Übernahme Sardiniens 1720 durch das Haus Piemont erhielt er seinen heutigen Namen.
Das reizvolle Stadtbild und die wunderschöne Umgebung haben Castelsardo in den letzten Jahren zu einem beliebten Ferienort werden lassen. Der Ort gehört zu den Zentren des sardischen Kunsthandwerks; vor allem die Korbflechterarbeiten und die handgeknüpften Teppiche genießen weithin einen guten Ruf. Der westlich der Stadt gelegene Fischer- und Yachthafen bietet bei allen Windrichtungen guten Schutz, bei Winden aus dem 1. Quadranten steht jedoch Schwell hinein. Im Sommer ist der Hafen stets überfüllt.

Ansteuerung (Seekarten: D 500, BA 1992 und 1985, I 42 und 289): Das Kastell mit der hohen Fernsehantenne und der Glockenturm der Kathedrale sind schon von weitem gut auszumachen. Auf der Huk östlich des Hafens steht die Ruine eines spanischen Wachturmes. Vom östlichen Ufer ragt eine Steinschüttung als Wellenbrecher etwa 80 m weit in die Einfahrt. In der Mitte steht auf einem kleinen Inselchen das Backbord-Einfahrtfeuer (Fl. R. 3s 5M). Die westliche Mole ist ebenfalls befeuert (Fl. G. 3s 5M).

Liegeplatz: Südlich des Inselchens Frigiano sind noch vereinzelte Steine unter Wasser, so daß die Ansteuerung des ersten Steges mit großer Vorsicht erfolgen sollte. Yachten legen je nach Größe an den Schwimmstegen an. Die Liegeplätze sind mit Grundleinen sowie Wasseranschlüssen ausgestattet. Findet man an den Stegen keinen Platz, kann man auch an der im Plan eingezeichneten Stelle im Hafenbecken ankern.

Hafenmeister: Das Hafenbüro befindet sich am südlichen Kai.

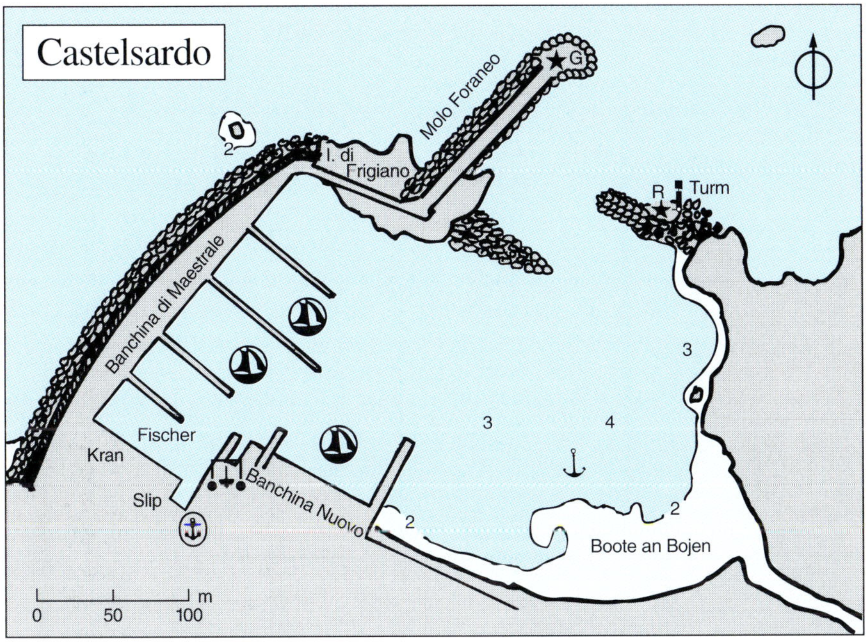

Reparaturmöglichkeiten: Slip, Kran, Travellift und ein Werftbetrieb sind auf dem südlichen Kai.

Versorgung: In Castelsardo gibt es mehrere Lebensmittelgeschäfte, Restaurants mit hervorragender sardischer Küche und Cafés. Die Spezialität der Gegend sind Langusten, die man in den Restaurants „Riviera Fofo“ und „Castello“ sowie im Restaurant der Pension „La Marina“ hervorragend zubereitet erhält.

Veranstaltungen: Am Ostermontag findet eine Prozession zu der kleinen Landkirche „Nostra Signora di Tergu“ statt. Damit verbunden ist die symbolische Segnung des Getreides – auf den Gräbern und den Altären werden Schalen mit gekeimtem Getreide aufgestellt. In der Nacht zieht eine Prozession weißer Kapuzenmänner durch die Stadt.

Bademöglichkeiten: So schön die Stadt ist, so gering sind die Bademöglichkeiten. Castelsardo verfügt nur über einen 10 m langen Strand, an dem es im Sommer entsprechend voll ist.

Entfernungen von Castelsardo: Santa Teresa di Gallura 32 sm, Porto Torres 15 sm, Stintino 22 sm, Bonifacio (Korsika) 36 sm.

Die Altstadt, die Kathedrale und das Kastell sollte man unbedingt besichtigen. An der Straße nach *Sesini* – etwa eine halbe Stunde zu Fuß – steht der berühmte „Elefante“, der durch Erosion des Trachytfelsens entstanden ist. Das erstaunlichste Kunstwerk der Natur ist dabei der originalgetreue Rüssel. Der Bauch des Elefanten ist in prähistorischer Zeit ausgehöhlt und als Grabstätte verwendet worden.

Von Castelsardo bis Asinara

Bis zur *Punta Tramontana* mit dem auffälligen roten Wachhäuschen sind der Küste zahlreiche Klippen und Steine vorgelagert. Sandstrände, Steilküste und kleine Badebuchten bieten ein abwechslungsreiches Bild.
Südlich der Punta Tramontana beginnt ein Sandstrand, der fast bis Porto Torres reicht. Im Sommer ausgetrocknete Flußmündungen unterbrechen hier und da die wunderschöne Dünenlandschaft, die in Pinienhaine übergeht. Die dahinter liegenden sanften Hügel sind zum größten Teil mit Wacholdermacchia bewachsen. In den Pinienhainen stehen die Sommerhäuser der wohlhabenden Bürger von Sassari und Porto Torres. Der Strand ist Naherholungsgebiet für die Einwohner von Sassari, das 17 km landeinwärts liegt. Sassari ist mit etwa 110 000 Einwohnern die zweitgrößte Stadt Sardiniens. Die bekanntesten Badeorte sind *Marina di Sorso* und *Platamona,* das Rimini Sardiniens.
Bei ruhigem Wetter kann man in 100 bis 200 m Entfernung vom Strand für einen Badeaufenthalt ankern.

Porto Torres
40° 51′N
008° 24′E

ist ein Paradebeispiel für das heutige Sardinien der Gegensätze: Hier die Schönheit der Küste und die Stadt mit den Überresten ihrer abwechslungs-

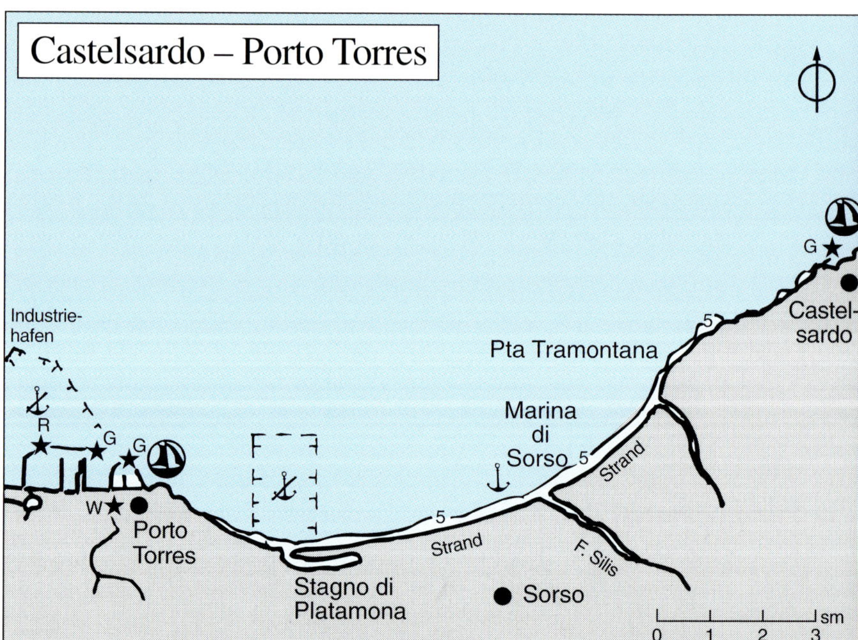

reichen Vergangenheit, dort die häßlichen Ruinen der Erdölraffinerie, die den Sarden zu Wohlstand und wirtschaftlichem Anschluß an das italienische Mutterland verhelfen sollten.
Noch vor wenigen Jahren war Porto Torres bereits von weitem an dem Gestank und den qualmenden Schornsteinen der Raffinerie auszumachen. Inzwischen ist das Werk zum größten Teil stillgelegt. Das Projekt, in Rom am grünen Tisch geplant, war von Anfang an zum Scheitern verurteilt: Tanker kamen, luden ihr Erdöl aus; das raffinierte Öl wurde wieder auf Tanker gepumpt und weitertransportiert – ein Verfahren, das jedem Betriebswirtschaftler die Haare zu Berge stehen läßt.
Porto Torres wurde bereits von den Phönikern als Handelskolonie gegründet. Die Römer bauten die Kolonie zu der Stadt Turris Libissonis aus, von wo aus sie große Teile Nordsardiniens beherrschten. In der Mündung des Rio Mannu westlich des heutigen Hafens errichteten sie einen großen Handels- und Kriegshafen.
Die Sarazenenüberfälle im 8. und 9. Jahrhundert zwangen die Bewohner, sich in das Landesinnere zurückzuziehen, wo mit Sassari das Zentrum des nordwestlichen Sardiniens entstand. Erst durch die Befestigungswerke der Genuesen und später der Spanier erlangte Porto Torres seine einstige Bedeutung zurück.
Heute ist Porto Torres der wichtigste und größte Fähr-, Handels- und Industriehafen Nordsardiniens. Regelmäßige Fährverbindungen bestehen mit Nizza und Toulon, mit Bastia, Genua, San Remo, Livorno und Civitavecchia. Porto Torres ist auch Endpunkt der wichtigsten Straße Sardiniens, der Carlo Felice, benannt nach ihrem Initiator König Carlo Felice von Piemont, der sich Anfang des 19. Jahrhunderts um die wirtschaftliche Erschließung Sardiniens verdient gemacht hat. Die Straße verbindet die beiden größten Orte Sardiniens, Cagliari und Sassari, miteinander und führt weiter bis Porto Torres. Der Endpunkt in Porto Torres wird durch eine aus einem römischen Tempel stammende Säule markiert, die allerdings klassizistisch verziert wurde.

Ansteuerung (Seekarten: D 500, BA 1985 und 1204, I 49 und 289): Das weittragende Leuchtfeuer hinter dem inneren Hafenbecken (LFl(2) 10s 16M) sowie die zahlreichen Molenfeuer der Hafenanlagen erleichtern bei Nacht die Ansteuerung. Die Feuer auf den Molenköpfen des Fähr- und Handelshafens, in dem die beiden Becken für Yachten liegen, haben die Kennungen LFL. G. 6s 8M und LFl. R. 6s 8M. Yachten fahren durch den großen Vorhafen in eines der beiden östlichen Becken, deren Einfahrt durch rote und grüne Festfeuer gekennzeichnet ist.

Liegeplatz: a) In der Darsena interna machen Yachten an der nordöstlichen Mole vor Buganker, Heck zum Kai, oder an dem Schwimmsteg fest. Wasser erhält man an den Liegeplätzen der Fischer und auf dem Pontile del Faro.

b) Die Darsena nuova bietet an den Kais und am Schwimmsteg Liegeplätze für einige hundert Yachten. Wasser- und Stromanschlüsse sind vorhanden.

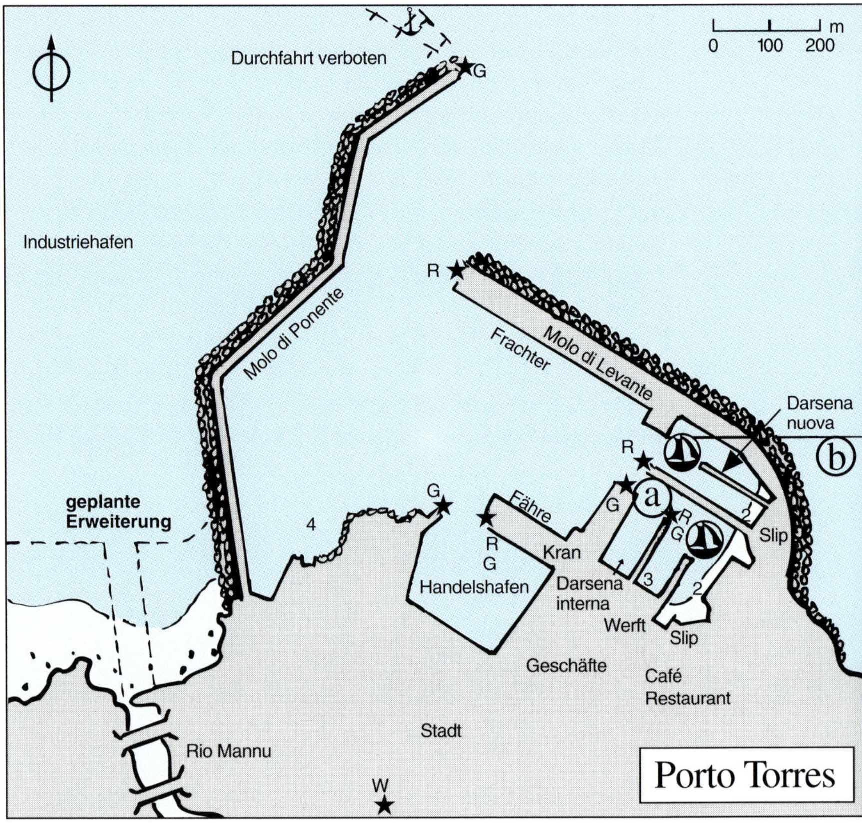

Hafenmeister: Das Büro der Capitaneria di Porto befindet sich auf dem südöstlichen Kai de Darsena interna (Telefon 502258). Zweimal täglich wird der neueste Wetterberich ausgehängt.

Reparaturmöglichkeiten: 40-t-Kran auf dem Pontile del Faro, zwei Slipbahnen in der Darsen interna. Werkstätten für Bootsmotoren und Werftbetriebe finden sich in der Umgebun des Hafens, ebenso mehrere Schiffszubehörhändler.

Versorgung: Zahlreiche Lebensmittelgeschäfte, Restaurants und Cafés befinden sich in de Nähe des Hafens und in der Stadt. Von den Restaurants seien die Pizzeria „Il Drago wegen ihrer hervorragenden Nudelgerichte und die Trattoria „Maria“ wegen ihre ausgezeichneten einfachen sardischen Küche erwähnt.

Entfernungen von Porto Torres: Castelsardo 15 sm, Stintino 10 sm, Alghero 46 sm, Proprian (Korsika) 57 sm.

Die im Jahre 1050 erbaute dreischiffige Basilika *San Gavino* in Port Torres ist eines der wichtigsten Beispiele früher toskanischer Baukun und die größte der mittelalterlichen Kirchen Sardiniens. In der Krypt liegen in römischen Sarkophagen die Märtyrer und Schutzheilige Gavinus, Protus und Januarius.

Die siebenbogige Brücke an der Mündung des Rio Mannu stammt aus der Zeit des Kaisers Augustus. Zwischen Hafen und Bahnhof findet man Reste von zwei Thermen aus dem 1. bis 3. Jahrhundert mit gut erhaltenen Mosaiken. Sehenswert ist auch der Marmorfußboden des *Palazzo del Re Barbaro,* des Palastes des römischen Statthalters Barbarus. Der Wehrturm am Hafen stammt aus dem 14. Jahrhundert.
Empfehlenswert ist eine Fahrt mit Autobus oder Mietwagen nach *Tempio Pausania*, dem Zentrum der Gallura. Verwinkelte Gäßchen und kleine Plätze bestimmen das Stadtbild. Die Kirche aus dem 17. Jahrhundert wurde auf den Resten einer romanischen Kirche erbaut. Vor den Türen der Häuser stehen Blumenkübel, vor den Fenstern Kästen mit Geranien – das erinnert alles sehr an die kleinen Ortschaften in der Toskana.
Westlich der Industriezone von Porto Torres beginnt ein 10 km langer Sandstrand mit Dünen, Salzwasserlagunen und ausgedehnten Pinien-

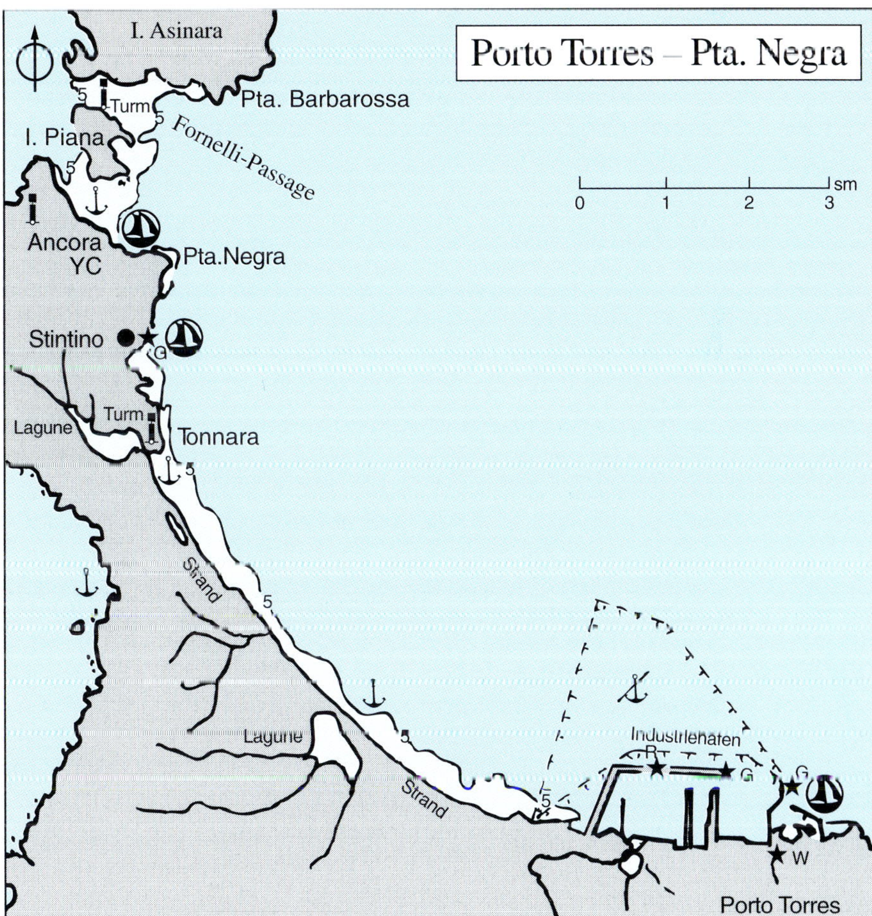

wäldern, in denen sich hier und da Hotelbauten verstecken. Bei ruhigem Wetter kann man 100 bis 200 m vor dem Strand für einen Badeaufenthalt ankern. Nördlich des weithin sichtbaren Torre Saline liegt das Fischerdorf

Tonnara
40° 55′N
008° 17′E

einst Zentrum von Thunfischfang und -verarbeitung. Im Frühjahr legten die Fischer ihre Netze bis zu 2 sm weit von der Küste aus, um den Thunfischschwärmen den Weg nach Osten zu ihren Laichplätzen zu versperren. Der Thunfischfang wurde bereits von den Phönikern und Römern betrieben, vor allem um Sardinien, weil es hier das zur Konservierung nötige Salz in ausreichender Menge gab. Der *Saltamentum Sardicum* wurde auf den Fischmärkten Roms verkauft und galt als Delikatesse.
Tonnara ist ein gutes Beispiel für den neuen Trend der touristischen Erschließung Sardiniens. Statt die Küste mit einförmigen Neubauten zu verschandeln, hat man hier die zum größten Teil verlassenen Fischerhäuser zu Ferienwohnungen umgebaut, Straßen und Plätze wiederhergestellt und Gemeinschaftseinrichtungen einer neuen Nutzung zugeführt, zum Beispiel als Hotel oder Restaurant. So wird dieses noch vor wenigen Jahren fast verlassene Fischerdorf jetzt als Feriendorf genutzt. Auch ein Teil der ehemaligen Hafenanlagen ist wiederhergestellt worden; hier liegen die Yachten der Urlauber.

Entfernung von Porto Torres 8,5 sm, von Stintino 1,5 sm.

Stintino
40° 56′N
008° 14′E

ist in den letzten Jahren zu einem beliebten Touristenziel geworden. Der hübsche Fischerort mit seinen pastellfarben getünchten Häusern hat seinen eigentümlichen herben Charme bis heute bewahren können. Die Bewohner stammen zum größten Teil von der der Küste vorgelagerten Insel *Asinara,* auf der sich das sicherste Gefängnis für Schwerkriminelle Italiens befindet: Die starke Strömung im Passagio dei Fornelli macht es nahezu unmöglich, die Meerenge schwimmend zu überwinden.

Ansteuerung (Seekarten: D 500, BA 1985 und 1204, I 49 und 289): Östlich des Ortes steht eine befeuerte Untiefenbake (Fl. G. 5s 3M), die Einfahrt in den südlich gelegenen Porto Minore ist mit 2 F. G. vert. befeuert. Auf dem Kopf des östlichen Wellenbrechers brennt ein rotes Festfeuer.

Liegeplatz: a) Vor Anker westlich des Wellenbrechers auf 3 bis 5 m Wasser über gut haltendem Sandgrund.
b) Im nördlich gelegenen Porto Mannu entweder an der Nordseite an den Stegen des Circolo Nautico Torres oder an der Südseite am Stadtkai. Die Liegeplätze des Circolo Nautico verfügen über Grundleinen sowie Strom- und Wasseranschlüsse. Kraftstoff erhält man an der Tankstelle am Stadtkai.
Östlich des Porto Mannu soll ein Yachthafen mit über 1000 Liegeplätzen gebaut werden (siehe Plan); ein Teil der neuen Außenmole ist bereits fertiggestellt.
c) Im südlich gelegenen Porto Minore, der mit Stegen und befestigten Kais zu einem modernen Yachthafen ausgebaut worden ist. Yachten legen an den vom südlichen Kai ausgehenden Schwimmstegen an.

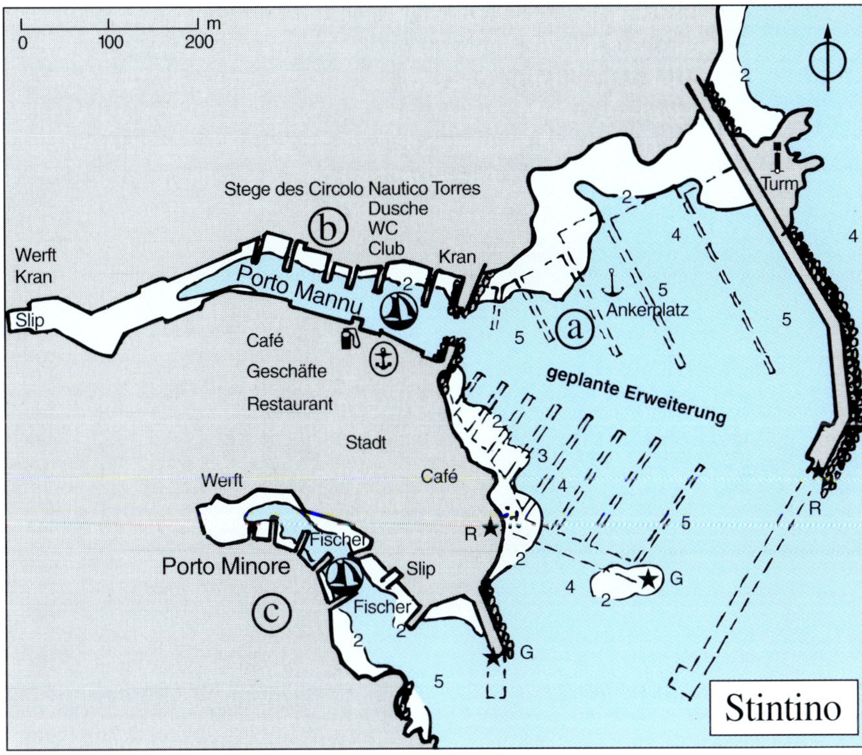

Hafenmeister: Das Büro der Capitaneria di Porto liegt am Stadtkai des Porto Mannu. Dort werden zweimal täglich die neuesten Wetterberichte ausgehängt. Die Verwaltung für die Stege des Circolo Nautico Torres findet man im Clubhaus am nördlichen Kai.

Reparaturmöglichkeiten: Im Porto Mannu steht ein Slip zur Verfügung. Zwei Yachtwerften führen Reparaturen aller Art aus. Mehrere große Schiffszubehörhändler befinden sich am Hafen.

Versorgung: Lebensmittelgeschäfte, Restaurants und Cafés im Ort. Hervorragend essen kann man im Restaurant des Hotels „Silvestrino".

Bademöglichkeiten: Die Strände in der Umgebung von Stintino gehören zu den schönsten Sardiniens. Nordwestlich der Punta Negra erstreckt sich der Strand von La Pelosa mit seinem feinen weißen Sand.

Entfernungen von Stintino: Porto Torres 10 sm, Ancora Yacht Club 1,5 sm, Alghero 36 sm

Punta Negra sollte man wegen der vorgelagerten Klippen in ausreichendem Abstand runden. Knapp 0,5 sm westlich von Punta Negra liegt in der Cala di Vacca die

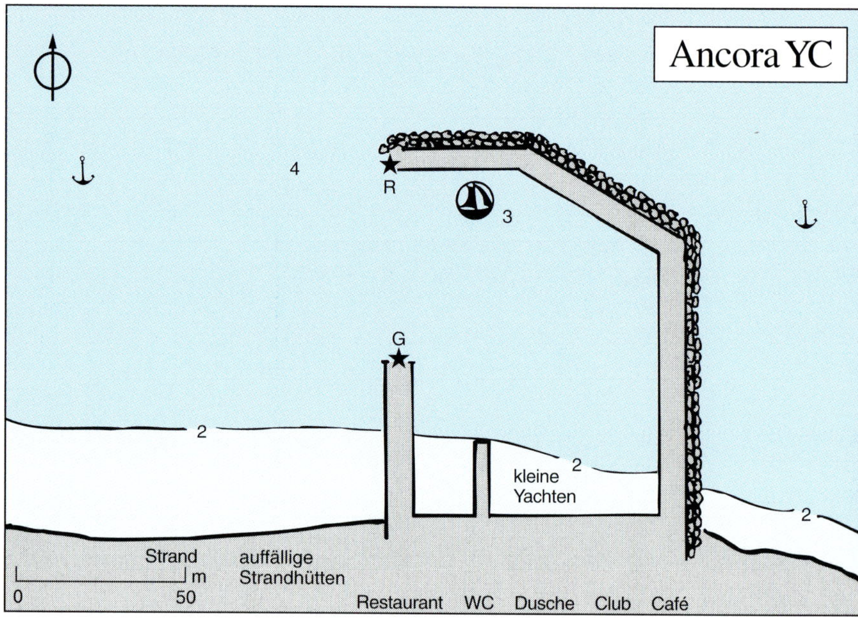

Ancora Yacht Club Marina mit sicheren Liegeplätzen für kleine Yachten.
40° 58′N
008° 13′E

Ansteuerung (Seekarten: D 500, BA 1985 und 1204, I 49 und 289): Die Marina liegt südlich der Isola Piana am südöstlichen Ende des breiten Sandstrandes La Pelosa. Bei Tage dienen das Gebäude des Yachtclubs und die mit Stroh gedeckten kegelförmigen Strandhütten der Feriensiedlung als Orientierungshilfe. Auf den Molenköpfen steht je eine pyramidenförmige Säule mit rotem und grünem Festfeuer.

Liegeplatz: Yachten legen je nach Tiefgang entlang der Außenmolen, am Steg oder am landseitigen Kai an. Die Marina verfügt über etwa 150 Liegeplätze für Yachten bis 1,50 m Tiefgang und etwa 12 m Länge. Die Liegeplätze sind mit Grundleinen ebenso ausgestattet wie mit Strom- und Wasseranschlüssen. Die Toiletten und Duschen befinden sich im Gebäude des Yachtclubs.

Hafenmeister: Die Marinaverwaltung ist in dem Gebäude des Yachtclubs (Telefon 527063).

Reparaturmöglichkeiten: Slipbahn und Reparaturwerkstatt für Bootsmotoren am Hafen, Segel und Surfshop in der Feriensiedlung.

Versorgung: Lebensmittelgeschäfte, Restaurants und Cafés in der Feriensiedlung (meist nur von Juni bis September geöffnet). Das Ristorante „Capo Falcone" bietet weit und breit die beste Küche, ist allerdings nicht ganz billig.

Entfernungen von Ancora YC: Stintino 1,5 sm, Alghero 34,5 sm.

Im *Passaggio della Pelosa* kann man etwa 1 sm nordwestlich der Ancora Yacht Club Marina vor dem Hotel **Casa Insar** ankern. Das auffällige Gebäude ist schon von weitem auszumachen. Das Hotel-Restaurant bietet eine hervorragende Küche, für die sich die Mühe des Ankerns lohnt.

Den *Passaggio della Pelosa* können nur Yachten mit weniger als 1 m Tiefgang passieren, und das auch nur bei ruhigem Wetter. Zwischen Punta Negra und Capo Falcone auf Sardinien sowie Punta Colondri und Punta Salippi auf der Insel Asinara besteht Ankerverbot, allerdings darf man bei Tage in der

Cala Grande
40° 59′N
008° 13′E

an der Ostseite der Insel **Piana** ankern. Die Bucht bietet außer bei östlichen Winden einen gut geschützten und meist recht einsamen Ankerplatz, den man allerdings nur bei Tage benutzen darf. Man ankere in der Mitte der Bucht auf 2 bis 5 m Wasser über gut haltendem Sandgrund. Das klare Wasser verlockt zum Baden, wegen der Strömung um die Insel darf man jedoch nicht zu weit aus der Bucht herausschwimmen.

Asinara
41° 02′N
008° 15′E

ist eine hügelige, bis 400 m hohe Insel mit stark zerklüfteter Küste. Auf der Punta dello Scorno, ihrer nördlichsten Spitze, steht ein weittragendes Leuchtfeuer (Fl(4) 20s 16M). Südlich des Leuchtturms befindet sich in

115 m Höhe das Gebäude des alten Semaphors. Die Ruine auf einem Hügel im Süden der Insel war einst die Burg des berüchtigten türkischen Seeräubers Cheireddin Barbarossa, der zu seiner Zeit nicht nur die Gewässer um Nordsardinien unsicher machte, auch die Barbarossa-Bucht an der Ostküste der Insel Elba verdankt ihm ihren Namen.
Seit Anfang dieses Jahrhunderts ist die Insel Sträflingskolonie und Hochsicherheitskerker des italienischen Staates.
Im Abstand von 1 sm von der gestrichelten Linie im Plan dürfen die Gewässer um Asinara nicht befahren werden. Im Falle von Havarie oder plötzlich einsetzendem Schlechtwetter darf man in der *Rada della Reale* ankern. Bei der Annäherung an die Insel ist dann die Flaggenkombination

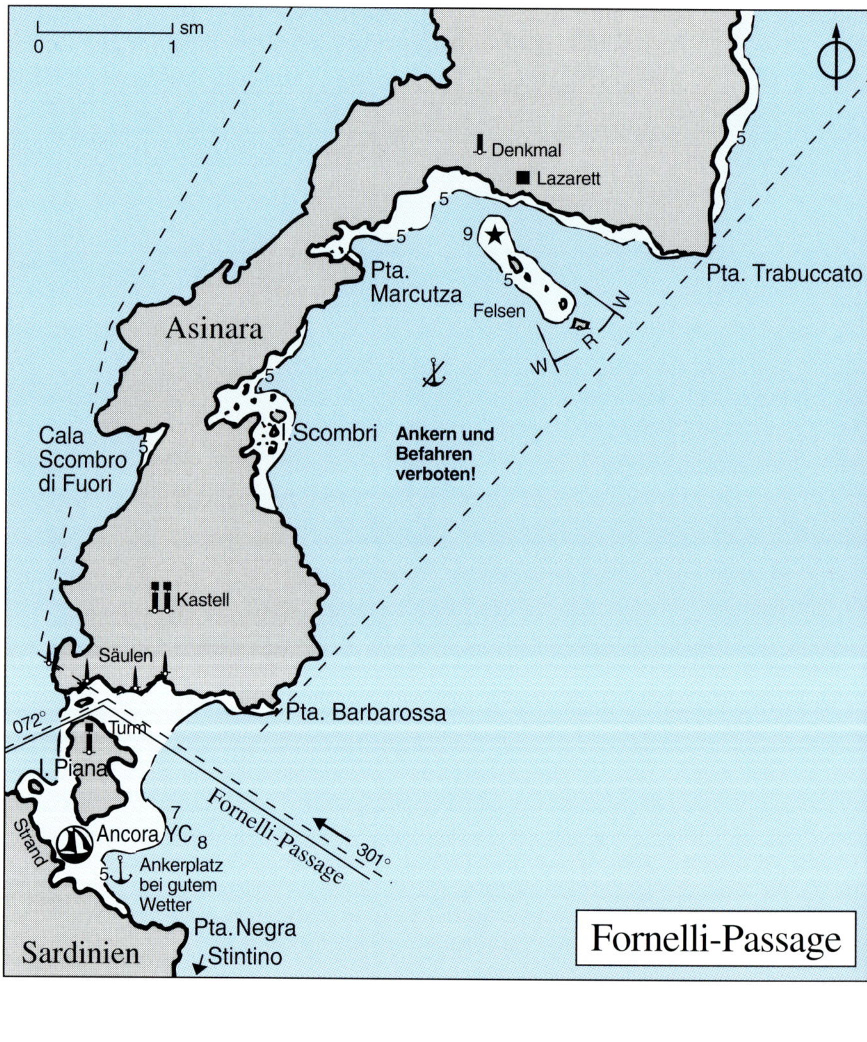

„QX" zu setzen, bei Nacht sind entsprechende Lichtsignale zu geben. Ein Wachboot kommt dann längsseits, um die Erlaubnis zum Ankern zu erteilen.

Fornelli-Passage
40° 59′N
008° 13′E

Der Passaggio dei Fornelli erspart den 23 sm langen Umweg um die Insel Asinara, darf aber nur bei Tage befahren werden. Und das sollte auch nur bei ruhigem Wetter geschehen. Zwei Paar schwarz-weiß gestreifte Säulen dienen als Landmarken für die Durchfahrt. Eine Hochspannungsleitung führt in 25 m Höhe über die Passage; die Masten sind gut auszumachen.
Von Osten kommend, müssen die beiden Landmarken voraus in Linie 301° liegen. Dieser Kurs muß beibehalten werden, bis die beiden östlichen Landmarken in 072° peilen. Kurs 252° führt dann zwischen der Insel Piana und der Isolotto Bocca hindurch, wobei die beiden Landmarken zurückschauend in Linie sein müssen.
Von Westen kommend, müssen die beiden Landmarken voraus in Linie 072° liegen. Dieser Kurs führt zwischen Piana und Isolotto Bocca hindurch, bis die beiden westlichen Landmarken in 301° peilen. Kurs 121° führt an allen flachen Stellen vorbei, wobei die Landmarken zurückschauend in Linie sein müssen.

Asinara bis Alghero

Die Westküste des Capo Falcone ist touristisch noch kaum erschlossen. Steil aufragende Felsen, enge Buchten und vorgelagerte Klippen prägen das Landschaftsbild.

Cala Secca
40° 58′N
008° 10′E

ist eine einsame, nach Nordwesten offene Bucht unterhalb des weithin sichtbaren *Torre Falcone* auf der höchsten Erhebung des Capo Falcone. Außer gegen westliche Winde liegt man hier gut geschützt zwischen steil aufragenden Felsen. Man kann bis dicht an die Ufer fahren und gegebenenfalls eine zusätzliche Leine zu den Felsen am Ufer ausbringen.

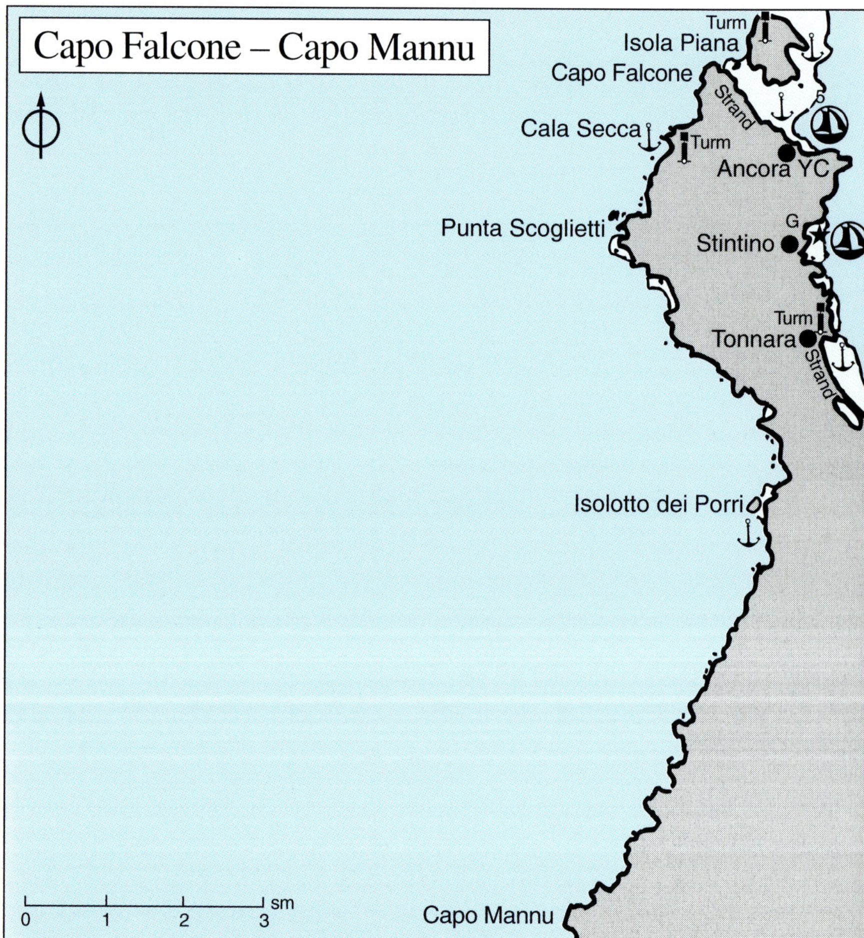

Isolotto dei Porri bildet mit der Küste Sardiniens eine natürliche Bucht, die außer gegen südliche Winde guten Schutz bietet. Südwestlich der Isolotto dei Porri liegen einige Klippen, von denen man bei der Ansteuerung ausreichend Abstand halten muß. Man ankere an der im Plan eingezeichneten Stelle auf etwa 5 m Wassertiefe. Die Bucht ist nur von See her zugänglich und dementsprechend einsam.

40° 52′N
008° 13′E

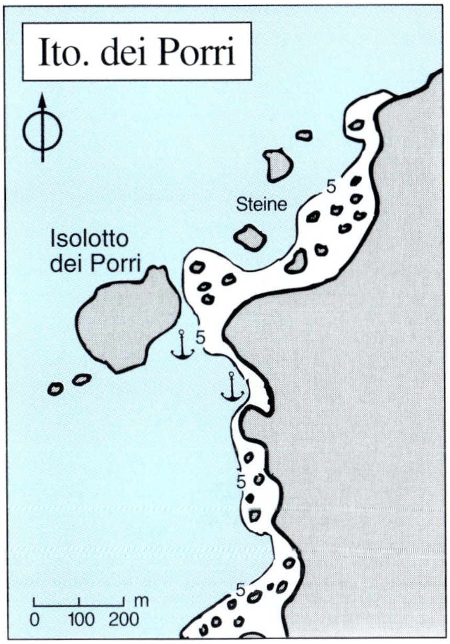

Südlich von Capo Mannu beginnt die einst wegen ihrer Silbervorkommen reiche Bergbauregion um *Argentiera.* In den Bergen sieht man zahlreiche Dörfer, ehemalige Bergarbeitersiedlungen, die jetzt verlassen sind. Etwa 0,5 sm südlich von Capo Mannu liegt der tiefe Einschnitt

Porto Palmas Die nach Nordwesten offene Bucht bietet in ihrem Inneren außer gegen westliche und nordwestliche Winde geschützte Ankerplätze auf 3 bis 6 m Wassertiefe inmitten steil aufragender Felsen. Ein kleiner Sandstrand am Ende der einsamen Bucht vervollständigt die Idylle.

40° 45′N
008° 09′E

San Nicolò dell'Argentiera einst Zentrum des Silberbergbaus auf Sardinien, war noch bis vor wenigen Jahren eine Geisterstadt, die gut die Kulisse für einen Edelwestern abgeben konnte. Wie in den Berg gewachsen, klebt die alte Minenstadt mit ihren hölzernen Hausfassaden und Grubenschächten an den Hängen über der Küste. Um 1835 hatte ein wahrer Silberrausch Tausende von Abenteurern nach Argentiera gelockt, die den Abraum der alten phönizischen und römischen Silberminen mit modernen Schmelzverfahren noch einmal ausbeuteten.

40° 44′N
008° 08′E

Der bekannteste unter den damaligen Silberspekulanten war der französische Schriftsteller Honoré de Balzac, dem zeitlebens die Gläubiger und Gerichtsvollzieher auf den Fersen waren. Sein fürstlicher Lebensstil und seine gewagten finanziellen Spekulationen vergrößerten seinen Schulden-

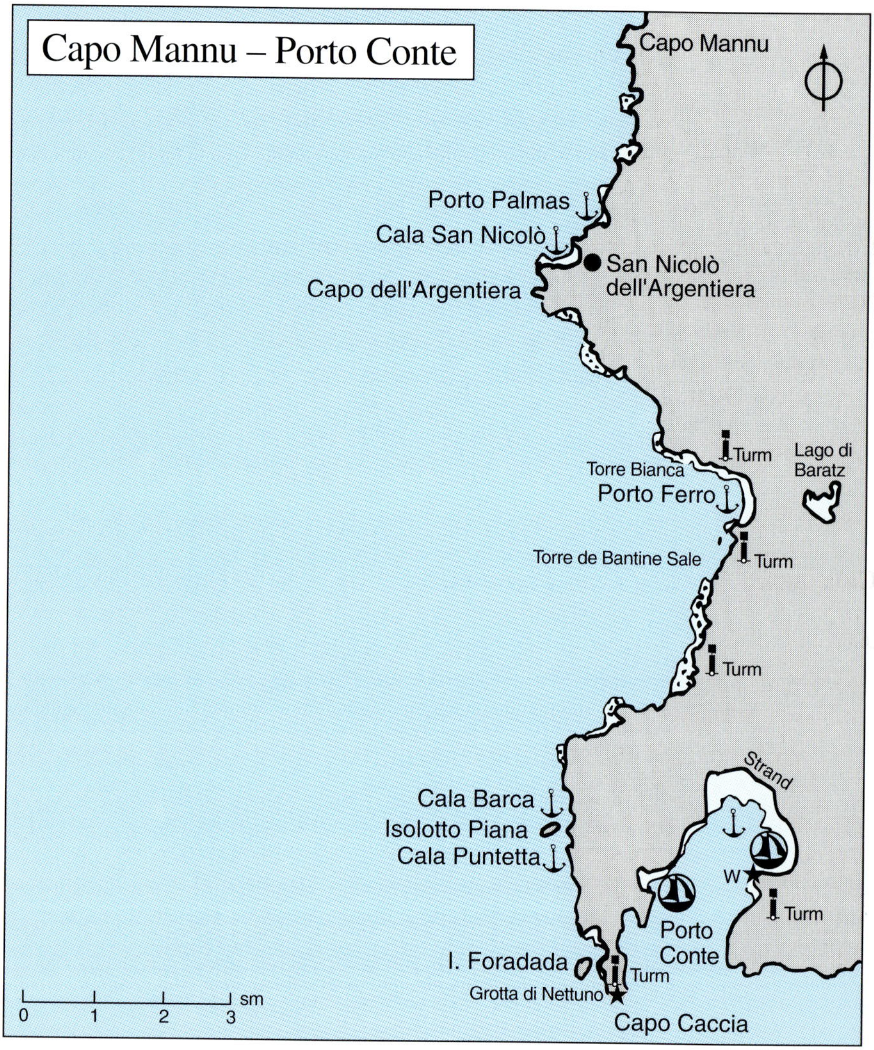

berg ständig. Als er mit 100 000 Goldfranken im Soll stand und bereits etliche Vorschüsse auf noch nicht geschriebene Romane kassiert hatte, hörte er vom sardischen Silber. Er pumpte sich die Reisekosten zusammen in der Hoffnung, als steinreicher Silberminenbesitzer zurückzukommen. Als er nach einer abenteuerlichen und entbehrungsreichen Reise abgerissen und abgebrannt in Argentiera ankam, hatte jedoch schon derjenige das Geschäft gemacht, dem er den Tip verdankte.
Als die Silbervorkommen erschöpft waren, starb der einstmals blühende Ort aus. Vor wenigen Jahren wohnte nur noch eine Handvoll Menschen in Argentiera, und es gab nur eine einzige geöffnete Bar.

Inzwischen wird in Argentiera wieder gebaut. Die Bergarbeiterhäuser werden instand gesetzt und zu Ferienhäusern ausgebaut, wobei das Ortsbild unangetastet bleibt. Auch an der Wiederherstellung der teilweise verfallenen Hafenanlage wird gearbeitet. Einstweilen aber muß man noch mit einem halb verfallenen Anleger mit 4 m Wassertiefe am Kopf vorliebnehmen.

Porto Ferro
40° 42′N
008° 11′E

ist eine weite, nach Westen offene Bucht, flankiert vom *Torre Bianca* im Norden und *Torre de Bantine Sale* im Süden. Beide Türme sind gute Ansteuerungsmarken und weithin sichtbar. Man ankere auf 2 bis 6 m Wasser über Sandgrund (siehe Plan). Der einsame Sandstrand lädt zum Baden ein; Versorgungsmöglichkeiten bestehen nicht.
Eine Wanderung durch den Pinienwald zum 1,5 km entfernten *Lago di Baratz* ist lohnend. Der einzige natürliche Süßwassersee Sardiniens liegt wie ein Kleinod in der Landschaft.

Gegenüber der *Isolotto Piana* liegen malerisch die Buchten

Cala Barca
40° 37′N
008° 09′E

und **Cala Puntetta.** Die 107 m hohe Isolotto Piana ist schon von weitem auszumachen; sie schützt die Buchten nach Westen hin. Der beste Ankerplatz ist in der Cala Puntetta auf 3 bis 5 m Wassertiefe. Die von steil aufragenden Felsen umgebenen Buchten sind von Land aus nicht zugänglich und dementsprechend einsam.

Entfernung von Stintino 26 sm, von Alghero 10 sm.

Capo Caccia mit seinem weittragenden Leuchtfeuer (Fl. 5s 24M) ist schon von weitem gut zu erkennen, ebenso der etwas zurückstehende

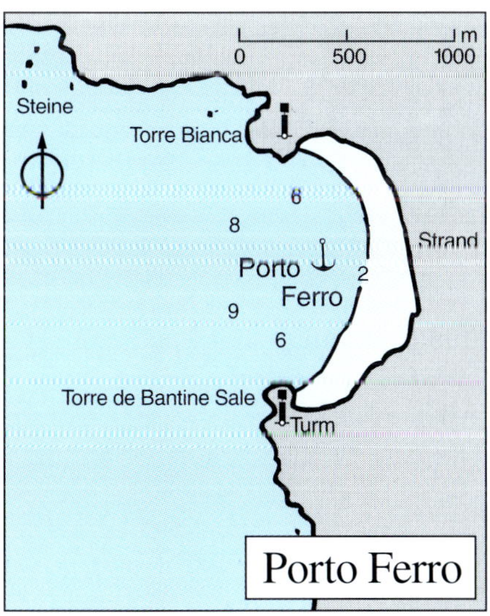

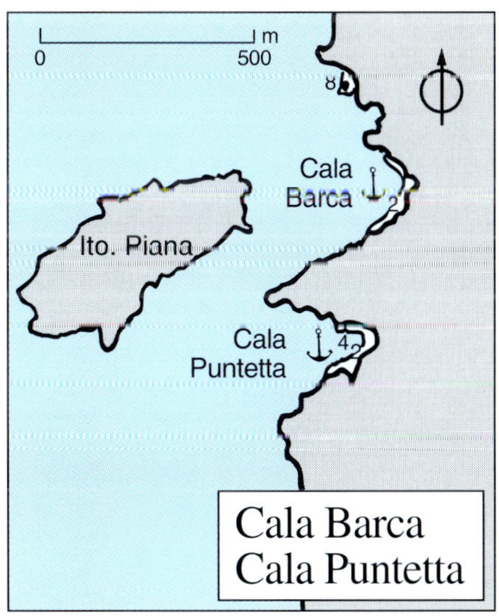

Semaphor. Die Küste fällt hier fast 200 m steil ins Meer ab – ein grandioser Anblick (siehe Farbfoto Nr. 13).
Etwa in der Mitte zwischen Leuchtturm und Semaphor liegt die berühmte *Grotta di Nettuno,* die wohl schönste Grotte Sardiniens und eine der größten des Mittelmeerraums. Die *Escala del Cabirol* (Rehtreppe) führt mit 620 in den Fels gehauenen Stufen von einem Parkplatz am Capo Caccia hinunter zur Grotte, deren vorderer Teil besichtigt werden kann – Tropfsteine von mächtigen Säulen bis hin zu filigranen Gebilden und gewaltige Kuppeln, die an gotische Kathedralen erinnern. Von Alghero verkehren mehrmals täglich Ausflugsboote und Autobusse zur Grotta di Nettuno.
Östlich von Capo Caccia öffnet sich der weite Naturhafen

Porto Conte

mit ausgedehnten Sandstränden und mehreren Einbuchtungen, in denen man je nach Windrichtung einen geeigneten Ankerplatz findet. Man kann auch in der *Cala Tramariglia* an einer Steganlage festmachen oder in *Las Astrelles* (Porto Conte Marina), einem gut ausgebauten Yachthafen.
Schon die Römer wußten die günstige Lage des Naturhafens zu schätzen und nannten ihn Portus Nympharum. Überreste von Gebäuden zeugen von der Besiedlung durch die Römer. Zahlreiche Nuraghen in der Umgebung von Porto Conte sind ebenfalls ein Zeichen der einstigen strategischen Bedeutung der Bucht.

Cala del Bollo
40° 34′N
008° 10′E

Geschützt durch das hohe Vorgebirge von Capo Caccia, öffnet sich hinter der mit einem spanischen Wachturm bewehrten Punta del Bollo eine

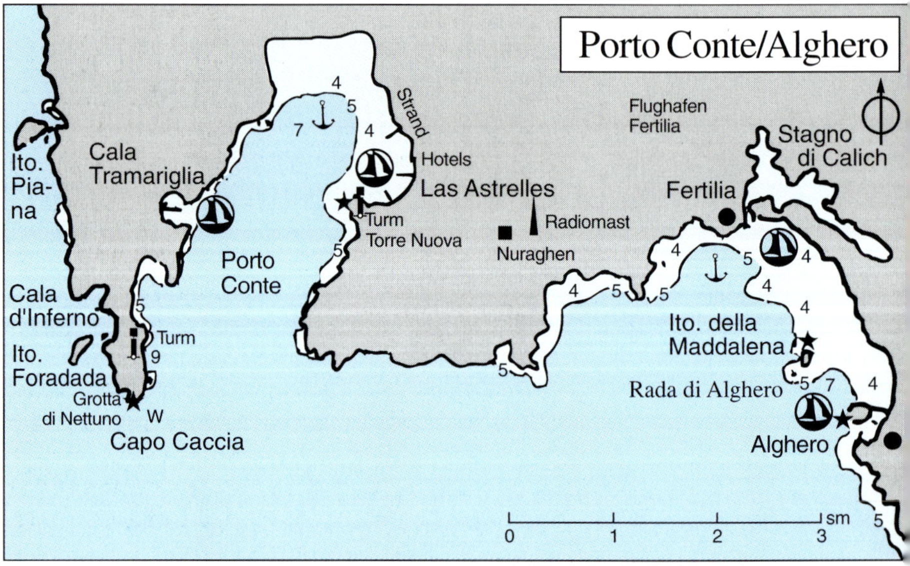

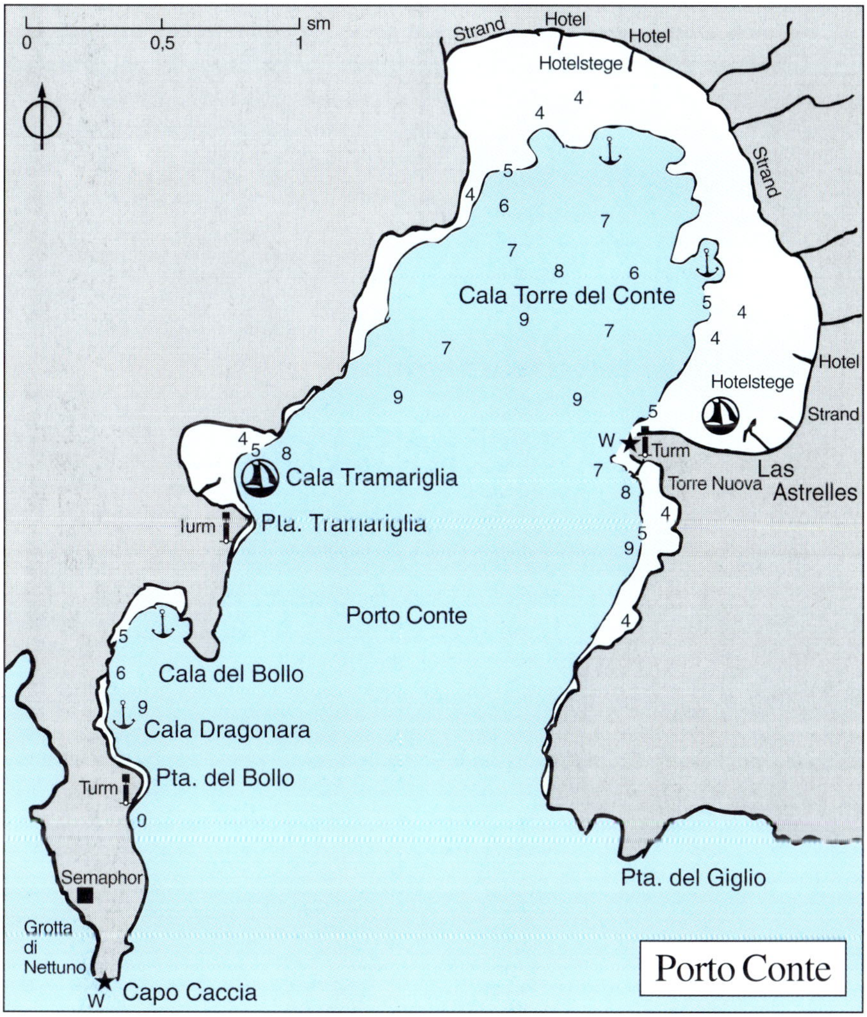

weite, nach Südosten offene Bucht. Man ankere entweder in der kleinen Einbuchtung *Cala Dragonara* auf etwa 4 m Wassertiefe oder im Nordteil der Bucht vor dem Sandstrand auf 3 bis 6 m Wasser über Sandgrund.

Nördlich von Punta Tramariglia schneidet die

ala Tramariglia weit nach Westen in das Vorgebirge ein. In der Mitte der Bucht liegt die Steganlage des Club Nautico Capo Caccia, die Yachten bis 2 m Tiefgang bequeme Liegeplätze bietet. Die Anlage besteht aus einer gemauerten Mole und einem T-förmigen Schwimmsteg davor sowie einigen

0° 35′N
8° 10′E

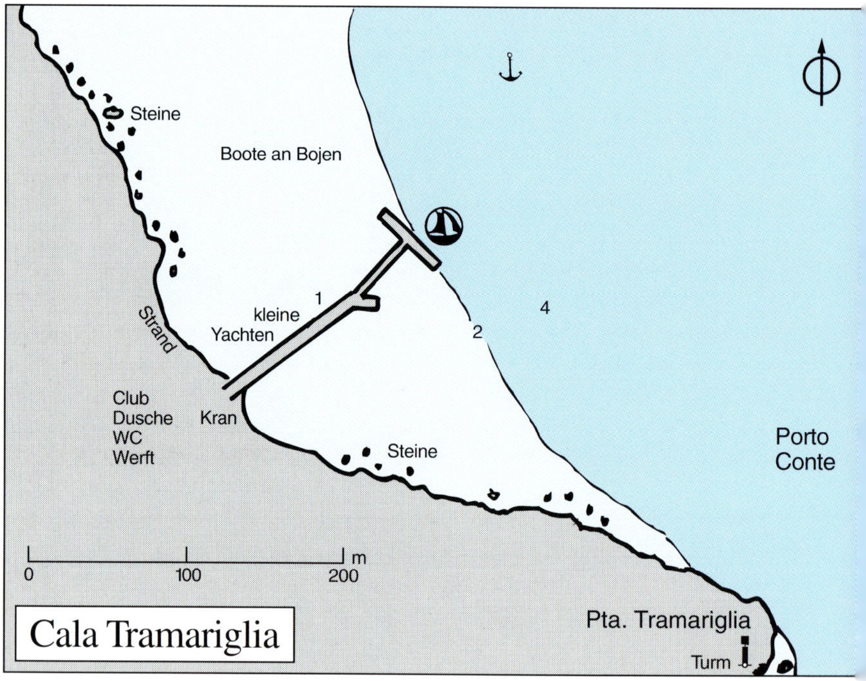

Festmachebojen. Die Liegeplätze sind mit Grundgeschirr sowie Wasser- und Stromanschlüssen ausgestattet. Im Clubhaus gibt es Duschen und Toiletten. Eine Werkstatt führt Reparaturen an Bootsmotoren aus. Cala Tramariglia ist bei Mistral der sicherste Liegeplatz im Porto Conte.

Entfernung von Alghero 7 sm, von Las Astrelles 2 sm.

Der Nordteil des Porto Conte wird zwecks Studiums der Meeresströmungen zeitweise durch etwa 80 m vom Ufer entfernt ausgelegte Balken abgesperrt, kenntlich gemacht durch rote Schwimmkörper mit roten Fähnchen. Ansonsten aber kann man hier auf 2 bis 5 m Wassertiefe ankern. Die

Cala Torre del Conte bietet auf 2 bis 5 m Wassertiefe Ankermöglichkeiten und guten Schutz bei östlichen und südlichen Winden. Die Wassertiefe vor dem weiten Sandstrand nimmt nur allmählich zu, so daß man 200 bis 500 m Abstand vom Strand halten muß.
40° 36'N
008° 13'E

Las Astrelles/Porto Conte Marina östlich des *Torre Nuova* mit seinem Leuchtfeuer (Fl. 3s 10M) ist eine moderne Marina, die etwa 160 Yachten bis 18 m Länge und maximal 2 m Tiefgang Liegeplätze bietet.
40° 35'N
008° 12'E

Ansteuerung (Seekarten: D 500, BA 1985 und 1202, I 48 und, 292 und Plan Porto Conte auf Seite 161): Der Yachthafen liegt knapp 0,5 sm östlich des Torre Nuova, der schon von weitem gut auszumachen ist.

Liegeplatz: Yachten legen je nach Tiefgang an den Schwimmstegen oder der Hauptmole an. Die Liegeplätze verfügen über Grundleinen und Festmachebojen sowie Wasser- und Stromanschlüsse. Kraftstoff erhält man an der Hafentankstelle. Duschen und Toiletten sind im Centro Nautico untergebracht.

Hafenmeister: Die Marinaverwaltung befindet sich im Centro Nautico. Sie ist während der Dienststunden über UKW-Kanal 9 zu erreichen (Liegeplatzreservierung über UKW-Telefon ist im Juli und August empfehlenswert).

Reparaturmöglichkeiten: Slipbahn für Yachten bis 100 t. Beim Centro Nautico befinden sich ein Werftbetrieb für Reparaturen aller Art und ein gut sortiertes Geschäft mit Schiffszubehör.

Versorgung: Lebensmittelgeschäfte, Restaurants und Cafés finden sich in den umliegenden Feriensiedlungen (nur von Juni bis September geöffnet). Im Centro Nautico gibt es eine Bar und ein kleines Restaurant.

Bademöglichkeiten: Nördlich von Las Astrelles schließt sich der Strand der Cala Torre del Conte an.

Entfernungen von Las Astrelles: Stintino 33 sm, Fertilia 7 sm, Alghero 7,5 sm.

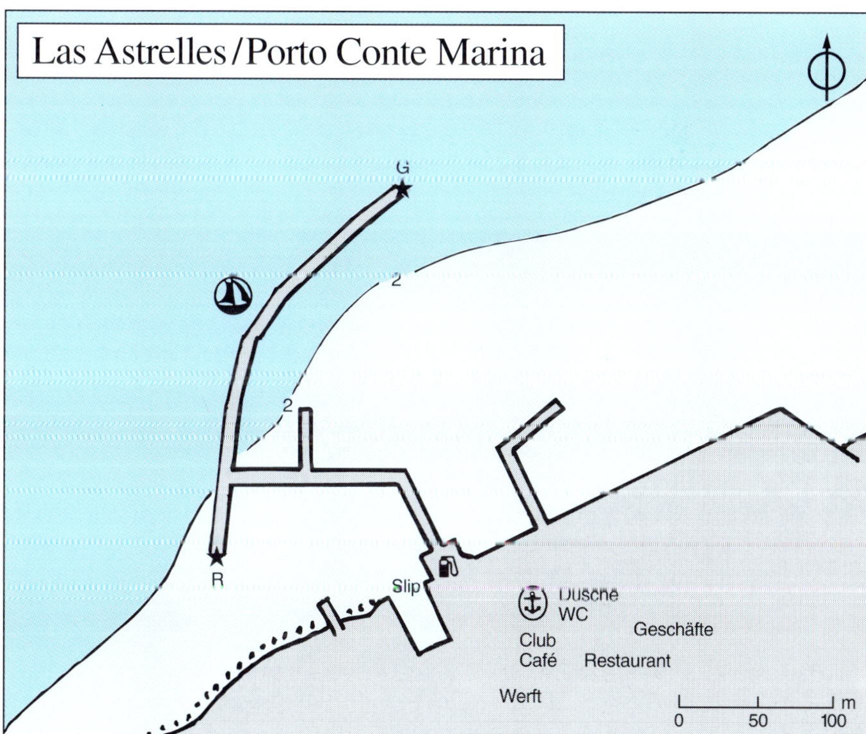

Einige der zahlreichen Nuraghen um Porto Conte sind von hier aus in etwa einer Stunde zu Fuß zu erreichen.

Die **Reede von Alghero** bietet zwischen dem Capo Galera, der Punta Negra mit dem Flugfunkfeuer Alghero-Fertilia (ALG, Frequenz 382 kHz Reichweite 100 sm) und der Punta Calich verschiedene Ankermöglichkeiten. Die einzelnen Einbuchtungen werden nur von wenigen Yachten aufgesucht, obwohl sie gegen Winde aus dem 4. Quadranten hervorragenden Schutz bieten.

Fertilia
40° 35′N
008° 17′E

in der Zufahrt zum *Stagno di Calich* ist ein sicherer Yachthafen.

Ansteuerung (Seekarten: D 500, BA 1985 und 1202, I 48 und 292): Der Yachthafen liegt dicht östlich der Punta Calich in der Zufahrt zum gleichnamigen See. Am westlichen Ufer steht ein auffälliger roter Turm mit quadratischem Grundriß. Die beiden Molenköpfe sind befeuert.

Liegeplatz: a) Am Westkai und der Mole direkt bei der Einfahrt ist es tief genug für Yachten bis 3,50 m Tiefgang. Hier befinden sich auch zwei Wasserzapfstellen.

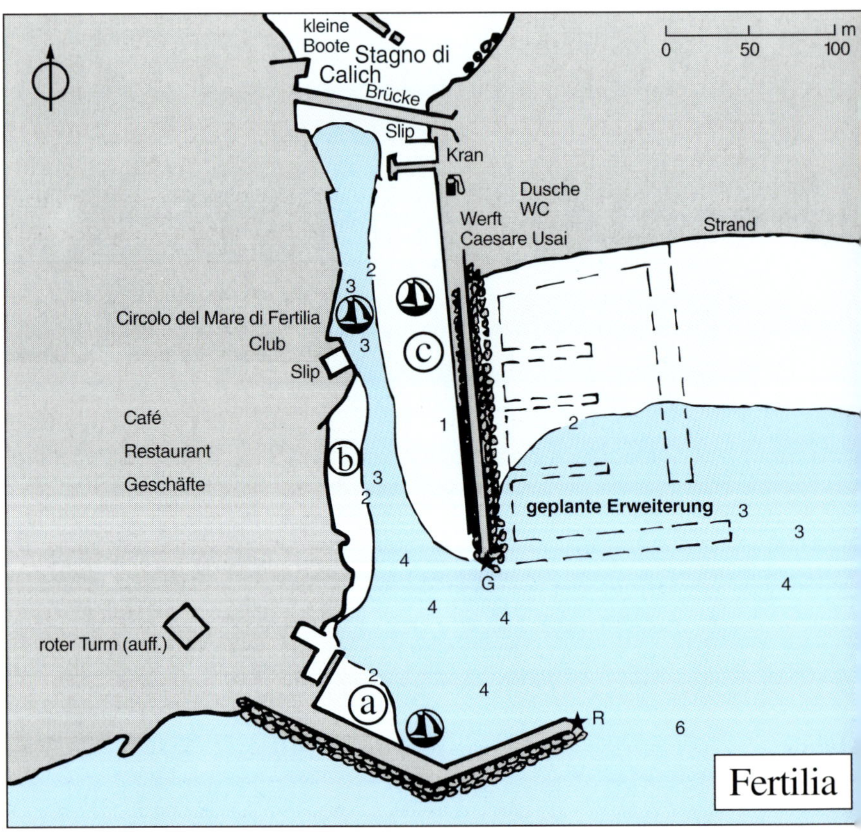

b) Das Westufer ist nicht zum Kai ausgebaut, aber zahlreiche Holzstege und Festmachebojen erleichtern das Anlegen. Die Liegeplätze gehören dem Circolo del Mare di Fertilia, der freie Liegeplätze durchreisenden Yachten zur Verfügung stellt.
c) Am Ostufer befinden sich die Kaianlagen der Werft Caesare Usai. Hier finden Yachten bequeme Liegeplätze mit Festmachebojen, Strom- und Wasseranschlüssen. Duschen und Toiletten bei der Werft.
Außer an den unter a) genannten Liegeplätzen werden Liegegebühren erhoben.
Östlich des Molo Est ist der Bau eines Hafenbeckens mit etwa 400 Liegeplätzen geplant.

Hafenmeister: Der öffentliche Teil des Hafens wird von Alghero aus verwaltet. Für die Liegeplätze des Circolo del Mare di Fertilia ist der Yachtclub zuständig. Die Liegeplätze am Ostufer werden von der Yachtwerft Caesare Usai verwaltet (Telefon 93 00 88). Die Werft ist über UKW-Kanal 9 zu erreichen. Im Juli und August empfiehlt sich eine Liegeplatzreservierung über UKW-Telefon, denn viele Yachten weichen hierher aus, weil der Hafen von Alghero meist überfüllt ist.

Reparaturmöglichkeiten: In der südwestlichen Ecke und am Westufer gibt es eine Slipbahn; die Yachtwerft verfügt über zwei 25-t-Kräne und eine Slipbahn für Yachten bis 100 t. Die Werft Caesare Usai mit angeschlossenem Zubehörgeschäft führt Reparaturen aller Art aus.

Versorgung: Im Ort Fertilia gibt es Lebensmittelgeschäfte, Restaurants und Cafés. Östlich des Werftbetriebes ist am Strand eine große Feriensiedlung entstanden, in der im Sommer ebenfalls Restaurants und Cafés geöffnet sind.

Bademöglichkeiten: Der weite Strand zwischen Fertilia und Alghero ist im Sommer überfüllt von Badegästen.

Entfernungen von Fertilia: Stintino 35 sm, Alghero 2 sm.

In der italienischen Seekarte Nr. 292 ist die Lage von fast einem Dutzend Nuraghen in der Umgebung von Fertilia eingezeichnet. Die größte, die Nuraghe *Palmavera* auf dem Monte Palmavera an der Straße von Fertilia zum Capo Caccia, wurde erst vor wenigen Jahren freigelegt. Mit ihren gut erhaltenen Verteidigungstürmen mit Schießscharten, der großen Ringmauer und zahlreichen kleineren Türmen bietet sie einen überwältigenden Anblick.
Nördlich der Straßenbrücke, die den Hafen abschließt, kann man die Reste der römischen Brücke über den Stagno di Calich sehen. Von den ehemals 24 Bogenfeldern sind noch 13 erhalten.

Nordöstlich der durch ein Leuchtfeuer (Fl. R. 5s 4M) gekennzeichneten *Isolotto della Maddalena* erstreckt sich über fast 0,5 sm eine Untiefe. Die Durchfahrt zwischen der Untiefe und der Küste empfiehlt sich nur bei ruhigem Wetter; ansonsten aber sollte man von Fertilia kommend die Isolotto della Maddalena mindestens 300 m an Backbord lassen.

Alghero
40° 33′N
08° 18′E

ist eine der schönsten Städte Sardiniens. Ihr lebendiger Altstadtkern aus der Zeit der Spanier mit seinen engen, verwinkelten Gassen zwischen hohen, im Sommer kühlenden Mauern mit Torbögen und zahlreichen

Plätzen zieht Jahr für Jahr unzählige Touristen an. Auf dem nahegelegenen Flughafen Alghero-Fertilia herrscht in den Sommermonaten reger Verkehr. Ein Zubringerbus verkehrt regelmäßig zum Fährhafen Porto Torres.

In Alghero verbrachten bereits um die Jahrhundertwende reiche Engländer ihre Ferien. Auch heute noch sind viele Engländer unter den Besuchern der Stadt, die sich zu einem international bekannten und beliebten Seebad entwickelt hat. In Alghero stehen mit Abstand die meisten Hotels auf Sardinien.

Die heutige Stadt wurde 1102 von den Doria aus Genua als Bollwerk gegen die Pisaner gegründet. Im 14. Jahrhundert fiel Alghero an die Spanier, die es zum Zentrum ihres Machtbereiches in Westsardinien ausbauten und nach mehreren blutig niedergeschlagenen Aufständen die einheimische Bevölkerung aus der Stadt vertrieben.

Bis 1848 durfte kein Sarde in Alghero wohnen. Zwar durften sie tagsüber zum Arbeiten in die Stadt kommen, wer aber nachts angetroffen wurde, hatte mit der Todesstrafe zu rechnen. Noch heute ist ein großer Teil der Bevölkerung spanischer Abstammung und spricht einen kaum verständlichen katalanischen Dialekt. Der in der italienischen Sprache nur in einigen Fremdwörtern vorkommende Buchstabe „x“ ist ein Relikt aus der spanischen Besatzungszeit (er wird wie „sch“ gesprochen). Erst nachdem 1764 Toskanisch Amtssprache wurde, errichtete man in Alghero die ersten zweisprachigen Straßenschilder.

Der Hafen von Alghero ist Standort einer großen Korallenfischerflotte. Die in der Bucht von Alghero gefischten dunkelroten Korallen werden in der Stadt zu kunstvollem Schmuck verarbeitet. Der Hafen ist in den letzten Jahren erheblich vergrößert und ausgebaggert worden. Im Sommer ist es mit Yachten überfüllt.

Ansteuerung (Seekarten: D 500, BA 1985 und 1202, I 28 und 292): Die Stadt ist an den mittelalterlichen Wehrmauern und zahlreichen Festungstürmen schon von weitem auszumachen. Der südliche Wellenbrecher ist befeuert (Fl. G. 5s 7M). Die Zufahrtsrinne ist durch die beleuchtete Untiefentonne (Fl. G. 4s 4M) sowie die Leuchtfeuer auf dem Kopf des Molo Nord (2 F. R. vert) und vor der Banchina Sanità (2 F. G. vert) gekennzeichnet.

Liegeplatz: Am östlichen Teil der Banchina Doganale legen Yachten vor Buganker, Heck zum Kai, an. Hier befindet sich auch ein Wasseranschluß. Kraftstoff erhält man an der Hafentankstelle. Yachten mit weniger als 2 m Tiefgang können an den von der Banchina Garibaldi ausgehenden Stegen oder den Stegen vor der Darsena nuova festmachen. Die von der Darsena nuova in südwestlicher Richtung liegenden drei Stege sollen durch zwei entsprechend längere, von der Banchina Garibaldi ausgehende Stege ersetzt werden.

Hafenmeister: Das Büro der Capitaneria di Porto liegt an der Banchina Garibaldi, auf der anderen Seite der Via Garibaldi (Telefon 95 31 74). Das Büro ist während der Dienststunden über UKW-Kanal 16 (Circomare Oristano) zu erreichen. In der Capitaneria werden regelmäßig die neuesten Wetterberichte ausgehängt.

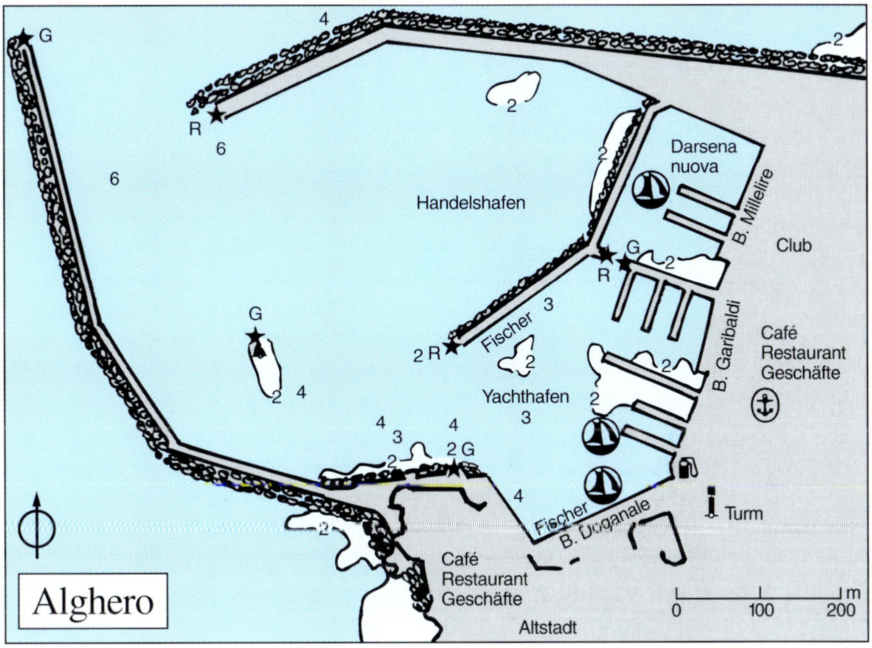

Die Stege gehören dem Yachtclub Alghero und der Lega Navale, deren Clubgebäude sich zwischen der Banchina Millelire und der Via Garibaldi befinden. In den Clubhäusern gibt es auch Duschen und Toiletten.

Reparaturmöglichkeiten: Drei Slipanlagen und ein 8-t-Kran stehen zur Verfügung. Eine kleine Yachtwerft nahe der Darsena nuova führt Reparaturen aller Art aus, vor allem an Bootsmotoren. Einen Schiffszubehörhändler findet man in der Via Garibaldi. Für größere Reparatur- und Überholungsarbeiten empfiehlt sich die Yachtwerft Caesare Usai im nur 2 sm entfernten Fertilia.

Versorgung: Zahlreiche Lebensmittelgeschäfte, Restaurants und Cafés liegen in der Nähe des Hafens. Einer der buntesten Lebensmittelmärkte findet täglich in einem Hof zwischen der Via Cagliari und der Via Sassari statt. In Alghero findet man auch das beste Restaurant Sardiniens, „Al Tuguri", ein unscheinbares Haus in der Altstadt in der Nähe der Piazza Sulis. Die Küche und der Speiseraum im ersten Stock sind nur unzureichend voneinander getrennt, so daß man schon allein von den Wohlgerüchen aus der Küche in helle Erwartung versetzt wird. Im Sommer muß man mindestens ein, zwei Tage im voraus einen Tisch bestellen (der Wirt spricht gut deutsch). Aber es gibt auch noch andere Restaurants mit hervorragender Küche wie das „Lepanto" im Stil des klassischen Ristorante, das „Don Juan" mit seiner intimen Atmosphäre und das „Corsaro" mit Seeräuberatmosphäre – auch bezüglich der Preise. Den Freunden des „Old English Pub" empfehlen sich zum Beispiel „Jamaica Inn" und „Dubliner" mit verschiedenen englischen Biersorten vom Faß.

Bademöglichkeiten: Nördlich von Alghero beginnt der herrliche, von Pinienwäldern gesäumte Sandstrand „Lido San Giovanni", der sich bis Fertilia erstreckt.

Südlich von Alghero lädt das klare Wasser der Klippenküste zum Baden ein. Hier steht auch die inzwischen zu einem Hotel umgebaute Villa „Las Tronas“, die im 19. Jahrhundert den Königen von Piemont als Sommerresidenz diente.

Entfernungen von Alghero: Stintino 36 sm, Bosa Marina 20 sm, Oristano 50 sm.

Alghero bietet dem Besucher zahlreiche Sehenswürdigkeiten. Südöstlich des Hafens liegt der *Giardino Pubblico* (Stadtgarten), der mit seinen zahlreichen Cafés eine beliebte Promenade ist. Hier steht auch der Wachturm *Porta Terra,* einer der besterhaltenen Wachtürme Algheros. In der Altstadt zeugen Gebäude wie der *Palazzo d'Albis* und der *Palazzo Machin* vom ehemaligen Reichtum der Stadt. Auch die Kirchen der Altstadt lohnen einen Besuch, allen voran die *Kathedrale* mit ihrem weithin sichtbaren Glockenturm. Sie wurde im 16. Jahrhundert über den Grundmauern einer ehemaligen Moschee im gotisch-katalanischen Stil errichtet und später in klassizistischem Stil verändert.

Auch von Alghero aus kann man die zahlreichen Nuraghen in der Umgebung besichtigen. Lohnenswert ist darüber hinaus ein Ausflug zu der vorzeitlichen unterirdischen Nekropole *Anghelu Rùju,* etwa 13 km von Alghero entfernt. Die in den Fels gehauenen Grottengräber gehören zu den bedeutendsten vorgeschichtlichen Grabanlagen Sardiniens. An den Eingängen zu den Grabgängen sieht man noch Felszeichnungen aus der frühen Bronzezeit.

Alghero bis Oristano

Die Küste südlich von Alghero besteht aus steil aufragenden Felstürmen und in den Fels gewaschenen Buchten. Der Bereich von Alghero bis Bosa Marina ist ein Paradies für Taucher und Unterwasserjäger.

Cala Cappone
40° 32′N
008° 19′E

eine nach Südwesten offene, tief ins Land eingeschnittene Bucht, ist ringsum von steilen Felsen umgeben. Auf der steilen Huk, die die Cala Cappone von der Cala Lavatoio trennt, steht ein auffälliges Gebäude, das Hotel Eleonora, das als Ansteuerungshilfe dienen kann.

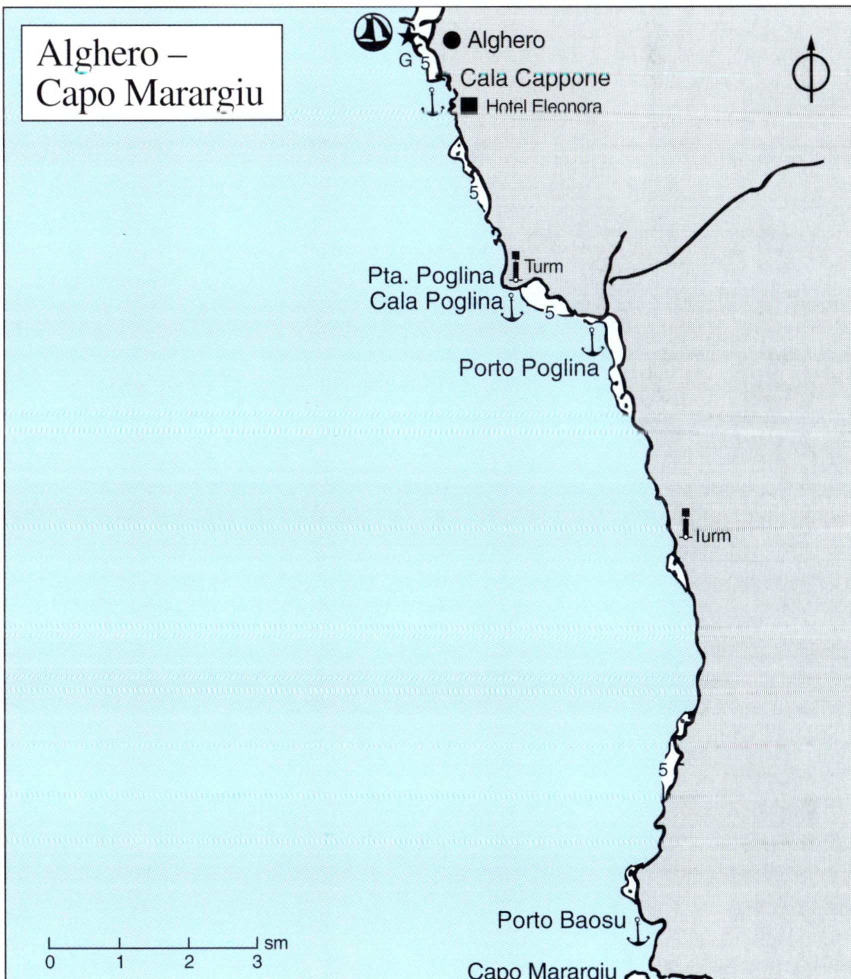

Man ankere südöstlich der Klippe auf 2 bis 4 m Wassertiefe und bringe zusätzlich eine Leine zu der Klippe aus.

Östlich der Punta Poglina, die an einem spanischen Wachturm zu erkennen ist, liegen

Cala Poglina und **Porto Poglina** mit Steinen übersäte, nach Südwesten offene Buchten, die
40° 29′N nur bei ganz ruhigem Wetter und mit größter Vorsicht angelaufen werden
008° 20′E sollten. Hinter der Cala Poglina zieht sich ein Dorf den Hang zur Küstenstraße hinauf, in dem man ein Lebensmittelgeschäft, ein kleines Restaurant und ein Café findet (siehe Plan S. 169).

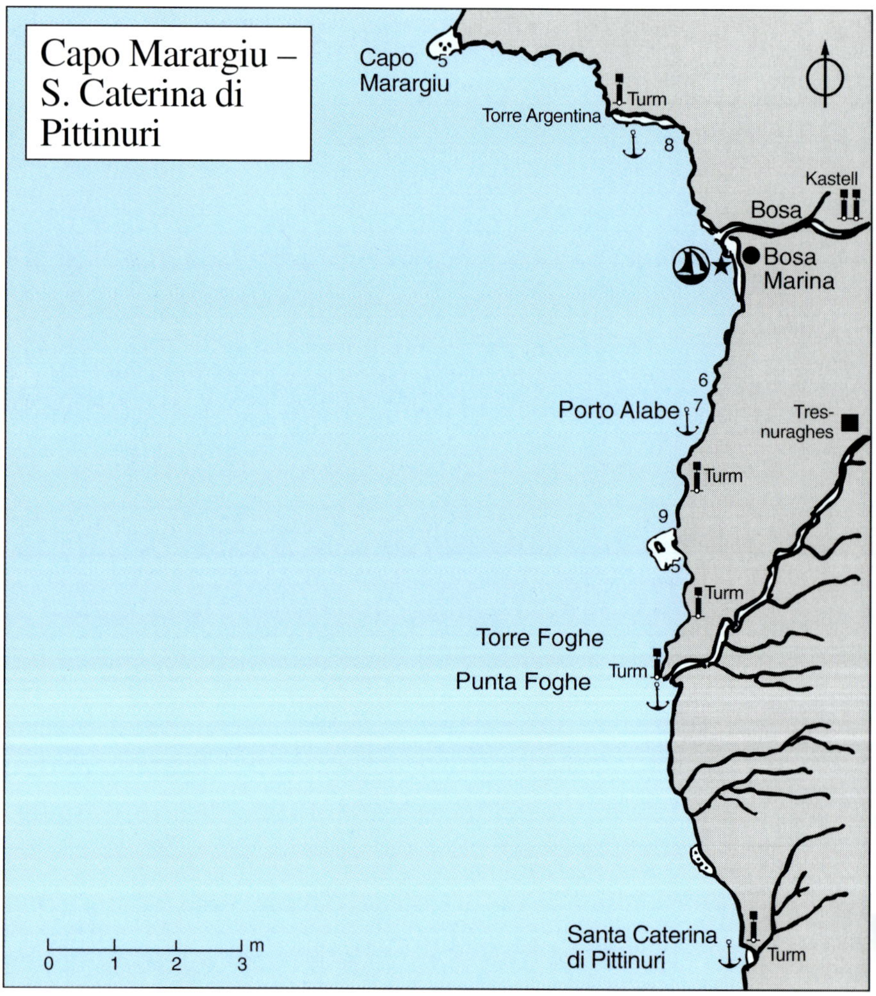

Etwa 0,5 sm nördlich von Capo Marargiu liegt

Porto Baosu 40° 20′N 008° 22′E — eine nach Westen offene Felsenbucht, in der man auf 3 bis 5 m Wassertiefe ankern kann. Ein kleiner Pfad führt vom Ende der Bucht zur Küstenstraße.

Wegen vorgelagerter Klippen sollte man vom Capo Marargiu mindestens 0,5 sm Abstand halten. Etwa auf halbem Weg zwischen Capo Marargiu und Bosa Marina steht an der Küste der auffällige spanische Wachturm

Torre Argentina 40° 19′N 008° 27′E — Östlich davon öffnet sich nach Süden eine Bucht, in der man dicht unter Land auf 3 bis 5 m Wassertiefe ankern kann.

Bosa Marina 40° 17′N 008° 29′E — an der Mündung des Temo, Seebad der etwa 3 km flußaufwärts liegenden Ortschaft Bosa, hat zwei Häfen: *Isola Rossa* wird gebildet durch die gleichnamige Insel mit ihrem charakteristischen spanischen Wehrturm, den Damm, der die Isola Rossa mit dem Festland verbindet, und eine nach Südosten abknickende Mole. Der *Porto Canale* liegt in der Mündung des Temo.

Ansteuerung (Seekarten: D 500, BA 1985 und I 48): Der spanische Wehrturm und der südlich davon stehende Leuchtturm (Fl(4) 12s 12M) erleichtern die Ansteuerung. Man halte sich gut frei von dem Kopf des nach Südosten gerichteten Wellenbrechers, da die Steinanschüttung sich unter Wasser noch etwa 100 m fortsetzt. Auf dem Kopf des Wellenbrechers brennt ebenfalls ein Feuer (Fl. R. 3s 8M). Die Einfahrt in den Temo zum Porto Canale ist durch je einen kleinen Obelisken zu beiden Seiten gekennzeichnet.

Liegeplatz: Porto Isola Rossa: Das Anlegen an der befeuerten Mole (F. R und G. vert) ist offiziell verboten, wird aber außerhalb der Saison toleriert. In den Sommermonaten wird parallel zu der Mole ein 50 m langer Schwimmsteg ausgelegt, der etwa 70 Liegeplätze für Yachten bietet und für die Liegegebühren erhoben werden. Dafür gibt es dann auch Duschen und Toiletten.

Porto Canale: In die 2 bis 3 m tiefe Flußmündung kann man nur bei ruhigem Wetter einfahren. Bei auflandigem Wind steht vor der Mündung eine eindrucksvolle und gefährliche Brandung, die das Einlaufen unmöglich macht. Etwa 250 m nordöstlich der Einfahrt befindet sich am Südufer ein etwa 150 m langer Kai, die Banchina Fluviale. Sie ist für die einheimischen Fischer vorgesehen, jedoch können Yachten, wenn Plätze frei sind, hier ebenfalls anlegen (Wassertiefe 2 bis 3 m).

Bessere Liegeplätze, mit Strom- und Wasseranschluß, finden sich am gegenüberliegenden Ufer bei der Yachtwerft Nautica Pinna. Treibstoff erhält man an einer Hafentankstelle, die zu dem Werftbetrieb gehört. Für den gebotenen Komfort muß man hier allerdings Liegegebühren entrichten.

Hafenmeister: Das Hafenbüro für Porto Isola Rossa und Porto Canale befindet sich am Südufer des Porto Canale (Telefon 37 55 50). Es ist während der Dienststunden über UKW-Kanal 16 zu erreichen. Für die Liegeplätze im Privathafen der Nautica Pinna ist der Werftbetrieb verantwortlich (Telefon 37 35 54).

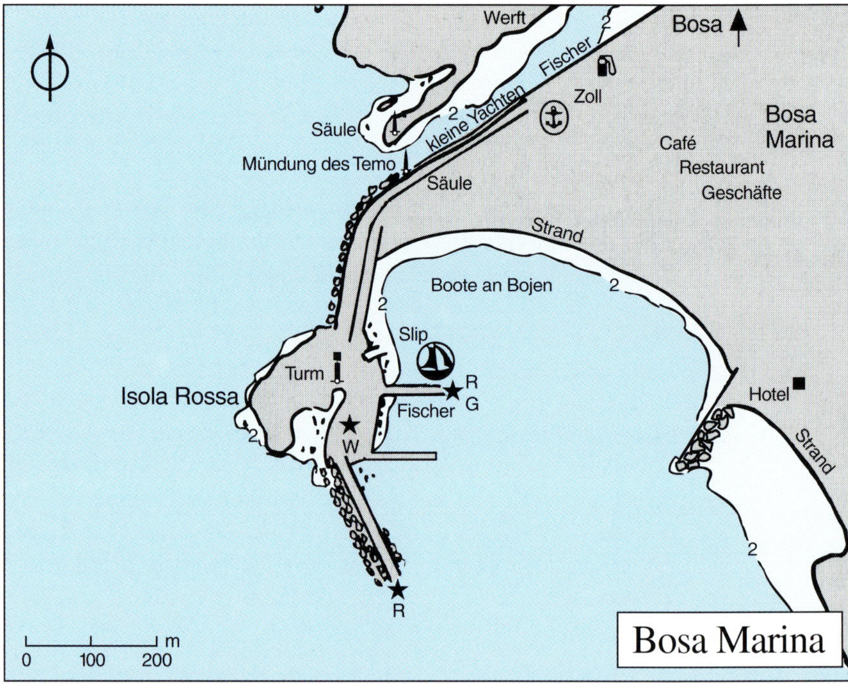

Reparaturmöglichkeiten: Die Yachtwerft verfügt über eine Slipbahn und einen 10-t-Kran und führt Reparaturen aller Art aus. Schiffszubehör erhält man ebenfalls bei Nautica Pinna.

Versorgung: In Bosa Marina gibt es entsprechend der Bedeutung des Ortes als Ferienort Lebensmittelgeschäfte, zahlreiche Restaurants und Cafés. Von den Restaurants seien das „Lido Chelo" wegen seiner hervorragenden „Cozze di Olbia" (Muscheln nach Art von Olbia) – nicht ganz billig – und die Trattoria „Da Nanni" auf halbem Weg nach Bosa erwähnt.

Bademöglichkeiten: Der Strand von Bosa Marina ist wegen seiner natürlichen Radioaktivität bei Rheumakranken besonders beliebt.

Entfernungen von Bosa Marina: Alghero 20 sm, Oristano 32 sm, Carloforte 70 sm.

Schöne, in großen Gärten gelegene Villen aus der Zeit der Jahrhundertwende prägen neben zahlreichen Hotels und Ferienhäusern das Ortsbild von Bosa Marina. Das Seebad ist traditionelles Urlaubsziel der Bewohner Zentralsardiniens, wozu die leichte Erreichbarkeit mit öffentlichen Verkehrsmitteln entscheidend beiträgt.

Der Temo gehört zu den wenigen Flüssen Sardiniens, die in ihrem Unterlauf schiffbar sind. Bei ruhigem Wetter kann man mit einer Yacht von weniger als 2 m Tiefgang bis *Bosa* fahren. Wegen einer Brücke, die 200 m nördlich der Werft Nautica Pinna den Fluß überspannt, muß man freilich den Mast legen, wenn er höher als 4,50 m ist. Der Besuch von

Bosa lohnt sich, und sei es mit dem Beiboot oder zu Fuß (3 km). Das mittelalterliche Städtchen mit seinen Gassen und malerischen Häusern mit schmiedeeisernen Balkonen und kleinen Innenhöfen erstreckt sich an einem Hügel, auf dem das *Castello di Sveravalle,* eine genuesische Festung, thront, von der noch Teile des Mauerrings und verschiedene Türme erhalten sind.
Am gegenüberliegenden Ufer des Flusses stehen aufgereiht die zum größten Teil verlassenen Hütten der Gerber. Früher war Bosa Zentrum der Lederverarbeitung; die Hochflächen des Hinterlandes sind noch heute eines der Hauptgebiete der Schaf- und Rinderzucht auf Sardinien. Der Fluß lieferte das zum Gerben erforderliche Wasser. Die Gerberhütten werden jetzt von den Fischern als Magazine genutzt.
Eine Brücke mit drei Bögen aus rosa Steinquadern führt über den Fluß zum Bahnhof. Folgt man der Straße weiter durch eine Gartenlandschaft mit Olivenhainen, so gelangt man nach etwa 2 km zu einer der schönsten Kirchen Sardiniens, *San Pietro extra Muros* (San Pietro vor den Mauern). Die Fassade und der Innenraum der aus dem 11. Jahrhundert stammenden ältesten romanischen Kirche der Insel sind ganz im Stil der burgundischen Romanik gehalten. Gebaut wurde sie aus dem Trachytgestein der Umgebung, auch Steine von römischen Bauten fanden Verwendung.
Bosa ist schon von den Phönikern als Handelsniederlassung gegründet und von den Karthagern und Römern weiter ausgebaut worden, wobei der Ort zur Zeit der römischen Besatzung seine Blütezeit erlebte. Zahlreiche Funde aus römischer Zeit belegen dies sehr eindrucksvoll.

Porto Alabe
40° 14′N
008° 28′E

ist eine hübsche, nach Westen offene Bucht knapp 3 sm südlich von Bosa Marina vor einem der wenigen guten Strände in dieser Küstenregion. Ein kleiner Ort und eine Feriensiedlung liegen hinter dem Strand. Bei ruhigem Wetter sollte man hier vor Anker gehen, um in dem Restaurant „Da Felice“ zu speisen. Es gehört zu den besten Sardiniens. Außer stets fangfrischem Fisch gibt es bis in den Frühsommer Milchlämmer, Zicklein und Ferkel vom Spieß – und das alles zu zivilen Preisen.
Von Porto Alabe aus empfiehlt sich eine Wanderung nach *Tresnuraghes* (etwa 6 km). Man kann dort nicht nur – wie der Name vermuten läßt – drei, sondern gut ein halbes Dutzend Nuraghen besichtigen. Darüber hinaus ist die Kirche des Ortes sehenswert.

Südlich des *Torre Foghe* mündet der *Riu Mannu* nahe der

Punta Foghe
40° 10′N
008° 27′E

die eine nach Südwesten offene Bucht bildet. Wegen der Sandanschwemmungen vor der Flußmündung runde man Punta Foghe in mindestens 300 m Abstand, bevor man in die Bucht einläuft. Man ankere an der im Plan auf Seite 174 verzeichneten Stelle auf 3 bis 5 m Wasser über gut haltendem Sandgrund.

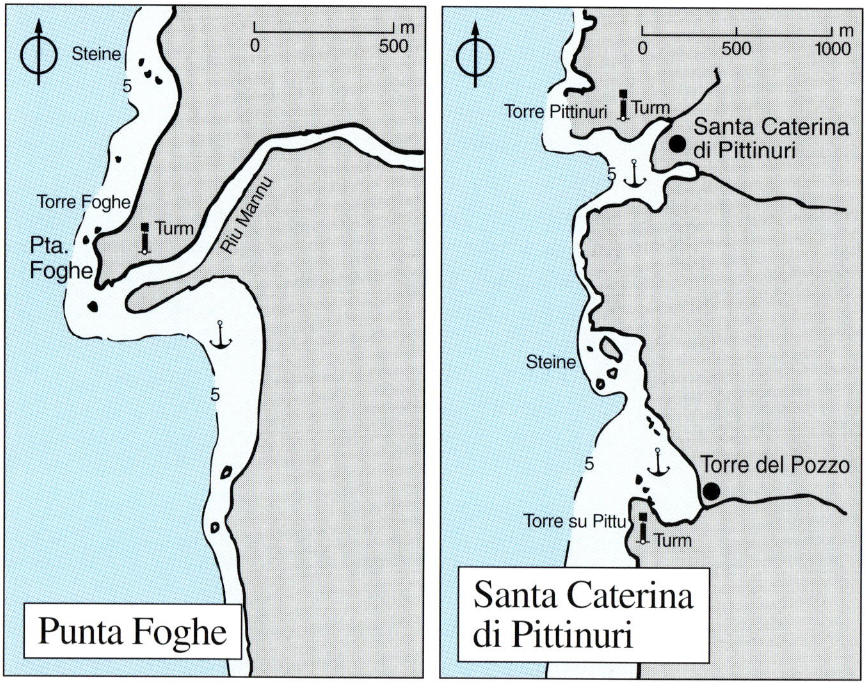

Bei ruhigem Wetter sollte man mit dem Beiboot den von steil aufragenden Felsen gesäumten *Riu Mannu* einige Kilometer flußaufwärts fahren. Die Wildheit und Schönheit der Landschaft ist überwältigend.

Entfernung von Bosa Marina 7 sm, von Oristano 25 sm.

Santa Caterina di Pittinuri ist ein Städtchen an einer hübschen Bucht, die im Norden vom Torre Pittinuri bewacht wird. Die Bucht wird von zwei malerisch ins Meer weisenden felsigen Landzungen gebildet, die einen steinigen Strand mit einer kleinen Flußmündung umschließen. Man ankere an der im Plan verzeichneten Stelle auf 3 bis 6 m Wasser über Sand- und Kiesgrund. Das anheimelnde Städtchen ist eine Mischung aus modernem Ferienort und altem Fischerdorf. Vom Torre Pittinuri aus hat man eine herrliche Aussicht auf den Ort und das Meer mit dem *s'Archittu,* einem durch Erosion entstandenen Torbogen in den Klippen.

40° 06′N
008° 30′E

Knapp 2 km entfernt liegen die Ruinen der karthagischen Stadt *Cornus.* 215 v. Chr. erhoben sich hier die Sarden unter ihrem Fürsten Amsicora gegen die Römer, wobei ihnen die Karthager – das dritte Jahr des 2. Punischen Krieges war gerade angebrochen – unter Hannibals Bruder Hasdrubal zu Hilfe kamen. Gemeinsam verteidigten sie die Stadt gegen die Römer, die sie schließlich doch erobern konnten, wobei 12 000 Sarden und Karthager den Tod fanden.

Später wurde der Ort römisches Verwaltungszentrum der Region; aus dieser Zeit sind noch die Grundmauern und Reste römischer Häuser, Bäder und Tempelanlagen erhalten.

Entfernung von Bosa Marina 12 sm, von Oristano 18 sm.

Torre del Pozzo
40° 05′N
008° 30′E

Diese nach Nordwesten offene Bucht schließt sich südlich an Santa Caterina di Pittinuri an. Die Bucht ist gut zu erkennen an dem *Torre su Pittu* auf dem südlichen Felsvorsprung. Ein schöner Strand und eine große Feriensiedlung ziehen im Sommer zahlreiche Urlauber an.
Der Ort verdankt seinen Namen dem *Pozzo* (Brunnen), einem Felsenloch über dem Meer, durch das bei starkem Seegang die Brandung hindurchgedrückt wird und in die Höhe schießt.

Man ankere bei ruhigem Wetter auf 3 bis 5 m Wasser über Sandgrund. In der Bar „El Capitano“ gibt es das wohl beste Eis auf ganz Sardinien.

Südlich des Torre su Pittu erstreckt sich eine Strand- und Dünenlandschaft bis zur Halbinsel *Sinis,* einer flachen Kalkplatte mit dürftiger Steppenvegetation und tief in das Land reichenden Lagunenseen – ein Vogelparadies, das in Ausdehnung und Bedeutung mit der südfranzösischen Camargue vergleichbar ist, mit der sie die Flamingos gemeinsam hat, die in den Lagunen von Oristano und Cagliari ihr Winterquartier haben.
Im Norden der Halbinsel Sinis bietet die

Cala su Pallosu
40° 03′N
008° 26′E

zwischen der *Isola de sa Tonnara* und dem *Torre Scala e Sale* gut geschützte Ankermöglichkeiten vor einem breiten Sandstrand. Von der Isola de sa Tonnara muß man ausreichend Abstand halten, da sich nach Norden fast 400 m weit Klippen unter und über Wasser erstrecken. Man ankere an der im Plan eingezeichneten Stelle auf 5 bis 8 m Wasser über gut haltendem Sandgrund.
Bei aufkommenden Winden aus nördlichen Richtungen sollte man den Ankerplatz unverzüglich verlassen und südlich von *Capo Mannu* mit seinem Leuchtfeuer (Fl(3) 15s 11M) in der

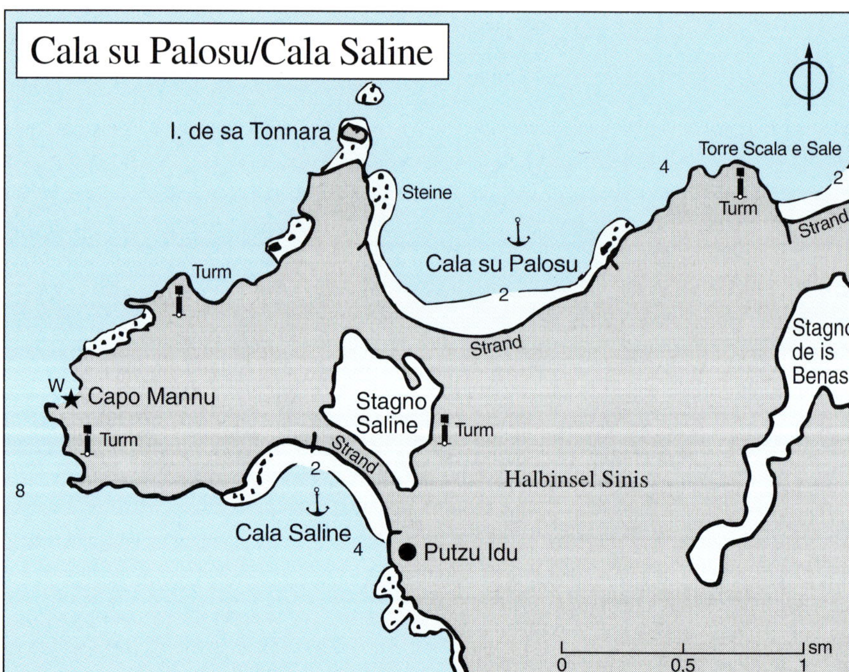

Cala Saline
40° 02′N
008° 26′E

Schutz suchen. Am Ostrand der Bucht liegt das Fischerdorf *Putzu Idu.* Dicht daneben ist eine Feriensiedlung entstanden. Ein 180 m breiter Sand- und Dünenstreifen trennt die Bucht vom *Stagno Saline,* einer Salzwasserlagune, in der noch bis vor wenigen Jahren Salz für die Konservierung der am Capo Mannu gefangenen Thunfische gewonnen wurde. Die verlassene Thunfischfabrik bei *Isola de sa Tonnara* legt beredtes Zeugnis davon ab, daß hier einst ein wichtiges Zentrum des Thunfischfangs war. Durch Überfischung ist der Thunfischfang immer rückläufiger geworden und spielt heute hier nur noch eine untergeordnete Rolle. Statt dessen hat sich der Tourismus zu einem wichtigen Wirtschaftsfaktor auf der Halbinsel Sinis entwickelt.

Man ankere an der im Plan verzeichneten Stelle auf 2 bis 5 m Wasser über gut haltendem Sandgrund. In dem Fischerdorf Putzu Idu finden sich ein Lebensmittelgeschäft, Restaurants und Cafés. Im Restaurant des Hotels „Da Caesare" gibt es hervorragende Fischgerichte.

Südlich von Putzu Idu erstreckt sich eine bis zu 30 m hohe und schroffe Felsküste, die nur gelegentlich von kleinen Stränden unterbrochen wird. Vor dieser Küste liegt

Isolotto Mal di Ventre eine Felseninsel, die von zahlreichen Klippen umgeben ist. Im Nordwesten der Insel steht ein Leuchtturm (Fl. W/R. 6s 11/8M). Der rote Sektor des Feuers deckt die etwa 7 sm südlich liegende Klippe *Il Catalano* und die 0,8 sm davor befindliche 2,50-m-Untiefe ab (Plan Seite 178).

Die Insel bietet zwei Ankerplätze, die man je nach vorherrschender Windrichtung aufsuchen kann:

Cala Maestra
39° 59′N
008° 21′E

ist eine Bucht im Nordwesten der Insel. Man ankere an der im Plan verzeichneten Stelle auf 3 bis 5 m Wassertiefe. Da die Bucht von West bis Nord offen ist, sollte man den Ankerplatz bei aufkommenden Winden aus diesen Richtungen unverzüglich verlassen und in der

Cala dei Pastori
39° 58′N
008° 21′E

im Südosten der Insel Schutz suchen. Nördlich des im Plan Seite 178 eingezeichneten Ankerplatzes erleichtert ein kleiner Steg für das Wartungspersonal des Leuchtturms den Besuch der ansonsten unbewohnten Insel.

Entfernung von Bosa Marina 19 sm, von Oristano 13 sm.

An der Südseite der Halbinsel Sinis erstreckt sich das steil aufragende *Capo San Marco* wie ein Finger 1,5 sm weit nach Süden. An seiner Spitze steht ein weittragendes Leuchtfeuer (Fl(2) 10s 22M und LFl R 5s 12M). Das rote Blinkfeuer deckt ebenfalls die Klippe *Il Catalano* ab. Östlich von Capo San Marco können Yachten bei der Ortschaft

San Giovanni di Sinis
39° 53′N
008° 26′E

in der Nähe der Ruinenstadt Tharros ankern. In dem kleinen Fischerdorf mit seinen malerischen Strohhütten erhält man in einer urigen

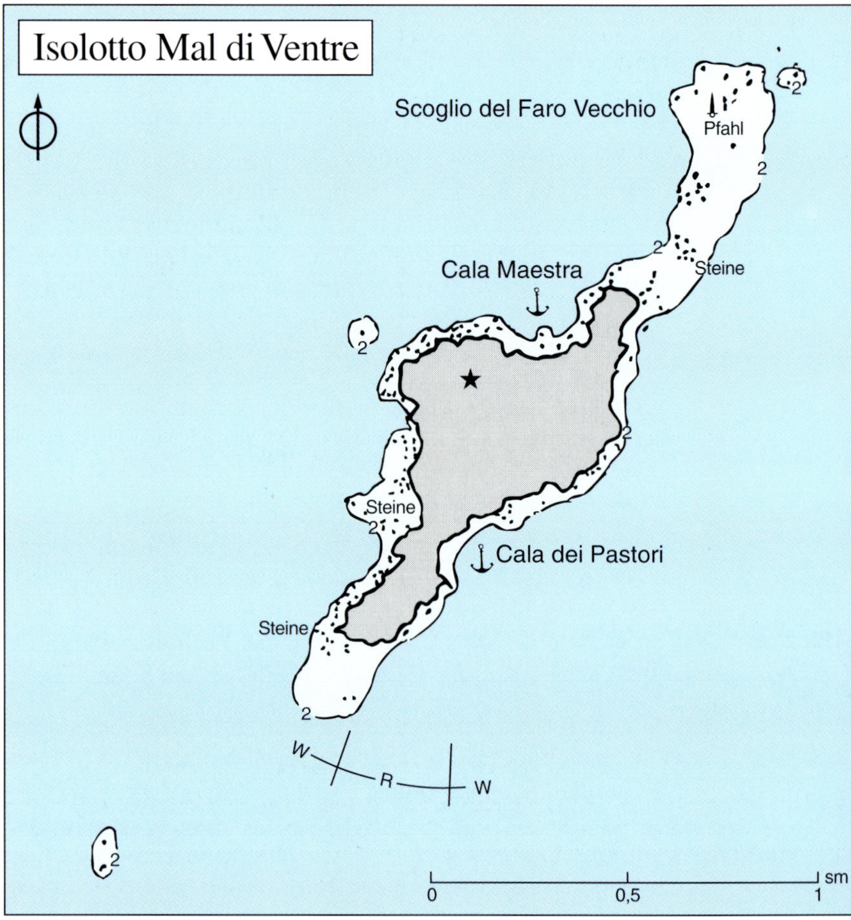

Fischerkneipe hervorragende Fischgerichte. Hier steht auch eine der älte sten Kirchen Sardiniens, *San Giovanni* aus dem 9. Jahrhundert mit de Resten eines früheren byzantinischen Kirchenbaus aus dem 5. Jahr hundert. Mit ihren niedrigen, schweren Formen, der Kuppel und dem Ton nengewölbe wirkt sie sehr wuchtig, mehr wie ein Bunker als eine Kirche. Nur einen Steinwurf von San Giovanni di Sinis entfernt liegen die Ruine der ehemals großen, mächtigen und wohl auch ungeheuer reichen Stad *Tharros,* eine der ersten phönizischen Handelsniederlassungen auf Sar dinien, die vor allem als Versorgungs- und Nachschubbasis für Handels schiffe diente. Ihren größten Aufschwung erlebte die Stadt unter den Kar thagern, wovon zahlreiche kostbare Goldarbeiten, Schmuck, Skulpturen Säulen und Standbilder zeugen. Der englische Archäologe Lord Verno ließ 1851 die Grabkammern in Tharros aufbrechen und die Stadt nac

archäologisch interessanten Funden absuchen. Die geraubten Gegenstände wurden nach England verschifft, wo sie heute im Britischen Nationalmuseum zu besichtigen sind.
Die Kunde von den reichen Funden des dubiosen Lords lockte Sammler und Schatzgräber aus allen Teilen Europas an, die bei ihrer Jagd nach den Schätzen der Karthager mehr zerstörten, als Verwitterung und Natur in 850 Jahren geschafft hatten. Die Mauern und Grundrisse, die man heute noch sieht, stammen zum größten Teil aus spätrömischer Zeit.
Um 1000 n. Chr. wurde Tharros wegen der ständigen Sarazenenüberfälle aufgegeben. Die Bewohner gründeten etwa 20 km landeinwärts die Stadt Oristano, wobei sie einen großen Teil des benötigten Baumaterials aus Tharros mitnahmen – *portan a carros sas perdas de Tharros* (sie schleppten auf Wagen die Steine von Tharros).
Man ankere südöstlich des Torre San Giovanni auf 5 bis 8 m Wasser über Sandgrund.
Im nördlichen Teil des Golfes von Oristano, neben der Zufahrt zum Stagno di Mardini, die in den Stagno di Mistras übergeht, einer sich in zahlreiche Arme verzweigenden Lagune, liegt der Yacht- und Fischerhafen

Le Barrache
39° 54′N
08° 29′E

Die beiden Hafenbecken – eines für Yachten, eines für Fischer – bieten sichere und bequeme Liegeplätze (siehe Plan Seite 180).

Ansteuerung (Seekarten: D 501, BA 1990 und 1205, I 47, 48 und 293): Die beiden Hafenbecken liegen unmittelbar hintereinander im nördlichen Scheitel des Golfes von Oristano vor dem weiten Strand, etwa 1,5 sm westlich des Torre Grande. Die westliche Hafenmole mit ihrer nach Süden gerichteten Verlängerung begrenzt die Einfahrt in den Stagno di Mardini. Unmittelbar nach dem Runden der südlichen Außenmole steuere man in das für Yachten bestimmte Becken. Die Hafeneinfahrten sind bei Nacht befeuert.

Liegeplatz: An den Kais und Molen stehen etwa 350 Liegeplätze mit Grundleinen zur Verfügung. Nach Fertigstellung der Steganlagen werden es etwa 700 Liegeplätze sein, die mit Grundleinen sowie Strom- und Wasseranschlüssen ausgestattet werden sollen. Ebenso sind Duschen, Toiletten und eine Tankstelle geplant.

Bademöglichkeiten: Am Strand zwischen Le Barrache und Torre Grande.

Von Le Barrache aus sollte man unbedingt das kleine Dorf *San Salvatore* besuchen. Wenn man durch das große Tor tritt, denkt man unwillkürlich: Das kennst du doch, diese mexikanischen Hausfassaden an der „Mainstreet“, in der kein Mensch zu sehen ist und wo nur ein verschlafener Hund seine Nase in den Staub drückt. Und dann am Ende der Straße der „Saloon“. Im „Posada“ lungern an der Theke ein paar bärtige Gestalten herum; der Whiskey schlittert stilecht über den Tresen. Die Illusion der Westernstadt ist perfekt – schließlich wurden hier so bekannte Italo-Western wie „Für eine Handvoll Dollar“ und „Spiel mir das Lied vom Tod“ gedreht.

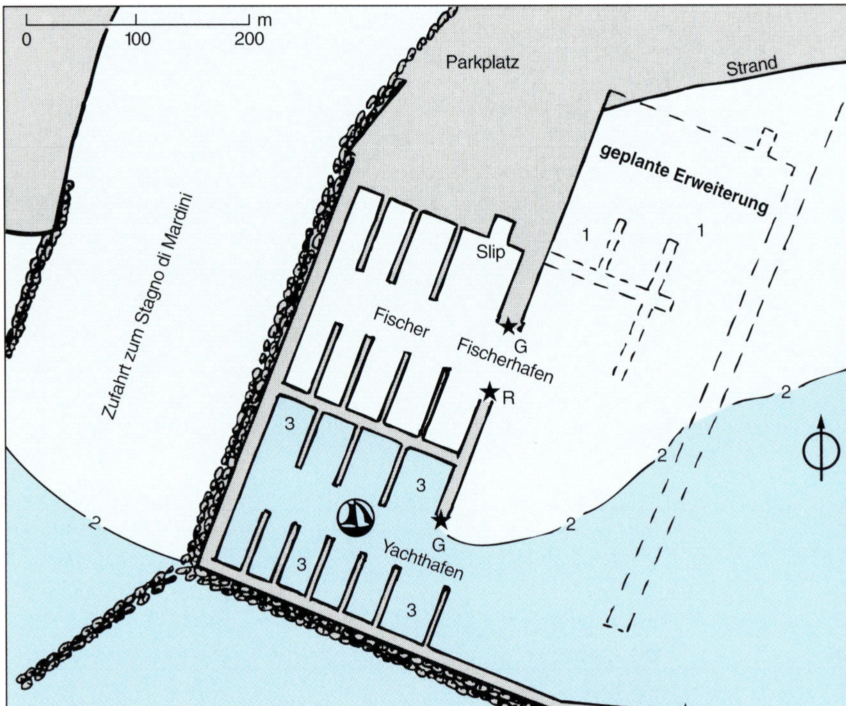

Le Barrache/Sa'Mardini

Östlich des Yachthafens Le Barrache liegen vor der Feriensiedlung **Is Ba racas** zahlreiche kleine Stege, an denen Yachten mit geringem Tiefga festmachen können. Größere Yachten ankern etwa 100 bis 200 m vor d Feriensiedlung auf 3 bis 5 m Wasser über Sandgrund.

Torre Grande
39° 54'N
008° 31'E

ist mit 21 m Durchmesser und nunmehr noch 14 m Höhe der größ Wachturm Sardiniens. In seiner Umgebung sind in den letzten Jahren zah reiche Hotels, Feriensiedlungen und Sommerhäuser entstanden. Der Tur trägt ein Leuchtfeuer (Fl. R. 5s 8M) und ist dank seiner massigen Gest schon von weitem auszumachen. Man kann vor dem Turm bei den zah reich dort vor Anker liegenden Fischerbooten ankern. In dem Dorf find sich Lebensmittelgeschäfte, mehrere Restaurants und Cafés. Von d Restaurants ist das „Da Giovanni“ wegen seiner hervorragenden Fisc gerichte besonders zu empfehlen.
Von hier aus empfiehlt sich ein Ausflug zu dem Fischerdorf *Cabras* a *Stagno di Cabras,* einer der größten und fischreichsten Lagunen Sar niens. Hat man in den verwinkelten Gassen das Restaurant „Sa Funt endlich gefunden, wird man von dem guten Geschmack der Fische a

dem Stagno di Cabras überrascht sein. Im Speiseraum kann man in einen gemauerten Brunnen aus der Nuraghenzeit blicken. Die Küche bietet eine perfekte Kombination von Fischgerichten und landverbundener Bauernküche. Das Restaurant gehört zweifellos mit zu den besten Sardiniens.
Etwas außerhalb, an der Straße von Cabras nach San Giovanni di Sinis, liegt die hervorragende ländliche Trattoria „Sa Pedrera". Die Fische kommen hier, wenn man sie „al forno" bestellt, in Tontiegeln aus dem Backofen auf den Tisch.
Im Jahre 1978 machte der Stagno di Cabras Schlagzeilen in der Presse, als Don Elfiso, der Besitzer des Sees, eines Nachts im Kofferraum eines Autos verschwand und nie wieder gesehen wurde. Auch Lösegeldforderungen sind nie erhoben worden. Ein geflügeltes Wort machte damals die Runde um den See: Don Elfiso hat lange genug von dem See gelebt, jetzt leben die Fische von Don Elfiso.

Der See war bis dahin Symbol für den Bestand feudaler Ausbeutungsformen auf Sardinien. Er gehörte einer Familie, die ihn für ihre Verdienste um die spanische Krone verliehen bekommen hatte. Ihre Rechte überlebten die spanische Besatzung, das piemontesische und das italienische Königreich, die Mussolini-Ära. Auch das moderne Italien konnte sich nicht entschließen, eine Änderung herbeizuführen, trotz zahlreicher juristischer Rangeleien mit der Familie.
Von dem Fischreichtum des Stagno lebte der größte Teil des Ortes – die Familie vergab Lizenzen nach Gutdünken an ihnen genehme Fischer, die ein Drittel ihrer Fänge abzuliefern hatten. Auch wurde den Fischern vorgeschrieben, mit welchen Schiffen und mit welchen Gerätschaften sie den Fischen nachstellen durften: mit Schilfbooten, den sogenannten *fassonis*, und Speeren. In der Woche nach Ostern findet noch heute eine Regatta dieser *fassonis* statt. Seit dem Verschwinden von Don Elfiso ist der See verstaatlicht.

Etwa 1 sm südöstlich des Torre Grande ragen drei große Betonstege in den Golfo di Oristano, die wegen ihrer Höhe von etwa 3 m über dem Wasser für Yachten uninteressant sind. Früher wurden sie fast ausschließlich von Handelsschiffen benutzt, doch seit Inbetriebnahme des neuen Handelshafens von Oristano sind sie bedeutungslos geworden.

Oristano
39° 51′N
08° 32′E

wurde 1974 zur jüngsten Provinzhauptstadt Sardiniens. Die Stadt spiegelt deutlich ein Stück sardischer Geschichte wider. Im 11. Jahrhundert flohen die Bewohner von Tharros wie die Bewohner vieler anderer Küstengebiete wegen der dauernden Sarazenenüberfälle ins Landesinnere. Oristano wurde bald der neue Hauptort des landwirtschaftlich sehr ergiebigen Gebietes der Arborea. Noch heute ist das Hinterland von Oristano das landwirtschaftlich am besten entwickelte Gebiet Sardiniens.

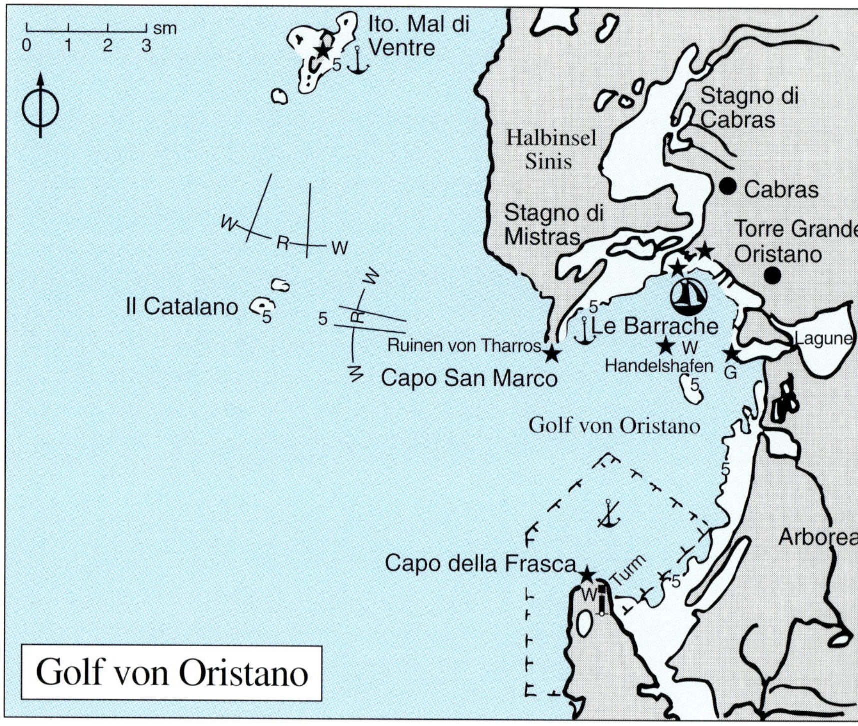

Oristano verlor erst im Jahre 1478 als letztes Judikat auf Sardinien seine Unabhängigkeit an Spanien. Bis dahin hatte die Richterin Eleonora d'Ar borea um die Unabhängigkeit gekämpft. Als „heilige Johanna der sardi schen Unabhängigkeit" wird sie noch heute verehrt. Ihr Denkmal steht au der Piazza Eleonora im Zentrum von Oristano.

In den letzten Jahren ist in Oristano ein großer Tiefwasserhafen ent standen. Angesichts des meist leeren Hafenbeckens fragt man sich unwill kürlich nach dem Zweck dieser Hafenanlage. Sie wurde geplant und errichtet im Zusammenhang mit einer Industrialisierungsmaßnahme am Rande der Tirso-Ebene. In Ottana, einem kleinen, hübschen Dorf mit mit telalterlicher Kathedrale im pisanischen Stil, sollten mit einem giganti schen petrochemischen Industriekomplex die Probleme von Arbeitslosig keit und Unterbeschäftigung in der Umgebung gelöst werden. 8000 Arbeitsplätze sollten in der Fabrik für Kunstfaserherstellung entstehen. E gab weder Rohstoffe noch Straßen noch die erforderliche Energie, und so wurden nacheinander ein Staudamm, ein großes Straßennetz und der Tief seehafen in Oristano gebaut – alles auf Kosten der Schönheit der Land schaft und der in dieser Gegend seit Jahrtausenden betriebenen Landwirt schaft. Da es für Kunstfasern auf Sardinien keine Verwendung gibt un

das Produkt nach Norditalien transportiert werden muß, war die Fabrik noch vor ihrer endgültigen Fertigstellung nahezu pleite. Heute kämpfen die letzten 2000 Arbeiter um ihre Arbeitsplätze, die durch staatliche Subventionen vielleicht noch einige Jahre erhalten werden können.
Oristano liegt etwa 6 km vom Meer entfernt im Hinterland. Für einen Besuch der Stadt ankere man bei ruhigem Wetter in der Nähe der Tirso-Mündung und fahre mit dem Beiboot bis zu der großen Straßenbrücke. Von dort sind es dann noch etwa 2 km bis zum Zentrum. Zu den Sehenswürdigkeiten der Stadt gehören der aus dem 13. Jahrhundert stammende Stadtturm *Torre di San Cristoforo* auf der Piazza Roma, der aus der gleichen Zeit stammende Dom, der allerdings, weil mehrfach umgestaltet, ein Sammelsurium der verschiedensten Kirchenbaustile in sich vereinigt, und vor allem das *Museo Arborense* mit Funden aus der Nuraghenzeit, der Zeit der karthagischen und römischen Besatzung sowie mit Sarkophagen, Krügen, kostbarem Schmuck und Hausgerätschaften.
Sehenswert ist auch die *Markthalle* wegen der unglaublichen Vielfalt ihres Angebots. Neben der Markthalle finden sich zahlreiche Lebensmittelgeschäfte, Restaurants und Cafés, wobei die Restaurants „Il Faro" wegen seines unverfälschten Jugendstils und „La Forchetta d'Oro" wegen seiner hervorragenden Nudelgerichte besondere Erwähnung verdienen.
Von Oristano aus lohnt es sich, mit dem Beiboot den Tirso weiter flußaufwärts zu fahren. Die Fahrt führt durch die fruchtbare Ebene des Tirso-Tales, vorbei an entlegenen Dörfern, in denen die Frauen noch die sardische Tracht tragen, bis zu den Mineralquellen von *Fordongianus*. Die 40°C warmen Schwefelquellen entspringen über dem Flußufer in einem Betonbunker, der mit Badekabinen und einfachen Wannen ausgestattet ist. Oberhalb der Thermen steht das Hotel „Zia Adelaide" mit einem hervorragenden Restaurant, in dem Tante Adelaide mit Tochter handgemachte Nudeln, Fleischspießchen, Hühnchen und Karnickel serviert.

Entfernungen von Oristano: Alghero 50 sm, Bosa Marina 32 sm, Buggerru 31 sm, Porto Vesme 47 sm, Carloforte 48 sm.

Oristano bis Porto Vesme

Südlich von Oristano erstreckt sich bis zum *Capo della Frasca* ein Gebiet, das noch bis in dieses Jahrhundert ein unzugänglicher, durch den Raubbau der Spanier an den Wäldern der Landschaft Arborea entstandener Sumpf war. Mitte des 16. Jahrhunderts versank sogar die mittelalterliche Stadt Arborea darin. 1928 ließ Mussolini die Sümpfe trockenlegen und die Stadt unter dem Namen Mussolinia neu gründen, allerdings nicht von Sarden, sondern von Einwanderern aus der Poebene.
So sieht die Landschaft denn auch heute aus: gerade Straßen, Pappelreihen, Siedlerhäuser, Maisfelder und saftige grüne Wiesen, auf denen Kühe weiden. Am Meer zieht sich ein breiter Sandstrand entlang, mit Pinienwäldern dahinter.

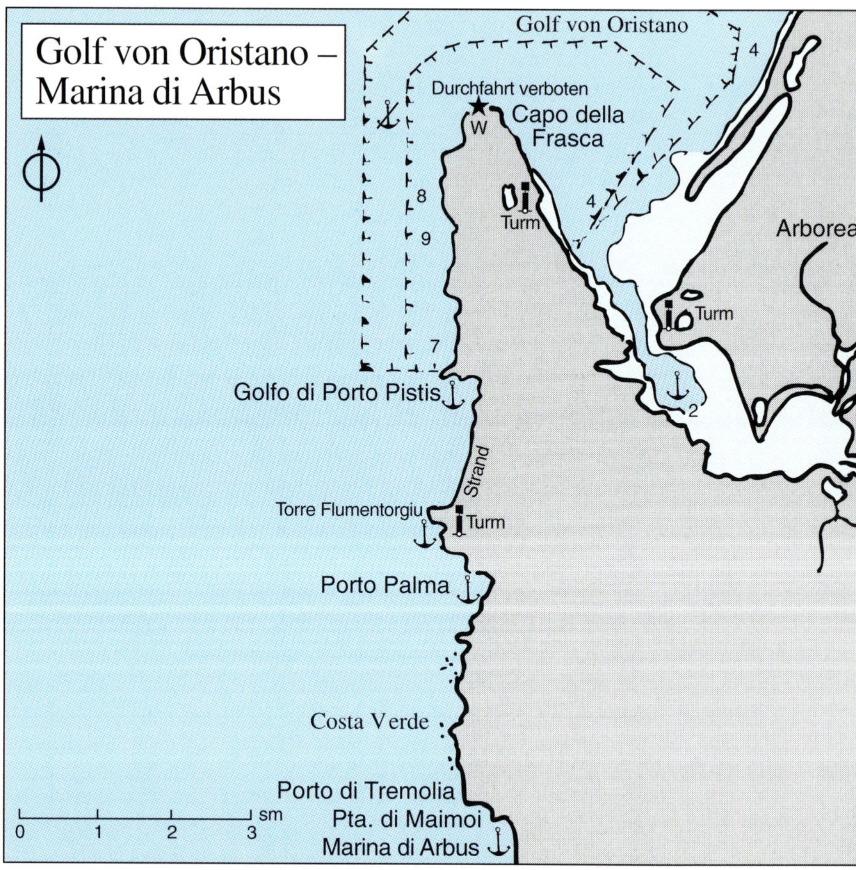

Das **Capo della Frasca,** südlicher Vorsprung des Golfo di Oristano mit dem Leuchtfeuer (Fl 6s 11M), ist militärisches Sperrgebiet, ebenso das umgebende Seegebiet, in dem Ankern und Fischen verboten sind. An Wochentagen ist die Annäherung an die Küste in dem im Plan auf Seite 184 eingezeichneten Bereich wegen der häufigen Schießübungen untersagt und auch nicht empfehlenswert. Die Zeiten der Schießübungen erfährt man in den Hafenämtern in Alghero, Oristano und Porto Vesme. Darüber hinaus gibt es am Capo della Frasca eine Signalstation, wo Übungen weithin sichtbar angezeigt werden.
3,5 sm südlich von Capo della Frasca bietet der

Golfo di Porto Pistis einen einsamen Ankerplatz, den man allerdings nur an Wochenenden aufsuchen sollte, wenn keine militärischen Übungen am Capo della Frasca stattfinden. Man ankere in der Mitte der Bucht auf etwa 5 m Wassertiefe. Versorgungsmöglichkeiten bestehen keine.

39° 42′N
008° 27′E

Der südliche Teil des Golfo di Porto Pistis wird von einem herrlichen Sandstrand eingenommen, der sich bis zum

Torre Flumentorgiu hinzieht. Bei ruhigem Wetter kann man südöstlich des Turmes ankern und die Einsamkeit der Strandbucht nördlich des Torre Flumentorgiu genießen. Südlich des Turms beginnt die *Costa Verde* (grüne Küste), die entgegen ihrem Namen eine der großartigsten Dünenlandschaften des

39° 41′N
008° 26′E

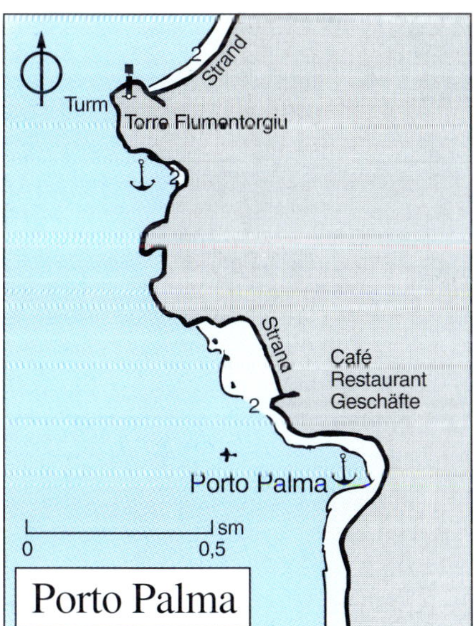

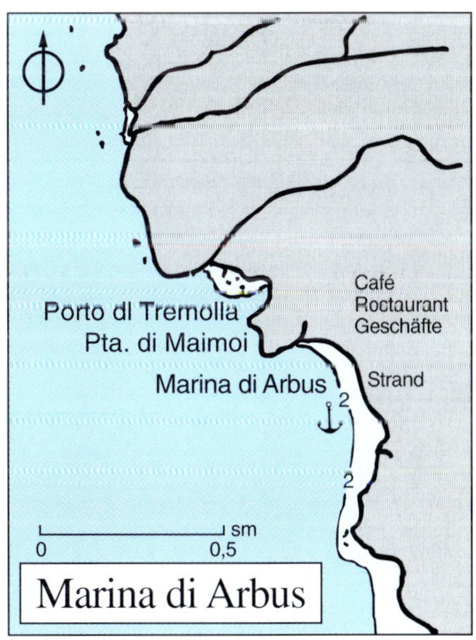

gesamten Mittelmeerraumes ist. Über etwa 8 sm segelt man an dem feinsten Sandstrand Sardiniens entlang. Dahinter erheben sich die bis zu 300 m hohen Sandberge, die sich oft bis zu 3 km ins Hinterland erstrecken. Nur an wenigen Stellen führen Straßen in diese grandiose Landschaft, so daß sie in weiten Teilen noch einsam und unberührt ist.

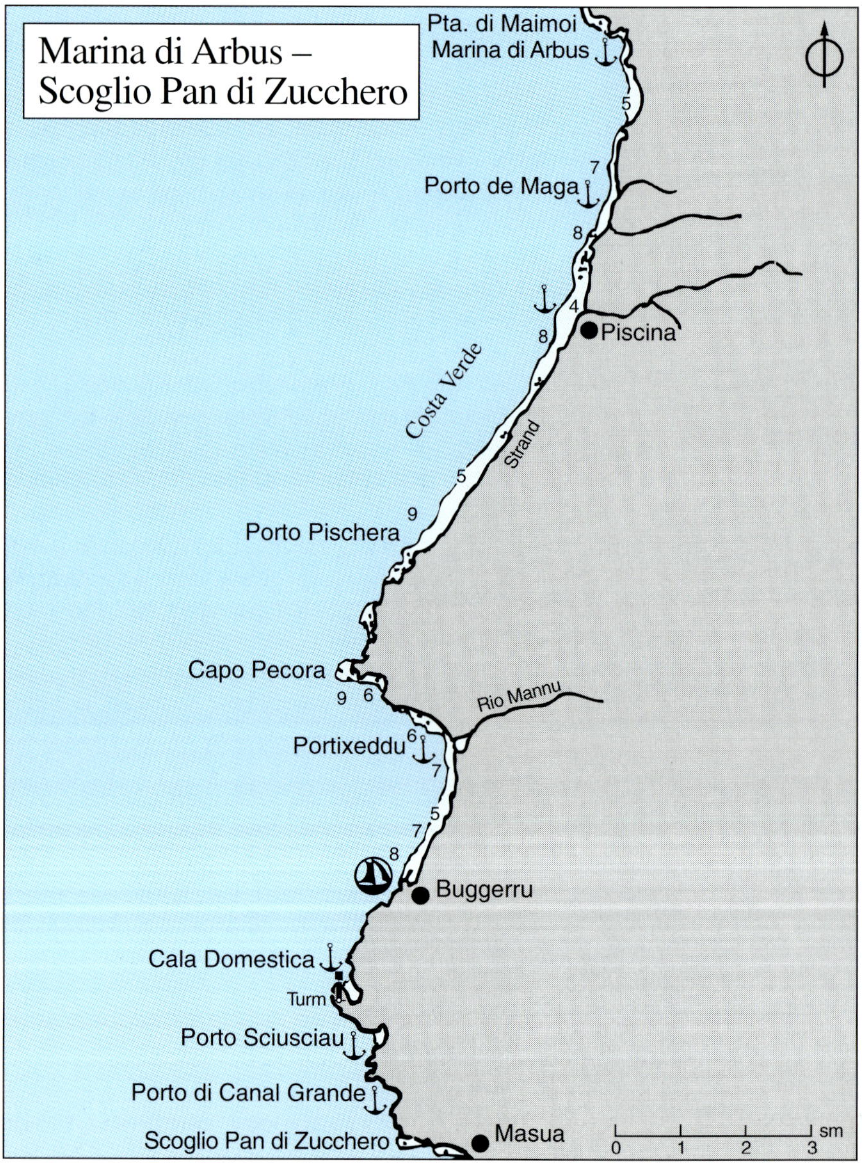

1 sm südlich des Torre Flumentorgiu liegt die Bucht

Porto Palma mit einer Feriensiedlung. Von hier an ist die Costa Verde touristisch erschlossen. Man ankere an der im Plan Seite 185 verzeichneten Stelle auf 2 bis 5 m Wasser über gut haltendem Sandgrund. In der Feriensiedlung finden sich Lebensmittelgeschäft, Restaurant und Cafés (nur von Juni bis September geöffnet).

39° 40′N
008° 25′E

Etwa 3 sm südlich von Porto Palma liegt die Feriensiedlung

Marina di Arbus in einer hübschen Bucht mit weitem Strand. Sie befindet sich südlich der *Punta di Maimoi*, die die Bucht Marina di Arbus von der Bucht *Porto di Tremolia* trennt. Porto di Tremolia ist wegen der zahlreichen Steine vor dem Ufer als Ankerplatz nicht zu empfehlen.

39° 37′N
008° 26′E

Man ankere vor dem Strand auf 3 bis 7 m Wasser über Sandgrund (siehe Plan Seite 185). In der Feriensiedlung gibt es ein Lebensmittelgeschäft, eine Pizzeria und ein Café (nur im Sommer geöffnet).

An diesem Küstenabschnitt mit seiner grandiosen Dünenlandschaft findet man immer wieder kleine, nach Westen offene Buchten mit Stränden aus feinem weißem Sand. Für einen Badeaufenthalt kann man hier einmal kurzfristig ankern, ruhiges Wetter freilich vorausgesetzt.

Porto de Maga ist eine hübsche Badebucht südlich von Marina di Arbus. Man ankere etwa 100 m vor dem Strand auf etwa 4 m Wasser über Sandgrund. Versorgungsmöglichkeiten bestehen in der einsamen Bucht nicht.

39° 35′N
008° 25′E

Bei *Porto Pischera* geht die Dünenlandschaft in die Steilküste des *Capo Pecora* über. Wegen einiger vorgelagerter Klippen sollte man von diesem Kap mindestens 500 m Abstand halten. Etwa 2 sm südöstlich davon liegt die Bucht

Portixeddu in die der *Riu Mannu* mündet. Eine Vielzahl von Flüssen trägt auf Sardinien den Namen Riu Mannu, was soviel wie „großer Fluß" heißt.
Die nach Westen offene Bucht mit der gleichnamigen Ortschaft ist durch das hohe Vorgebirge von Capo Pecora bei nördlichen Winden gut geschützt. Man ankere an der im Plan Seite 188 verzeichneten Stelle auf 3 bis 7 m Wasser über gut haltendem Sandgrund. Im Ort Portixeddu gibt es Restaurants und Cafés.
Von Portixeddu bis Buggerru erstreckt sich ein schöner Sandstrand.

39° 27′N
008° 24′E

Buggerru In der Cala di Buggerru entsteht aus der ehemaligen Kohle- und Erzverladestelle ein Yacht- und Fischerhafen. Das von hohen Felswänden um-

39° 24′N
008° 24′E

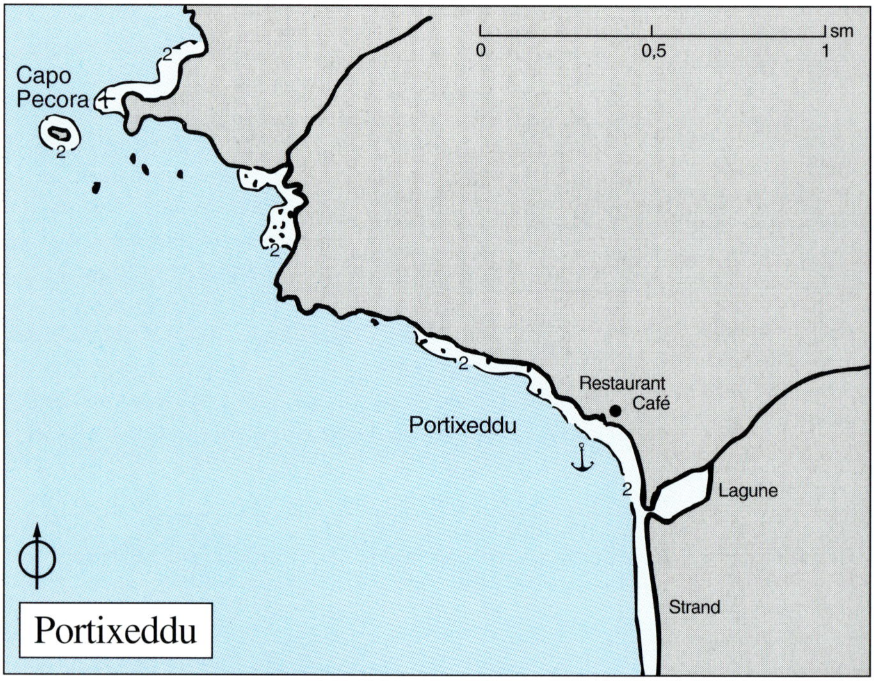
0
0,5
1
sm
Capo
Pecora
2
2
2
2
Restaurant
Café
Portixeddu
2
Lagune
Strand
Portixeddu

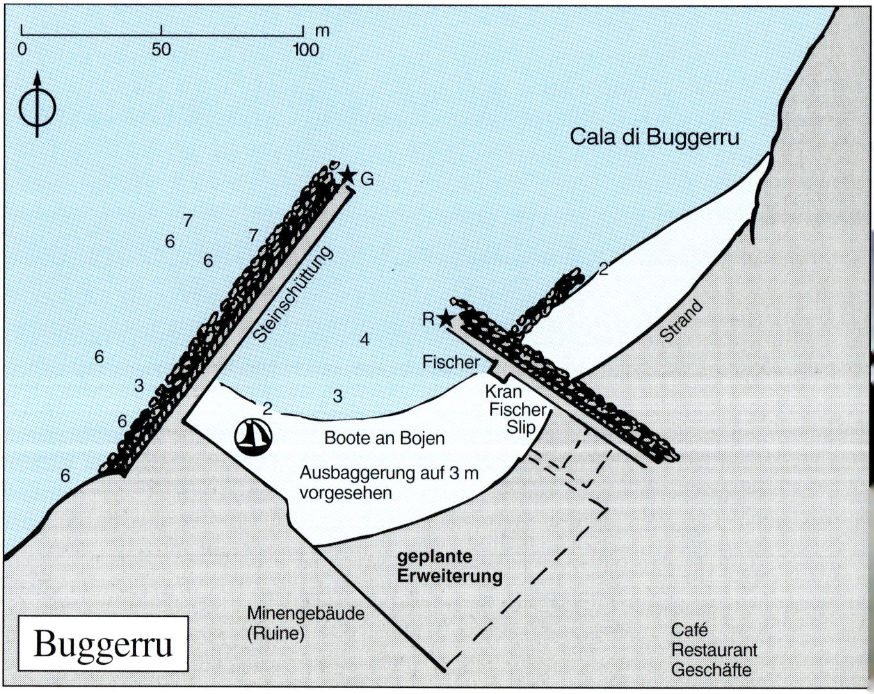
0
50
100
m
Cala di Buggerru
G
7
6
7
6
Steinschüttung
6
3
6
6
4
2
3
R
Fischer
Kran
Fischer
Slip
2
Strand
Boote an Bojen
Ausbaggerung auf 3 m
vorgesehen
geplante
Erweiterung
Minengebäude
(Ruine)
Café
Restaurant
Geschäfte
Buggerru

gebene Dorf war bis vor wenigen Jahren noch eine verlassene Bergwerkssiedlung; inzwischen wird es für den Tourismus erschlossen.

Buggerru ist ein Symbol für die sardische Arbeiterbewegung und ihren Kampf um menschenwürdige Arbeitsbedingungen. 1904 schossen hier Polizei und Militär auf streikende Arbeiter, wodurch der erste italienische Generalstreik ausgelöst wurde. Die Arbeitsbedingungen entsprachen denen in der Frühzeit des Kapitalismus: 12 bis 14 Stunden tägliche Arbeitszeit ohne Ruhetag, damit die Arbeiter nicht auf dumme Gedanken kamen und am nächsten Tag nicht schlapp oder verkatert zur Arbeit kamen; wochenlanges Warten auf den Lohn, der meist nicht in bar, sondern in Form von Gutscheinen für die mineneigenen, überteuerten Läden ausgezahlt wurde.

Dank ihres schönen Strandes und der herrlichen Landschaft verspricht die verlassene Bergwerkssiedlung zu einem modernen Seebad zu werden.

Ansteuerung (Seekarten: D 501, BA 1990, I 47): Der Yachthafen liegt etwa 3,5 sm südlich des hohen Capo Pecora. Die verlassenen Minen und Förderanlagen ziehen sich gut sichtbar am Hang über der Bucht hinauf.

Liegeplatz: Wegen der Steinschüttung an der westlichen Außenmole, an deren Beseitigung gearbeitet wird, können bis jetzt nur kleinere Yachten am Kai vor dem Minengebäude anlegen; größere ankern in der Mitte des Hafenbeckens. Nach Fertigstellung des Hafens werden etwa 400 Liegeplätze zur Verfügung stehen.

Reparaturmöglichkeiten: Ein 4-t-Kran steht auf der Nordmole. Eine kleine Werkstatt führt Reparaturen hauptsächlich an Bootsmotoren aus. Die Einrichtung eines Geschäftes für Schiffszubehör ist geplant.

Versorgung: Lebensmittelgeschäft, Restaurants und Cafés finden sich in der Ortschaft.

Entfernungen von Buggerru: Oristano 31 sm, Porto Vesme 16 sm, Carloforte 17 sm.

Etwa 5 km landeinwärts liegen an einem Berghang die Ruinen von *Tempio di Antas*, eines römischen Tempels aus der Zeit des Kaisers Aurelian. Man sieht noch Mauerreste, Säulen und den Mosaikfußboden des Tempels. Von der römischen Siedlung und dem Militärlager ist nur noch wenig erhalten geblieben – schon die Römer hatten die reichen Mineralienvorkommen ausgebeutet.

Tempio di Antas

Die Umgebung macht wegen des über 2000 Jahre lang betriebenen Bergbaus einen recht unnatürlichen Eindruck. Da gibt es über 100 m tiefe Krater und Trichter, deren Wände je nach Gesteinsart und den darin enthaltenen Mineralien goldgelb, braun oder rötlich schimmern. Für geologisch Interessierte ist das Gebiet eine Fundgrube, trifft man hier doch auf die ältesten Gesteinsschichten ganz Italiens. Aber auch auf Spuren ältester menschlicher Besiedlungen.

Cala Domestica
39° 22′N
008° 23′E

ist eine fjordartige und von steil aufragenden Felsen umrahmte Bucht etwa 2 sm südlich von Buggerru. Sie öffnet sich nach Nordwesten und ist an dem spanischen Wachturm auf der südlichen Felsenhuk leicht auszumachen. Wegen ihrer Enge finden nur wenige Yachten Platz, das aber in absoluter Einsamkeit, denn die Bucht ist nur von See aus zu erreichen. Von dem Wachturm aus hat man einen herrlichen Blick auf die Küste und das Meer bis hin zu den Inseln Piana und San Pietro.

Porto di Masua
39° 20′N
008° 24′E

Östlich der Klippe *Scoglio Pan di Zuccero* war bis vor wenigen Jahren noch eine Verladestelle für Mineralien aus den umliegenden Bergwerken. Der knapp 1,5 km hangaufwärts liegende Ort ist eine für die Region

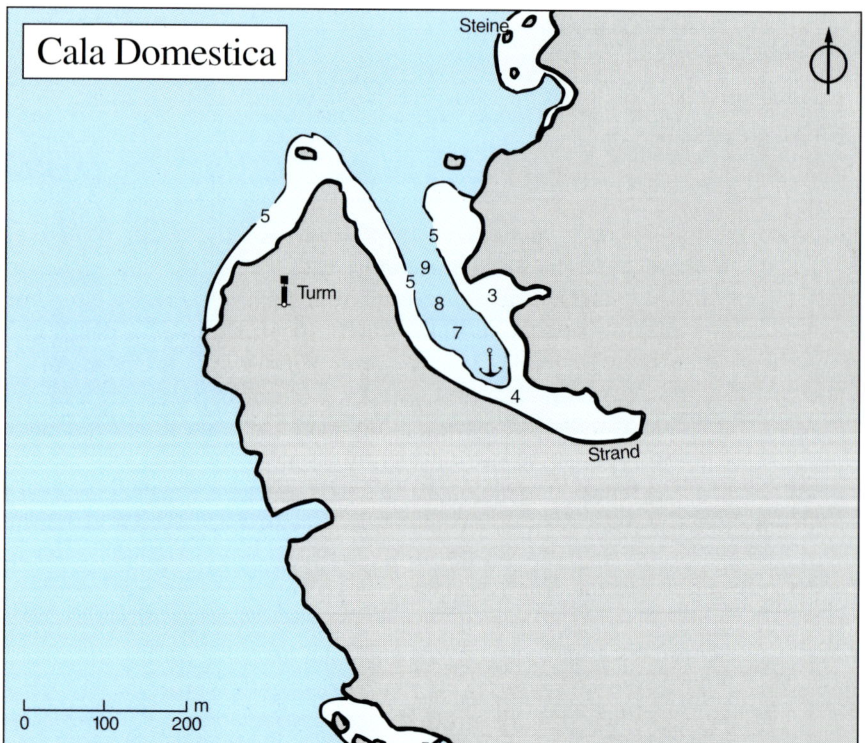

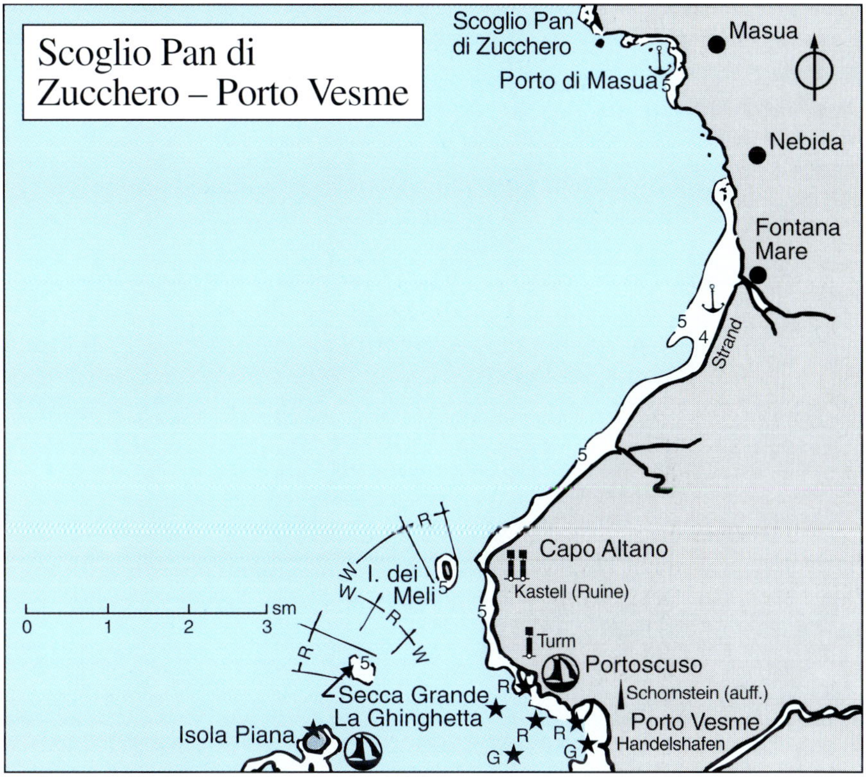

typische, verlassene Bergwerkssiedlung. Der 398 m hohe Monte Nai schützt die Bucht vor nördlichen Winden. Die kurze Verladepier eignet sich nur bedingt zum Anlegen. Man ankere in der Mitte der Bucht auf 5 bis 9 m Wassertiefe oder lege sich an eine der dort aus der Zeit der Mineralienverladung noch liegenden Festmachetonnen.

Die Steilküsten dieser Gegend bilden auf Sardinien ein einmaliges Panorama: Grauer, in Platten schiefriger Stein scheint aus dem Meer zu wachsen, kahle spitze Klippen wie der Pan di Zuccero bestimmen die Landschaft. Dazwischen kleine Buchten mit Sandstrand, die zum Baden einladen. Im Hintergrund kleben, dem langsamen Verfall preisgegeben, verlassene Bergwerkssiedlungen und -anlagen an den Berghängen.

Portoscuso
39° 12′N
08° 23′E

ist ein aufstrebendes Seebad am östlichen Ufer des *Canale di San Pietro* mit einem modernen Yachthafen. Die etwa 0,5 sm westlich der Hafeneinfahrt liegende befeuerte Klippe *Scoglio la Ghingetta* (Fl(2) W/R 10s 11/8M) ist eine gute Ansteuerungshilfe. Die roten Sektoren decken die

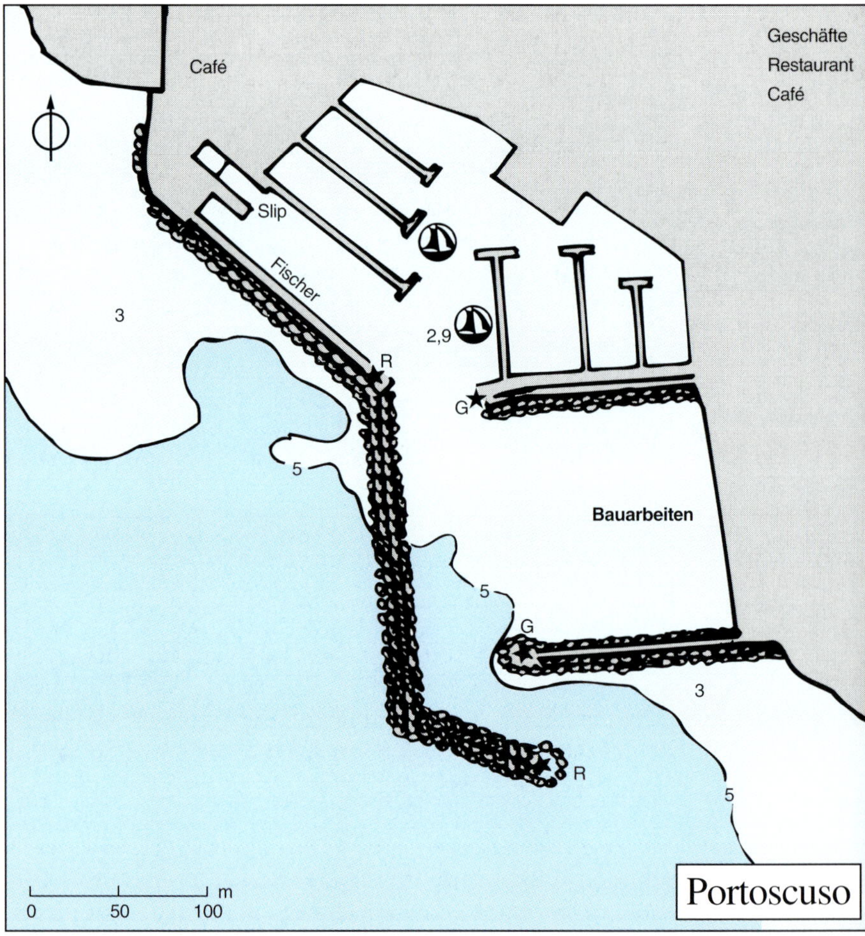

Untiefe *Secca Grande* und die dem *Capo Altano* vorgelagerten Klippe *Isole dei Meli* ab. Der noch nicht ganz fertiggestellte Yachthafen bietet i seinem nördlichen Teil an den Stegen und der Außenmole bereits etwa 30 Liegeplätze auf Wassertiefen von 2,90 m. Nach Ausbau des südliche Beckens werden 500 Plätze zur Verfügung stehen.

In Portoscuso finden sich Lebensmittelgeschäfte, Restaurants und Café Die Slipbahn ermöglicht es, Jollen und kleine Motorboote an Land z ziehen.

Von Ende Mai bis Anfang Juni findet in Portoscuso zum Abschluß de Thunfischjagd die *Sagra del Tonno* statt. Eine Prozession mit reich geschmückten Booten führt aufs Meer, und an Land gibt es für jederman gratis Thunfisch vom Grill.

Entfernung von Porto Vesme 0,5 sm, von Carloforte 4,5 sm, von Calasetta 5,5 sm.

Porto Vesme
39° 12′N
008° 23′E

ist ein reiner Industriehafen, der von Yachten nur im Notfall angelaufen werden sollte. Die Kais und Molen sind für die Bedürfnisse der Großschiffahrt eingerichtet und entsprechend hoch. Ein Großkraftwerk, das seinen Strom mittels Unterwasserkabel bis in die Toskana liefert, beherrscht das Ortsbild.

Bis vor einigen Jahren wurde das Kraftwerk noch mit Kohle befeuert, die in der nahen Bergbauregion von *Carbonia* gefördert wurde. Da der Abbau der Braunkohle unwirtschaftlich geworden war, wurde das Kraftwerk auf Ölfeuerung umgestellt – entsprechend häufig legen große Tanker in dem Hafen an.

Noch wichtiger für den Hafen aber ist das Aluminiumwerk – das größte in Italien. Von Porto Vesme aus verkehrt nahezu stündlich eine Fähre zur Insel San Pietro.

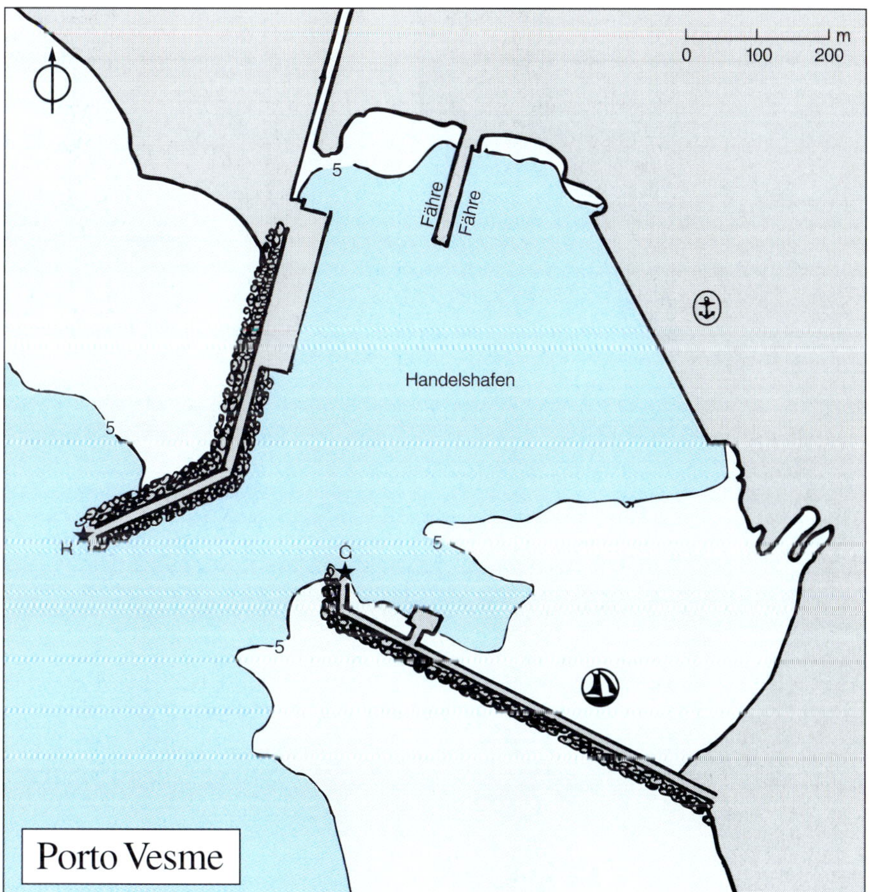

Inseln Piana, San Pietro und Sant'Antioco

Die Inseln Piana, San Pietro und Sant'Antioco bilden eines der reizvollsten Segelreviere Sardiniens; die Durchfahrt durch den Canale di San Pietro mit seinen zahlreichen Untiefen ist ein navigatorischer Leckerbissen. Zwischen den Inseln macht sich der Gezeitenstrom bei Springtide mit bis zu 1 kn bemerkbar. Anhaltende nordwestliche und südwestliche Winde erzeugen Strömungen, die zusammen mit dem Gezeitenstrom Geschwindigkeiten bis zu 3 kn erreichen können. Anzahl und Lage der in den Seekarten angegebenen Tonnen und sonstigen Seezeichen wechseln häufig, so

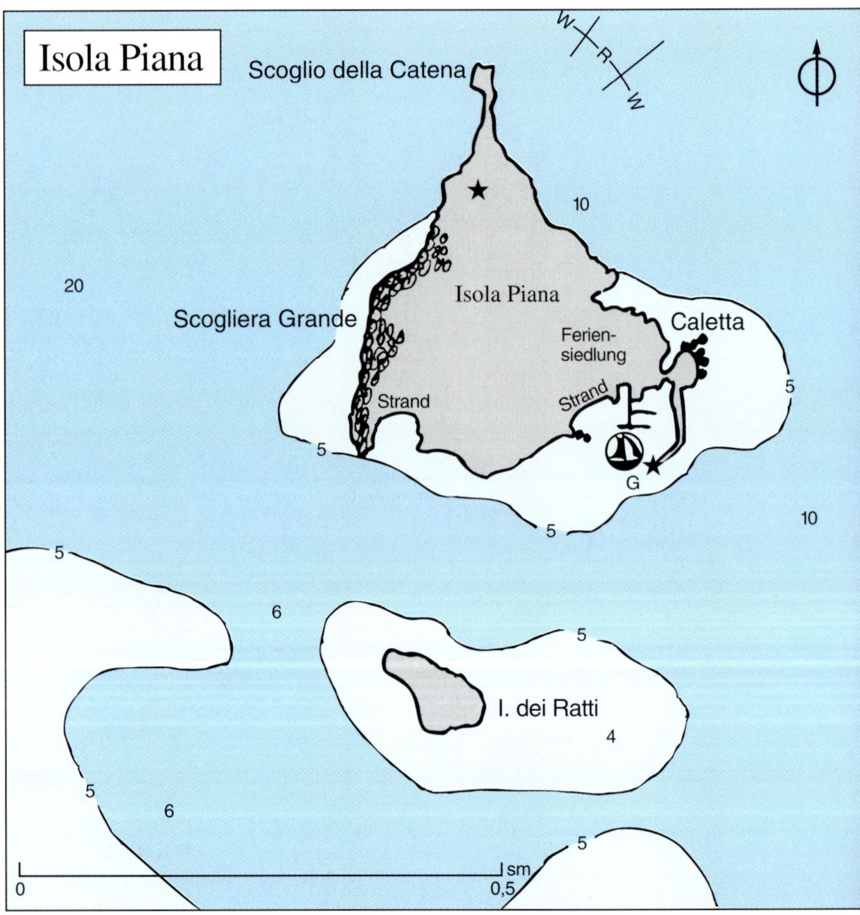

daß man sich nicht wundern darf, wenn man bei der Ansteuerung verschiedene Tonnen nicht findet und andere an ganz anderer Stelle als in den Seekarten angegeben.
Die nördlichste und kleinste der Inseln,

PIANA

ehemals Zentrum des Thunfischfangs, hat einen modernen Yachthafen. Im Norden der Insel steht ein Leuchtturm (Fl(2) 8s 7M), der gemeinsam mit der Untiefentonne *Secca Martin* (Fl(2) 6s 6M) und der Klippe *La Ghingetta* (Fl(2). W/R. 10s 11/8M) die nördliche Einfahrt in den Canale di San Pietro markiert. Die in Privatbesitz befindliche Insel ist Vogelschutzgebiet, weshalb das Mitbringen von Hunden und Katzen auf die Insel verboten ist.
Aus dem ehemaligen Fischerdorf

Villamarina
39° 11′N
08° 19′E

im Südosten der Insel ist ein hübscher Ferienort mit Yachthafen entstanden. Die Lagerhallen für die Thunfischnetze dienen jetzt als Bootshäuser; außerdem hat sich hier ein kleiner Werftbetrieb niedergelassen.

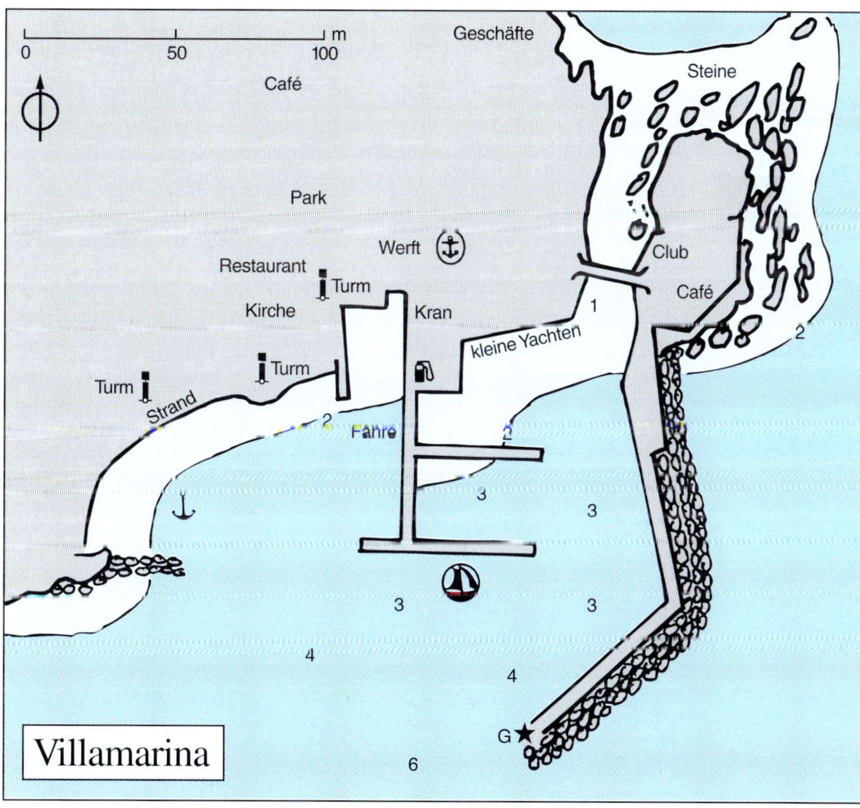

Ansteuerung (Seekarten: D 501 und 674, BA 1990 und 1207, I 46 und 47): Bei Tage bietet di Feriensiedlung eine gute Orientierungshilfe. Der Kopf der Außenmole ist befeuer (F. G).

Liegeplatz: Der Yachthafen bietet an den Stegen und Molen etwa 160 bequeme und sicher Liegeplätze für Yachten bis maximal 2,50 m Tiefgang und 15 m Länge. Alle Liegeplätz sind mit Grundleinen sowie mit Strom- und Wasseranschlüssen ausgestattet. Kraftsto erhält man an der Hafentankstelle.
Ist der Hafen überfüllt – was im Sommer häufig vorkommt –, kann man an der im Pla verzeichneten Stelle auf 3 bis 5 m Wassertiefe ankern.

Hafenmeister: Das Büro der Hafenverwaltung liegt linker Hand in dem Durchgang vom Hafe zur Feriensiedlung.

Reparaturmöglichkeiten: Der Hafen verfügt über einen Kran, um kleine Yachten aus der Wasser heben zu können. Die Yachtwerft führt kleinere Reparaturen aus.

Versorgung: Lebensmittelgeschäft, Restaurant und Café in der Feriensiedlung (nur von Jur bis September geöffnet). Neben dem Yachtclub, den man über eine kleine Brück erreicht, befinden sich eine Pizzeria, ein weiteres Café sowie eine Discothek.

Entfernungen von Villamarina: Portoscuso 3 sm, Carloforte 3 sm, Calasetta 5 sm, Porto Pont Romano 22 sm.

Die rund 10 km lange und 5 km breite Insel

SAN PIETRO

ist vulkanischen Ursprungs mit vielfarbigem Gestein, das durch Win Wetter und Meer zu bizarren Gebilden verformt ist. Der größte Teil de Küste ist steil und unzugänglich, nur hier und da von Stränden und kleine Badebuchten unterbrochen.
Die Insel ist eine Welt für sich – sie erinnert eher an die ligurische Rivier denn an Sardinien. So wundert es denn auch nicht, daß die Bewohner ke ne Sarden sind – eine Tatsache, auf die sie großen Wert legen. Sie sind di Nachfahren jener Fischer aus der Gegend von Genua, die im 15. Jahrhu dert auf der Insel Tabarca vor der nordafrikanischen Küste siedelten, dan aber, nach jahrhundertelangen Auseinandersetzungen mit den nordafrik nischen Piraten, die sie immer wieder bedrängten, ausplünderten und i die Sklaverei verschleppten, im Jahre 1737 auf die seit dem 11. Jahrhu dert verlassene und verödete Insel San Pietro übersiedelten. Eine klei sardische Minderheit lebt im Inselinnern, wo ihre Schafe und Ziegen d wuchernde Macchiagestrüpp kurz halten.

Carloforte
39° 09′N
008° 19′E

Hauptort und betriebsamer Fährhafen der Insel (fast stündlich verkehr die Fähren nach Porto Vesme, Calasetta und im Sommer zur Insel Pian ist eine entzückende kleine Stadt. Alles wirkt etwas lässiger und wenig archaisch-würdevoll als bei den Sarden.
Schon die Phöniker hatten hier eine Handelsniederlassung gegründet, d von den Karthagern zu einem befestigten Stützpunkt ausgebaut wurd Die Phöniker führten hier den Thunfischfang ein, welcher der Sta während der römischen Besatzung zu einigem Wohlstand verhalf, lag

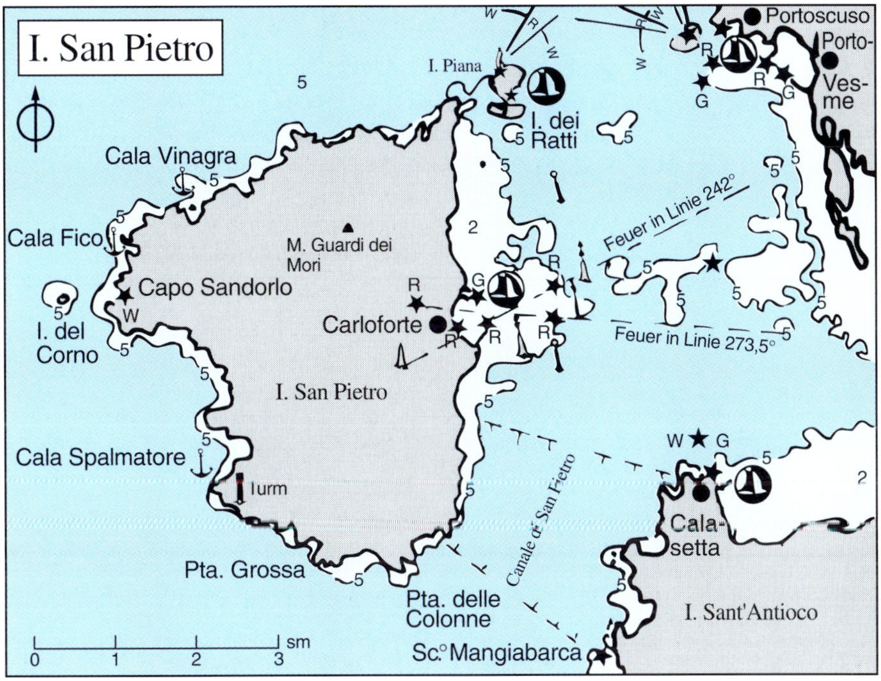

doch die für den Export der Fische so wichtigen Salinen direkt südlich der Stadt. Zu jener Zeit wurde der Thunfisch nur in das aus den Salinen gewonnene Salz verpackt und dann nach Rom verschickt, wo er auf den Märkten eine beliebte Delikatesse war. Im 10. Jahrhundert wurde die Stadt wie auch andere sardische Küstenorte aufgegeben und erst 1737 unter der Regierung von Carlo Emanuele von Piemont wieder besiedelt. Die Bewohner nannten den Ort aus Dankbarkeit Carloforte.

Ansteuerung (Seekarten: D 501 und 674, BA 1990 und 1207, I 46 und 47): Zahlreiche befeuerte und unbefeuerte Tonnen weisen den Weg durch das Fahrwasser des Canale di San Pietro. (Mehrere in den Seekarten verzeichnete Einsteuerungstonnen liegen nicht aus.) Zwei Richtfeuer (jeweils F. R) in Linie 273,5° und in Linie 242° führen in den Hafen (siehe Plan Seite 198), dessen Molenköpfe befeuert sind (Fl. G. 3s und Fl. R. 3s).

Liegeplatz: Yachten legen je nach vorherrschender Windrichtung am Molo Sanità (Nordmole), der Banchina Sanità oder am Molo San Vittorio (Südmole) vor Buganker, Heck zum Kai, an. An der Banchina Sanità beträgt die Wassertiefe am Kai um 1,50 m, so daß hier nur kleinere Yachten zwischen den Fischerbooten anlegen können. Im Sommer liegen noch einige Schwimmstege aus, an denen man bequem anlegen kann – hier sind dann allerdings Liegegebühren zu entrichten, während die Plätze an den Molen und am Kai kostenlos sind. Am Molo Sanità darf nur vom 16. Juni bis 14. September angelegt werden. An verschiedenen Stellen auf den Molen und Kais sind Wasser- und Stromanschlüsse. An der Banchina Sanità gibt es eine Tankstelle. Die Nordmole soll verlängert werden, und nördlich des Hafens ist ein kleines Hafenbecken für die Fischer im Bau.

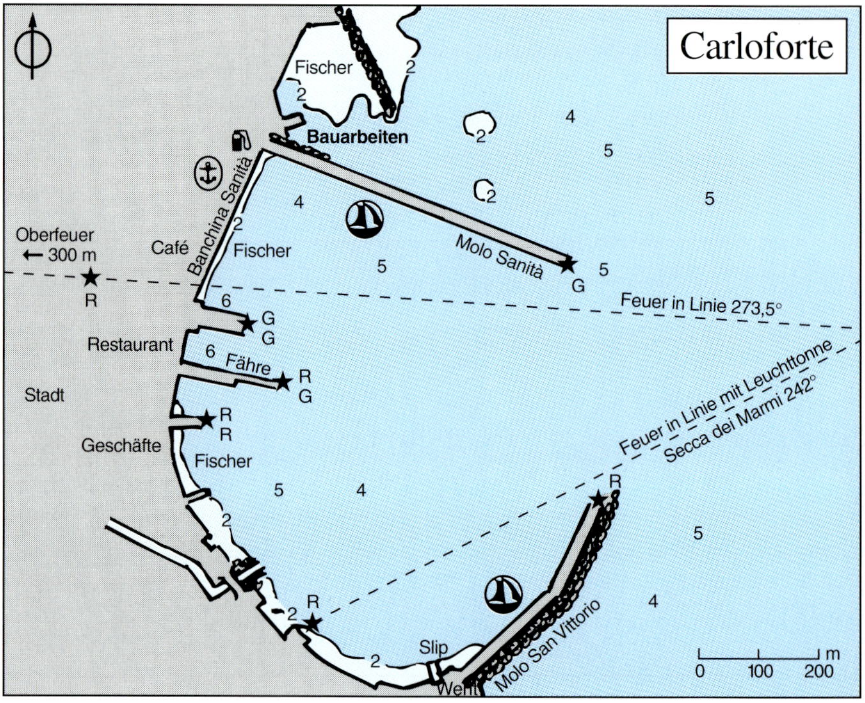

Hafenmeister: Das Büro der Capitaneria di Porto liegt am Fuß des Molo Sanità (Telefon 854023). Sie ist während der Dienststunden über UKW-Kanal 16 („Circomare Carloforte") zu erreichen, aber voll und ganz mit der Abwicklung des Fährverkehrs beschäftigt, so daß man nur selten durchkommt. In der Capitaneria wird regelmäßig der neueste Wetterbericht ausgehängt; auch erfährt man hier die Zeiten der Schießübungen am Capo Frasca.

Reparaturmöglichkeiten: Drei Slipanlagen mit bis zu 200 t Tragfähigkeit und ein 6-t-Kran stehen im Hafen zur Verfügung. Am Fuß des Molo San Vittorio ist ein Werftbetrieb der Reparaturen aller Art ausführt. Geschäfte mit Schiffszubehör finden sich an der Straße am Hafen.

Versorgung: Zahlreiche Lebensmittelgeschäfte, Restaurants und Cafés liegen in unmittelbarer Nähe des Hafens. In der einfachen Trattoria „Miramare da Vigo" mit Veranda zum Draußensitzen erhält man alle Arten Meeresgetier in ausgezeichneter Qualität.

Veranstaltungen: Vom 28. bis 30. Juni findet ein großes Volksfest zu Ehren des „San Pietro Martire" mit einer Bootsprozession, folkloristischen und kulturellen Veranstaltungen statt.

Bademöglichkeiten: Der schönste Strand der Insel San Pietro, mit Dünen und einem hübschen Pinienwald, liegt bei La Caletta.

Entfernungen von Carloforte: Portoscuso 4,5 sm, Villamarina 3 sm, Calasetta 3,5 sm, Porto Ponte Romano 22 sm, Porto di Teulada 33 sm.

Ein Spaziergang zu dem 211 m hohen *Guardia dei Mori* („Mohrenwacht") wird mit einem herrlichen Ausblick auf das Meer, die Insel selbst und die anderen Inseln des Archipels belohnt.
Ein anderer lohnenswerter Ausflug führt in den Süden der Insel zur Punta delle Colonne, wo von Wind und Meer zernagte Felssäulen im Meer stehen – ein Bild, das zahlreiche Sardinienprospekte schmückt.
Südlich von Carloforte erstrecken sich weite Salinen, die zusammen mit den Salinen bei Cagliari über die Hälfte des italienischen Salzbedarfs decken.

Außer dem Hafen Carloforte bietet San Pietro einige hübsche Ankerplätze wie die

Cala Spalmatore im Südwesten der Insel. Die tief nach Osten einschneidende Bucht vor einem der wenigen Badestrände der Insel wird im Sommer von zahlreichen Yachten als Tagesankerplatz benutzt. Man ankere an der im Plan verzeichneten Stelle auf 5 bis 10 m Wasser über Sandgrund.
39° 08′N
008° 16′E

Im Westen der Insel steht das weittragende Leuchtfeuer *Capo Sandalo* (Fl(4) 20s 24M) mit einem Funkfeuer (IP, Frequenz 289,6 kHz, Reichweite 100 sm).

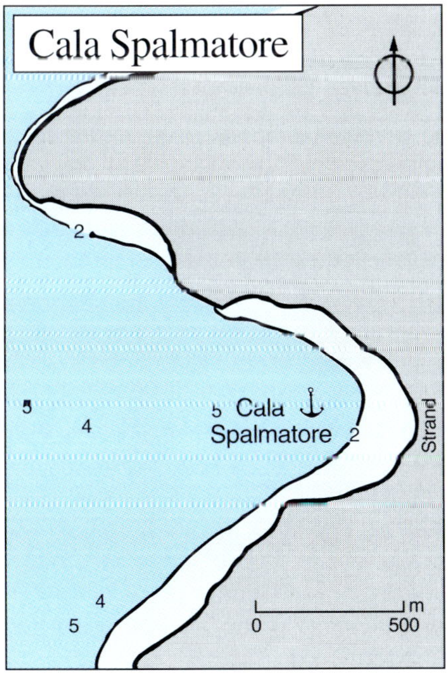

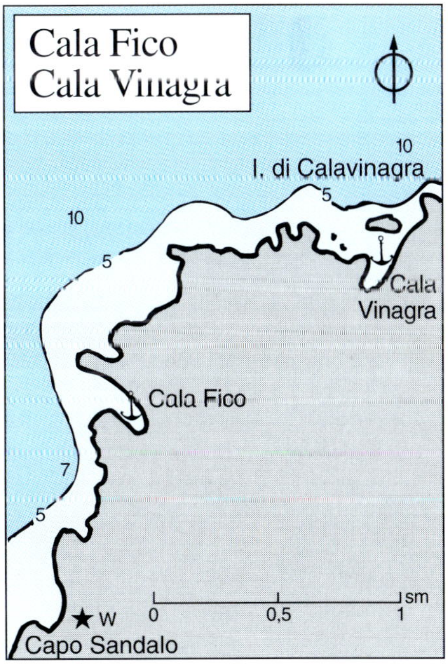

Zwei weitere Tagesankerplätze findet man im Nordwesten der Insel in der

Cala Fico und der **Cala Vinagra** Beide Buchten sollten nur bei ruhigem Wetter angelaufen werden, da sie nach West und Nordwest offen sind. In der Cala Vinagra ankert man zwischen dem Eiland *Isolotto di Calavinagra* und der Küste und bringt zusätzlich eine Leine zu dem Inselchen aus (Plan Seite 199).

39° 10′N
008° 15′E

Zwischen der Nordspitze *La Punta* und der Insel *Piana* hindurch ziehen im Frühjahr die Thunfischschwärme auf dem Weg zu ihren Laichplätzen. Dabei werden sie in riesigen Stellnetzen, den *mattanzas,* gefangen und in einem komplizierten Netzsystem in die sogenannte Todeskammer getrieben, wo sie in einer für Außenstehende grausam erscheinenden Weise abgeschlachtet werden. Der Thunfischfang ist für die einheimische Bevölkerung noch heute die Haupteinnahmequelle.
Die größte Insel des Archipels,

SANT'ANTIOCO ist durch einen Damm und eine Straßenbrücke mit Sardinien verbunden. Das alte *Sulcis* der Karthager und Römer – die gesamte Inselgruppe heißt noch heute *Arcipelago sulcitano* – wurde bereits im 8. Jahrhundert v. Chr. von den Phönikern als Handelsniederlassung gegründet. Die aus dem östlichen Mittelmeer kommenden Phöniker waren wohl das erfolgreichste Händlervolk der Antike, auf das auch die Gründung Karthagos im 8. Jahrhundert v. Chr. zurückgeht. Innerhalb eines Jahrhunderts entwickelte sich die Stadt Karthago zur militärisch und wirtschaftlich herrschenden Macht des westlichen Mittelmeerraums. Auf Sardinien gründeten die Karthager vorwiegend im Westen und Südwesten Hafenstädte, die durch die Ausbeutung der sardischen Silberminen zu unvorstellbarem Reichtum kamen. Die einheimische Bevölkerung der Küstengebiete wurde versklavt. Die Sarden, die den karthagischen Häschern entkamen, zogen sich in das Landesinnere zurück, wo sie die Nuraghen zu großartigen Verteidigungsanlagen ausbauten. Die Karthager selbst hatten unter einem blutrünstigen Götterhimmel zu leiden, für den die vornehmeren Familien ihre erstgeborenen Kinder opfern mußten, die dann kultisch in „Tophets" bestattet wurden. Auf der Insel Sant'Antioco findet sich eines der größten gut erhaltenen Urnenfelder, das an diesen grausamen Kult erinnert.
Den Damm, der die Insel mit Sardinien verbindet, haben bereits die Karthager errichtet, um die Silbervorkommen des sardischen Hinterlandes besser verschiffen zu können.
Der gleichnamige Hauptort der Insel,

Sant'Antioco verfügt über einen kleinen Fischerhafen, der über einen etwa 4 sm langen bepricken Zufahrtskanal mit Wassertiefen um 2 bis 2,50 m erreicht werden kann. Die Liegeplätze sind für die Fischer reserviert, doch nach dem Ausbau soll er auch Yachten Liegeplätze bieten.

39° 03′N
008° 28′E

Dagegen finden Yachten im Norden der Insel im Hafen

Calasetta
39° 06′N
008° 23′E

geeignete Liegemöglichkeiten. Die Ortschaft wurde Ende des 18. Jahrhunderts von piemontesischen Einwanderern bei dem spanischen Wachturm gegründet, in dessen Schutz sie sich sicher fühlten. Der malerische Ort mit seinen kleinen, weiß getünchten Häusern und schachbrettartig angeordneten Straßen zieht zahlreiche Urlauber an. Calasetta ist wichtiger Fahrhafen für den Verkehr mit der Insel San Pietro.

Ansteuerung (Seekarten: D 501 und 674, BA 1990 und 1207, I 46 und 47): Der auffällige Wachturm steht an der Südwestseite des Hafens, dessen Molenköpfe befeuert sind (2F. G. vert und 2F. R. vert). Der Kopf des Wellenbrechers vor dem neuen Yachthafen La Chiocciola ist ebenfalls befeuert (F. G). Bei der Ansteuerung ist auf die nördlich der Isola Francese liegende schwarz-gelbe Untiefentonne mit Nordtoppzeichen (Q. 1s 6M) zu achten.

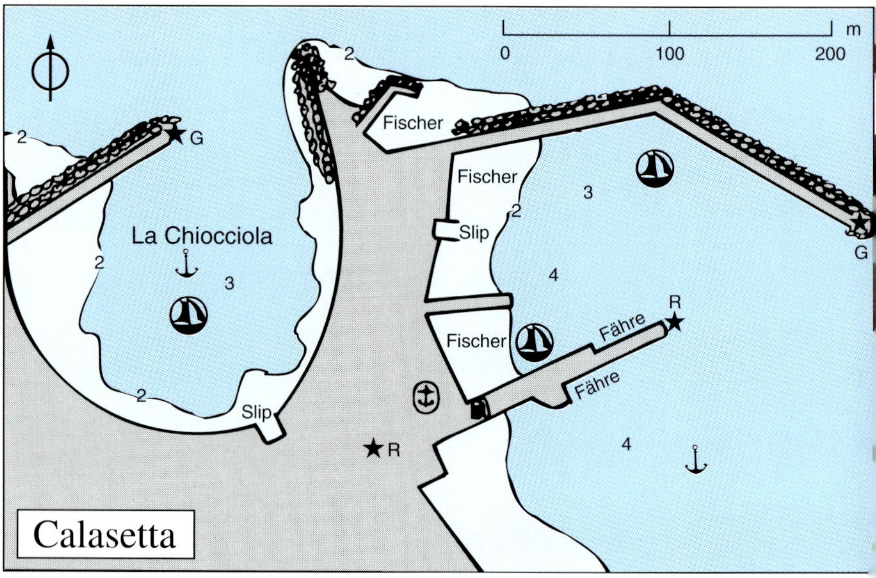

Liegeplatz: In dem Fährhafen gibt es kaum freie Plätze für Yachten, da der größte Teil der Mole von Fähren und Fischerbooten eingenommen wird. Der Kai der Isola Francese ist ebenfalls fast vollständig von Fischern belegt.

Yachten bis 2 m Tiefgang finden Liegeplätze in dem neuen Yachthafen La Chiocciola. Ist auch dieser belegt – im Sommer die Regel –, kann man südöstlich des Fährhafens auf etwa 4 m Wassertiefe über gut haltendem Sandgrund ankern.

Trinkwasser erhält man an verschiedenen Zapfstellen auf den Molen und am Kai; Kraftstoff gibt es an der Hafentankstelle am Fuß der Südmole – Direktbetankung ist nur Yachten mit geringem Tiefgang möglich.

Hafenmeister: Das Hafenbüro befindet sich am Fuße der südlichen Mole (Telefon 88433). Für den Yachthafen ist die Errichtung eines Gebäudes für Hafenverwaltung und sanitäre Anlagen vorgesehen.

Reparaturmöglichkeiten: Eine Slipbahn und ein 5-t-Autokran stehen in Calasetta zur Verfügung. Eine kleine Werkstatt führt Reparaturen an Bootsmotoren aus. In dem neuen Yachthafen soll eine Yachtwerft entstehen, die Reparaturen aller Art ausführen kann.

Versorgung: In Calasetta finden sich Lebensmittelgeschäfte, Restaurants und Cafés. Auf Sant'Antioco wird ein hervorragender Wein angebaut, den man am besten in der „Cantina Sociale di Calasetta" einkauft.

Veranstaltungen: Anfang September, zu Beginn der Weinlese, findet das „Sagra dell'uva" statt mit folkloristischen Darbietungen und gemeinsamem Essen und Trinken – der alte Wein vom Vorjahr muß ausgetrunken werden, damit die Fässer frei werden für den neuen Wein.

Bademöglichkeiten: Südöstlich des Hafens zieht sich an der Nordküste der Insel ein schöner Sandstrand hin.

Entfernungen von Calasetta: Portoscuso 5,5 sm, Villamarina 5 sm, Carloforte 3,5 sm, Porto Ponte Romano 21 sm, Porto di Teulada 32 sm.

Am südlichen Ausgang des Canale di San Pietro liegt etwa 500 m westlich der Insel Sant'Antioco die Klippe *Scoglio Mangiabarca,* die durch ein Leuchtfeuer (LFl. 6s 11M) gekennzeichnet ist. Von dieser „Schiffe fressenden Klippe" sollte man ausreichenden Abstand halten. Die Durchfahrt zwischen der Klippe und der Insel Sant'Antioco ist wegen der geringen Wassertiefe nicht möglich. Von Calasetta bis zu der Klippe besteht wegen Unterwasserkabeln Anker- und Fischfangverbot, so daß man die Strände der beiden Buchten nördlich und südlich der Punta Manga von See her nicht aufsuchen kann. 4,5 sm südlich davon findet man einen hübschen Ankerplatz:

Porto della Signora ist eine Bucht im Westen der Insel, in der man außer bei westlichen Winden gut geschützt liegt. Bei der Ansteuerung ist auf die etwa 100 m vor der Mitte der Einfahrt liegende Klippe zu achten.

38° 57′N
008° 19′E

Man ankere auf 3 bis 7 m Wasser über Sandgrund. Versorgungsmöglichkeiten bestehen nicht. Geht man auf der oberhalb der Bucht liegenden Straße knapp 1 km nach Norden, erreicht man das Hotel „Albergo Mercuri" mit einem guten Restaurant.

Entfernung von Calasetta 7 sm, von Porto Ponte Romano 11 sm.

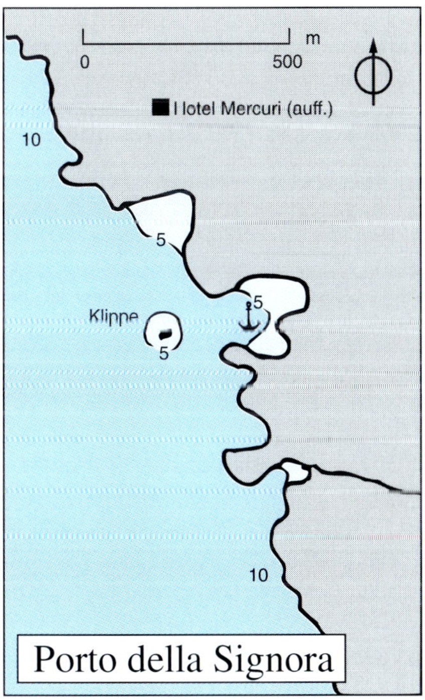

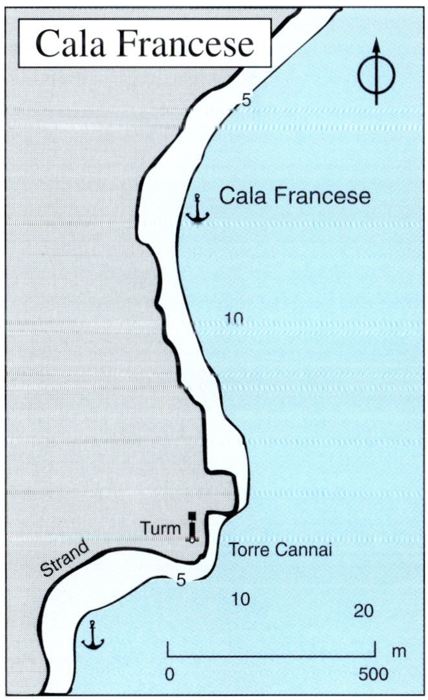

Im Süden der Insel steht in 178 m Höhe der alte Semaphor als weithin sichtbare Ansteuerungsmarke. Östlich von *Capo Sperone,* der südlichsten Spitze der Insel, öffnet sich der *Golfo di Palmas,* der Yachten neben dem Hafen *Porto Ponte Romano* zahlreiche Ankerplätze bietet. Die Durchfahrt zwischen der Insel Sant'Antioco und der durch eine Bake gekennzeichneten Untiefe *Secca della Vacca* ist wegen der geringen Wassertiefen nicht zu empfehlen – man sollte mindestens 0,5 sm Abstand von der Küste halten.
Etwa 2 sm südöstlich von Capo Sperone liegen die kleine Insel *La Vacca* und die Klippe *Il Vitello.* Beide sind unbeleuchtet, sie werden jedoch nachts von dem roten Sektor des Leuchtfeuers (Fl(2)W/R. 6s 11/8M) auf der *Isola del Toro* abgedeckt, die sich 112 m hoch etwa 5,5 sm südlich von Capo Sperone erhebt.

Torre Cannai
38° 55′N
008° 27′E

Südlich des Turmes bietet eine von einem kleinen Strand gesäumte Bucht einen hübschen Ankerplatz, der vor nordwestlichen Winden hervorragenden Schutz bietet. Man ankere südlich des Torre Cannai auf 3 bis 8 m Wasser über Sandgrund. Versorgungsmöglichkeiten bestehen nicht.

Cala Francese
38° 56′N
008° 27′E

ist eine weite Bucht nördlich des Torre Cannai, die ebenfalls vor nordwestlichen und westlichen Winden guten Schutz bietet. Man ankere an der im Plan Seite 203 verzeichneten Stelle auf 5 bis 10 m Wassertiefe. Versorgungsmöglichkeiten bestehen nicht.
Bei aufkommenden Winden aus Süd bis Ost sollte man den Ankerplatz unverzüglich verlassen und in einer der Buchten am Ostufer des Golfo di Palmas Schutz suchen.
Der nördliche Teil des Golfo di Palmas gehört zu den besten Ankerplätzen von Sant'Antioco. Obwohl nach Süden offen, kommt der Seegang aus dieser Richtung nur noch abgeschwächt hier an, und die Winde legen sich beinahe vollständig, bevor sie die Küste erreichen.

Porto Ponte Romano
39° 00′N
008° 29′E

ist ein Handels- und Industriehafen an der Südseite des Dammes und der Brücke, die die Insel Sant'Antioco mit Sardinien verbinden. Der bereits von den Karthagern errichtete Damm wurde von den Römern durch eine Brückenbogenkonstruktion verstärkt, der der Hafen seinen Namen verdankt.
Der Ausbau zum Industrie- und Handelshafen erfolgte während der Zeit Mussolinis, als hier jährlich mehr als eine Million Tonnen Kohle aus den nahegelegenen Bergwerksgebieten verladen wurde. Zu Beginn des Zweiten Weltkrieges, als die Kohlelieferungen aus England ausblieben, erlangte Porto Ponte Romano für die Kohleversorgung Italiens große Bedeutung. 1938 wurde auf Veranlassung Mussolinis in der Nähe die Stadt *Carbonia* (Kohle) zur Förderung der Braunkohlevorkommen gegründet: eine typische Reißbrettstadt mit rechtwinkligem Straßenschema, schäbigen

Mietskasernen und großklotzigen Verwaltungsgebäuden ganz im Stil der Ära Mussolini. Diese viertgrößte Stadt Sardiniens ist nach der Schließung der unrentablen Kohlegruben heute die Stadt mit der größten Arbeitslosigkeit und dem geringsten Prokopfeinkommen Sardiniens.

Mit der Schließung der Kohlegruben ging auch die Bedeutung des Hafens Porto Ponte Romano zurück. Heute werden hier zum größten Teil landwirtschaftliche Produkte der Insel Sant'Antioco und der Umgebung verschifft.

Ansteuerung (Seekarten: D 501 und 674, BA 1990 und 1207, I 46): Ein betonntes, fast 1 sm langes Fahrwasser, das mindestens 8 m tief ausgebaggert ist, führt von Süden in den Hafen. Östlich des Hafens steht ein weithin sichtbarer Leuchtturm (Fl. 5s 15M), der die Ansteuerung bei Tag wie bei Nacht erleichtert. Die Fahrwassertonnen sind ebenfalls beleuchtet.

Liegeplatz: a) An der Ostseite des Hafens befindet sich die Steganlage des Club Nautico mit Grundleinen sowie Wasser- und Stromanschlüssen an den Liegeplätzen. Gastliegeplätze gibt es nicht, so daß man sich einen freien Platz suchen muß. Hier können ohnehin nur Yachten mit geringem Tiefgang anlegen.

b) Die Banchina Sanità ist für Yachten vorgesehen, die hier vor Buganker, Heck zum Kai, anlegen. Die Wassertiefen betragen zwischen 7 und 8 m. Auf dem Kai sind Wasseranschlüsse sowie eine Tankstelle.

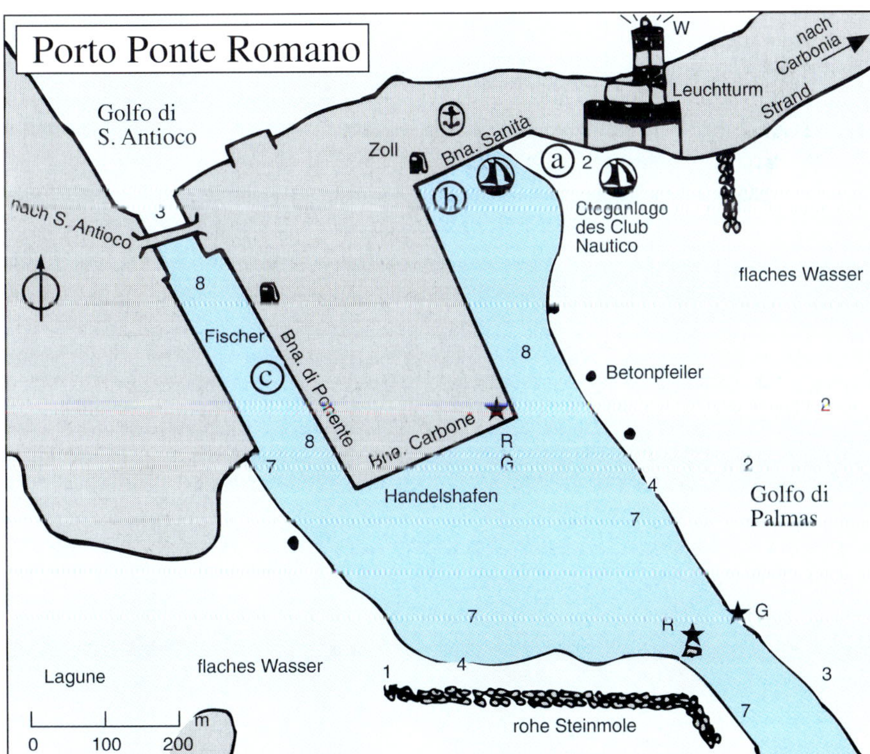

c) Findet man beim Club Nautico und an der Banchina Sanità keinen Platz, kann man an der Banchina di Ponente festmachen. Auch hier gibt es Wasseranschlüsse und eine Tankstelle bei den Liegeplätzen für die Fischer.

Hafenmeister: Das Büro der Capitaneria di Porto befindet sich hinter der Banchina Sanità (Telefon 8 30 71). Zweimal täglich wird der neueste Wetterbericht ausgehängt. Die Hafenmeisterei ist über UKW-Kanal 16 („Circomare Porto Ponte Romano") zu erreichen.

Reparaturmöglichkeiten: Ein 30-t-Slip und zwei 10-t-Kräne stehen im Hafen zur Verfügung. Eine Werkstatt führt kleine Reparaturen aus, vor allem an Bootsmotoren.

Versorgung: Lebensmittelgeschäft, Restaurant und Café in der Nähe des Hafens, weitere Versorgungsmöglichkeiten in der nahegelegenen Ortschaft Sant'Antioco.

Bademöglichkeiten: Östlich des Hafens zieht sich vor der Lagune Stagno di Santa Caterina ein langer, vielbesuchter Sandstrand hin.

Entfernungen von Porto Ponte Romano: Carloforte 22 sm, Calasetta 21 sm, Porto di Teulada 22 sm, Cagliari 51 sm.

Da der Hafen von Sant'Antioco bis jetzt nur von Yachten mit geringem Tiefgang angelaufen werden kann, empfiehlt sich der Besuch des Ortes von Porto Ponte Romano aus. Niedrige Motoryachten können die Brückendurchfahrt des Porto Ponte Romano benutzen. Der Ausbau des Hafens von Sant'Antioco und eine tiefere Zufahrt sind vorgesehen. Der Dom mit seinen archaischen Formen und der darunter liegenden frühchristlichen Höhlenkirche lohnt diesen Ausflug ebenso wie die etwa 500 m außerhalb der Ortschaft befindlichen Reste der karthagischen Stadt und die Urnenfelder sowie das Museum mit Funden aus karthagischer, römischer und byzantinischer Zeit.

Porto Ponte Romano bis Capo Carbonara

Auch das Ostufer des Golfo di Palmas bietet schöne Ankerplätze, allerdings liegen die schönsten Plätze in einem militärischen Sperrgebiet mit Anker- und Fischfangverbot.

Porto Botte
39° 03′N
008° 33′E

ist eine weite, von Sandstrand gesäumte Bucht, die im Süden von einem hügeligen Vorgebirge geschützt wird. Hinter dem Strand liegt die weitverzweigte Lagune *Stagno di Porto Botte*. Die Einfahrt zu der Lagune befindet sich fast in der Mitte der Bucht. Der schöne Strand und die nur langsam zunehmende Wassertiefe haben Porto Botte in den letzten Jahren zu einem beliebten Surfrevier – vor allem für Anfänger – werden lassen. Man ankere im Nordteil der Bucht auf 2 bis 5 m Wasser über Sandgrund. Yachten mit weniger als 2 m Tiefgang können auch an dem hölzernen Steg anlegen, an dem früher Holzkohle und Korkeichenrinde verladen wurde.

Cala Su Truccu
38° 56′N
008° 32′E

ist eine etwa 500 m breite und 300 m tief nach Osten ins Land einschneidende, einsame Bucht etwa 3 sm südlich von Porto Botte. Man ankere in

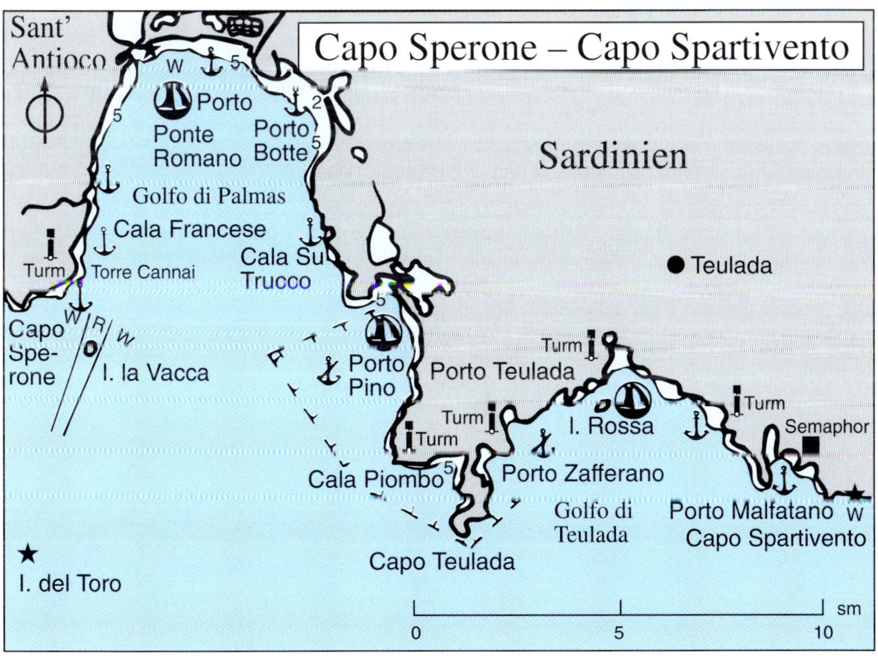

der Mitte der Bucht auf 3 bis 5 m Wassertiefe. Versorgungsmöglichkeiten bestehen in der nur von See aus zugänglichen Bucht nicht.

Porto Pino
38° 55′N
008° 35′E

Das aufstrebende Seebad hat sich in den letzten Jahren zum Ferienzentrum der Region entwickelt mit zahlreichen Hotelbauten, Ferienhäusern und Campingplätzen. Die Bucht östlich der *Punta Menga* mit ihren weiten Sandstränden, den ausgedehnten Lagunen dahinter und den Pinienhainen gehört zu den schönsten Sardiniens. Dank der guten Windverhältnisse ist sie im Sommer gesprenkelt mit bunten Surfsegeln.
Von der *Punta Menga* bis zur *Isola Rossa* besteht Anker- und Fischfangverbot – südlich der Lagune beginnt ein militärisches Sperrgebiet, in dem häufig Schießübungen und Seemanöver stattfinden. Während der Schießübungen ist auch das Befahren des Sperrgebietes verboten, und bei Seemanövern wird das Sperrgebiet auf die 12-sm-Grenze des italienischen Hoheitsgebietes ausgedehnt. Die Zeiten von Übungen und Manövern werden in den Hafenbüros von Porto Ponte Romano und Cagliari ausgehängt.

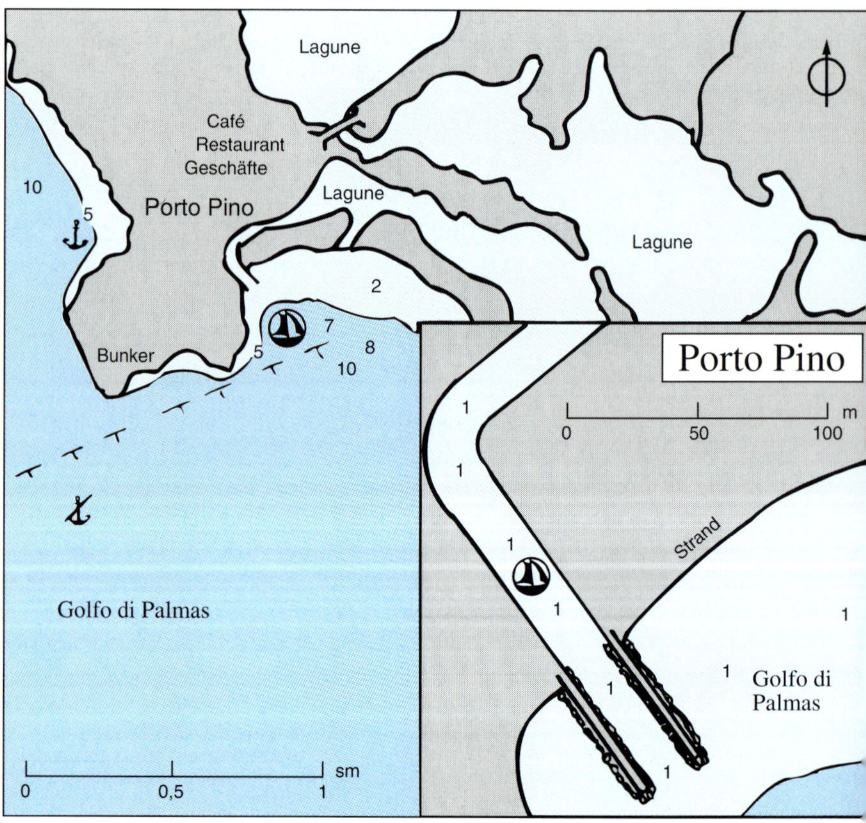

Um das hübsche Seebad und den Strand zu besuchen, kann man nördlich der Punta Menga an der im Plan verzeichneten Stelle ankern. Yachten mit geringem Tiefgang können an den befestigten Ufern der Zufahrt zu der weitverzweigten Lagune anlegen. In Porto Pino finden sich Lebensmittelgeschäfte, Restaurants und Cafés.

Entfernung von Porto Ponte Romano 8,5 sm, von Porto Teulada 13,5 sm.

Wegen des militärischen Sperrgebietes dürfen die Ankerplätze *Cala Piombo, Porto Zafferano* und *Porto Scudo* nur im Juli und August benutzt werden, vorausgesetzt, es finden keine Manöver statt.

Porto Teulada
38° 55′N
008° 43′E

in einer weiten Bucht nördlich der *Isola Rossa* ist ein gut geschützter Fischer- und Yachthafen. Bereits die Römer hatten hier einen großen Hafen und die befestigte Stadt Tegula angelegt. Während der Zeit der römischen Besatzung besaß der Hafen große Bedeutung, verfiel aber nach dem Zusammenbruch des Römischen Reiches.
Um 900 n. Chr. wurden der Hafen und der Ort wegen der ständigen Sarazenenüberfälle aufgegeben; die Bewohner zogen sich in das Landesinnere zurück, wo sie etwa 8 km entfernt den Ort Teulada gründeten. Erst als unter der spanischen Besatzung die Wachtürme Cala Piombe, Porto Scudo, Budello und Piscinni errichtet wurden, erlangte der Hafen seine frühere Bedeutung zurück.
Der vor einigen Jahren errichtete Hafen ist in einem desolaten Zustand. Zwar ist die südliche Außenmole fertiggestellt, aber ansonsten macht alles einen halbfertigen Eindruck. Der Hafen wird nur von zwei Wachbooten, die das militärische Sperrgebiet überwachen, und einigen Fischerbooten benutzt. Bei Porto Teulada endet das bereits beschriebene Sperrgebiet. Etwa 500 m westlich des Hafens zieht sich ein hoher Stacheldrahtzaun durch die ansonsten liebliche Landschaft, der das Militärgebiet abgrenzt, in dem häufig Übungen und Manöver stattfinden.
Die nächsten Häuser stehen am Ostufer der nördlich des Hafens liegenden Bucht. Hier sind an der Straße nach Cagliari einige Ferienhäuser und Sommervillen entstanden.
Östlich von Porto Teulada beginnt die **Costa del Sud,** eine der schönsten Küstenlandschaften Sardiniens, wo sich in den letzten Jahren ein starker touristischer Aufschwung vollzogen hat.

Ansteuerung (Seekarten: D 501, BA 1990, I 46): Der Torre Budello nordöstlich des Hafens ist schon von weitem gut auszumachen. Der Hafen liegt im nördlichen Scheitelpunkt des Golfo di Teulada. Der Molenkopf ist nicht befeuert, so daß von einer nächtlichen Ansteuerung abzuraten ist.

Liegeplatz: Yachten legen an der Südmole vor Buganker, Heck zur Mole, auf Wassertiefen zwischen 3 und 6 m an (Plan S. 210), wobei die für die Wachboote reservierten Plätze freizuhalten sind. Ein beliebter Ankerplatz ist die Bucht nördlich des Hafens, in der man in Höhe des Torre Budello auf etwa 6 m Wassertiefe ankern kann.

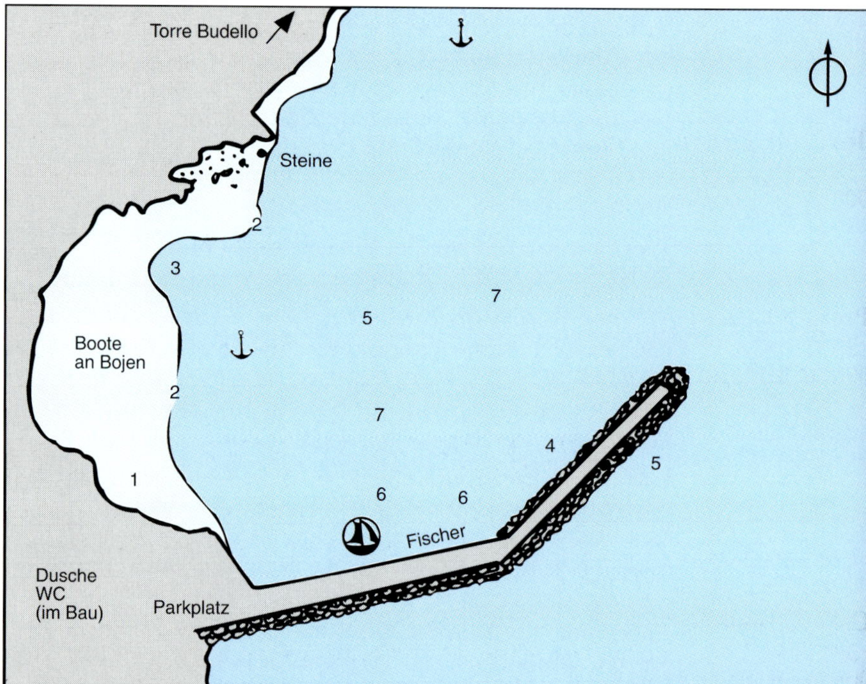

Porto Teulada

Reparaturmöglichkeiten: Es steht nur ein kleiner Slip für die Fischerboote zur Verfügung. Im Zuge der touristischen Erschließung der Gegend ist allerdings in naher Zukunft auch mit dem Ausbau der Servicemöglichkeiten in Porto Teulada zu rechnen.

Versorgung: In geringem Umfang auf einem Campingplatz zwischen dem Hafen und dem Militärgebiet (nur von Juni bis September geöffnet). Weitere Versorgungsmöglichkeiten in Teulada, etwa 8 km entfernt (Fußweg bis zur nächsten Bushaltestelle etwa 3 km).

Veranstaltungen: Von Karfreitag bis Ostermontag finden Mysterienprozessionen und Passionsspiele in katalanischer Tradition statt – eine der wenigen Gelegenheiten, die sardischen „launeddas" zu hören. Launeddas sind dreirohrige Schilfflöten, deren Klang dem des Dudelsacks sehr ähnlich ist. Leider ist dieses wohlklingende Instrument im Aussterben; auf Sardinien gibt es heute kaum noch mehr als zehn Launedda-Spieler.
Anfang Juli ist das große Fest der Fischer.

Bademöglichkeiten: Das klare Wasser der Bucht nördlich des Hafens lockt zahlreiche Badegäste und Taucher an, zumal dort das Wrack eines Schiffes liegt.

Entfernungen von Teulada: Porto Ponte Romano 22 sm, Santa Margherita di Pula 16 sm, Perd'e Sali 21 sm, Cagliari 33 sm.

Teulada lohnt einen Besuch. Zwischen Orangenhainen und grünen Gärten staffelt sich das Dorf mit seinen hübschen Häusern den Hang hinauf.

In der näheren Umgebung findet man einige Nuraghen, die auf eine frühe Besiedelung dieser Gegend schließen lassen. Die wenigen Überreste des römischen Tegula sind allerdings schwer zu finden.

Torre di Piscinni Südlich des spanischen Wachturmes liegt eine einsame, etwa 700 m breite und 300 m tiefe, nach Südwesten offene Bucht. Sie bietet außer bei Winden aus Süd bis Südwest guten Schutz. Man ankere auf 3 bis 5 m Wasser über Sandgrund, der mit Steinen durchsetzt ist. Versorgungsmöglichkeiten bestehen nicht.

38° 53′N
008° 47′E

Porto Malfatano ist eine fjordartige Bucht, die nach Westen vom *Capo Malfatano* mit dem weithin sichtbaren spanischen Wachturm *Torre Malfatano* abgeschirmt wird. Die Bucht bietet außer bei Winden aus Süd bis Südost guten Schutz. Man ankere möglichst tief im Inneren auf 3 bis 6 m Wasser über Sandgrund, der mit Algen durchsetzt ist, nordöstlich bzw. nordwestlich des Inselchens Tuaredda auf 4 bis 7 m Wassertiefe über Sandgrund. Versorgungsmöglichkeiten bestehen in der einsamen Bucht nicht.
Bei aufkommenden Winden aus Südost sollte man in der 1 sm östlich liegenden

38° 51′N
008° 48′E

Cala Antonia Reddu Schutz suchen. Diese etwa 300 m nach Osten ins Land einschneidende Bucht bietet außer bei westlichen bis südwestlichen Winden einen gut geschützten Ankerplatz zwischen steil aufragenden Felsen.

38° 53′N
008° 49′E

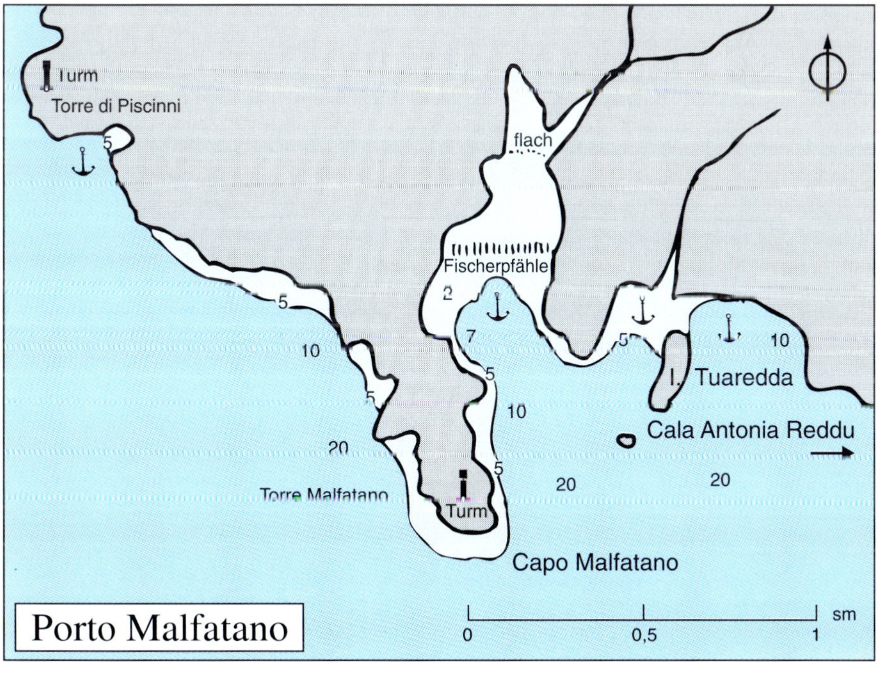

Am *Capo Spartivento* muß man damit rechnen, daß der Wind seine Richtung ändert. Es gehört zu jenen berüchtigten Windscheiden, bei denen man nie weiß, woher der Wind nach dem Runden wehen wird – meist kommt er einem allerdings entgegen.
Auf der südlichsten Spitze des Capo Spartivento befindet sich der gleichnamige Leuchtturm (Fl(3) 15s 11M) in 66 m Höhe; etwas zurückgesetzt,

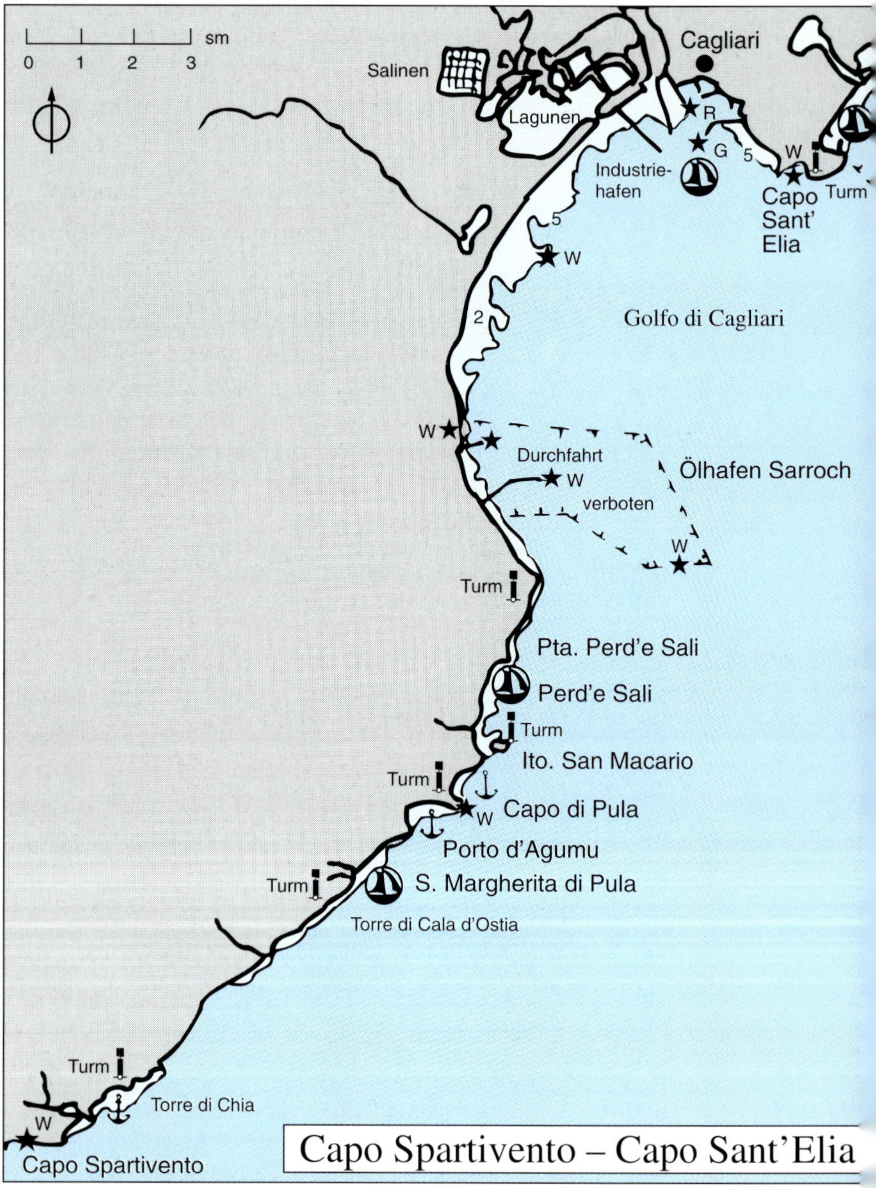

Capo Spartivento – Capo Sant'Elia

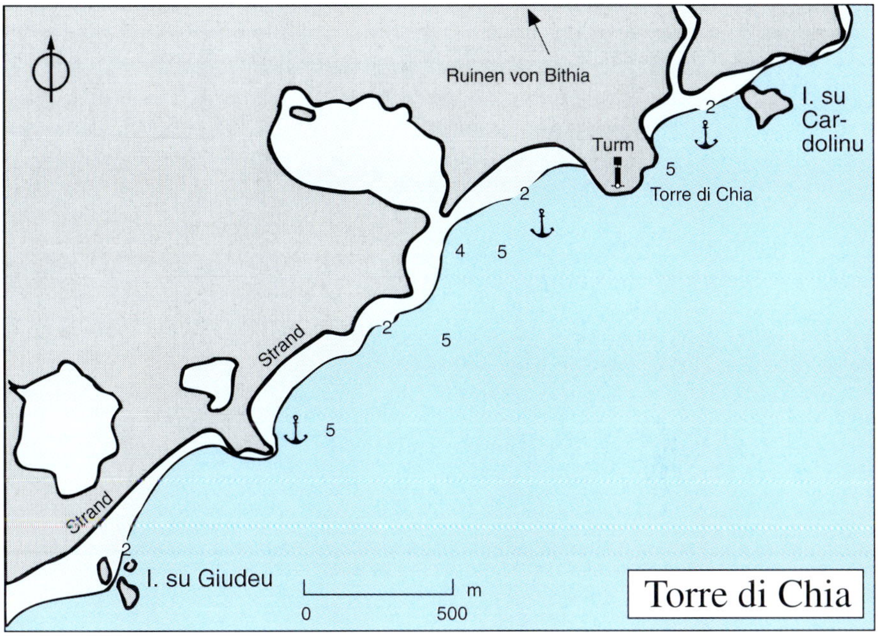

auf dem Gipfel des Vorgebirges, steht in 176 m Höhe weithin sichtbar der Semaphor *Monte Sa Guardia Manna.*

Am Ende der Strand- und Dünenlandschaft östlich des Capo Spartivento erhebt sich auf einem kleinen Vorgebirge der

Torre di Chia 38° 52′N 08° 52′E Man kann je nach vorherrschender Windrichtung östlich oder westlich des Vorgebirges auf 3 bis 6 m Wasser über Sandgrund ankern. In der Nähe des Turmes findet man die Ruinen der von den Phönikern gegründeten Stadt *Bithia,* die unter den Karthagern große Bedeutung hatte. Die Steine für den Bau des Torre di Chia holten die Spanier aus den Ruinen der Stadt Bithia. Die Besichtigung der Ruinen ist lohnend.

Entfernung von Porto Teulada 10 sm, von Cagliari 23 sm.

Bis zum *Capo di Pula* ist die Küste wild und steil, mit zahlreichen vorgelagerten Klippen und Felsnadeln, unterbrochen von vereinzelten Strandabschnitten.

Santa Margherita di Pula ist ein aufstrebendes Seebad und Sommerresidenz der wohlhabenden Bewohner von Cagliari. Zwischen blumigen Büschen und Pinien versteckt sich so manche Villa, die auch am Lago Maggiore stehen könnte. Zahlreiche Hotelbauten und Bungalowsiedlungen säumen die Küste. Die etwa 100 Liegeplätze des privaten Yachthafens mit 2 m Wassertiefe, Kran,

38° 56′N
08° 56′E

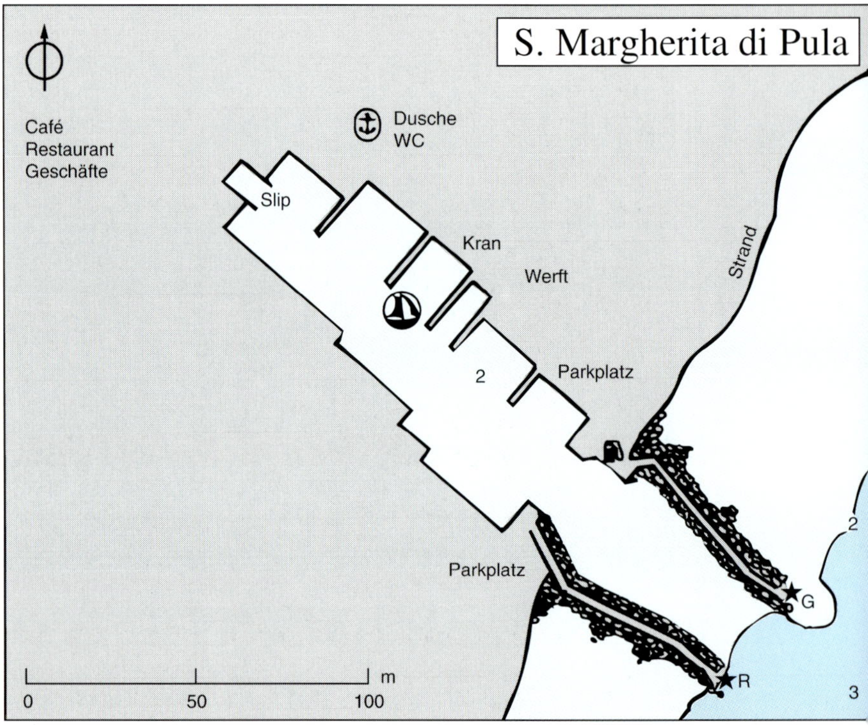

Slip, Tankstelle sowie Wasser- und Stromanschlüssen sind an Dauerliege vergeben – 20 Plätze sollen für Gäste reserviert sein.
Im Ort gibt es mehrere Lebensmittelgeschäfte, Restaurants und Cafés wobei von den Restaurants das „La Grotta" besonders zu empfehlen ist.

Entfernung von Porto Teulada 16 sm, von Cagliari 17 sm.

Porto d'Agumu 38° 58′N 008° 57′E ist eine 700 m breite, fast halbkreisförmige Bucht knapp 1 sm südwestlic von *Capo di Pula,* die ausgezeichneten Schutz bietet. Früher wurde hie Holzkohle verladen. Im Zuge der weiteren touristischen Erschließung die ses Gebietes ist die Anlage eines Yachthafens in diesem natürlichen Ha fenbecken geplant.

Capo di Pula 38° 59'N 008° 58′E ist eine kleine, nach Südosten gerichtete Halbinsel, auf deren östliche Spitze auf dem Torre San Efisio das Leuchtfeuer Capo di Pula (Fl(4) 15 11M) brennt. In der Bucht westlich von Capo di Pula gibt es einen kleine Fischerhafen mit etwa 2 m Wassertiefe, in dem auch Yachten anlege können.
Nördlich von Capo di Pula finden Yachten in der nach Osten offene Bucht auf 5 bis 7 m Wassertiefe einen geschützten Ankerplatz. Man anker an der im Plan verzeichneten Stelle über gut haltendem Sandgrund.

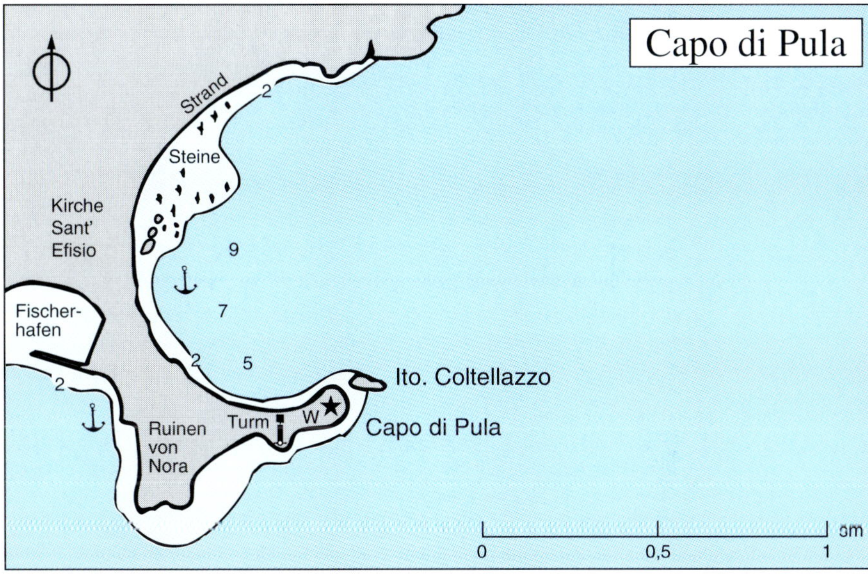

Seit 1952 werden auf der Halbinsel die Ruinen der römischen Stadt *Nora* ausgegraben, die man von See her schon erkennen kann. Nach den Funden ist Nora die wohl älteste phönizische Gründung auf Sardinien. Die schon vom 9. bis 7. Jahrhundert v. Chr. blühende Stadt besaß damals drei Häfen und war damit eine der bedeutendsten Hafenstädte Sardiniens. 238 v. Chr. wurde die Stadt römisch und war eine Zeitlang Hauptstadt der römischen Provinz Sardinien. Die Römer errichteten auf den Ruinen der karthagischen Stadt Tempel, Theater, Wohnhäuser und Werkstätten.

Die Ausgrabungsstätte ist weitläufig und dokumentiert anschaulich die Struktur und den Grundriß der römischen Stadt, von der Ruinen von Häusern, Tempeln und Thermen sowie Wasserleitungen und Abflußkanäle zu sehen sind. Besonders eindrucksvoll sind die Reste des Tanit-Tempels aus karthagischer Zeit und eines römischen Amphitheaters.

Am Fuße der Halbinsel steht die Wallfahrtskapelle *Sant'Efisio,* die im 11. Jahrhundert über dem Ort errichtet wurde, wo der heilige Ephysius den Märtyrertod erlitt. Jährlich am 1. Mai zieht eine große Prozession von Cagliari aus hierher, in Erfüllung eines Gelübdes aus dem Jahre 1657 (siehe Seite 219).

Entfernung von Porto Teulada 19 sm, von Cagliari 14 sm.

Vor der Mündung des Riu Pula, etwas mehr als 1 sm nördlich von Capo Pula, liegt das Felseneiland *Isolotto San Macario* mit einem spanischen Wachturm. Die Durchfahrt zwischen der Küste und dem Eiland sollte nur bei ruhigem Wetter erfolgen – sicherer ist es, die Felseninsel östlich zu umfahren. Nördlich der Mündung des Riu Pula erstreckt sich ein langer

Sandstrand, der im Sommer von den Bewohnern Cagliaris bevölkert wird.

Perd'e Sali
39° 01'N
009° 03'E

Der mit dem Komfort einer modernen Yachtmarina ausgestattete Hafen platzt trotz seiner etwa 400 Liegeplätze bereits aus allen Nähten und soll um weitere 300 Plätze erweitert werden.

Nördlich der *Punta Zavorra* öffnet sich der weite *Golfo di Cagliari* mit seinen Industrieanlagen. Das Gebiet um den Ölhafen *Sarroch* darf nur von Tankern angelaufen werden; das Sperrgebiet ist durch einige Leuchttonnen markiert. Aber auch ohne das Sperrgebiet wird sich keine Yacht freiwillig der Küste nähern. Dafür sorgt schon der Gestank der Raffinerien, der sich wie ein Nebel über den Golfo di Cagliari legt. Die ehemals wunderschöne Landschaft des Golfes wurde durch die gigantischen Anlagen, den petrochemischen Großkomplex von Macchiareddu und den eigens dafür angelegten Tiefwasserhafen dermaßen verunstaltet, daß der

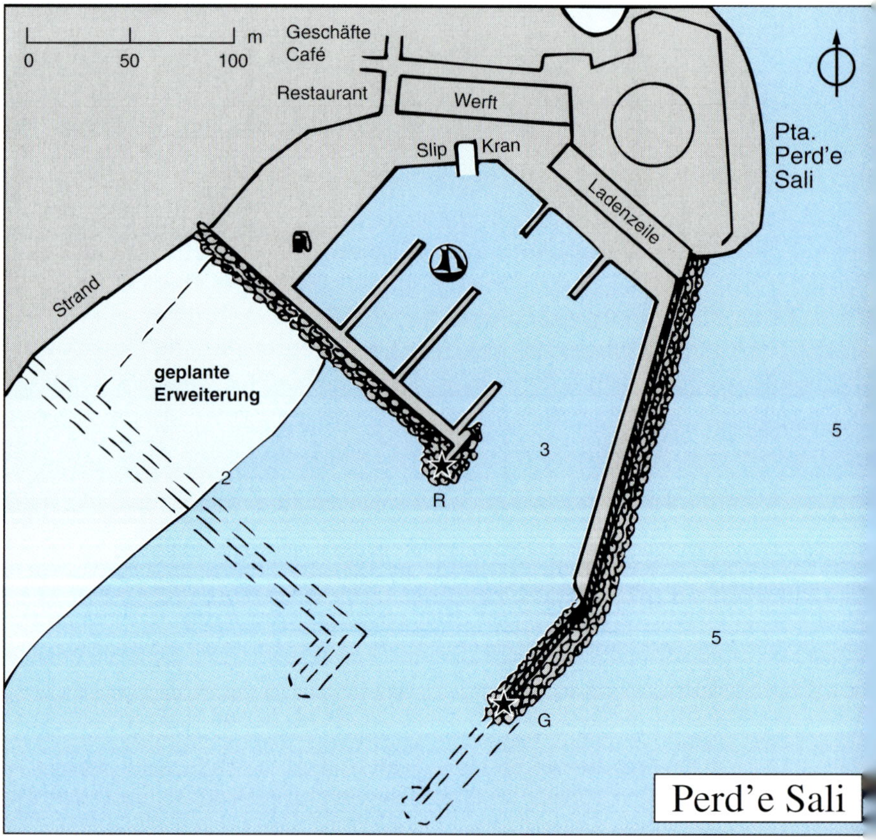

Einer der zahlreichen Wachtürme an der sardischen Küste, hier bei Buggerru

Eine der ältesten Küstensiedlungen Sardiniens: das römische Nora am Capo di Pula

17

17 Der reizvolle, gut geschützte Fischerhafen von Carloforte auf der Insel San Pietro

18 Arbatax: Graffiti an der Hafenmauer

19 Salinen bei Cagliari. Sie decken einen großen Teil des italienischen Salzbedarfs

20 Blick über die Altstadt von Cagliari auf den Hafen

18

21

21 Bizarre Porphyrformationen an der Küste bei Arbatax

22 Einfahrt in die Grotta del bue Marino südlich von Cala Gonone

22

fast 25 km lange Strand im Südwesten von Cagliari aufgegeben wurde und die Stadt damit auch für Besucher viel von ihrem Reiz verloren hat.
Mit dem in den Salinen von Cagliari gewonnenen Salz und libyschem Erdöl werden in Macchiareddu Chemiegrundstoffe für die norditalienische Industrie hergestellt. Nur riesige Subventionen ermöglichen es dem Industriegiganten, noch mit halber Kraft zu arbeiten – die aufwendigen Transportwege machen die Produktion unwirtschaftlich. Die einzigen, die sich an den Industrieanlagen nicht stören, sind die Flamingos, die alljährlich im Herbst aus Südfrankreich herkommen, um den Winter in dem milden Klima der Lagunen von Cagliari zu verbringen. Selbst der nahegelegene Flugplatz stört sie wohl kaum: Man sieht sie oft an der Rollbahn stehen, gleichsam lebende Pistenmarkierungen.

Cagliari
39° 12′N
009° 06′E

ist mit rund 250 000 Einwohnern nicht nur die größte Stadt Sardiniens, sie ist auch Verwaltungshauptstadt der autonomen Region Sardinien und Provinzhauptstadt, wichtigste Hafenstadt und der wirtschaftliche und kulturelle Mittelpunkt der Insel. Cagliari zählt zweifellos zu den schönsten Hafenstädten des Mittelmeerraumes. Ihre Gründer haben sich vor 5000 Jahren ein fantastisches Panorama ausgesucht: im Hintergrund die Bergregion des Sarrabus mit seinen reichen Silbervorkommen, vor der Stadt die weiten Lagunen und die fruchtbare Tiefebene, über die der Blick an klaren Herbsttagen bis zu den Bergen der Sulcis-Kette reicht – wenn er nicht durch die Abgaswolken der petrochemischen Industrie getrübt wird.
Die Stadt wurde von den Phönikern gegründet und hatte als Hafenstadt immer eine bedeutende wirtschaftliche und politische Stellung im Mittelmeerraum, wozu nicht zuletzt ihre günstige strategische Lage beitrug. Nach den Phönikern übernahmen die Karthager die Stadt und nannten sie Karel. 238 v. Chr. eroberten die Römer Karel und nannten es Caralis.
Nach dem Zusammenbruch des Römischen Reiches gaben sich die Besatzungsmächte quasi die Klinke in die Hand: Den Byzantinern folgten die Langobarden und Araber. Die Seerepubliken Pisa und Genua kämpften lange und verbittert um den Besitz der Stadt, bis sie schließlich an die Spanier des Hauses Aragon fiel. Jede Epoche der bewegten Geschichte Cagliaris, das wesentlich älter als Rom ist, hinterließ bedeutende Zeugnisse, für deren Besuch sich allein schon ein längerer Aufenthalt in der Stadt lohnt.

Ansteuerung (Seekarten: D 501 und 674, BA 1990 und 1208, I 45 und 46): Die Raffinerien von Sarroch sind schon von weitem gut zu erkennen. Südöstlich von Cagliari steht am Capo Sant'Elia ein weittragendes Leuchtfeuer (Fl(2) 10s 21M). Außerdem erleichtert das Flugfunkfeuer von Cagliari (CAG, Frequenz 368 kHz, Reichweite 40 sm) die Ansteuerung. Die Molenköpfe sind befeuert, und zahlreiche weitere Feuer im Hafen weisen den Weg zu den für Yachten geeigneten Liegeplätzen.

Liegeplatz: a) In der nordwestlichen Ecke des Hafens finden Yachten bei der Cantiere Motomar Sarda sichere und bequeme Liegeplätze mit Festmachebojen sowie Strom- und

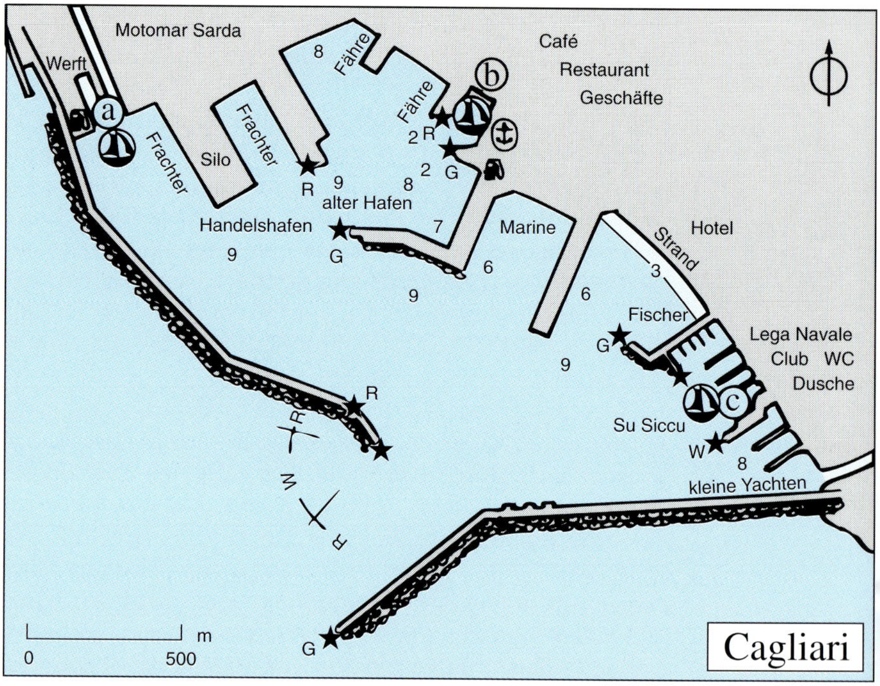

Wasseranschlüssen. Kraftstoff erhält man an einer zu dem Werftbetrieb gehörenden Tankstelle am Kai. Duschen und Toiletten finden sich bei der Werft.

b) Im öffentlichen Hafen legen Gastyachten unter ausländischer Flagge an der im Plan verzeichneten Stelle an der Banchina Dogana (nordwestliche Mole des inneren Beckens) an (die ersten 20 Liegeplätze sind hierfür reserviert). Yachten unter italienischer Flagge machen an dem gegenüberliegenden Kai vor dem Büro der Hafenmeisterei fest.

c) An der Steganlage der Lega Navale Italiana finden Yachten ebenfalls bequeme Liegeplätze, die teilweise mit Festmachebojen, teilweise mit Grundleinen ausgestattet sind. Wasseranschlüsse an den Stegen. Kraftstoff erhält man an der Tankstelle im inneren Hafenbecken in der Nähe des Hafenbüros und, bequemer, bei Motomar Sarda.

Hafenmeister: Das Büro der Capitaneria di Porto liegt im Zentrum des öffentlichen Hafens bei den Liegeplätzen zu b) (Telefon 66 94 67). Unter den zahlreichen Aushängen in den Amtsräumen den neuesten Wetterbericht zu finden, ist nicht immer einfach – die freundlichen Beamten helfen aber bei der Suche. Die Capitaneria ist über die UKW-Kanäle 16 und 11 (als Arbeitskanal) zu erreichen, aber meist mit der Berufsschiffahrt so beschäftigt, daß man kaum durchkommt.

Reparaturmöglichkeiten: Die Cantiere Motomar Sarda (Telefon 65 09 00 und 66 81 12) verfügt über einen 22-t-Travellift und eine Slipanlage. Sie führt Reparaturen aller Art aus. Darüber hinaus gibt es in der Umgebung des Hafens mehrere kleine Werftbetriebe – einen davon in der Nähe der Steganlage der Lega Navale –, die Reparaturen ausführen. Schiffszubehör erhält man bei der Cantiere Motomar Sarda und in mehreren Geschäften in der Nähe des Hafens.

Versorgung: Entsprechend der Größe der Stadt finden sich zahlreiche Lebensmittelgeschäfte, ein großer Markt, unzählige Restaurants und Cafés. „Andai a Casteddu pro pappai" (nach Cagliari zum Essen gehen) ist denn auch ein geflügeltes Wort bei den Sarden. Nirgendwo auf Sardinien gibt es so viele gute Restaurants auf engstem Raum. Die meisten liegen in dem Viertel zwischen Hafen, Bahnhof und Festung. In den Restaurants wird fast ausschließlich sardisch gekocht; es überwiegen Gerichte aus Fisch und Meeresfrüchten. Von den vielen guten Ristoranti und Trattorie seien hier nur einige erwähnt: „Dal Corsaro", in einem gut erhaltenen Jugendstilhaus – der Gastraum voller Bilder, Stiche und Kleinkunst. Gemütliche Atmosphäre und eine hervorragende Küche machen das Restaurant zu einer der besten Adressen auf Sardinien, wozu auch „Da Bruno" gehört. „Pappa e Citti" muß allein schon wegen des lustigen Namens „Iß und schweig" genannt werden, aber auch die Küche kann sich sehen und vor allem essen lassen. Von außen allerdings ist der ehemalige Lagerschuppen, der sich optisch nicht von den umgebenden Werkstätten abhebt, kaum als Topadresse für kulinarische Genüsse zu erkennen. „Corallo" und „Due Archi" in der Via Napoli bieten eine große Auswahl an Fisch und Meeresfrüchten. Im „Gennargentu" erhält man außer einer guten Fischsuppe vieles aus dem Landesinneren – Zicklein, Lamm, Innereien. Im „La Tartaruga" serviert man fantasievolle Küche, basierend auf alten sardischen Rezepten.

Veranstaltungen: Vom 1. bis 5. Mai findet in Cagliari das größte der traditionellen sardischen Feste zu Ehren des Schutzheiligen der Insel, Sant'Efisio, statt. In Erfüllung eines Gelübdes aus dem Jahre 1657 wird die Statue des Schutzheiligen von Cagliari aus 30 km weit zu der Wallfahrtskirche Sant'Efisio am Capo di Pula getragen. Da die Veranstaltung außerhalb der Touristensaison liegt, sind die Sarden noch unter sich – noch hat sie nicht den Beigeschmack einer touristischen Trachtenschau bekommen, sondern stellt sardisches Brauchtum in seiner ursprünglichen Form dar.

Wie schon vor dreihundert Jahren wird der Zug von den „Traccas" angeführt, von Ochsen gezogenen, bunt geschmückten Karren mit jungen Mädchen darauf, die volkstümliche Lieder singen. Ihnen folgt ein langer Zug der verschiedenen Volksgruppen in Trachten, hauptsächlich aus den Provinzen Cagliari, Oristano und der Bergregion der Barbagia. Nach den Trachtengruppen kommen die Reiter: voran die aus der Campidano-Ebene mit ihren prächtig herausgeputzten Pferden mit Blumen am Zaumzeug; danach die Milizen in ihren scharlachroten Uniformen – mit alten Büchsen und Säbeln bewaffnet, bieten sie einen farbenprächtigen Anblick. Die Milizen bildeten früher die Nationalgarde, die neben den regulären Truppen Dienst tat. Als nächstes folgen die Edelleute und weltlichen Würdenträger. Ihre Tracht ist ein Frack, wie er bei den Behörden in jener Zeit getragen wurde, als das Gelübde abgelegt wurde, jährlich diese Prozession zu veranstalten.

Hinter ihnen geht der „Alternos", der Bürgermeister der Stadt, geschmückt mit der Ehrenkette, die seinem Amtsvorgänger zur Zeit Karls III. als Vertreter der Königsgewalt verliehen worden war. Er wird begleitet von der im 16. Jahrhundert gegründeten „Erzbruderschaft", in deren Mitte auf einem reichgeschmückten Ochsenkarren die Statue des Sant'Efisio mitgeführt wird. Musikgruppen mit Launeddas und anderen alten sardischen Instrumenten folgen. Danach kommen Abordnungen des Militärs und schließlich die unzählbaren Pilger.

Unterwegs wird mehrmals angehalten, wobei nicht nur Messen zelebriert werden, sondern in erster Linie für das leibliche Wohl der Pilger gesorgt wird. Am 4. Mai kehrt die Prozession zurück nach Cagliari.

4. Juli: Fest der Madonna di Bonaria – ein großes Fischerfest mit Bootsprozession.

Bademöglichkeiten: Nachdem der Strand südwestlich von Cagliari nicht mehr zu benutzen ist, ziehen die Einwohner der Stadt im Sommer an die Spaggia del Poetto im Seno di Quartu, einer weiten Bucht östlich von Cagliari. An dem etwa 10 km langen flachen Strand herrscht an Sommerwochenenden ein Betrieb, wie man ihn sich an der Copacabana vorstellt. Zwischen der Straße und dem Strand steht eine Strandbar und ein Restaurant neben dem anderen. Tausende von kleinen Strandhäuschen säumen den Strand.

Entfernungen von Cagliari: Porto Teulada 33 sm, Marina Piccola di Poetto 4 sm, Villasimius 20 sm, Arbatax 82 sm.

Die Stadt bietet dem Besucher zahlreiche Sehenswürdigkeiten aus beinahe allen Epochen ihrer bewegten Vergangenheit. Nördlich des Handelshafens steht das *Rathaus*, das Ende des 19. Jahrhunderts neugotisch im Stil der aragonesischen Zeit erbaut wurde. In den Ratssälen kann man bemerkenswerte Gobelins und Fresken mit folkloristischen Motiven bewundern.

Durch kleine Gassenzugänge von der Via Roma, der Hafenpromenade, oder über die Largo Carlo Felice gelangt man in das *Marina-Viertel* mit seinen engen, schmalen Gassen, in denen die Wäsche von einer Straßenseite zur anderen zum Trocknen hängt. Früher war es das Viertel der Fischer und Seeleute. Die Häuser haben schöne Stuckfassaden, deren abbröckelnde Pracht inzwischen an vielen Stellen renoviert ist. Ein lebendiges Viertel voll quirligen Lebens mit einer Vielzahl von Tante-Emma-Läden, Werkstätten, Restaurants und Cafés.

Über eine prunkvolle Freitreppe gelangt man zur *Terrazza Umberto I.*, einer parkartigen Aussichtsterrasse mit Ruhebänken und Straßencafés ringsum. Der prachtvolle Blick auf die Stadt, den Hafen, den ganzen Golfo di Cagliari und die Berge des Hinterlandes lohnt die Mühe des schweißtreibenden Aufstiegs.

Ganz in der Nähe erreicht man über die Via Università den *Palazzo dell' Università*, die älteste Universität Sardiniens, die von spanischen Jesuiten gegründet wurde. Sie enthält unter anderem eine berühmte Bibliothek mit über 100 000 Bänden, darunter wertvolle Handschriften wie die „Carta de Logu" von Eleonara von Arborea.

Gegenüber der Universität steht das Wahrzeichen Cagliaris, der *Torre dell' Elefante*, der 1307 von dem pisanischen Festungsbaumeister Joannes Capula errichtet wurde. Die riesigen Blöcke und Quadersteine, aufgelockert durch eine Vielzahl von Schießscharten, sind ohne Mörtel zusammengefügt und haben bis heute allen Anstürmen widerstanden. Der Name „Elefantenturm" stammt von einer Elefantenfigur, die man auf einem Sockel neben dem mit einem Fallgatter versehenen Torbogen sieht. Früher wurden hier als abschreckendes Beispiel die Köpfe der enthaupteten Verbrecher ausgestellt – hauptsächlich von Sarden, die sich verbotenerweise nachts in der Stadt aufgehalten hatten. Ähnlich wie in Alghero war es auch in Cagliari den Sarden nicht erlaubt, innerhalb der Stadtmauern zu wohnen.

Weitere Treppen führen zu der noch höher gelegenen mittelalterlichen Stadtburg, dem *Castello,* dessen Stadtmauern noch fast vollständig erhalten sind und durch die nur zwei Tore in das Innere führen. Hoch über der heutigen Stadt liegen die engen und dunklen Gassen mit malerischen Häusern, die allerdings nicht sehr wohnlich wirken.

Am höchsten Punkt des Castello steht Sardiniens bedeutendstes archäologisches Museum, das *Museo Nazionale* mit einer einmaligen Sammlung von Bronzefiguren aus der Nuraghenzeit. Die Figuren stellen überwiegend Menschen, aber auch Tiere und häufig Boote dar. Trotz aller Abstraktion und der Stilisierung formaler Elemente wirken sie sehr individuell und tragen die persönliche Handschrift ihres Schöpfers. Die Haltung und der Gesichtsausdruck erinnern immer wieder an sardische Menschen, wie man sie noch heute häufig im Inselinnern antrifft. Die menschlichen Darstellungen zeigen überwiegend Krieger und Stammesfürsten, denen man ihr Selbstbewußtsein und ihre Bereitschaft zum Handeln ansieht, aber auch, als Folge kriegerischer Handlungen, Mütter mit ihren toten Söhnen in den Armen. Besonders hübsch sind auch die Darstellungen der Schiffe in ihren urtümlichen abstrahierten Formen. Die Figuren waren Votivgaben und wurden hauptsächlich in Gräbern, Brunnenheiligtümern und Kultstätten gefunden.
Weiterhin bietet das Museum eine umfangreiche Sammlung von Waffen und Gerätschaften aus der Nuraghenzeit, die jene Epoche vor den Augen des Betrachters lebendig werden läßt. Aber auch die vor-nuraghische Kultur ist mit einigen wichtigen Exponaten wie der Skulptur der „Venus von Macomer“ aus der zweiten Hälfte des 3. Jahrtausends v. Chr. und der „Madre Mediterranea“ vertreten.
Sehenswert sind auch die Funde aus der phönizischen und karthagischen Besatzungszeit mit der „Stele von Nora“, der ersten bekannten Inschrift auf Sardinien aus dem 8. vorchristlichen Jahrhundert. Die Funde ermöglichen dem Besucher einen Einblick in eine fremde Kultur, deren Menschenbild von grausamen Göttern beherrscht war. Eine Kultur, die über Karthago eng an die kulturelle Entwicklung Nordafrikas angebunden war mit starken Einflüssen aus Ägypten.
Darüber hinaus dürfen natürlich die Zeugnisse der römischen Besatzungszeit nicht fehlen mit zahlreichen Skulpturen, Mosaiken und dokumentarischen Inschriften. Bemerkenswert sind die Bildnisse der römischen Kaiser Augustus, Drusus, Britannius, Germanicus und Nero. Eine umfangreiche Sammlung profaner Kunst, kostbare Goldschmiedearbeiten, Armreifen, Ohrringe und Halsketten sowie wertvolle Gläser und Vasen, rundet die Ausstellung ab.
Dem Museum angeschlossen ist eine große Sammlung sardischer Malerei aus der Zeit vom 13. bis 15. Jahrhundert und spanischer Malerei aus dem 15. und 16. Jahrhundert.

Der im 13. Jahrhundert im pisanischen Stil erbaute *Duomo* wurde später gotisch ergänzt und im 17. Jahrhundert im katalanischen Barockstil umgebaut. Die ursprüngliche Fassade mit den dreistöckigen Säulenkolonnaden wurde 1933 nach alten Plänen aus dem noch erhaltenen Baumaterial wiederaufgebaut. Sehenswert sind die Krypta und das Dommuseum mit einem Triptychon, das ein spanischer Soldat bei der Plünderung Roms 1527 gestohlen und, von Gewissensbissen geplagt, bei der Rückreise in Cagliari zurückgelassen hatte.

Das bedeutendste und größte noch erhaltene römische Bauwerk auf Sardinien ist das *Amphitheater*, in einer windgeschützten Mulde gelegen, die Stufen in den Berghang eingehauen. Es stammt aus dem 2. Jahrhundert n. Chr. und bot über 20 000 Zuschauern Platz – nahezu den gesamten Einwohnern der Stadt. Die Arena, die Gräben für die wilden Tiere, die Unterführungen und die Stufenreihen sind noch so gut erhalten, daß im Sommer regelmäßig Konzert- und Opernveranstaltungen stattfinden, die von der Atmosphäre her beeindruckend sind.

Unweit des Amphitheaters liegen die 1827 angelegten *Stadtgärten* mit ihren von Palmen bestandenen Wegen, prächtigen Blumenbeeten und ihrer üppigen südlichen Vegetation. Sie bieten einen herrlichen Blick auf die Stadt, das Meer und den Golf von Cagliari.

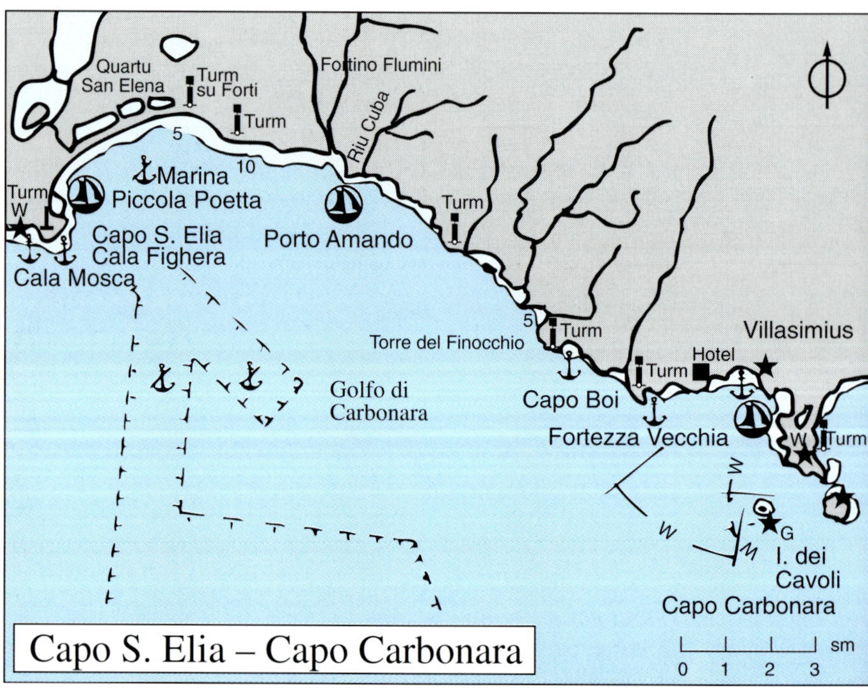

Capo S. Elia – Capo Carbonara

Darüber hinaus gibt es noch eine Vielzahl sehenswerter Kirchen wie *San Michele, Sant'Efisio,* die Basiliken *Bonaria, San Saturnino* und *San Domenico,* Reste aus der karthagischen und römischen Zeit wie die *Nekropolis,* das *Haus des Tigellius*, das *Grab der Attilia Pomptilla* und die *Grotta della Vipera,* Museen, Gemäldegalerien und öffentliche Gebäude aus der Zeit der spanischen Besatzung und der piemontesischen Zeit.

Wer der Betriebsamkeit des Hafens und des Trubels der Großstadt überdrüssig ist, der findet am Capo Sant'Elia westlich des Leuchtturmes zwei einsame Ankerbuchten:

Cala Mosca und **Cala Fighera** Die beiden nach Süden offenen Buchten liegen am Fuße des Monte Sant'Elia, malerisch umrahmt von den steil aufragenden Hügeln des Capo Sant'Elia, das von weitem wie eine Insel aussieht.

39° 11′N
009° 09′E

Marina Piccola Poetto an der Ostseite des Capo Sant'Elia ist der Yachthafen von Cagliari. Er bietet Yachten aller Größen sichere und bequeme Liegeplätze.

39° 12′N
009° 10′E

Ansteuerung (Seekarten: D 501 und 674, BA 1990 und 1208, I 45 und 46): Bei Tage dient das 135 m hohe Capo Sant'Elia mit seinem Leuchtturm (Fl(2) 10s 21M) über der sonst flachen Küste als Ansteuerungspunkt. Nachts kann man sich an dem Leuchtfeuer orientieren. Die Molenköpfe des Hafens sind ebenfalls befeuert (Fl. G. 5s und Fl. R. 5s).

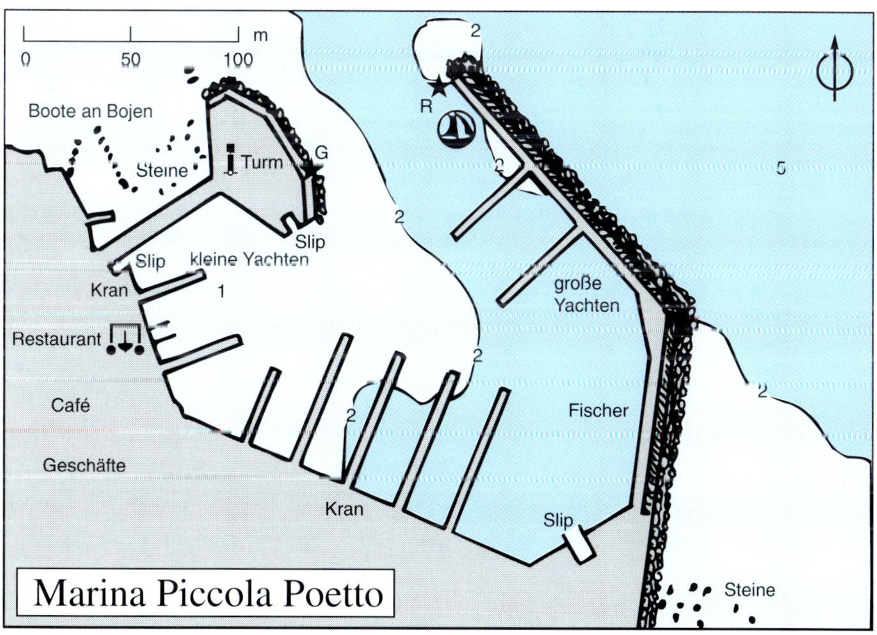

Liegeplatz: Für durchreisende Yachten sind die ersten 50 m am Kopf der Ostmole reserviert. Hier legt man an Festmachebojen, Heck zur Mole, an. Ist alles belegt, so sucht man an einem der Stege einen Platz. Auch diese Liegeplätze verfügen über Festmachebojen, teilweise auch über Grundleinen. An allen Plätzen Strom- und Wasseranschlüsse. Duschen und Toiletten befinden sich in den Clubhäusern der Lega Navale und des örtlichen Yachtclubs.

Hafenmeister: Für die öffentlichen Liegeplätze ist die Capitaneria di Porto in Cagliari zuständig. Die Plätze an den Stegen und am inneren Kai werden vom örtlichen Yachtclub und der Lega Navale Italiana (Telefon 370285) verwaltet.

Reparaturmöglichkeiten: Drei Slipanlagen und mehrere Kräne bis zu 20 t Tragkraft stehen zur Verfügung. Eine Yachtwerft führt Reparaturen aller Art aus. Dort erhält man auch Schiffszubehör.

Versorgung: Im Ort Poetto gibt es Lebensmittelgeschäfte, Restaurants und Cafés. Am Strand finden sich zahllose Cafés und Restaurants.

Bademöglichkeiten: Die weite Bucht des Seno di Quartu mit ihrem 10 km langen Strand ist beliebtes Ziel der Bewohner von Cagliari.

Entfernungen von Marina Piccola di Poetto: Cagliari 4 sm, Villasimius 16 sm, Arbatax 78 sm.

Ein Spaziergang zum Torre Sant'Elia auf dem Vorgebirge wird mit einer prächtigen Aussicht auf den östlichen Teil des Golfo di Cagliari belohnt. Östlich des Golfo di Cagliari erstreckt sich einer der schönsten Küstenstriche Sardiniens. Kleine Strände, Buchten und malerische Klippen wechseln einander ab. Einzigartig die Farben des Meeres und immer wieder am Ufer die spanischen Wachtürme.

Porto Armando
39° 12′N
009° 18′E

Westlich der Mündung des Riu Cuba ist der neue Yachthafen Porto Armando im Bau, der Yachten bis 25 m Länge und 2,50 m Tiefgang an den Stegen und Kais Liegeplätze sowie nach seiner Fertigstellung allen Komfort einer modernen Marina bieten wird.

Torre del Finocchio
39° 08′N
009° 23′E

Dicht östlich des auf einem kleinen Vorgebirge stehenden Turmes findet man in einer malerischen Bucht einen außer gegen südliche Winde gut geschützten Ankerplatz.

Auch nördlich des Turmes bietet eine Bucht auf 2 bis 5 m Wassertiefe vor einem kleinen Sandstrand einen angenehmen Ankerplatz.

Capo Boi
39° 07′N
009° 27′E

Östlich der Felshuk, die von einem spanischen Wachturm überragt wird, liegt eine hübsche und einsame Bucht, in der Yachten einen gegen Winde aus dem 4. Quadranten geschützten Ankerplatz finden. Man ankere in Höhe des Turmes auf etwa 5 m Wassertiefe.

Golfo di Carbonara

An den Ufern dieser weiten Bucht sind in den letzten Jahren zahlreiche Hotels, Feriensiedlungen und Sommerhäuser gebaut worden. Yach

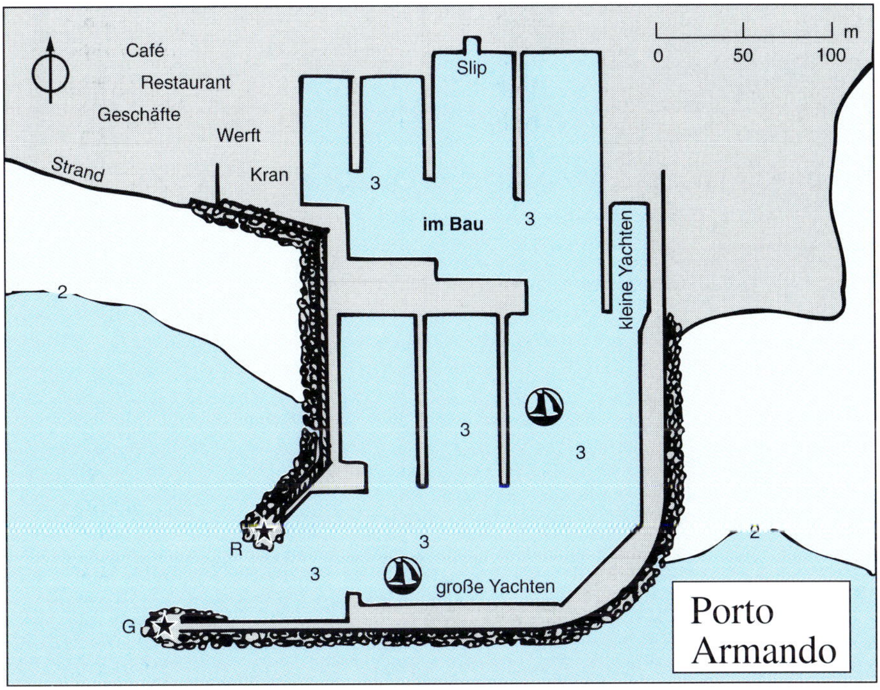
Café
Restaurant
Geschäfte
Werft
Kran
Strand
Slip
0 50 100 m
3
im Bau
3
kleine Yachten
2
3
3
R
3
3
große Yachten
G
2
Porto Armando

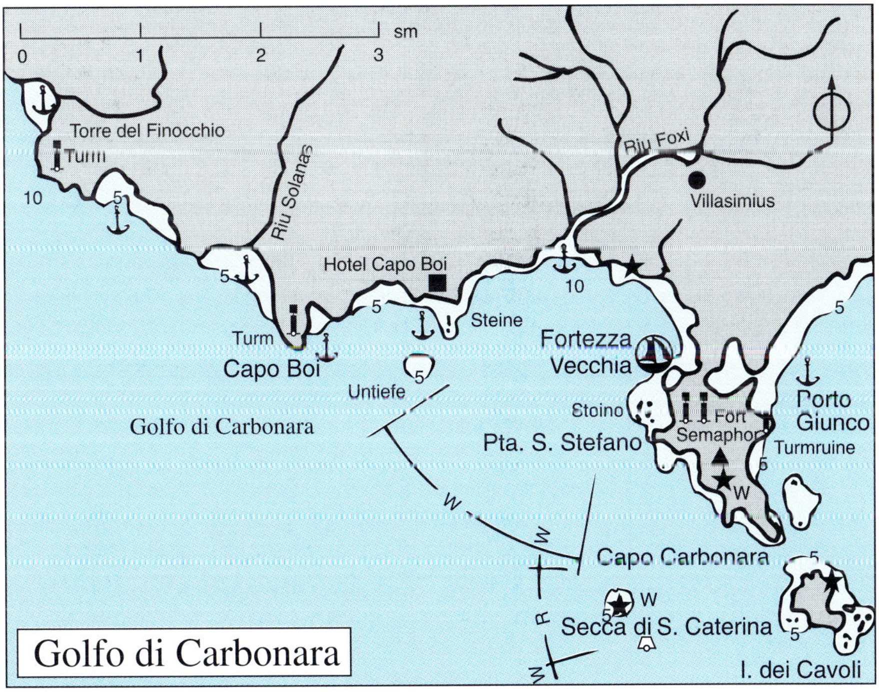
0 1 2 3 sm
Torre del Finocchio
Turm
10
5
Riu Solanas
Riu Foxi
Villasimius
Hotel Capo Boi
5
10
5
Steine
Turm
Capo Boi
Fortezza Vecchia
Untiefe
5
Golfo di Carbonara
Steine
Fort
Semaphor
Pta. S. Stefano
Porto Giunco
Turmruine
5
W
5
W
W
Capo Carbonara
5
W
Secca di S. Caterina
5
R
W
I. dei Cavoli
Golfo di Carbonara

ten finden außer dem Fischer- und Yachthafen von Villasimius (Fortezz Vecchia) zahlreiche Ankermöglichkeiten. Im Zentrum der Bucht steht ar Ufer ein Leuchtfeuer (Fl. 5s 6M), das die von Untiefen freie Zufahrt i den Golfo di Carbonara bescheint, sichtbar von 009° bis 058°.

Villasimius (Fortezza Vecchia) Am Ostufer des Golfo di Carbonara findet man bei der spanischen Festungsturm Fortezza Vecchia den Fischer- und Yachthafe von Villasimius. Der Ort Villasimius selbst liegt etwa 3 km landeinwärts.

39° 07′N
009° 30′E

Ansteuerung (Seekarten: D 501, BA 1990, I 45): Der Festungsturm auf einer Landzunge wes lich des Hafens ist schon von weitem gut auszumachen. Bei Nacht erleichtert das wei tragende Leuchtfeuer von Capo Carbonara (Fl. 7,5s 23M) die Ansteuerung. Die beide Molenköpfe sind zwar befeuert, jedoch sollte man nur mit größter Vorsicht einlaufer denn die zahlreichen Untiefen und flachen Stellen außerhalb des Hafens machen eine Yacht mit mehr als 1,50 m Tiefgang selbst am Tage Schwierigkeiten. Das Leuchtfeue von Capo Carbonara ist zusammen mit dem Flugfunkfeuer (CAR, Frequenz 402 kH. Reichweite 100 sm) wichtigste Ansteuerungsmarke der Südostspitze Sardiniens.

Liegeplatz: Yachten legen je nach Tiefgang am vorderen Teil der Westmole, an der Ostmole oder an den Schwimmstegen an.

Reparaturmöglichkeiten: Zwei Slipanlagen für flachgehende Boote und ein 12-t-Autokran stehen zur Verfügung. Ein kleiner Werftbetrieb führt Reparaturen aller Art aus.

Versorgung: Am Hafen findet man ein Café und auf dem nahegelegenen Campingplatz ein Lebensmittelgeschäft. In Villasimius gibt es mehrere Lebensmittelgeschäfte, Restaurants und Cafés, wobei die Restaurants der Hotels „Stella d'Oro" und „Bolognese" mit guter Küche aufwarten.

Bademöglichkeiten: Nördlich des Hafens liegt der Strand Spiaggia di Riso mit dem gleichnamigen Campingplatz.

Entfernungen von Villasimius: Cagliari 20 sm, Porto Corallo 25 sm, Arbatax 62 sm.

Ein Besuch des Ortes Villasimius, der sich malerisch an einem Hang hinaufzieht, lohnt sich, ebenso wie ein Spaziergang Richtung Leuchtturm, der allerdings in einem militärischen Sperrgebiet liegt, zu dem auch der Semaphor gehört. Kurz vor dem Zaun ermöglicht eine Aussichtsplattform einen herrlichen Blick auf den Golfo di Carbonara und den Golfo di Cagliari.

Capo Carbonara bis Arbatax

Capo Carbonara – Porto Corallo

Östlich von Capo Carbonara beginnt die *Costa Rej,* die „Königsküste“. Hier hat in den letzten Jahren eine touristische Entwicklung begonnen, die nur mit der Erschließung der Costa Smeralda im Nordosten Sardiniens vergleichbar ist. Die ehemals einsame, traumhafte Landschaft mit ihrem über 10 km langen Sandstrand ist bereits zur Hälfte mit Hotelkomplexen, Feriensiedlungen, Bungalowdörfern und Campingplätzen verbaut worden. Südlich von Capo Carbonara erhebt sich die von zahlreichen Klippen umgebene

Isola dei Cavoli mit ihrem Leuchtturm (Fl(2). W/R. 10s 11/8M). Der rote Sektor deckt die westlich liegende Untiefe *Secca di Santa Caterina* ab, die durch eine beleuchtete rot-schwarze Untiefentonne mit zwei Bällen als Toppzeichen gekennzeichnet ist (Q(9) 15s 5M). Bei ruhigem Wetter kann man in der

Cala di Ponente im Nordwesten der Insel bei dem Steg für das Leuchtturm-Personal oder im Süden in der

Cala Cipro auf 3 bis 6 m Wassertiefe ankern und der ansonsten unbewohnten Insel einen kurzen Besuch abstatten.

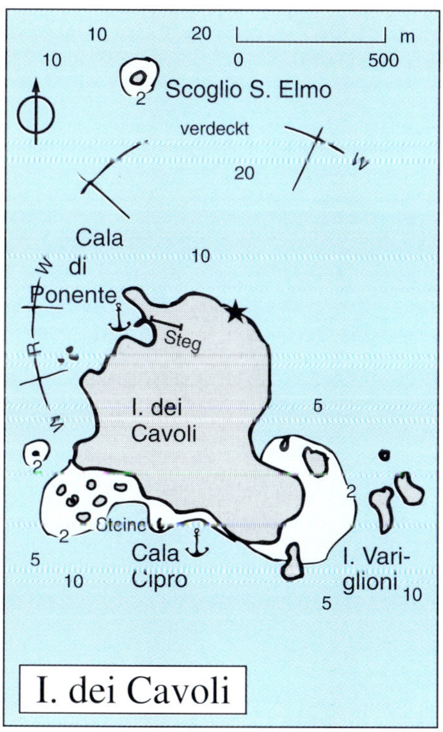

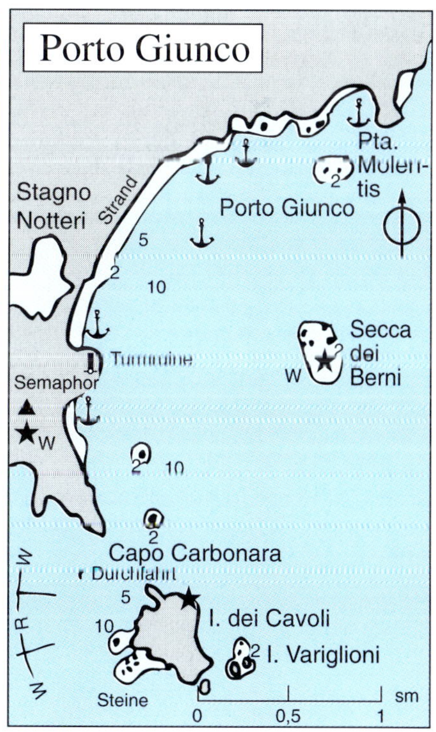

Porto Giunco
39° 07′N
009° 31′E

ist eine 2 sm breite Bucht zwischen dem *Torre Giunco* und der *Punta Molentis*. Etwas mehr als 1 sm östlich davon liegt die durch eine Leucht-tonne (Fl(2) 6s 4M) gekennzeichnete Untiefe *Secca dei Berni*.
Die Bucht bietet bei Winden aus dem 4. Quadranten guten Schutz. Man ankere an einer der im Plan Seite 229 verzeichneten Stellen auf 3 bis 5 m Wasser über gut haltendem Sandgrund.

Etwa 2 sm östlich vor der Küste liegt die Insel

Serpentara
39° 09′N
009° 35′E

mit der Ruine des Wachturmes *Torre di San Luigi* an ihrer Nordostseite. Die unbewohnte Insel bietet zwei einsame Ankerplätze, die man bei ruhigem Wetter aufsuchen kann:

Cala San Luigi heißt die Bucht südlich der Turmruine. Man sollte den Ankerplatz von Süden anlaufen, da die Durchfahrt zwischen der Insel Serpentara und den nördlich davor liegenden Klippen *Variglioni* nur Yachten mit geringem Tiefgang möglich ist. Man ankere auf etwa 5 m Wassertiefe (siehe Plan).
Ein weiterer Ankerplatz ist die im Nordwesten der Insel liegende

Cala Serpentara mit ihren felsigen Ufern. Man lasse den Anker auf 3 bis 7 m Wassertiefe fallen (siehe Plan).

Cala Pira
39° 11′N
009° 31′E

ist eine reizvolle kleine Sandbucht, die sich nach Südosten öffnet. Die begrünten Hänge sind dicht mit Ferienbungalows zugebaut, die die ursprüngliche Schönheit der Landschaft nur noch erahnen lassen.

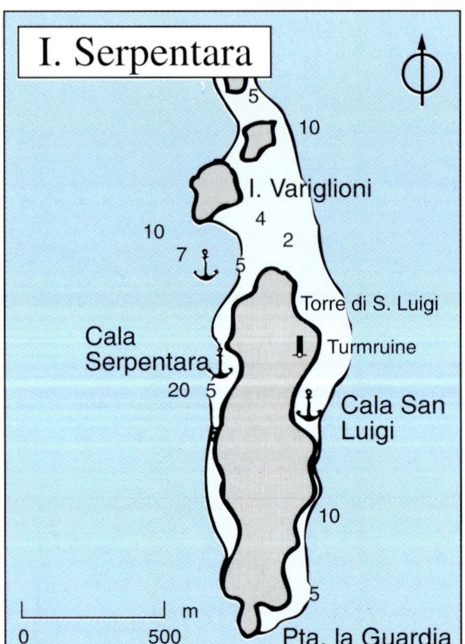

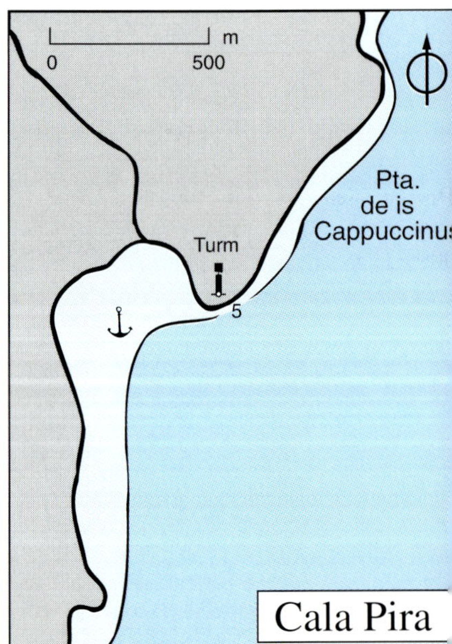

Man ankere auf etwa 5 m Wasser über gut haltendem Sandgrund (siehe Plan). Lebensmittelgeschäft, Restaurant und Café in der Ferienanlage (nur von Juni bis September geöffnet).

Castiadas
39° 12′N
009° 31′E

ist eine weite Strandbucht zwischen der *Punta de is Cappuccinus* und dem 56 m hohen *Monte Turnu.* Sie wird nach Norden von den Klippen *Scoglio di Sant'Elmo* begrenzt. Man ankere etwa 100 bis 150 m vor dem Strand auf 3 bis 6 m Wasser über Sandgrund. Auf der Punta de is Cappuccinus steht in 150 m Höhe die Ruine der *Nuraghe Sinzias.* Von hier aus hat man einen herrlichen Blick auf die Costa Rej, die königliche Küste.

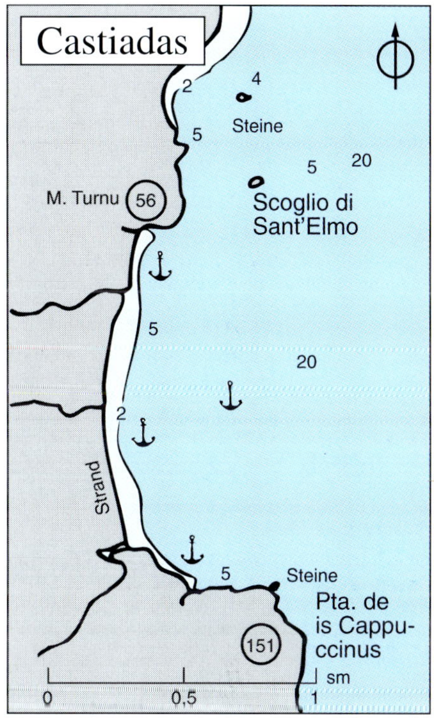

Das *Capo Ferrato* mit seinem Leuchtturm (Fl(3) 10s 11M) ragt wie ein Finger etwa 1 sm nach Osten vor und bietet mit dem

Portu Pirastu
39° 17′N
009° 35′E

im Süden einen hervorragenden Ankerplatz, der von rot-braunen Granitklippen eingerahmt ist. Der schattige Pinienhain rund um die sandige Bucht ist ein beliebtes Ausflugsziel der Bewohner in der Umgebung. In der Bucht liegen häufig Fischerboote, die ihren Fang jeden Morgen mit dem Auto nach Cagliari bringen. Die Fänge sind selten groß, und angesichts des aufwendigen Transports wird einem klar, weshalb in den Restaurants der Fisch so teuer ist, obwohl das Meer vor der Haustür liegt. Man ankere auf etwa 5 m Wassertiefe (siehe Plan Seite 232). Ein Aufstieg zu dem spanischen Wachturm auf dem Monte Ferru in 300 m Höhe wird durch einen fantastischen Ausblick auf die Costa Rej und die nördliche Küste mit den Lagunen von Colustrai und Torre Salinas belohnt – besonders im Abendlicht, wenn sich die ruhigen Wasserflächen der Lagunen verfärben und die Sonne hinter dem Bergmassiv der *Sette Fratelli* verschwindet.

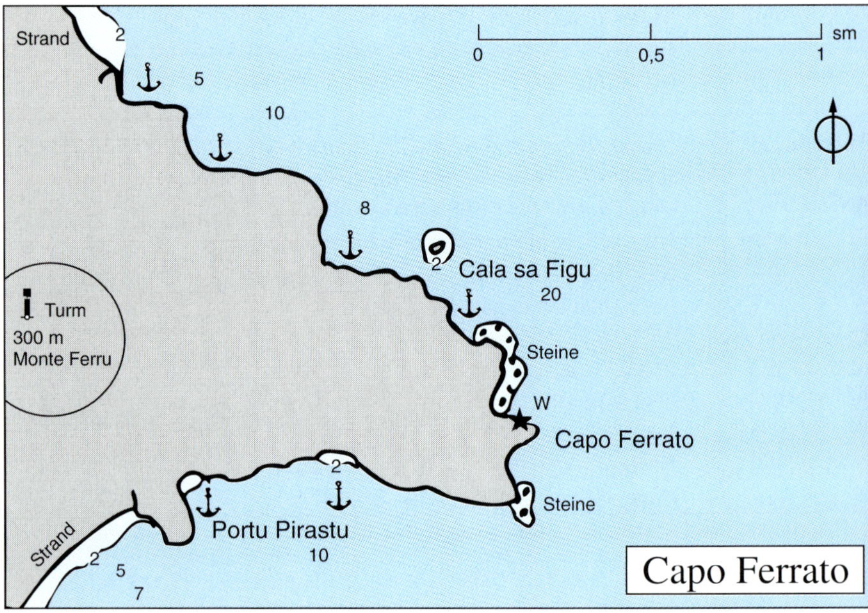

Man kann aber auch nördlich des von einem Leuchtfeuer (Fl.3 10s/11M) überragten Capo Ferrato in der

Cala sa Figu
39° 18′N
009° 35′E

auf 5 bis 8 m Wassertiefe ankern. Bei der Ansteuerung ist auf die vorgelagerten Klippen zu achten.

Entfernung von Villasimius 16 sm, von Porto Corallo 9 sm.

Etwa 3 sm nördlich von *Capo Ferrato* liegt die Einfahrt in den *Stagno dei Colustrai,* eine wunderschöne, weitverzweigte Lagunenlandschaft, in die die Flüsse Riu Picocca und Riu Corr'e Prune münden. Bei ruhigem Wetter sollte man vor der Einfahrt ankern und mit dem Beiboot in die Lagunen einfahren. Die Ufer wirken wie ein einziger großer Garten mit Obst- und Gemüsekulturen, Oliven- und Orangenhainen.
Nördlich davon erstreckt sich bis Porto Corallo ein endloser, noch recht einsamer Sandstrand. Nahe des spanischen Wachturms

Torre Saline
39° 22′N
009° 35′E

kann man bei ruhigem Wetter etwa 100 bis 200 m vor dem Strand für einen Badeaufenthalt ankern. Auf den beiden Campingplätzen gibt es ein Lebensmittelgeschäft.

Das 3,5 sm nördlich des Torre Saline liegende Flumendosa-Delta war bis 1949 eines der übelsten Malariagebiete Sardiniens. Die Region besaß praktisch nur drei größere Dörfer: Muravera, Villaputzu und S. Vito. Drainagen zur Entwässerung der Sumpfgebiete, die zugleich Gartenland schafften, und der massive Einsatz von DDT brachten Abhilfe.

Peschiera San Giovanni ist ein Fischerhafen zwischen Torre Saline und Porto Corallo. Die beiden Außenmolen von 150 und 75 m Länge sind zum größten Teil zu Kais ausgebaut worden, an denen die Boote der Fischereigenossenschaft S. Giovanni liegen. Fremde Boote dürfen den Hafen nicht anlaufen, und im Umkreis von 500 m um die Einfahrt ist die Durchfahrt verboten.

39° 24′N
009° 36′E

Porto Corallo Nahe der Mündung des *Rio Corallo,* einem Mündungsarm des *Flumendosa,* ist ein moderner Yachthafen mit einigen hundert Liegeplätzen entstanden. Bedingt durch die schöne Lage in einer natürlichen Bucht, bewacht von einem spanischen Wachturm, wird der Hafen sicher zahlreiche Yachten anziehen.

39° 26′N
009° 38′E

Noch 1812 wurde von diesem Wachturm aus das Delta des Flumendosa gegen tunesische Piraten verteidigt. Der Flumendosa ist mit 120 km Länge

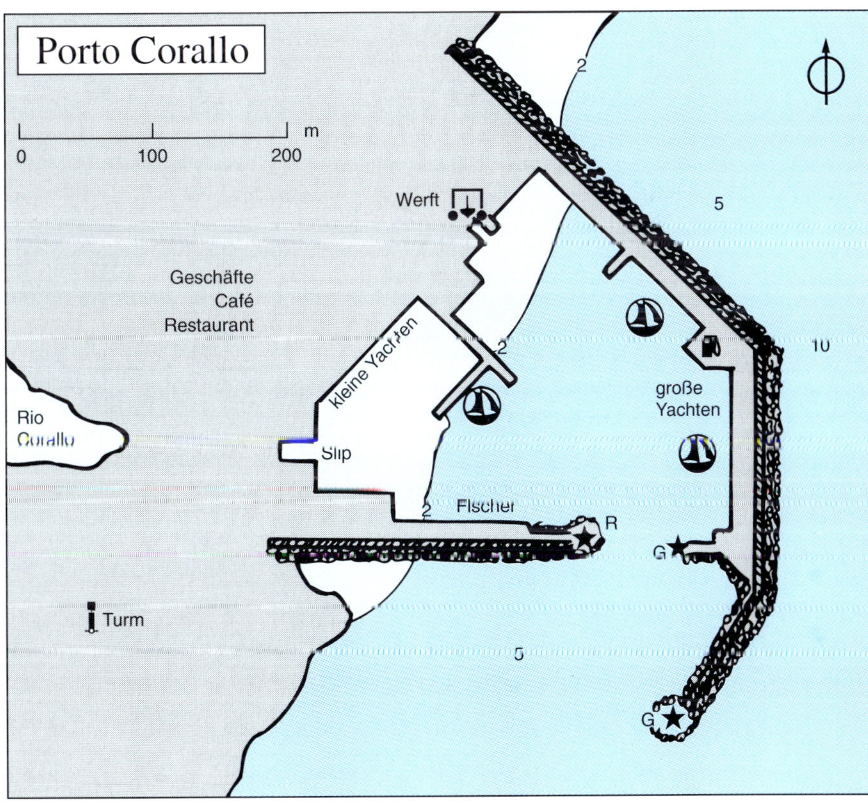

der zweitgrößte Fluß Sardiniens. Es lohnt sich, von Porto Corallo aus mit dem Beiboot flußaufwärts zu fahren. Die Fahrt führt durch eine grüne Gartenlandschaft, vorbei an der Burgruine *Gibas,* zu dem afrikanisch anmutenden Dorf *Villaputzu* mit seinen weißen Lehm- und Kalksteinhäusern.

Porto Corallo–
Capo s'Asta

Wer urtümliche, einsame Gebirgslandschaften liebt, sollte noch einige Kilometer weiter in das Gebirgsland der *Gerrei* fahren, die abgelegenste und wildeste Berggegend Sardiniens. Die mit Macchia bewachsene Felslandschaft ist eines der letzten Rückzugsgebiete für Wildschweine, Füchse, Hasen und Rebhühner. Weltabgeschiedene, von der modernen Zivilisation fast unberührte Dörfer, großartige Nuraghen und megalithische Grabhöhlen lassen die manchmal beschwerliche Fahrt zu einem unvergeßlichen Abenteuer werden. Stellenweise muß man das Beiboot mehrere hundert Meter weit über Geröllfelder tragen.

Nördlich von *Capo San Lorenzo* mit dem in 180 m Höhe stehenden spanischen Wachturm *Torre di San Lorenzo* öffnet sich die flache Bucht

Cala Murtas
39° 31′N
009° 38′E

Etwa 1 sm vor der Küste liegt das 12 m hohe Felseneiland *Isolotto di Quirra.* 500 m östlich davon befindet sich eine Untiefe mit 3,90 m Wasser, über der sich schon bei wenig Wind eine gefährliche Brandung aufbaut. Auf beide Gefahrenpunkte ist bei der Fahrt entlang der Küste besonders zu achten.

Die gut 3 sm breite Bucht wird überragt von dem in knapp 300 m Höhe etwa 3 km landeinwärts stehenden aragonesischen *Castello di Quirra.* Vom Capo San Lorenzo bis zum Torre de Murtas erstreckt sich an Land ein weites militärisches Übungsgebiet. Wenn keine Manöver oder Schießübungen stattfinden (nähere Auskünfte erhält man in den Hafenämtern von Cagliari und Arbatax), lohnt es sich, zwischen der Mündung des Flumini Durci und der Isolotto di Quirra auf 5 bis 10 m Wassertiefe über Sandgrund für einen Badeaufenthalt zu ankern.

Santa Foxi Manna ist eine malerische Bucht mit schönem Strand südlich der *Punta is Ebbas.*
39° 41′N
009° 39′E

Die nach Osten offene, etwa 1 km breite und 300 m lange Bucht bietet guten Schutz gegen Winde aus dem 4. Quadranten. Man ankere 150 m vor dem Strand auf etwa 5 m Wasser über Sand- und Kiesgrund.
Die um die Bucht steil aufragenden Berge Punta Cartucceddu mit fast 600 m Höhe, Serra Pani und Monte Moros bilden ein fantastisches Panorama.

Zwischen den Bauernhäusern und Ferienvillen hinter dem Strand findet man ein Lebensmittelgeschäft, ein Restaurant und Cafés.

Nördlich der Punta is Ebbas, um das *Capo Sferracavallo* herum bis zum *Capo s'Asta,* erstreckt sich an Land ein ausgedehntes militärisches Sperrgebiet, in dem neben italienischen und amerikanischen Truppen auch die deutsche Bundeswehr Übungen abhält. Obwohl vor dem Gebiet kein Ankerverbot besteht, sollte man doch besser nicht ankern und an Land

gehen. 1,5 sm nördlich von Capo s'Asta passiert man auf über 5 sm einen schönen Sandstrand, vor dem man im nördlichen Teil nördlich oder südlich der Landzunge mit dem spanischen Wachturm

Torre di Bari
39° 49'N
009° 42'E

auf 3 bis 5 m Wassertiefe ankern kann. Am Strand stehen einige Hotels mit gutem Restaurant und eine Feriensiedlung. Ferner gibt es hier Campingplätze und eine Surfschule unter deutscher Leitung.

Nördlich des *Torre di Bari* beginnt die für die Gegend um Arbatax charakteristische, stellenweise senkrecht aus dem Meer steigende Steilküste mit weißen und roten Klippen, spitzen Felstürmen aus rotem, bizarr zerfressenem Porphyr, hier und da unterbrochen von sandigen Strandbuchten.
Das *Capo Bellavista* steht, dicht mit Macchia bewachsen, wie eine Felsenburg vor dem flachen Küstenland im Meer. Über dem Capo Bellavista

thront in etwa 150 m Höhe der Leuchtturm mit seinem weittragenden Leuchtfeuer (Fl(2) 10s 35M und F. R. 7M). Das rote Festfeuer deckt die *Isola dell'Ogliastra* mit den sie umgebenden Klippen im Golfo di Tortoli ab.

Felsenküste bei Arbatax

An der Südseite von Capo Bellavista bieten die nach Süden offenen Buchten

Porto Frailis und **Ansa San Gemiliano** gut geschützte Ankerplätze. Die beiden Buchten werden durch einen Landvorsprung, die *Punta San Gemiliano,* voneinander getrennt, auf der ein spanischer Wachturm steht. Man ankere entweder in der Ansa San Gemiliano vor dem Strand auf 3 bis 5 m Wasser über Sandgrund oder nördlich des Turmes in Porto Frailis vor dem 350 m langen Strand auf 5 bis 10 m Wasser über gut haltendem Sandgrund.

39° 55′N
009° 43′E

In der Ansa San Gemiliano liegt hinter dem Strand eine große Feriensiedlung mit endlosen Reihenbungalows. Porto Frailis wird von einem in der Mitte der Bucht stehenden Hotel beherrscht, das über eine gute Küche verfügt.

Östlich des Porto Frailis schließt sich eine architektonisch geschmackvolle Bungalowsiedlung an, hübsch zwischen Macchia und Bäumen gelegen. Zwischen Hotel und Bungalowsiedlung befindet sich ein Campingplatz mit eigenem Bootssteg, an dem man mit dem Beiboot anlegen kann.

Im Norden von Capo Bellavista liegt die nach Osten offene kleine Bucht

Cala Morisca mit einem der schönsten Feriendörfer Sardiniens. Obwohl die Anlage erst vor einigen Jahren errichtet worden ist, hat man den Eindruck, daß es sich um ein uraltes sardisches Dorf handelt – vielleicht alles ein wenig zu glatt und zu perfekt. So wie dieses Feriendorf sah früher Gairo aus, ein kleines Dorf, das vor Jahren von einem gewaltigen Erdrutsch zerstört wurde, woraufhin die Bewohner den Ort aufgaben und an anderer Stelle ein neues Dorf errichteten. Ein Hotelarchitekt sammelte alles, was er an Plänen, Zeichnungen und Bildern von Gairo bekommen konnte, ließ aus dem von dem Erdrutsch zerstörten Dorf an Trümmerresten retten, was noch zu

39° 56′N
009° 43′E

gebrauchen war, und baute in der Cala Morisca Gairo als Feriendorf wieder auf.
Etwa 100 m vor dem Strand kann man auf 5 m Wassertiefe ankern.

Arbatax
39° 56′N
009° 42′E

mit dem hohen Vorgebirge des Capo Bellavista und seinem langen Sandstrand im Westen ist von der Lage her sicher einer der schönsten Küstenorte Sardiniens. Der Ort zieht sich über dem Hafen malerisch den Hang zum Capo Bellavista hinauf. An der baumbestandenen Hafenpromenade stehen als markante Punkte ein Festungsturm und der kleine, provinziell wirkende Bahnhof der Kleinbahn. Arbatax mit seinen rund 400 Einwohnern ist der Hafenort des 3 km landeinwärts liegenden Städtchens *Tortoli,* das mit seinen 6000 Einwohnern ein wichtiges landwirtschaftliches und industrielles Zentrum dieses Küstenstrichs ist.
Tortoli war schon in frühgeschichtlicher Zeit bewohnt, wovon mehrere Nuraghen in der Umgebung Zeugnis ablegen. Während der spanischen Besetzung war es Hauptort der Grafschaft Quirra und Sitz verschiedener Verwaltungsorgane für das fruchtbare Gebiet der *Ogliastra.* Der Hafen von Arbatax dient in der Hauptsache der Ausfuhr der landwirtschaftlichen Produkte des Hinterlandes, die mit der Kleinbahn hierher transportiert werden.
In den letzten Jahren wurde der Hafen erheblich erweitert, als Folge der im Westen von Arbatax aus dem Boden gestampften größten Papierfabrik Italiens. Sie ist eines jener in Rom am grünen Tisch geplanten unsinnigen Großprojekte, die demonstrieren sollten, wie sehr man bemüht war, auf Sardinien Arbeitsplätze zu schaffen. Das Projekt war von Anfang an zum Scheitern verurteilt, fehlte doch alles, was zur Papierherstellung gebraucht wird: Die Wälder Sardiniens waren bereits von den Spaniern abgeholzt und nicht wieder aufgeforstet worden. Für den Energiebedarf mußte erst ein Heizkraftwerk gebaut und das erforderliche Süßwasser in Leitungen von weit her geholt werden. Die begonnenen Aufforstungen mit schnell wachsenden Pinien konnten nur 20 Prozent des Holzbedarfes decken, der Rest mußte aus Rußland und Finnland über See importiert werden. Die fertigen Rollen schließlich wurden auf Schiffe verladen und nach Genua transportiert, von wo aus sie zu den Zeitungsverlagen Norditaliens gebracht wurden.
Umständlicher geht es nicht, und so nimmt es heute keinen mehr wunder, daß die Fabrik trotz beträchtlicher Subventionen aus Rom nicht einmal mehr zur Hälfte ausgelastet ist. Eines aber hat die Papierfabrik bewirkt: Es gibt wieder mehr Waldflächen, und das Süßwasser kann zur Bewässerung der Felder in der Küstenebene benutzt werden, die damit ertragreicher werden.
Zur Zeit wird an einem Fährbahnhof mit Café, Restaurant, Wartesaal etc. gearbeitet, da Arbatax verstärkt von Fähren aus Genua und Civitavecchia angelaufen werden soll.

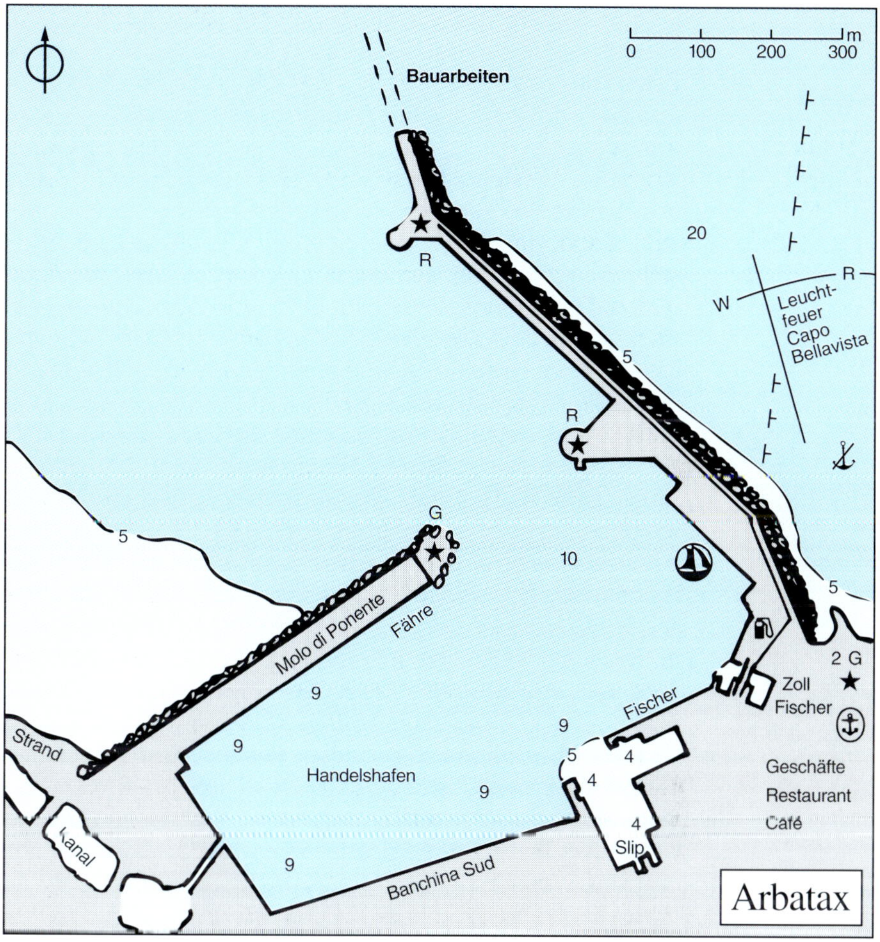

Ansteuerung (Seekarten: D 501 mit Hafenplan, BA 1990, I 44): Das 150 m hohe Vorgebirge von Capo Bellavista mit seinem Leuchtturm ist schon von weitem auszumachen. Die Hafeneinfahrt ist mit drei Feuern gekennzeichnet (Fl. R. 4s 5M, F. R. 6M und Fl. G. 4s 6M). Darüber hinaus ist der Turm an der Hafenpromenade mit 2 F G vert befeuert.

Liegeplatz: Der Hafen ist reiner Handelshafen, dementsprechend hoch sind die Kais und Molen. Yachten legen in der Südostecke vor Buganker, Heck zum Kai, an (siehe Plan). Bei der Einfahrt zu dem kleinen inneren Fischerhafen ist eine Tankstelle; Wasser erhält man aus Zapfstellen auf den Kais und Molen. Sollte man im Hafen von einem Mistral überrascht werden, kann man nach Absprache mit dem Hafenmeister zum Molo di Ponente im Handelshafen verholen.

Hafenmeister: Das Büro der Capitaneria di Porto liegt in der Südostecke des Hafens (Telefon 66 70 93). Sie ist über UKW-Kanal 16 („Circomare Arbatax") zu erreichen. Wetterberichte werden im Dienstgebäude ausgehängt.

Reparaturmöglichkeiten: Eine Slipanlage und ein 15-t-Kran stehen im Hafen zur Verfügung. In der Nähe der Papierfabrik ist ein Werftbetrieb, der auch Reparaturen ausführt.

Versorgung: Lebensmittelgeschäft, Restaurants und Cafés im Ort.

Veranstaltungen: Anfang September finden bei der Kirche oberhalb von Porto Frailis, etwa 1,5 km von Arbatax entfernt, Trachten- und Folkloredarbietungen statt.

Bademöglichkeiten: Nördlich von Arbatax liegt der kilometerlange Sandstrand des Golfo di Tortoli.

Entfernungen von Arbatax: Cagliari 82 sm, Villasimius 62 sm, Cala Gonone 22 sm, La Caletta 43 sm, Olbia 73 sm.

Eine Fahrt mit der Kleinbahn aus der Zeit des Zweiten Weltkriegs ist ein Erlebnis besonderer Art. Um 7.15 Uhr fährt die Lok mit meist nur einem Waggon ab in Richtung der Berge Innersardiniens. In endlosen Windungen und Kehren schnauft und kriecht sie die Bergstrecke nach *Lanusei* hoch. Für eine Tagesfahrt fährt man weiter bis *Seui,* wo man ohne lange Warterei in den Gegenzug umsteigen kann. Auf der Rückfahrt hält der Zug für etwa 90 Minuten in Lanusei (Mittagspause der Eisenbahner), Zeit genug, um sich die herrliche Landschaft in Ruhe anzusehen. Das Panorama zwischen Lanusei und Arbatax ist einfach grandios.
Wer mehr Zeit zur Verfügung hat, sollte unbedingt bis *Mandas* weiterfahren, dort übernachten und die großartige Nuraghenanlage *Su Nuraxi* bei *Barumini* besichtigen. Su Nuraxi ist die besterhaltene Nuraghenfestung Sardiniens. Auf einer kleinen Anhöhe gelegen, beherrschte sie einst die gesamte umliegende Ebene. Su Nuraxi gehörte zu einem aus über 70 Festungen bestehenden größeren Verteidigungsring um und auf dem Hochland der Giara. Der älteste Bauabschnitt mit dem Mittelturm stammt aus der Zeit um 1500 v. Chr.; etwa um 1100 erfolgte der weitere Ausbau zur Festung, indem der Turm mit rhombusförmigen Mauern umschlossen wurde. Vier Ecktürme verstärkten die Anlage. Um 700 v. Chr. wurde ein weiterer Mauerring mit zahlreichen Wehrtürmen um die Anlage gezogen.
Su Nuraxi war jahrhundertelang eine uneinnehmbare Festung, in der auch längere Belagerungen problemlos überstanden werden konnten. In großen Vorratsspeichern wurden Lebensmittel gelagert, und ein Brunnen im Inneren der Festung sicherte die Wasserversorgung. Erst gegen 600 v. Chr. gelang es den Karthagern mit ihren fortschrittlichen Belagerungsmaschinen die Festung einzunehmen.
Die Nuraghenfestung wurde 1949 durch einen Zufall entdeckt, als nach starken Regengüssen ein Erdrutsch Teile des Mauerwerks zu Tage förderte. Danach wurde die Anlage systematisch freigelegt; sie ist heute eines der wichtigsten Zeugnisse der nuraghischen Kultur Sardiniens. In den zahlreichen erhaltenen Rundhütten innerhalb des äußeren Mauerringes sind Werkzeuge und Gegenstände des täglichen Gebrauchs aus jener Zeit zu sehen. Vom Mittelturm aus hat man einen guten Überblick über die Gesamtanlage.

Arbatax bis La Caletta

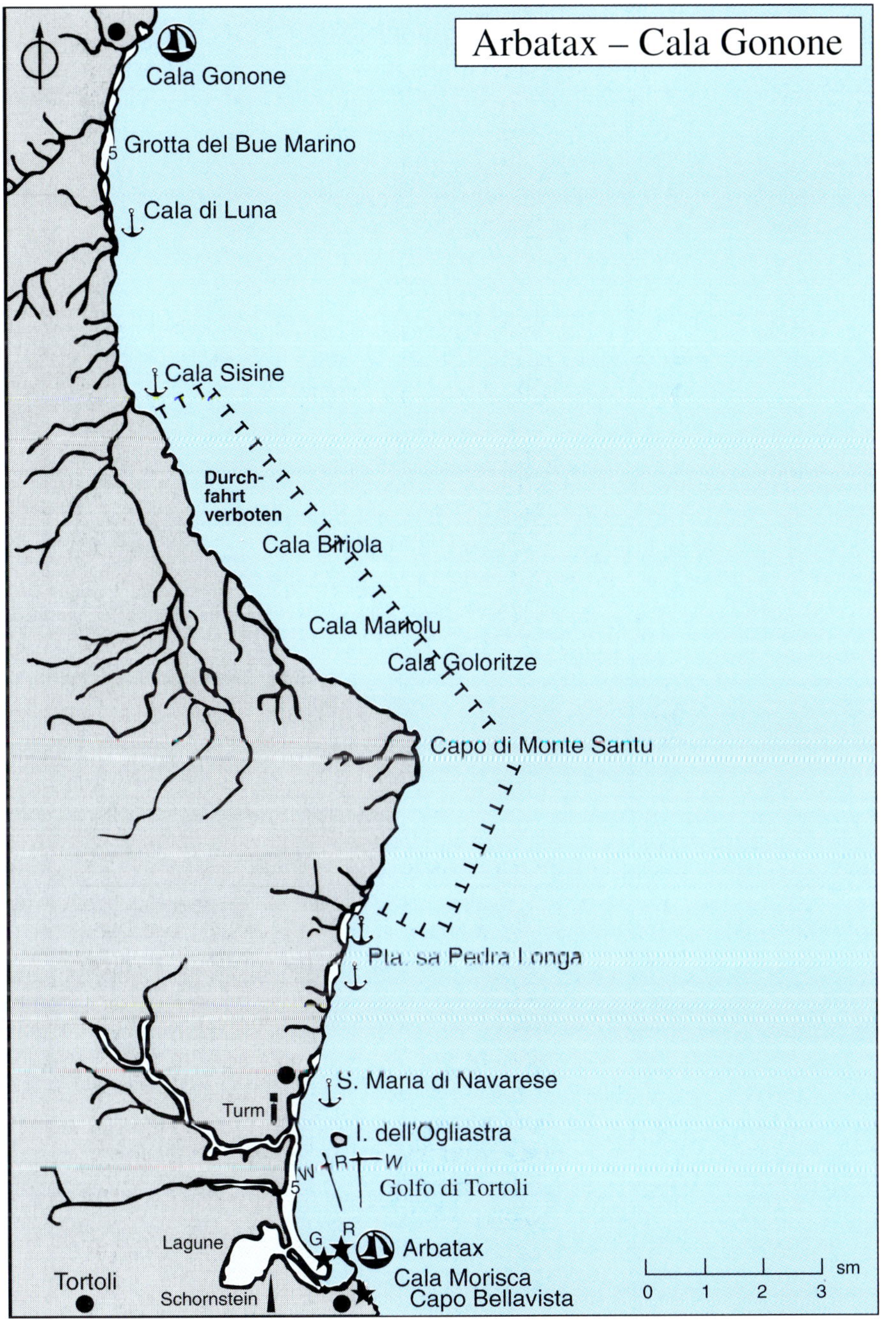

Nördlich von Arbatax erstreckt sich der *Golfo di Tortoli* mit seinem schönen Sandstrand vor der gleichnamigen Lagune.

S. Maria di Navarese am nördlichen Ende des Golfo di Tortoli, wo die Küste von flachem Sandstrand in schroffe Steilküste übergeht, ist eine von steil aufragenden Felsen umgebene Bucht mit einem romantischen Ankerplatz nördlich des spanischen Wachturmes aus dem 16. Jahrhundert.

39° 59′N
009° 41′E

Der hübsche Ort mit seinen weiß getünchten Häusern, Gärten und Bäumen, auf einem Hügel oberhalb des Meeres gelegen, ist einer der wenigen gewachsenen Küstenorte. Am Ortseingang steht eine kleine Wall-

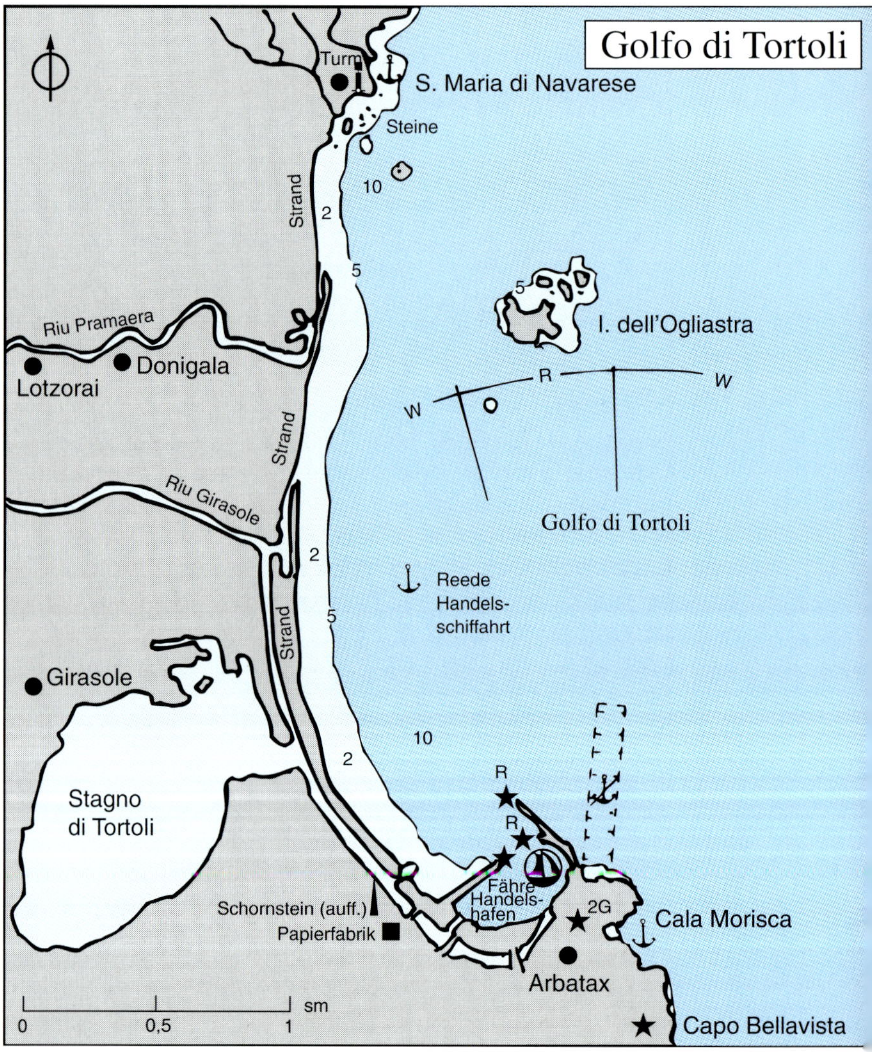

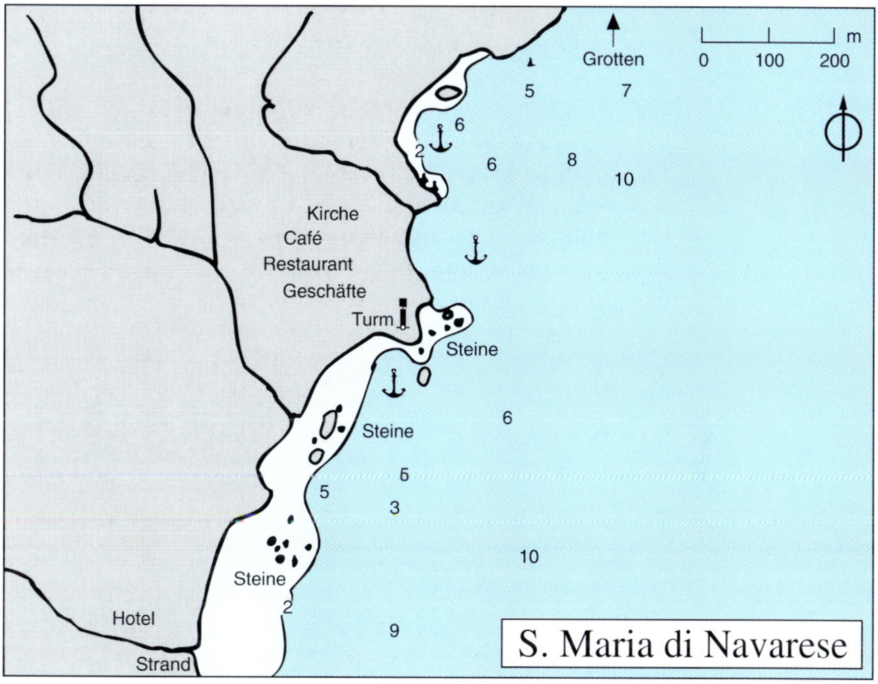

fahrtskirche mit einer schönen Holzdecke, die von einer spanischen Prinzessin zum Dank für ihre Errettung von Schiffbruch und aus arabischer Sklaverei gestiftet wurde. Vor der Kirche steht einer der ältesten Ölbäume Europas – sein Alter wird auf rund 2000 Jahre geschätzt –, umgeben von weiteren uralten Olivenbäumen.

In der Nähe fand man in der Meeresgrotte *Città di Bologna* vorgeschichtliche Spuren von Bären. In der nicht weit davon entfernten Grotte *Fico* sieht man prächtige Alabaster- und Kalkkristallbildungen.

Man ankere an einer der im Plan verzeichneten Stellen auf 5 bis 10 m Wasser über Kiesgrund.

Bei ruhigem Wetter kann man mit dem Beiboot den *Riu Pramaera* bis nach *Lotzorai* hinauffahren; in dem dortigen Restaurant „L'Isolotto" gibt es hervorragende Fischgerichte.

Entfernung von Arbatax 3 sm, von Cala Gonone 19 sm.

Sa Pedra Longa
40° 01′N
09° 42′E

ist ein kleiner Ausflugsort, der von See her ein einzigartiges Panorama bietet: Eine massive, kirchturmhohe Felssäule ragt wie ein Glockenturm steil aus dem Meer. Die Kulisse erinnert an ein Dorf, das entvölkert und von einem Stausee überflutet worden ist. Man ankere südlich der Punta sa Pedra Longa dicht unter dem Ufer auf 5 bis 10 m Wassertiefe. Im Ort eine kleine Bar mit Imbiß. Von der Punta sa Pedra Longa bis zur Mündung der Codula di Luna in der Cala Sisine ist die Durchfahrt in 2 km Abstand von der Küste verboten, da hier ein weiträumiges Naturschutzgebiet ausgewiesen worden ist. Gleichwohl werden die ehemals sehr beliebten Badebuchten hier genannt.

Am *Capo di Monte Santu* beginnt der weite *Golfo di Orosei* mit zahlreichen kleinen Felsbuchten, die zum größten Teil allein von See her zu erreichen sind. Nur wenige sind über schmale Maultierpfade oder anstrengende Wanderwege auch von Land aus zugänglich. Die stellenweise bis zu 600 m hohe Steilküste des Golfo di Orosei bis zur *Punta Nera di Osalla* gehört zu den grandiosesten Küstenabschnitten Sardiniens. Zahlreiche Tropfsteinhöhlen – teilweise nur von See aus zugänglich – gehören zu diesem einmaligen Naturreservat.

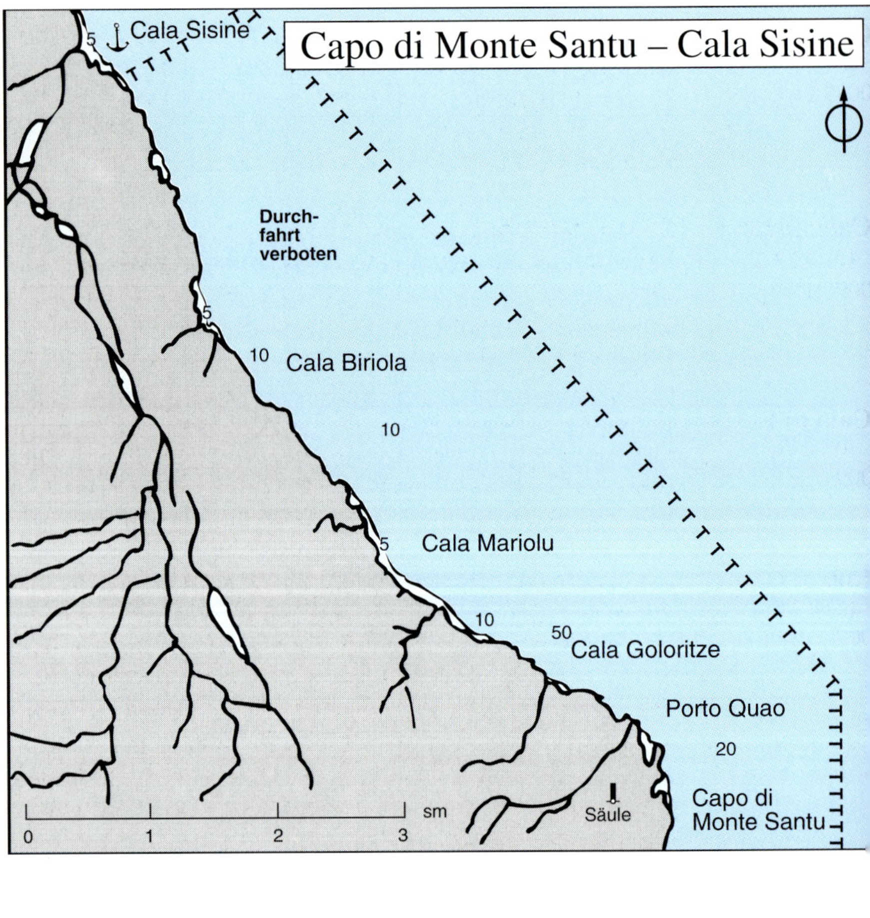

'orto Quao ist ein mehrere hundert Meter tiefer, fjordartiger Einschnitt in den Felsen dicht nördlich des Capo di Monte Santu.
40° 06′N
)9° 44′E

:ala Goloritze mit ihrem Felstor im Meer und der 20 m hohen Felsnadel „sa Perda Caroddi" gehört zu den schönsten Buchten dieses Küstenabschnittes. Kaum ein Sardinienprospekt kommt ohne ein Farbfoto der Cala Goloritze aus. Aus dem Berg wächst ein Felsbogen, der dann im Meer versinkt. Man hat den Eindruck, als habe hier einmal eine Burg gestanden, von der nur das Tor übriggeblieben ist. Etwa 100 m nördlich entspringen Süßwasserquellen dem Meeresgrund, wodurch sich fantastische Farbspiele ergeben. Das Wasser ist an der Stelle eiskalt, was im Sommer durchaus zur Erfrischung beitragen kann.
40° 07′N
)9° 43′E

:ala Mariolu war früher die Endstation für die Badeboote von Cala Gonone.
40° 08′N
09° 42′E

:ala Biriola Die kleine Bucht mit ihrem 35 m breiten Sandstrand ist eingeschlossen von schräg aufsteigenden, dicht mit Macchia bewachsenen Felsen. Das Meer ist bis zum Grund durchsichtig und je nach Tiefe strahlend blau oder türkisfarben. Die Farben erscheinen so unnatürlich, daß man meint, ein Fotograf hätte nachgeholfen.
40° 09′N
09° 41′E

:ala Sisine Die Sandbucht ist umgeben von über 400 m hoch aufragenden Felswänden, die ein fantastisches Panorama bilden. Hinter dem 300 m breiten Strand liegt ein Restaurant, das als kleines Dorf mit runden Steinhütten konzipiert ist (nur im Juli und August geöffnet). Man ankere an der im Plan S. 244 eingezeichneten Stelle auf etwa 7 m Wassertiefe.
40° 12′N
09° 40′E

:ala di Luna ist eine vielbesuchte Bucht. Weißer, feiner Sand zieht sich fast 1 km lang um die Bucht. Hinter dem Strand liegt ein Tal mit einem Wäldchen und einem Quellsee darin. Hier tritt das Wasser der Codula de Luna, das kilometerweit oberhalb in den Bergen versickert, wieder zu Tage.
40° 13′N
09° 39′E

:ala Gonone Aus dem ehemaligen Fischerdorf ist das Zentrum des Tourismus im Golfo di Orosei geworden. Eingebettet in viel Grün, ziehen sich die Hotels und Ferienvillen über 2 km weit am Meer entlang. Dahinter erheben sich 800 m hoch die Berge – unten Terrassenfelder mit Olivenhainen, darüber dunkelgrüne Steineichenwälder, die in karge Macchia übergehen. Dazwischen leuchten blendend weiße Steine in der Sonne auf. Der Hafen von Cala Gonone wird im Sommer von dem regen Verkehr der Ausflugsboote beherrscht, die zu nahe gelegenen Badebuchten und der Grotta del Bue Marino fahren.
40° 17′N
09° 39′E

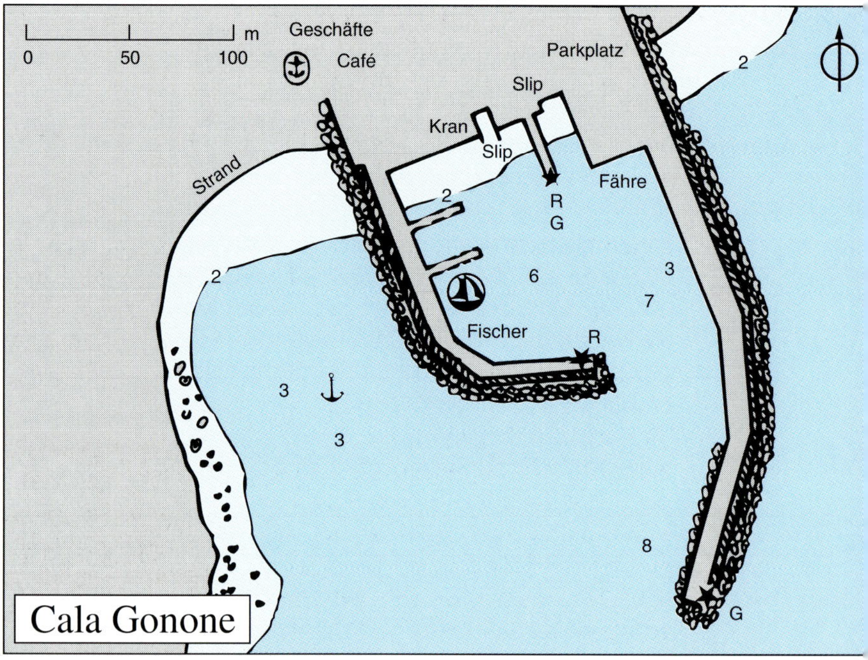

Ansteuerung (Seekarten: D 500, BA 1992, I 43): Von See aus erscheint der Ort wie ein weiße Fleck auf dem Ufer und auf den Hängen mitten im Grün und Grau der dahinterlieger den Berge. Die Molenköpfe sind befeuert (F. G und F. R).

Liegeplatz: Yachten legen je nach Größe an den (nur im Sommer ausliegenden) Stegen oder a der Südmole vor Buganker, Heck zum Kai, an. An der Südmole befinden sich Trinkwas seranschlüsse. Sind alle Liegeplätze im Hafen belegt – was im Sommer häufig der Fa ist –, kann man in der Bucht westlich des Hafens auf 3 bis 5 m Wasser über gut halter dem Sandgrund ankern. Die Ausflugsschiffe haben im Hafen und in der Hafeneinfahr grundsätzlich Vorfahrt.

Der weitere Ausbau des Hafens ist geplant, wodurch mehr Liegeplätze für durchreiser de Yachten zur Verfügung stehen werden.

Hafenmeister: Das Hafenbüro befindet sich an der Hafenpromenade. Es ist während de Dienststunden über UKW-Kanal 16 zu erreichen. Zweimal täglich wird der neuest Wetterbericht ausgehängt.

Reparaturmöglichkeiten: Eine Slipanlage und ein Kran stehen im Hafen zur Verfügung. Ein Werkstatt führt Reparaturen an Bootsmotoren aus, eine Tischlerei Holzarbeiten a Yachten. Schiffszubehör erhält man in einem Geschäft an der Hafenpromenade.

Versorgung: Lebensmittelgeschäfte, Restaurants und Cafés finden sich in unmittelbarer Näh des Hafens. Von den Restaurants sind besonders zu empfehlen das „Al Porto" (wie de Name schon sagt: direkt am Hafen, mit guter Küche, aber sehr teuer), das „Stella de Mare" (etwas abseits der Hauptstraße an einem kleinen Park), das „Su Recreu" m seinen hervorragenden Nudeln mit Tintenfisch, das „San Francisco", in dem Paola un ihre Schwester neben ausgezeichneter Pizza auch gute sardische Küche servieren, un das „Il Boschetto" außerhalb des Ortes im Freien in einem Pinienwäldchen.

Veranstaltungen: Ende Mai findet ein Fischerfest mit großem gemeinsamem Essen unter freiem Himmel statt.

Bademöglichkeiten: Der kleine Strand neben dem Hafen ist im Sommer stets von Badenden überfüllt.

Entfernungen von Cala Gonone: Arbatax 22 sm, La Caletta 24 sm, Olbia 54 sm, Porto Rotondo 55 sm, Porto Cervo 59 sm.

Einen Besuch der *Grotta del Bue Marino* sollte man auf keinen Fall versäumen. Entweder mit einem der Ausflugsboote von Cala Gonone aus, oder man ankert bei ruhigem Wetter vor der Grotte und fährt mit dem Beiboot hinein. Etwa 70 000 Besucher werden jährlich gezählt, schließlich gilt die Grotte als eine der schönsten Sardiniens. Bisher sind etwa 5 km der Höhle erforscht und zum größten Teil auch zu besichtigen. Der vordere Teil der Höhle mit dem Riesenportal wurde vom Meer geschaffen, die kilometerlangen Gänge mit ihren riesigen Sälen sind das Werk unterirdischer Gletscherabflüsse. Im Inneren der Höhle begeistern die mächtigen Tropfsteingebilde und die fluoreszierenden Lichtreflexe des Wassers den Besucher. Den Namenspatron der Höhle, die Mönchsrobbe, hat man seit 1981 nicht mehr gesehen – vermutlich mochten sie den Besucherrummel nicht und haben sich ein ruhigeres Plätzchen gesucht.

Einfahrt in die Grotta del Bue Marino

In der näheren und weiteren Umgebung von Cala Gonone gibt es noch zahlreiche weitere Grotten und Höhlen sowie an der Straße nach Dorgali etwa 1 km von Cala Gonone entfernt die Nuraghensiedlung *Su Arvu*. Die aus 115 Steinhütten bestehende Anlage ist eine der bedeutendsten prähistorischen Siedlungen Sardiniens und eine der wenigen, die bequem zu Fuß von einem Hafen aus zu erreichen ist.

Nördlich der Cala Gonone ist die Steilküste weniger gegliedert und geht bei der *Punta Nera di Osalla* in eine Strand- und Dünenlandschaft über, die bei der Mündung des Fiume Cedrino endet. An die Stelle der Dünen treten Pinienhaine, hinter denen sich die fruchtbare Gartenlandschaft der Tiefebene von Orosai mit der breiten Mündung des Fiume Cedrino versteckt.

Am Übergang der Steilküste zum Sandstrand öffnen sich an der Punta Nera di Osalla die beiden Buchten

Cala di Cartoe und **Cala di Osalla** durch einen Felsvorsprung voneinander getrennt. In de
40° 19′N
009° 40′E
Cala di Osalla liegt an der Mündung des Riu Osalla ein kleine Fischerdorf. In der Cala di Cartoe ist ein kleiner Fischer- und Yachthafen entstanden (Marina di Cartoe), der nach seiner endgültigen Fertigstellung

etwa 200 kleineren Yachten sichere Liegeplätze bieten wird (siehe Plan Golfo di Orosei). Bis dahin kann man auf etwa 5 m Wasser über Sand- und Felsgrund ankern.

Marina di Orosei
40° 23′N
009° 44′E

Ein paar Sommerhäuser, Ferienwohnungen, vereinzelte Fischerhütten und zwei 300 m weit ins Meer hinausgebaute Stege an der Mündung des Fiume Cedrino bilden die malerische Kulisse für einen Aufenthalt. Im Süden dann der weite Strand, im Norden die weichen Formen des Granits der *Punta Nera.*

Südlich der Flußmündung ist ein kleiner Fischer- und Yachthafen entstanden, der nach seiner endgültigen Fertigstellung etwa 300 Liegeplätze bieten wird (siehe Plan Golfo di Orosei).

Bei ruhigem Wetter sollte man mit dem Beiboot den Fiume Cedrino etwa 2,5 km flußauf bis *Orosei* fahren. Der hübsche Ort mit seinen weißgetünchten Häusern liegt malerisch am Fuße des 806 m hohen Monte Tuttavista, und es scheint, als wären die Häuser dem Berg nachgeklettert. Schöne Kirchen mit geschwungenen Barockfassaden und prächtige Herrschaftshäuser beleben das Stadtbild. Bereits während der römischen Besat-

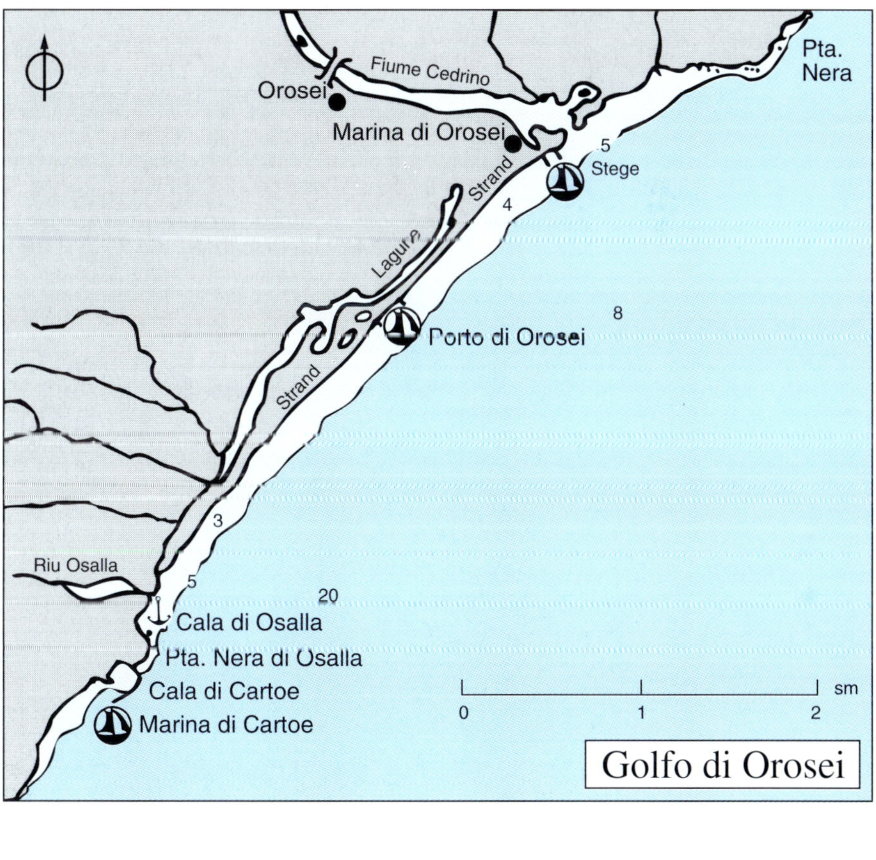

Golfo di Orosei

zung war der Ort als Farnum Carisii eine wichtige Hafenstadt, vor allem für die Ausfuhr landwirtschaftlicher Produkte.
Im September findet vor der westlich der Stadt gelegenen Wallfahrtskirche *Madonna del Rimedio* ein großes Volksfest der Bauern und Hirten der Umgebung statt, das drei Wochen dauert und bei dem noch viele alte sardische Trachten zu sehen sind.
Hinter Orosei wird die wilde Steilküste von Granit mit weichen, fließenden Formen abgelöst. Helle, fast weiße Sandstrände mit eingelagerten Felsbrocken, die vom Meer rund und glatt gewaschen und von Wind und Regen zu oft bizarren Formen ausgehöhlt wurden, bestimmen das Bild der Küstenlandschaft. Viele Strände sind von Pinienwäldern umgeben; hinter den Dünen liegen zahlreiche Feuchtgebiete und Uferseen mit reicher Tierwelt.

Etwa 3 sm nördlich der *Punta Nera* öffnet sich eine 2 sm breite Bucht, die drei malerische Ankerplätze bietet:

Cala Fiule e Mare 40° 26′N 009° 44′E ist ein 200 m tiefer Einschnitt im steil abfallenden Granitfelsen. Man ankere in der Mitte der Bucht auf 3 bis 5 m Wasser über Sandgrund.

Cala Liberotto 40° 27′N 009° 44′E Weißer Dünenstrand vor einer Ferienhaussiedlung in einem ausgedehnten Pinienwald lädt zum Ankern ein. In der Ferienhaussiedlung gibt es ein Lebensmittelgeschäft und ein Café. Im Restaurant des Hotels „Cala Liberotto“ sind auch Gäste, die nicht im Hotel wohnen, gerne gesehen.
Man ankere vor der Flußmündung auf 3 bis 7 m Wasser über gut haltendem Sandgrund.

Cala Ginepro 40° 27′N 009° 45′E ist eine lange Sandbucht und Zentrum der touristischen Erschließung der Gegend. Ferienhäuser und Residenz-Komplexe säumen die Ufer, dazwischen ein Lebensmittelgeschäft, Restaurant und Café (nur von Juni bis September geöffnet).

Cala Fiule e Mare – Cala Ginepro

Man ankere auf 5 bis 6 m Wasser über Sandgrund (siehe Plan). Nördlich des *Capo Comino* mit seinem Leuchtturm (Fl. 5s 15M) liegen zahlreiche Klippen und das Felseneiland *Isola Ruja* vor der Küste. Die daran anschließende Bucht

Porto Sosalinos
40° 33′N
009° 45′E

bietet einen gegen westliche und südliche Winde gut geschützten Ankerplatz. In der Lagune an der Mündung des *Riu Berchida* kann man mit dem Beiboot in einem kleinen Hafen anlegen. Am Strand liegen zwei Campingplätze, in deren Lebensmittelgeschäften man sich im Sommer versorgen kann. Der schöne Strand lädt zum Baden ein.

Nördlich der *Punta di Santa Lucia* mit ihrem halb verfallenen Wachturm erstreckt sich eine Strand- und Lagunenlandschaft bis zu der fast 100 m steil aufragenden *Punta Orvili,* in deren Mitte der spanische *Torre San Giovanni* den Fischer- und Yachthafen

La Caletta
40° 37′N
009° 44′E

bewacht. Der vielbesuchte Badeort ist der Hafen der etwa 6 km landeinwärts liegenden Stadt *Siniscola.* Schon in römischer Zeit bestand in La Caletta ein Hafen, wie neuere Ausgrabungen einer römischen Stadt aus dem 3. Jahrhundert belegen. In dem Pinienwald um den Torre San Giovanni stehen zahlreiche Ferienvillen und eine größere Bungalowsiedlung (siehe Plan Seite 252 und 253).

Ansteuerung (Seekarten: D 500, BA 1992, I 43): Der Torre San Giovanni ist schon von weitem gut auszumachen. Eine weitere gute Landmarke sind etwa 2 sm nordwestlich des Hafens die Türme des Castello della Fava bei der Ortschaft Posada. Die Molenköpfe des Hafens sind befeuert (Fl. G. 3s und Fl R 3s).

Liegeplatz: Yachten finden etwa 200 Liegeplätze mit Wasser- und Stromanschlüssen an der T-förmigen Mole, den von dieser ausgehenden Schwimmstegen und an der östlichen Außenmole. Kraftstoff erhält man am Kai der Fischer.

Hafenmeister: Das Hafenbüro befindet sich hinter dem Platz am Fuß der Südmole (Telefon 810137). Die neuesten Wetterberichte werden regelmäßig ausgehängt.

Reparaturmöglichkeiten: Eine Slipanlage und ein 40-t-Kran stehen im Hafen zur Verfügung. Eine Werkstatt in der Nähe des Hafens führt Reparaturen an Bootsmotoren aus.

Versorgung: In der Ortschaft gibt es Lebensmittelgeschäfte, Restaurants und Cafés. In dem Restaurant „L'Aragosta" erhält man hervorragende Nudelgerichte und gegrillten Fisch.

Bademöglichkeiten: Nördlich und südlich des Hafens erstrecken sich weite Sandstrände, die im Sommer von den Gästen der Feriensiedlungen und Campingplätze besucht werden.

Entfernungen von La Caletta: Cala Gonone 24 sm, Olbia 30 sm, Baia Caddinas 28 sm, Porto Rotondo 34 sm, Porto Cervo 37 sm.

Ein lohnender Ausflug führt zu dem etwa 4 km entfernten Dorf *Posada,* das malerisch einen gewaltigen Felsen hinaufzuklettern scheint, auf dessen Spitze das *Castello della Fava* thront. Im Mittelalter war die Burg Grenz-

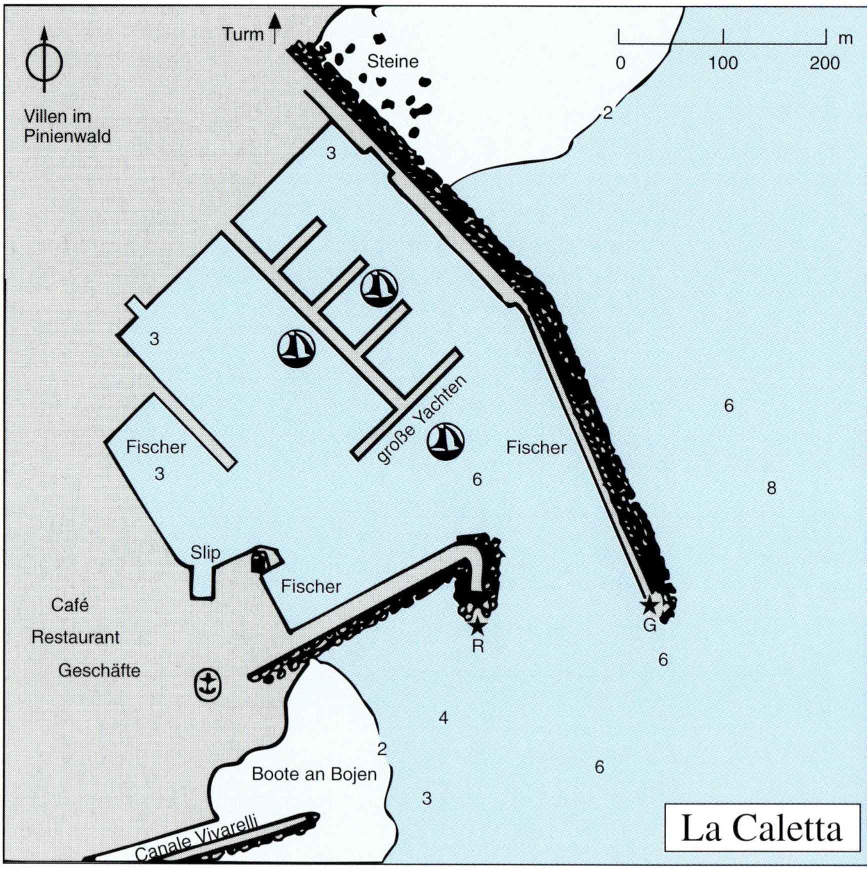

festung des Judikates Arborea gegen die Gallura und damit gegen den Machtanspruch Genuas, das die Gallura beherrschte. Von hier aus wurde die Gegend gegen die ständigen Überfälle christlicher und moslemischer Piraten verteidigt, die in dem Gewirr von Buchten, Inseln und Kaps und den natürlichen Häfen der Gallura eine ideale Operationsbasis fanden. Das vom Zahn der Zeit bereits reichlich angenagte Kastell bietet einen herrlichen Ausblick über die kilometerlangen weißen Sandstrände und Lagunen nördlich von La Caletta.

La Caletta bis Golfo Aranci

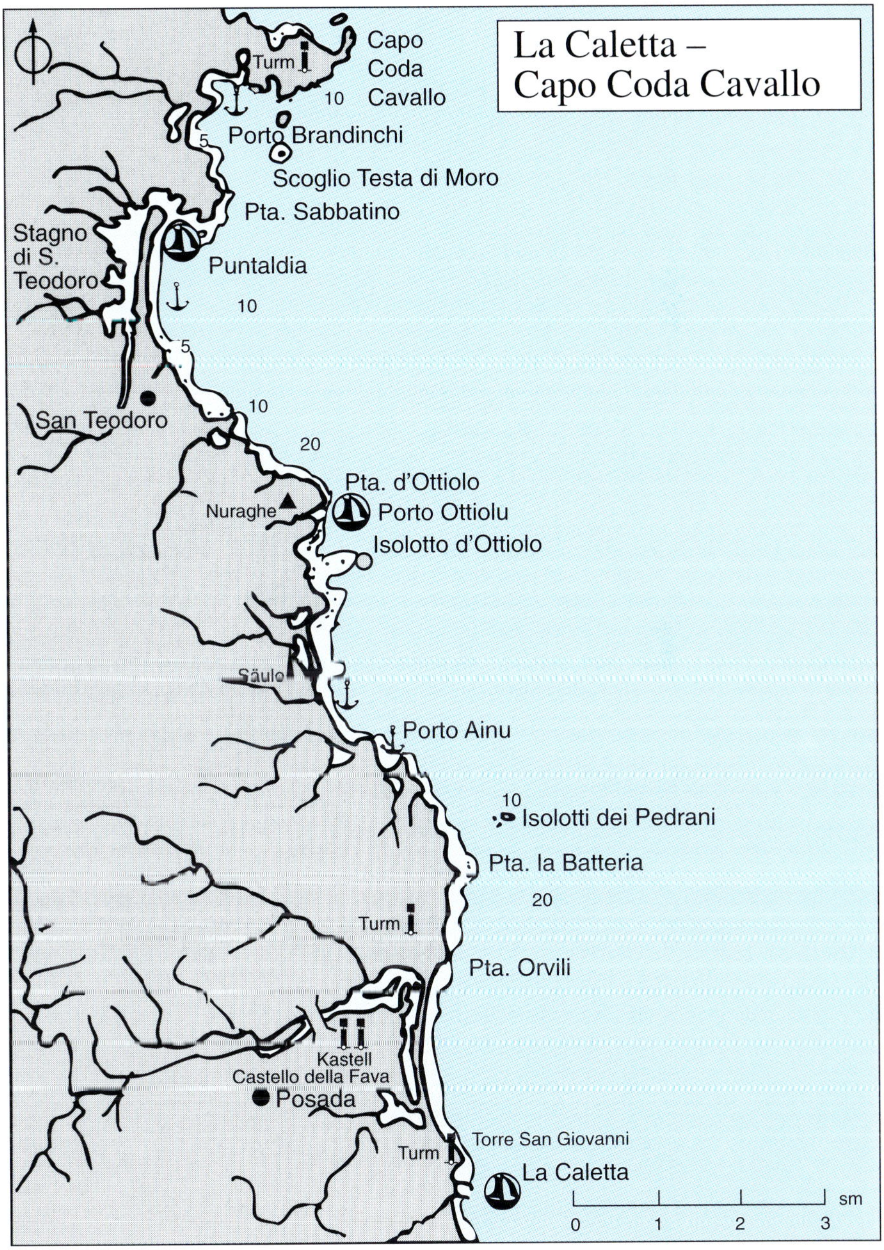

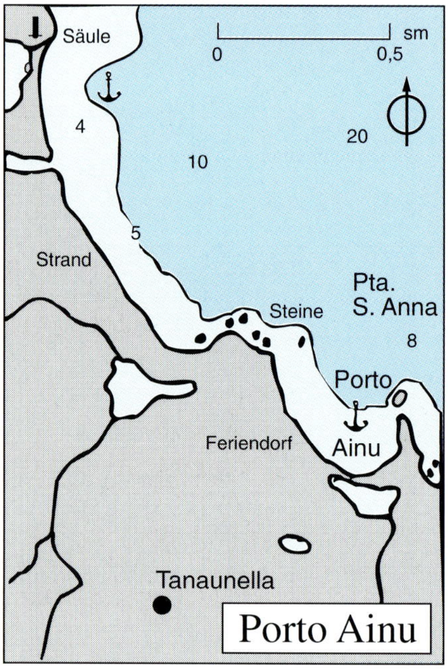

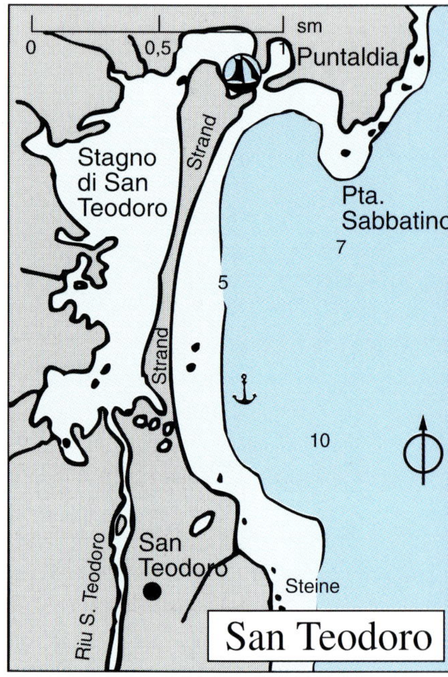

Nördlich der *Punta Orvili* ist die Küste durch tiefe Buchten und weit vorspringende Felsenkaps stark gegliedert. Dazwischen liegen weite, flache weiße Sandstrände.
Die Durchfahrt zwischen der Küste und den nordöstlich der *Punta la Batteria* liegenden Klippen *Isolotti dei Pedrani* sollte nur bei Tage und ruhigem Wetter benutzt werden, ansonsten halte man mindestens 1 sm Abstand von der Küste.
Bei der Punta Santa Anna, unterhalb der Ortschaft Tanaunella, öffnet sich nach Norden die Bucht

Porto Ainu
40° 42′N
009° 44′E

mit einem Feriendorf und Campingplätzen. Bei der Ansteuerung achte man auf die der östlichen Huk vorgelagerte Klippe. Man ankere auf 3 bis 7 m Wasser über Sandgrund (siehe Plan). Versorgungsmöglichkeiten bestehen in dem Feriendorf.
Nördlich der Bucht schließt sich ein schöner weißer Sandstrand an. Bei ruhigem Wetter kann man für einen Badeaufenthalt 150 bis 200 m vor dem Strand auf 5 m Wasser über Sandgrund ankern.

Etwa 1 sm südlich der *Punta d'Ottiolo* ziehen sich die Klippen *Isolotti d'Ottiolo* fast 1 sm weit nach Osten; sie sind durch eine Leuchtbake (Q(3) 10s 5M) gekennzeichnet. Man sollte sie in ausreichendem Abstand runden, wenn man den neuen Yachthafen

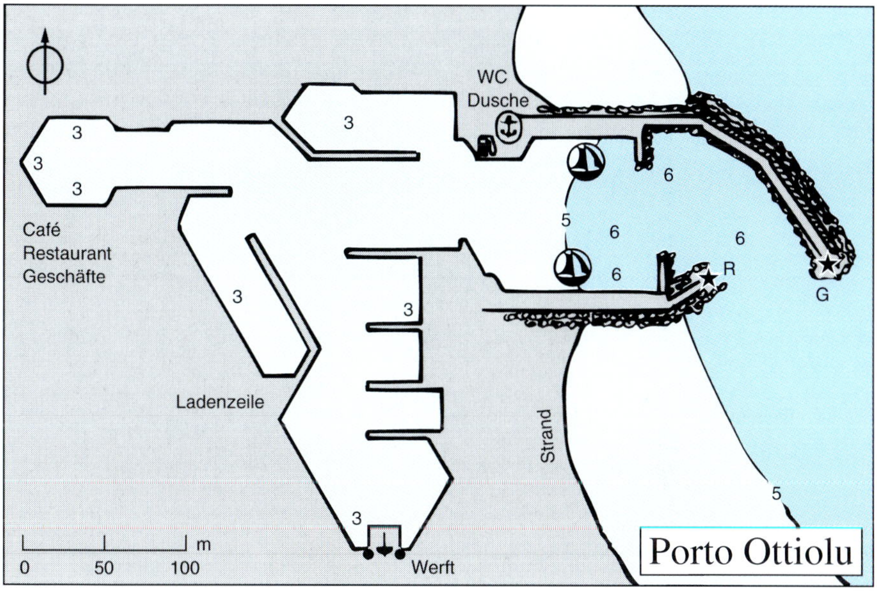

Marina di Porto Ottiolu
40° 44′N
009° 43′E

anlaufen will. Dieser bietet Liegeplätze für etwa 400 Yachten bis 22 m Länge sowie den Komfort einer modernen Marina. Die Wassertiefe beträgt zwischen 3 m im hinteren Teil des Hafenbeckens und 6 m im Vorhafen. Die Einfahrt ist mit Fl. G. 3s 5M und Fl. R. 3s 5M befeuert. Um den Hafen herum findet man Restaurants, Cafés, Supermarkt, Werftbetrieb und Schiffsausrüster. Die Liegegebühren entsprechen denen in den übrigen Häfen an der Costa Smeralda.

Zwischen Punta d'Ottiolo und *Punta Sabbatino* öffnet sich die Bucht von

San Teodoro
40° 48′N
009° 41′E

mit ihrem feinen weißen Sandstrand – weit und fast endlos anmutend. Im Hintergrund stehen Feriensiedlungen und die Ferienvillen reicher Norditaliener. Das ehemals verschlafene Fischerdorf hat sich in den letzten Jahren zu einem Touristenzentrum entwickelt – auf der Piazza unterhalb der Stufen zur Kirche herrscht im Sommer ein babylonisches Sprachengewirr. Den besten Ankerplatz findet man im Norden der Bucht unter der Punta Sabbatino bei der Einfahrt in den *Stagno di San Teodoro* (siehe Plan Seite 254 rechts). Bei der Ansteuerung ist auf die Klippen bei der Punta Sabbatino zu achten sowie auf einige gefährliche Steine, die sich bis zur Einfahrt in den Stagno di San Teodoro hinziehen.

Puntaldia

ist ein neuer Yachthafen in der Einfahrt des Stagno di San Teodoro, der an fünf Stegen Liegeplätze für Yachten bis 35 m Länge bietet.

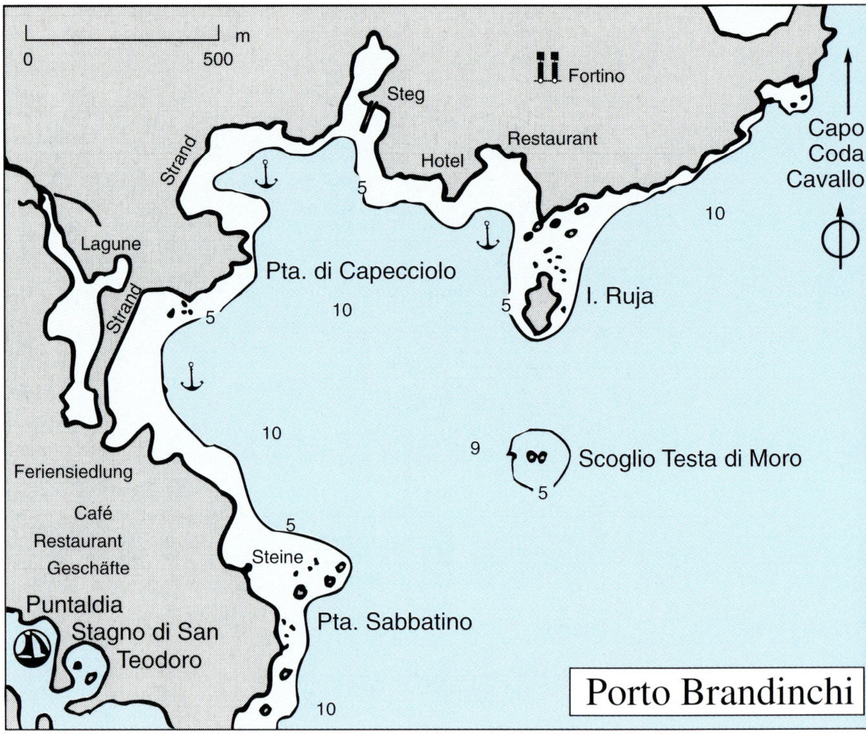

Südlich des weit nach Osten vorspringenden *Capo Coda Cavallo* liegt de vielbesuchte Ankerplatz

Porto Brandinchi – in der englischen Seekarte Porto Brandinghi, in der deutschen Cal Capecciolo genannt. Die nach Südosten offene Bucht gewährt Schutz vo Winden aus dem 4. Quadranten.

40° 50′N
009° 42′E

Bei der Ansteuerung achte man auf das Felseneiland *Isola Ruja* und di 0,5 sm südlich davon liegenden Klippen *Scoglio Testa di Mori,* die mi ihren maximal 1,30 m Höhe nur schwer auszumachen sind. Man fahre ent weder von Osten zwischen dem Eiland und den Klippen hindurch in di Bucht ein oder von Süden mit 200 m Abstand von der Punta Sabbatino.

Nördlich des *Capo Coda Cavallo* sind der Küste die Inseln Molara, Tavo lara sowie zahlreiche kleinere Inselchen und Felseneilande vorgelager Die Durchfahrt zwischen den Inseln und der Küste sollte nur bei Tag benutzt werden, da zahlreiche Klippen und Untiefen die Passage säumen.

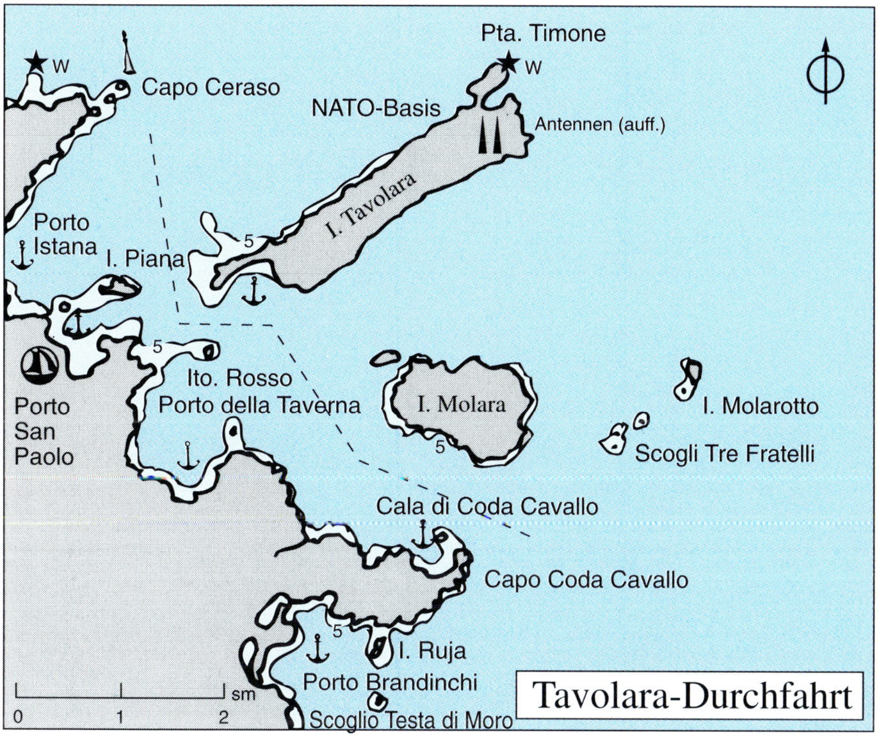

An der Nordseite des Capo Coda Cavallo liegt die nach allen Seiten Schutz bietende

ala di Coda Cavallo Die Bucht wird nach Nordosten durch das Eiland *Isola Proratora* begrenzt. Man ankert in ihrem südlichen Teil auf 3 bis 5 m Wassertiefe. Das klare Wasser der Bucht inmitten von steil aufragenden Granitfelsen lädt zum Baden ein.

40° 51′N
09° 43′E

Der Küstenbereich zwischen *Capo Coda Cavallo* und *Capo Ceraso,* die *Costa Dorata,* wurde in den letzten Jahren als südliche Erweiterung der *Costa Smeralda* mit erheblichem Aufwand für den Tourismus erschlossen. Aber es ist hier alles eher etwas kleiner und gemütlicher als an der Costa Smeralda.

orto della Taverna ist eine etwas mehr als 1 sm breite und fast 1 sm tief nach Südwesten einschneidende Bucht. Die Inseln Tavolara und Molara schützen sie gegen nördliche bis östliche Winde. Die besten Ankerplätze sind im südlichsten Teil der Bucht auf Wassertiefen zwischen 5 und 10 m über gut haltendem Sand- und Algengrund. Hier befindet sich auch ein Anlegesteg

40° 52′N
09° 39′E

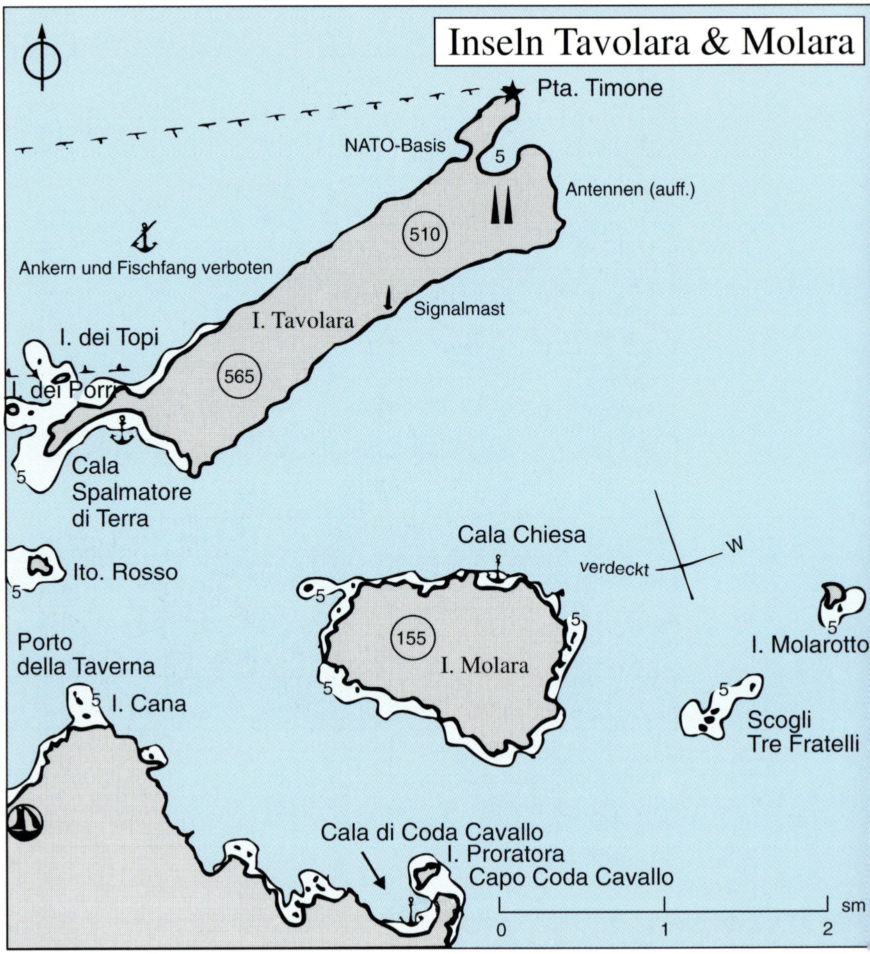

für die Versorgungs- und Trinkwassertankschiffe, die zur Insel Tavolar verkehren.
Die Bucht ist umgeben von zahlreichen Ferienvillen und Bungalowsied lungen. Vor der Lagune im westlichen Teil erstreckt sich ein vielbesuchte Strand.

ISOLA MOLARA ist nur wenig höher als die Vorgebirge der *Costa Dorata* und schei von weitem mit diesen zu einer Einheit zu verschmelzen. Die Insel is unbewohnt. Die

Cala Chiesa
40° 53′N
009° 43′E

an ihrer Nordseite bietet guten Schutz vor Winden aus Südost bis Südwes Man ankere auf 5 m Wassertiefe. Am Ufer ist eine kleine Süßwasserquell mit herrlich erfrischendem, klarem Wasser.

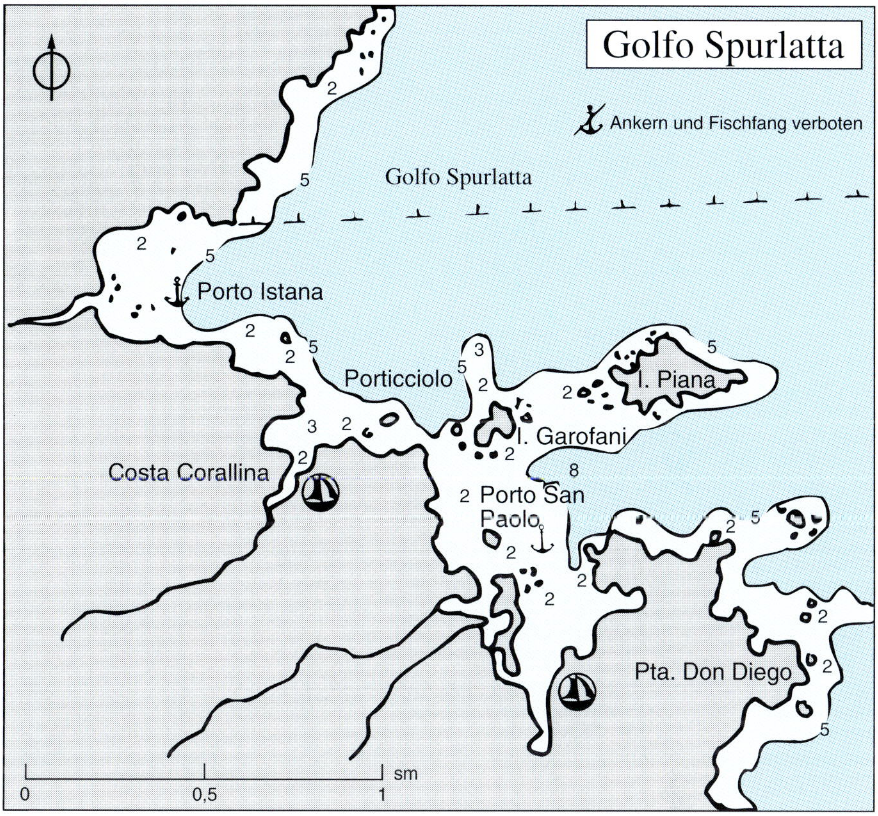

Nördlich der Isola Molara hebt sich über 500 m hoch wie ein riesiger abgeflachter Felsklotz die Insel

AVOLARA aus dem Wasser. An ihrer nordöstlichen Spitze, der *Punta Timone,* steht ein Leuchtturm (LFl(2) 10s 15M). Die Insel ist militärisches Sperrgebiet und darf nicht betreten werden. Die Nato-Anlagen sind streng geheim, und die Wachhabenden sehen es nicht gerne, wenn man die Insel fotografiert.

Westlich der Insel Tavolara liegt der mit zahlreichen Inselchen und Klippen übersäte

olfo Spurlatta an dessen Ufern in den letzten Jahren zahlreiche Feriensiedlungen, Hotelkomplexe und Ferienvillen mit parkähnlichen Anlagen entstanden sind.

Der Golf bietet mehrere gut geschützte Ankerplätze wie den

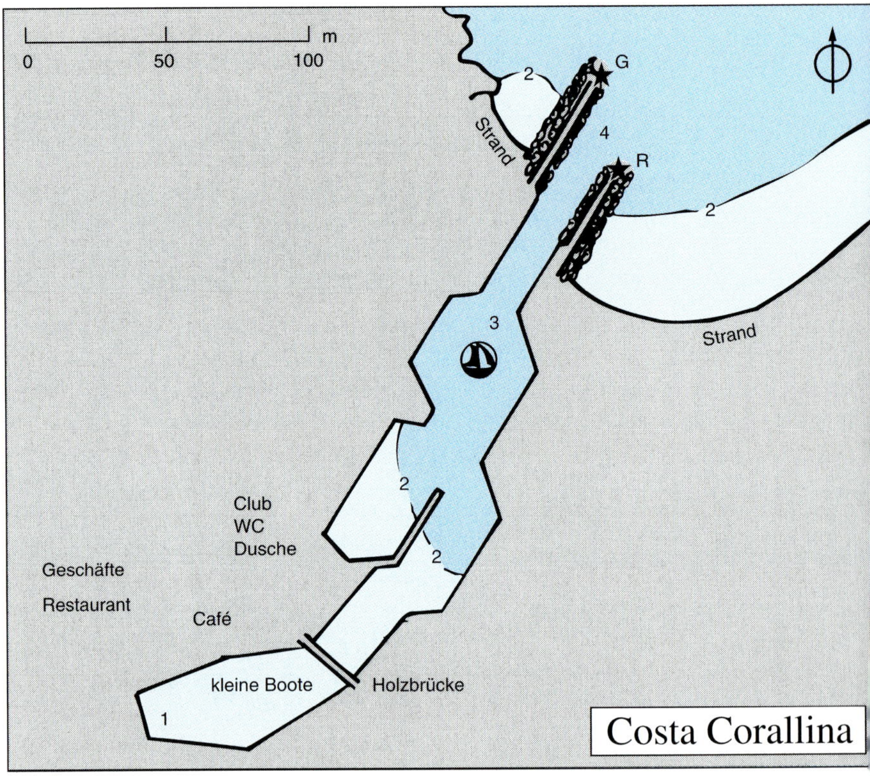

Porto San Paolo 40° 53′N 009° 39′E

im Süden. Yachten mit geringem Tiefgang legen sich ins Innere der malerischen Bucht, größere ankern an der im Plan auf Seite 259 verzeichneten Stelle auf 3 bis 5 m Wassertiefe. In den Sommermonaten sind fün Schwimmstege für kleine Yachten ausgelegt.

Die Durchfahrt zwischen Isola Piana und Isola Garofani sollte nur be ruhigem Wetter und nur von Yachten mit weniger als 2 m Tiefgang benutz werden. Es ist in jedem Fall sicherer, in weitem Bogen um die Isola Pian herumzufahren, um den Ankerplatz

Porticciolo 40° 54′N 009° 38′E

anzusteuern. Die Bucht kann nur von Yachten bis 2 m Tiefgang angelaufen werden. Man ankere vor der Feriensiedlung auf 3 bis 5 m Wasser übe Sandgrund oder mache in

Costa Corallina 40° 54′N 009° 37′E

einem hübschen Yachthafen mit etwa 200 Liegeplätzen für Yachten bi 2 m Tiefgang und 12 m Länge fest. Der aus drei hintereinander liegende Becken bestehende Hafen gehört zu der gleichnamigen Feriensiedlung, i der sich ein Lebensmittelgeschäft, Restaurant und Cafés befinden. Di Liegeplätze sind mit Grundleinen sowie Wasser- und Stromanschlüsse ausgestattet. Einlaufenden Yachten wird ein Liegeplatz zugewiesen.

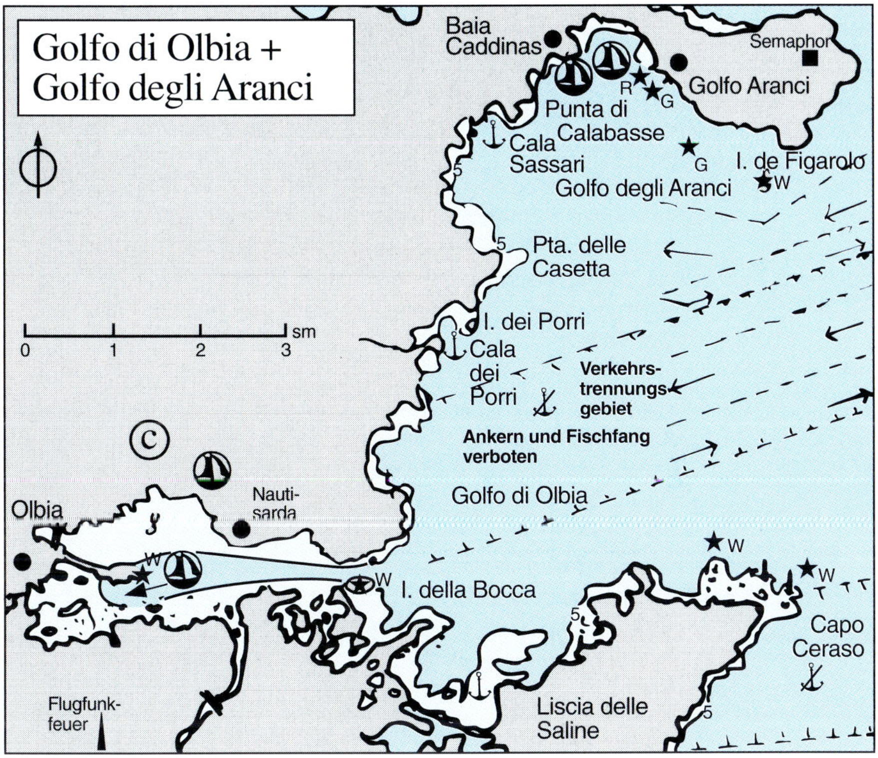

Porto Istana
40° 54′N
09° 37′E

bietet Yachten aller Größen 250 m vor dem Strand die besten Ankerplätze des Golfo Spurlatta.

Von Porto Istana bis zu dem von zahlreichen Klippen umgebenen *Capo Ceraso,* das durch eine beleuchtete Bake mit Nord-Toppzeichen (Q. 5s) gekennzeichnet ist, besteht Anker- und Fischfangverbot. Um in den *Golfo di Olbia* einzulaufen, sollte man das Capo Ceraso mit mindestens 1 sm Abstand runden. An der Südseite des Golfo di Olbia bietet die über 1 sm nach Süden einschneidende Bucht

Liscia delle Saline einen außer gegen nordöstliche Winde geschützten Ankerplatz. Man ankere 150 bis 200 m vor dem Strand auf etwa 3 m Wasser über Sandgrund. Campingplätze und Feriensiedlungen säumen die Bucht, die zugleich Hausstrand für die Bewohner Olbias und im Sommer entsprechend voll ist, vor allem an den Wochenenden.
40° 54′N
09° 34′E

Olbia
40°55′N
09° 31′E

Die Stadt mit dem drittgrößten Handelshafen Sardiniens liegt am Ende eines tief in die Granitberge der Gallura einschneidenden Fjordes. Durch die touristische Erschließung der Costa Smeralda und den 3 km südlich der Stadt liegenden Flughafen Olbia-Costa Smeralda hat sich die Stadt zur

Drehscheibe des Tourismus auf Sardinien entwickelt. Der Fährhafen hat jenem der Hauptstadt Cagliari längst den Rang abgelaufen – mehr als eine halbe Million Passagiere gehen jährlich in Olbia an Land.
Bedingt wohl durch den riesigen Naturhafen ist Olbia eine der ältesten Gründungen auf Sardinien. Später setzten sich Phöniker, Etrusker, Karthager und natürlich auch die Römer hier fest. Die Römer bauten Olbia zu einer der wichtigsten Hafenstädte Sardiniens aus und verschifften von hier aus die landwirtschaftlichen Produkte des Hinterlandes, vor allem Korkeiche aus der Gegend um Tempio Pausania und Schafskäse. Aus römischer Zeit sind noch der *Porto Romano* sowie mehrere Festungsanlagen erhalten geblieben.
Im Mittelalter war Olbia Sitz der Richter von Gallura, die die Stadt ausbauten und die Burg *Cabu Abbas* errichteten. Die Genuesen benannten den Ort in Terranova Pausania um, mußten ihn aber 1331 an die Spanier abgeben, die ihn in einem blutigen Gefecht eroberten. Den Namen Terranova behielt die Stadt bis 1929.
Bis zur touristischen Erschließung der Costa Smeralda war Olbia eine kleine, verschlafene Hafenstadt, in der einmal in der Woche das Postschiff aus Civitavecchia anlegte und wo die Eisenbahn der Insel endete. Heute ist Olbia, vor allem während der Sommermonate, eine geschäftige Stadt voller pulsierenden Lebens.

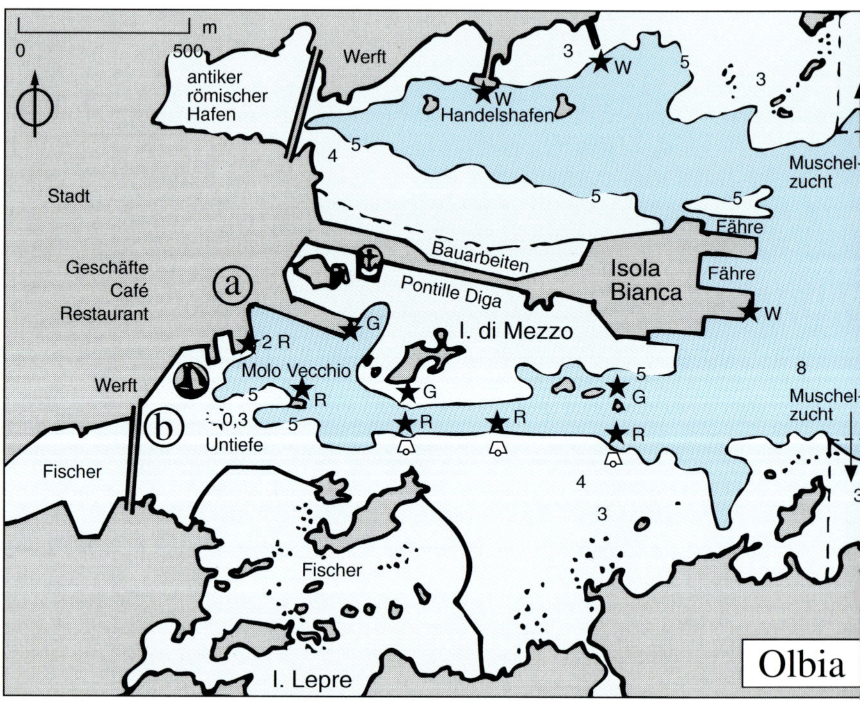

Ansteuerung (Seekarten: D 500, BA 1992, I 42, 43 und 322): Ein durch zahlreiche Tonnen gekennzeichnetes Fahrwasser führt von der Isola della Bocca mit ihrem auffallenden Leuchtturm (LFL. 5s/15M) vorbei an der Isola Bianca, dem großen Fähranleger, zum alten Hafen. Dabei ist die Isola della Bocca unbedingt an Backbord zu lassen und mit ausreichendem Abstand von der Insel in das betonnte Fahrwasser einzuschwenken.

Die nächtliche Ansteuerung erfordert große Aufmerksamkeit, da die Leuchtfeuer und beleuchteten Tonnen vor den Lichtern der Stadt nur schwer auszumachen sind und Verwechslungsgefahr besteht.

Während des Ein- und Auslaufens der Fährschiffe ist das Queren der Einfahrtsrinne oder Anhalten in der Fahrrinne von der Isola della Bocca bis zum Fähranleger verboten. Außerhalb des Fahrwassers befinden sich zahlreiche Muschelkulturen, die an den aus dem Wasser ragenden Pfählen zu erkennen sind.

Liegeplatz: a) Yachten legen im alten Hafen vor Buganker, Heck zum Kai oder zu den Molen, an (siehe Plan), wo sich auch Zapfstellen für Trinkwasser befinden. Eine Tankstelle liegt 100 m hinter dem Kai; eine Direktbetankung ist nicht möglich.

b) In dem privaten Yachthafen der Werft Cantiere Navale Olivieri gibt es Liegeplätze, die teils mit Festmachebojen, teils mit Grundleinen sowie mit Strom- und Wasseranschlüssen ausgestattet sind. Kraftstoff erhält man von einer zu dem Werftbetrieb gehörenden Tankstelle am Kai. Sanitäre Anlagen befinden sich im Werftgebäude.

c) Etwa 1 sm westlich des Leuchtfeuers Isola Bocca liegt am Nordufer hinter einer 50 m langen Mole die Werft Nautisarda. Hier werden auch Reparaturen ausgeführt. Trailerboote werden zu Wasser gelassen (im Sommer auch an Wochenenden), Yachten überwintert. (Siehe Plan Seite 261.)

Hafenmeister: Das Büro der Capitaneria di Porto ist am Fuß des Dammes, der zur Isola Bianca führt (Telefon 21243). Die Capitaneria ist über UKW-Kanal 16 zu erreichen, aber meist mit der Abwicklung des Fähr- und Handelsverkehrs so beschäftigt, daß man Schwierigkeiten hat, ein Gespräch zustande zu bringen.

Reparaturmöglichkeiten: Im alten Hafen stehen zwei Slipanlagen, ein fest installierter 6-t-Kran und ein 12-t-Autokran zur Verfügung. Verschiedene Werftbetriebe führen Reparaturen aller Art aus.

Für Yachten bestehen Reparaturmöglichkeiten bei der Cantiere Navale Olivieri (dort erhält man auch Schiffszubehör) und bei Nautisarda.

Weitere Schiffszubehörgeschäfte liegen in den Straßen um den Hafen, darunter eine Vertretung der S.I.R.M. (Società Italiana Radio Marittima) mit einer großen Auswahl an elektrischen und elektronischen Geräten nicht nur italienischer Hersteller.

Versorgung: Olbia hat ein großes Angebot an Lebensmittelgeschäften und Supermärkten. Lohnend ist ein Besuch der Markthalle, in der man alles bekommt, was das Herz erfreut, vor allem frisches Meeresgetier. In einer kleinen Weinhandlung an der Piazza Matteotti kann man preiswert sardischen Wein vom Faß kaufen.

Zahlreiche Restaurants liegen in den Straßen am Hafen und in der Hauptstraße der Stadt, dem Corso Umberto, der gleich gegenüber der Mole beginnt und die ganze Stadt durchquert. „Il Gambero" ist ein kleines, gemütliches Lokal mit gutbürgerlicher sardischer Küche, die man schon auf der Straße riechen kann. Das Restaurant des Hotels „Gallura" bietet gute Küche, allerdings nicht ganz billig. Eine auch bei den Einheimischen gute Adresse ist das Restaurant „La Tana del Drago" einige Kilometer außerhalb in Richtung Golfo Aranci. Neben der guten sardischen Küche und dem rustikal-sardischen Interieur wird die Taxifahrt zu dem Restaurant mit einem herrlichen Ausblick auf den Golfo di Olbia belohnt. Ganz in der Nähe ist ein Supermarkt entstanden.

Veranstaltungen: Im Mai finden in Olbia internationale Amateur-Filmfestspiele und eine Ausstellung italienischer Malerei statt.
Mitte Mai: Volksfest mit Gottesdienst zu Ehren des San Simplicio, Feuerwerk und Trachtenschau. Gebackener Fisch und Unmengen von Muscheln sorgen für das leibliche Wohl.

Entfernungen von Olbia: La Caletta 30 sm, Baia Caddinas 8 sm, Punta Marana 16 sm, Porto Rotondo 18 sm, Porto Portisco 19 sm, Porto Cervo 20 sm.

Die im 11. Jahrhundert von den Pisanern im romanischen Stil erbaute Basilika *San Simplicio* lohnt einen Besuch. Sie gehört zu den ältesten Kirchen Sardiniens mit einer einfachen, klaren und meisterhaft proportionierten Fassade. Das dreischiffige Innere ist mit römischen Säulen und romanischen Bögen ergreifend einfach gegliedert. In den Seitenschiffen befinden sich eine Sammlung römischer Inschriften, Urnen, Grabstellen und Meilensteine von der alten Römerstraße, die Olbia mit Sassari verband.
Nicht weit von der Kirche sind zwischen den Gassen Via Brigata Sassari, Via Mameli und Via La Marmora die Reste einer karthagischen Nekropole mit Schachtgräbern zu besichtigen.
Außerhalb der Stadt lohnen das *Castello Pedrese* in der Nähe des Flughafens sowie die römischen Ruinen einen Besuch, die von der einstigen Bedeutung Olbias zeugen. Nahe den Ruinen der mittelalterlichen Burg *Cabu Abbas* ist eine große Nuraghenfestung ausgegraben worden. Von hier aus hat man einen herrlichen Blick auf die Stadt und den Golf.

Der nördliche Teil des Golfo di Olbia bietet in dem tief nach Norden einschneidenden *Golfo degli Aranci* geschützte Hafen- und Ankerplätze.

Cala dei Porri
40° 57′N
009° 34′E

ist eine malerische Bucht zwischen steil aufragenden Felsen, die nach Osten von dem Eiland *Isola Porri* begrenzt wird. Man ankere je nach Tiefgang der Yacht im nördlichen oder westlichen Teil der Bucht auf 2 bis 8 m Wasser über gut haltendem Sandgrund.

Zwischen *Punta delle Casette* und *Punta di Callabasse* liegt die weite, nach Osten offene Bucht

Cala Sassari
40° 59′N
009° 35′E

Sie bietet zwischen steil aufragenden Granitfelsen in zahlreichen Einbuchtungen außer gegen östliche Winde geschützte Ankerplätze auf Wassertiefen zwischen 3 und 5 m über gut haltendem Grund. Zahlreiche Feriensiedlungen und -villen säumen die Bucht.

Nördlich der Punta di Callabasse, die die Cala Sassari nach Norden abschließt, liegt die kleine, aber feine, mit allem Komfort ausgestattete Marina

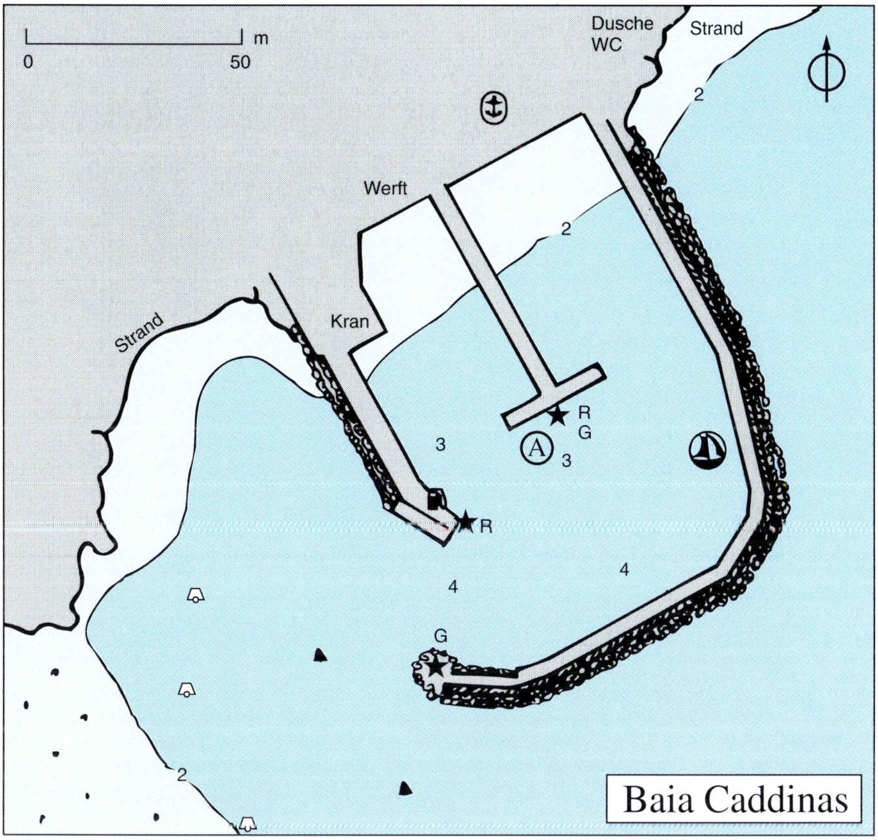

Baia Caddinas
41° 00′N
009° 36′E

die etwa 120 Liegeplätze für Yachten bis 15 m Länge und 2 m Tiefgang bietet.

Bei der Ansteuerung halte man sich unbedingt an das mit roten und grünen Tonnen bezeichnete Fahrwasser, da südwestlich der roten Tonnen eine Untiefe mit überspülten Steinen etwa 100 m vom Ufer vorspringt. Nachts sind die Molenkopfe befeuert; auf dem Kopf des Mittelsteges brennt ein weiteres Feuer (2F. R/G. vert).
In der Feriensiedlung oberhalb der Marina findet man Geschäfte, Restaurants und Cafés, die freilich nur von Juni bis September geöffnet sind. Der nächste ganzjährig geöffnete Supermarkt ist etwa 15 Minuten Fußweg vom Hafen entfernt.
Nördlich und südlich des Hafens erstrecken sich schöne Sandstrände. Die Orte Olbia und Golfo Aranci sind bequem mit dem Bus oder Taxi zu erreichen, ebenso die bereits auf Seite 262 erwähnte Nuraghenfestung *Cabu Abbas.*

Golfo Aranci
40° 59′N
009° 37′E

ist Fährhafen für die Eisenbahnfähre nach Civitavecchia, die mehrmals täglich verkehrt. Da die Wassertiefen hier größer als in Olbia sind, können hier auch größere Frachtschiffe als in Olbia anlegen. Sie bestimmen das Hafenbild. Direkt am Hafen endet die Eisenbahnstrecke von Olbia. Trotz der Betriebsamkeit, die der Hafen mit sich bringt, hat der Ort sich einen graziösen Charme bewahrt.

Ansteuerung (Seekarten: D 500, BA 1992, I 42, 322, 323): Der Hafen mit seinen Verladekränen, Hochbrücken und Lagerhäusern ist schon von weitem auszumachen. Die weit nach Südwesten vorspringenden Molen sind befeuert (Oc(3)G.3s, 2F.G. vert und F.R. sowie 2F.G. vert etwa zurückgesetzt). Die Einfahrt in den Fischerhafen ist ebenfalls befeuert.

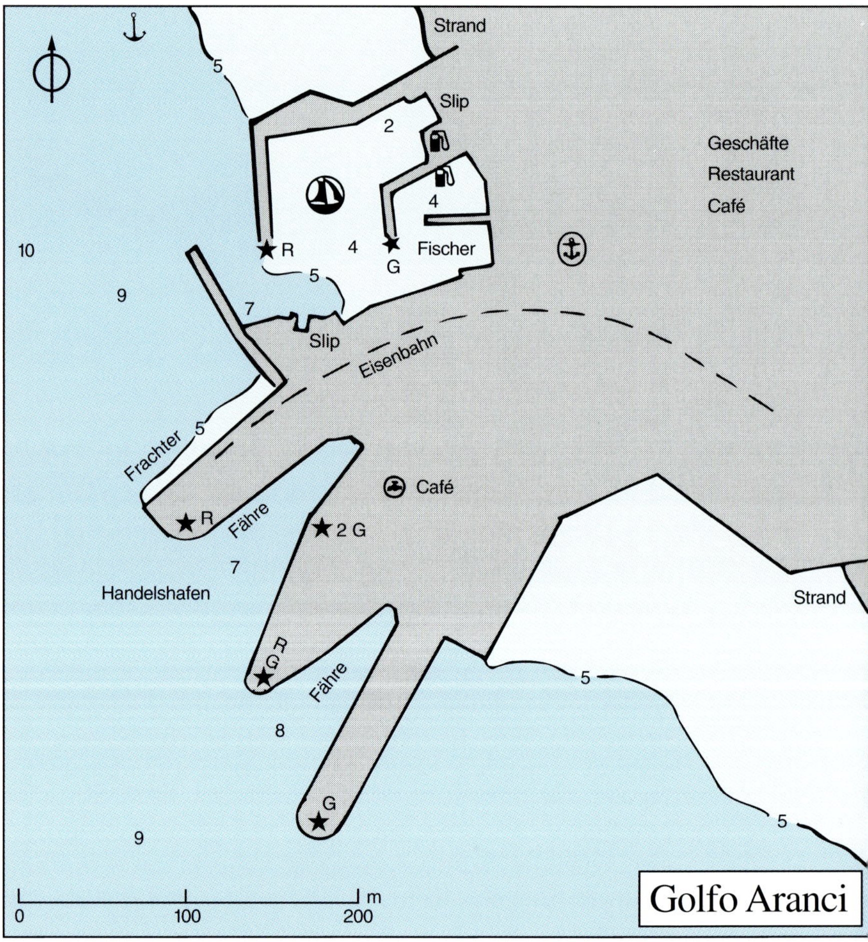

Liegeplatz: Die Molen sind den Fähr- und Handelsschiffen vorbehalten. Yachten legen nach Absprache an freien Plätzen des Fischerhafens vor Buganker, Heck zur Mole, an (siehe Plan). Meist ist man aber darauf angewiesen, nördlich des Hafens zu ankern. Kraftstoff erhält man an einer Tankstelle im Fischerhafen; Trinkwasser gibt es aus verschiedenen Zapfstellen im Fischer- und im Fährhafen.

Hafenmeister: Das Hafenbüro befindet sich zwischen dem Fischerhafen und dem Fährhafen, ist aber überwiegend mit den Belangen des Fähr- und Handelshafens beschäftigt (Telefon 46880).

Reparaturmöglichkeiten: Im Fischerhafen gibt es zwei Slipbahnen. Verschiedene kleinere Werkstätten führen Reparaturen aus, hauptsächlich an Bootsmotoren.

Versorgung: Lebensmittelgeschäfte, Restaurants und Cafés in unmittelbarer Nähe des Hafens. Die besten Restaurants liegen außerhalb der Stadt an der Straße nach Olbia.

Bademöglichkeiten: Nördlich des Hafens beginnt ein schöner Strand, der sich bis Baia Caddinas hinzieht und im Sommer zahlreiche Badegäste aus den umliegenden Feriensiedlungen anlockt.

Entfernungen von Golfo Aranci: Olbia 8 sm, Punta Marana 9 sm, Porto Rotondo 11 sm, Porto Portisco 12 sm, Porto Cervo 14 sm.

Golf von Congianus

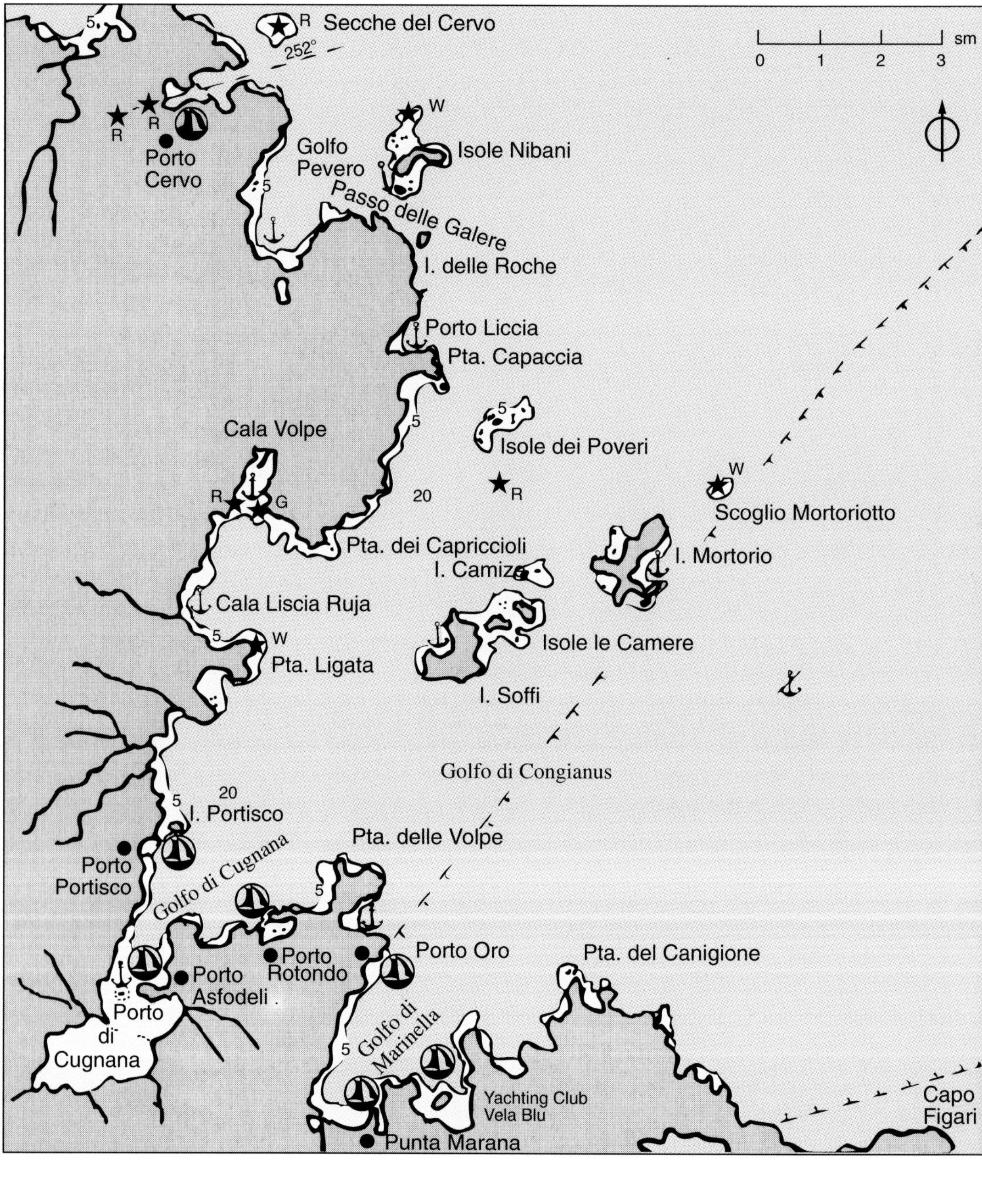

Der nördlich an den Golfo di Olbia anschließende

Golfo di Congianus hat sich in den letzten Jahren zum Zentrum des Yachtsports an der *Costa Smeralda* entwickelt, wozu die landschaftlich schöne Lage inmitten grüner Hügel vor dem Hintergrund der Granitberge der Gallura, das smaragdgrüne Wasser, das reizvolle Revier mit den Inseln *Soffi, le Camere, Mortorio* und *Poveri* und die gut ausgebauten Yachthäfen beigetragen haben. Über 1600 Liegeplätze gibt es in den Häfen am Golfo di Congianus, die jedoch im Sommer oft alle belegt sind – trotz der hohen Liegegebühren in den Monaten Juli und August.

Golfo di Marinella Der tief nach Süden in die Granitberge einschneidende Golf bildet mehrere Buchten, die trotz Ankerverbots wegen Unterwasserkabeln im Sommer von Yachten aufgesucht werden. Die genaue Lage der Unterwasserkabel kann man den italienischen Seekarten Nr. 322 und 323 entnehmen.

Yachting Club Vela Blu Das ist ein etwa 120 m langer Schwimmsteg mit Festmachebojen. Die 95 Liegeplätze haben Strom- und Wasseranschluß. Wassertiefe 2 bis 0,80 m. Die Zufahrt wird von mehreren roten und grünen Bojen markiert. Auf dem Kopf des Steges brennt ein weißes Festfeuer. Duschen, Toiletten, Werkstatt.

Punta Marana in der westlichen Einbuchtung des Golfo di Marinella ist ein künstlich angelegter Yachthafen, der bei allen Windrichtungen vollkommenen Schutz bietet (Plan Seite 270). Die gesamte Halbinsel Punta Marana ist mit einer Feriensiedlung bebaut.
41° 01′N
009° 34′E

Ansteuerung (Seekarten: D 500, BA 1992, I 42 und 323): Bei Tage kann man sich an der Feriensiedlung und dem weithin sichtbaren Glockenturm von Stazzo Marano etwas weiter landeinwärts orientieren. Die Einfahrt in den Hafen wird durch eine Reihe roter und grüner, unbeleuchteter Tonnen markiert. Außerhalb des Fahrwassers liegen einige Untiefen und Klippen teils über, teils unter Wasser. Bei Nacht brennen auf den Molen ein rotes und ein grünes Festfeuer. Weitere Festfeuer weisen den Weg vom Vorhafen in das Hafenbecken.

Liegeplatz: Der Hafen bietet etwa 300 Liegeplätze für Yachten bis 2,50 m Tiefgang und bis 20 m Länge. Die Liegeplätze sind mit Grundleinen sowie Strom- und Wasseranschlüssen ausgestattet. Kraftstoff erhält man an der Hafentankstelle. Duschen und Toiletten befinden sich im Gebäude der Marinaverwaltung.

Hafenmeister: Das Büro der Marinaverwaltung liegt hinter dem Südkai. Sie ist während der Dienststunden über UKW-Kanal 9 zu erreichen; im Juli und August empfiehlt sich telefonische Anmeldung und Liegeplatzreservierung. Zweimal täglich werden die neuesten Wetterberichte ausgehängt.

Versorgung: Lebensmittelgeschäft, Restaurants und Cafés in der Feriensiedlung (nur von Juni bis September geöffnet).

Entfernungen von Punta Marana: Olbia 16 sm, Porto Rotondo 3,5 sm, Porto Portisco 4 sm, Cala Volpe 5 sm, Porto Cervo 12 sm.

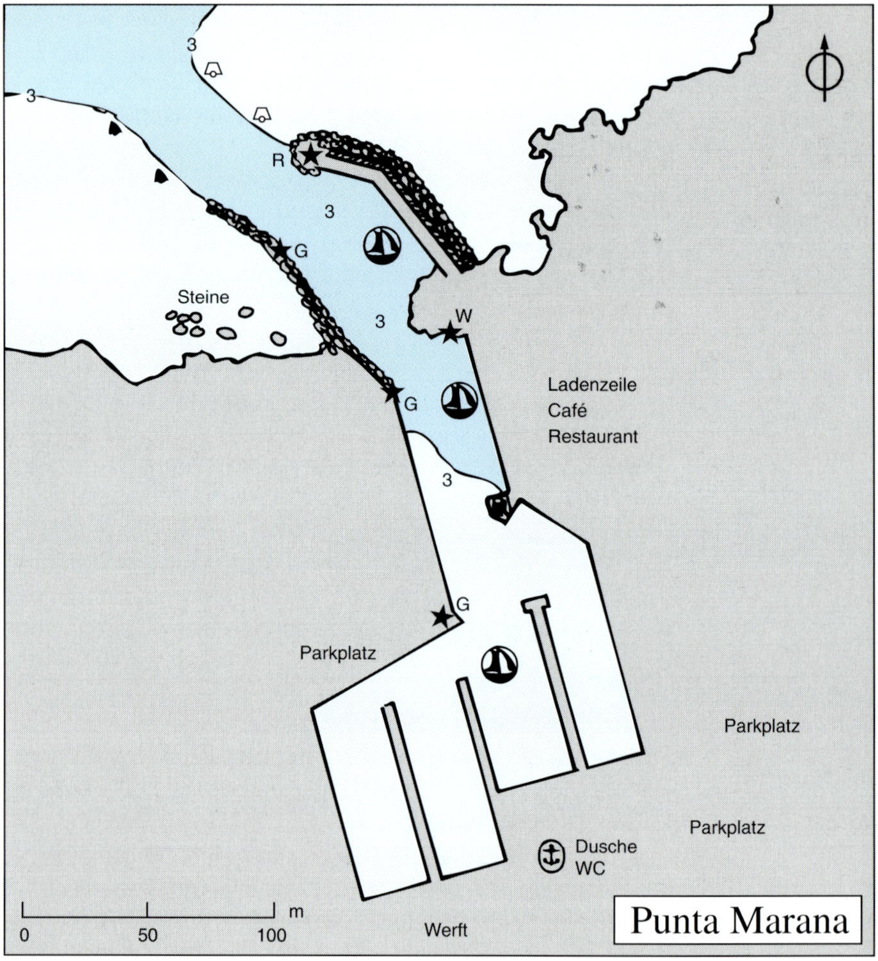

Punta delle Volpe bietet Yachten an ihrer Ostseite einen geschützten Ankerplatz auf 4 bis 10 m Wasser über gut haltendem Sandgrund. Im Sommer liegen hier zahlreiche Festmachebojen aus, an denen man für einen Badeaufenthalt anlegen kann. Man kann aber auch die Annehmlichkeiten des kleinen Yachthafens

41° 04′N
009° 35′E

Porto Oro in Anspruch nehmen, der etwa 50 Yachten bis 2 m Tiefgang und 12 m Länge Liegeplätze bietet. Um den Hafen herum liegt eine große Feriensiedlung mit Lebensmittelgeschäft, Restaurant und Café. Bei Tage dient ein großes Gebäude mit Ferienwohnungen östlich des Hafenbeckens als Ansteuerungshilfe. Ein etwa 15 m breiter Zufahrtskanal führt in den Hafen, dessen Liegeplätze mit Grundleinen und Anschlüssen für Strom und Wasser ausgestattet sind. Duschen und Toiletten befinden sich in dem Gebäude des Hafenbüros in der nordwestlichen Ecke des Hafens. Ein

41° 01′N
009° 33′E

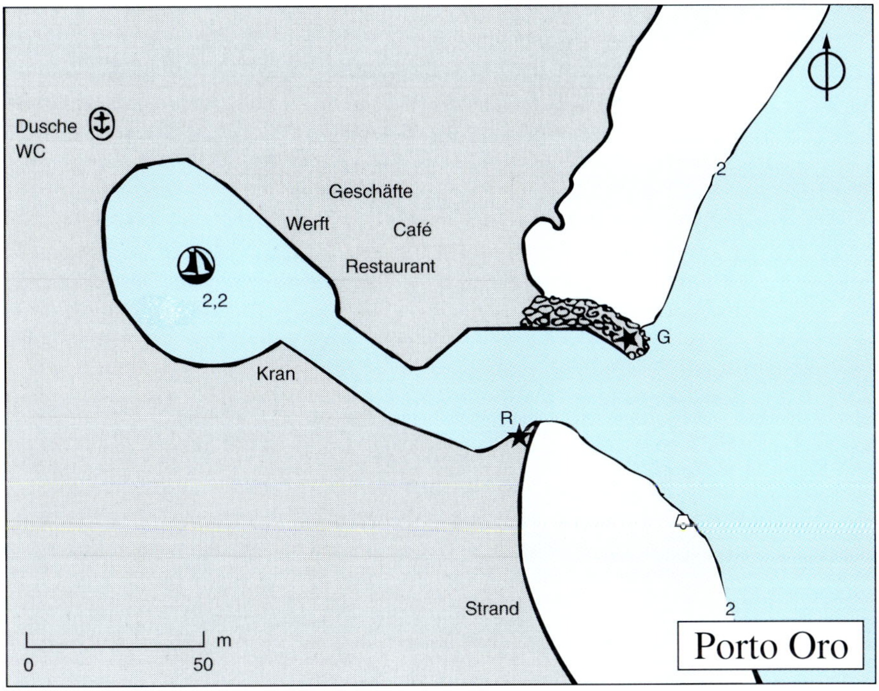

kleiner Werftbetrieb hinter dem östlichen Kai führt Reparaturen aller Art aus. Nordöstlich des Hafens bis zur Punta delle Volpe gibt es traumhafte Badcmöglichkeiten.
Westlich der Punta delle Volpe öffnet sich der malerische

Golfo di Cugnana mit seinen geschützten Häfen und Ankerplätzen östlich und westlich der *Punta Nuraghe.* Feriensiedlungen, Hotels und große Ferienvillen säumen die Ufer.

Porto Rotondo
41° 02′N
009° 33′E

Aus der entzückenden, nahezu völlig von Land eingeschlossenen Bucht südwestlich der Punta della Volpe an der Einfahrt in den Golfo di Cugnana, die früher ein beliebter Ankerplatz war, ist eine der schönsten Yachtmarinas der Costa Smeralda geworden. Der Ort selbst, mittlerweile einer der größten Ferienorte der Gegend, stellt Porto Cervo bereits in den Schatten.

Ansteuerung (Seekarten: D 500, BA 1992, I 42 und 323): Bei Tage ist schon von weitem das auffällige Dach des Yachtclubs zu erkennen. Die Einfahrt in den Hafen liegt südlich der etwa 100 m ins Meer vorspringenden Buhnen. Beiderseits der Hafeneinfahrt steht eine römische Säule auf einem Sockel. Die Säulen wurden in der näheren Umgebung gefunden und deuten auf eine frühe römische Besiedlung hin. Nachts ist die Hafeneinfahrt befeuert (Fl. G und Fl. R).

Liegeplatz: Der Hafen bietet etwa 630 Liegeplätze für Yachten bis 50 m Länge. Tagsüber werden einlaufende Yachten von den Ormeggiatori (Festmachern) der Hafenverwaltung in Empfang genommen und zu einem Liegeplatz geleitet. Sie sind auch beim Festmachen behilflich. Die Liegeplätze für die großen Yachten sind mit Festmachebojen ausgestattet, die anderen mit Grundleinen. Alle Plätze verfügen über Strom- und Wasseranschlüsse. Kraftstoff erhält man an der Hafentankstelle. Duschen und Toiletten sind in einem Gebäude am Kai untergebracht.

Hafenmeister: Das Büro der Hafenverwaltung befindet sich am Fuß der südlichen Mole (Telefon 44056). Sie ist während der Dienststunden über UKW-Kanal 9 zu erreichen (im Juli und August empfiehlt sich Liegeplatzreservierung über UKW-Telefon). Das Hafenbüro ist über Telefax an die italienischen „Wetterfrösche" angeschlossen und verfügt daher ständig über die neuesten Wetterinformationen einschließlich Wetter- und Seegangskarten.

Reparaturmöglichkeiten: Verschiedene fest installierte Kräne bis 16 t Tragkraft stehen im Hafen zur Verfügung. Ein Werftbetrieb führt Reparaturen aller Art aus. Spezialwerkstätten für Außenbordmotoren und Schiffszubehörgeschäfte finden sich in unmittelbarer Nähe des Hafens.

Versorgung: Restaurants und Cafés rund um den Hafen und in der Ortschaft, Lebensmittelgeschäfte (direkt am Hafen gibt es ein Fischgeschäft). Die meisten Restaurants und Cafés sind allerdings nur von Juni bis September geöffnet.

Bademöglichkeiten: Nordöstlich und südwestlich des Hafens lädt das klare Wasser an der steinigen Küste zum Baden ein.

Entfernungen von Porto Rotondo: Punta Marana 3,5 sm, Porto Portisco 1 sm, Cala Volpe 3,5 sm, Porto Cervo 11 sm.

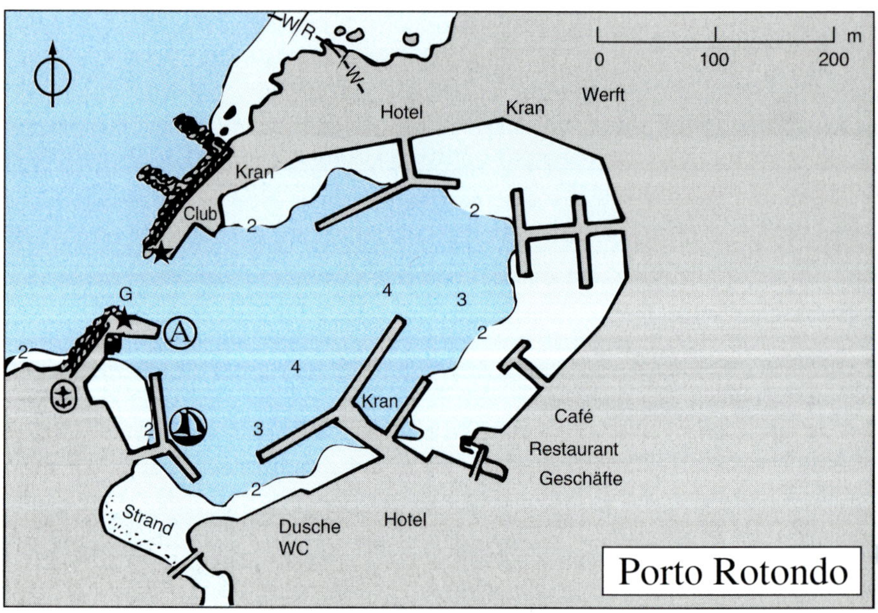

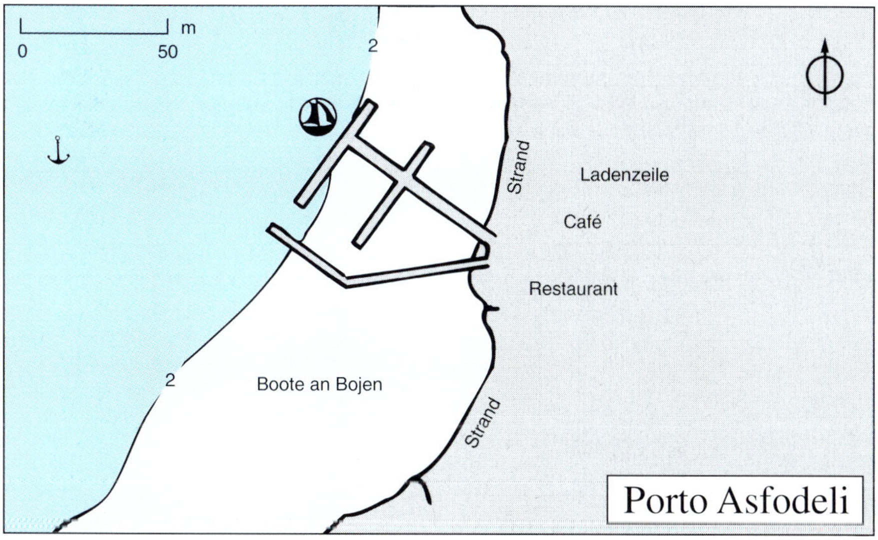

Porto di Cugnana ist eine 1,5 sm tiefe, fjordartige Bucht mit langen, weißen Sandstränden. Yachten mit weniger als 1 m Tiefgang können bis tief in die Bucht hineinfahren; größere ankern im vorderen Drittel. An der Ostseite der Bucht liegt der kleine, private Yachthafen

Cugnana Verde 41° 01′N 009° 32′E Am gegenüberliegenden Ufer des Porto di Cugnana ist eine große Ferienanlage mit einem halbverfallenen Steg davor. Es ist geplant, hier einen Yachthafen zu errichten.

Porto Asfodeli 41° 02′N 009° 32′E der zu der gleichnamigen Feriensiedlung gehört. Er bietet Liegeplätze mit Strom- und Wasseranschlüssen sowie eine Tankstelle.

Porto Portisco/Marina di sa Petra 41° 02′N 009° 31′E ist eine moderne Yachtmarina südlich der *Isolotto Portisco* am westlichen Eingang des Golfo di Cugnana (Plan Seite 274). Der Hafen liegt am Fuße einer großen Feriensiedlung.

Ansteuerung (Seekarten: D 500, BA 1992, I 42 und 323): Isolotto Portisco und die charakteristischen Gebäude der Feriensiedlung, die sich den Hang hinaufziehen, dienen bei Tage als Ansteuerungshilfe. Die Molenköpfe der Hafeneinfahrt sind befeuert.

Liegeplatz: Der Hafen bietet etwa 350 Liegeplätze für Yachten bis 30 m Länge. Tagsüber werden einlaufende Yachten von den Ormeggiatori (Festmachern) der Hafenverwaltung in Empfang genommen und zu einem Liegeplatz geleitet. Sämtliche Plätze sind mit Grundleinen sowie mit Strom- und Wasseranschlüssen ausgestattet. Kraftstoff erhält man an der Hafentankstelle. Duschen und Toiletten sind im Gebäude der Hafenverwaltung untergebracht.

Hafenmeister: Das Büro der Hafenverwaltung liegt am Fuße der alten Steganlage und ist während der Dienststunden über UKW-Kanal 9 und 69 zu erreichen (im Juli und August empfiehlt sich Liegeplatzreservierung über UKW-Telefon). Zweimal täglich werden die neuesten Wetterberichte ausgehängt.

Reparaturmöglichkeiten: Ein Werftbetrieb führt Reparaturen aller Art aus. Ein Schiffszubehörhändler ist in der Nähe des Yachtclubs.

Versorgung: Lebensmittelgeschäfte, Restaurants und Cafés (meist nur von Juni bis September geöffnet) finden sich in der Feriensiedlung oberhalb des Hafens. Im Yachtclub kann man gut essen (teuer).

Bademöglichkeiten: Südlich des Hafens zieht sich ein Strand bis tief in den Porto di Cugnana.

Entfernungen von Porto Portisco: Porto Rotondo 1 sm, Cala Volpe 3 sm, Porto Cervo 8,5 sm.

Im Nordosten des Golfo di Congianus liegen die von Klippen umgebenen *Isola Soffi, Isole le Camere, Isola Mortorio, Scoglio Mortoriotto* mit einem Leuchtfeuer (Fl(2) 6s 2M) und *Isole dei Poveri* mit einem Leuchtfeuer (Fl(2). R. 5s 2M). Je nach vorherrschender Windrichtung kann man bei ruhigem Wetter verschiedene Ankerplätze für einen Badeaufenthalt aufsuchen. Die Inseln sind vor allem bei Tauchern und Unterwasserjägern beliebt.

41° 04′N
009° 32′E

Cala Liscia Ruja ist eine von zahlreichen Ferienvillen, Hotels und Ferienbungalows umgebene Bucht nördlich der durch ein Leuchtfeuer (Fl. 3s 3M) gekennzeichneten *Punta Ligata*. Der weiße Strand gehört zu den schönsten der

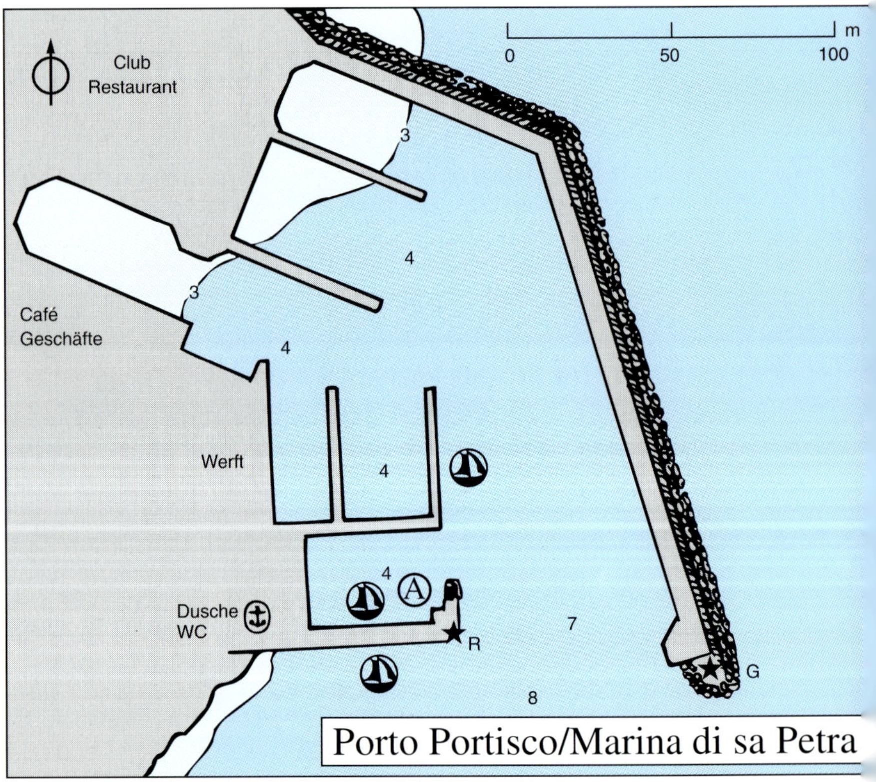

Porto Portisco/Marina di sa Petra

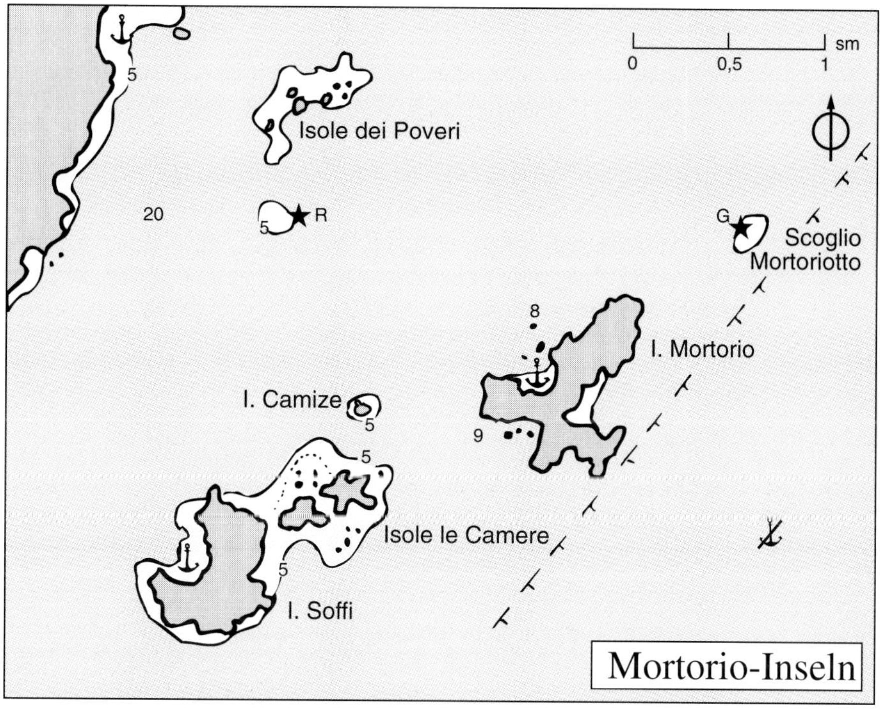
sm
0
0,5
1
5
Isole dei Poveri
20
R
5
G
Scoglio
Mortoriotto
8
I. Mortorio
I. Camize
5
9
5
Isole le Camere
5
I. Soffi
Mortorio-Inseln

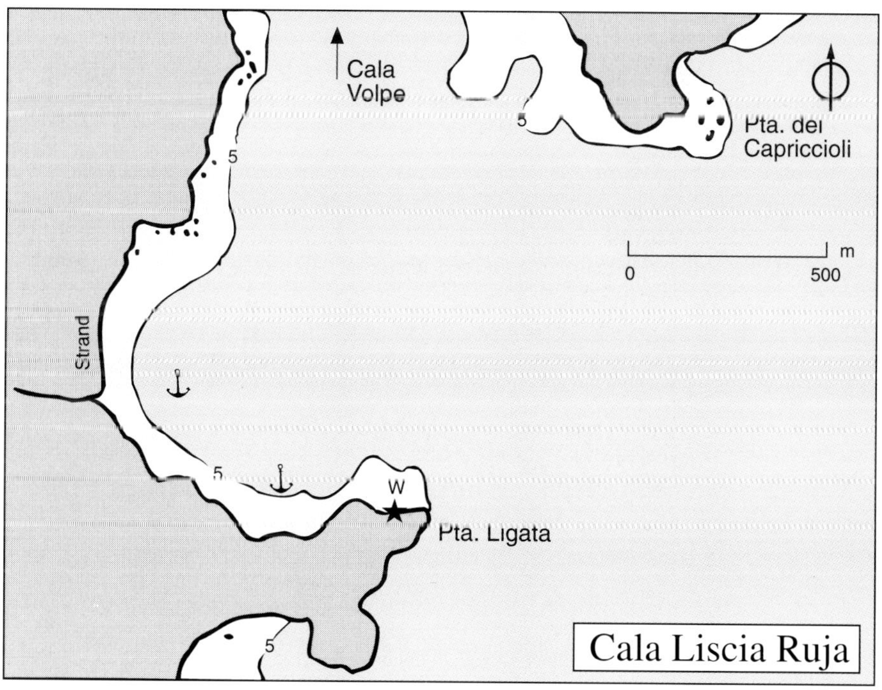
Cala
Volpe
5
Pta. dei
Capriccioli
5
m
0
500
Strand
5
W
Pta. Ligata
5
Cala Liscia Ruja

Costa Smeralda. Inmitten der Bucht liegt das Hotel „Capriccioli“ mit einem guten Restaurant. Der Strand ist vor allem bei Surfern beliebt. Man ankere auf 3 bis 8m Wasser über gut haltendem Sandgrund (siehe Plan Seite 275). Entfernung von Porto Rotondo 2,5 sm, von Cala Volpe 1 sm.

Cala Volpe
41° 05′N
009° 33′E

(Bucht der Füchse) Die im Norden der Cala Liscia Ruja liegende fjordartige Bucht ist umgeben von den originellsten Hotelbauten der Costa Smeralda mit eigenem Hafen.

Ansteuerung (Seekarten: D 500, BA 1992, I 42 und 323): Von der Punta dei Capriccioli sollte man wegen der südöstlich vorgelagerten Klippen ausreichend Abstand halten. Nachts führen die Leuchtfeuer von Isole dei Poveri (Fl(2). R. 5s) und Punta Ligata (Fl. 3s) zu der Bucht, deren Einfahrt ebenfalls befeuert ist (Fl. G. 4s und Fl. R. 4s). Achtung: Die Leuchtfeuer Isole dei Poveri, Punta Ligata und die Einfahrtsfeuer sind nur in der Zeit vom 1. Juni bis 30. September in Betrieb!

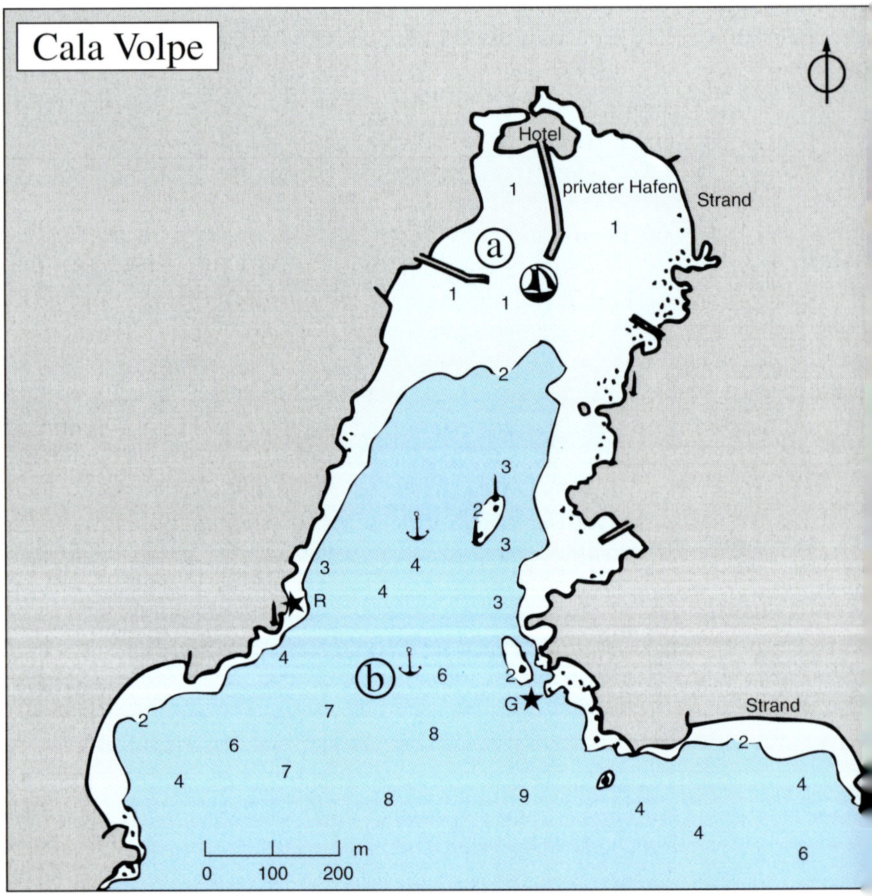

Liegeplatz: a) Das kleine Hafenbecken vor dem Hotel ist den Booten der Hotelgäste vorbehalten.
b) Vor Anker im Südteil der Bucht, etwa auf der Linie der beiden Einfahrtsfeuer, auf 5 bis 8 m Wasser über gut haltendem Sandgrund. Tagsüber ist der Platz wegen der Wasserskibahn im Ostteil der Bucht allerdings recht unruhig.

Versorgung: Die umliegenden Hotels verfügen über sehr gute Restaurants; sie sind allerdings teuer.

Entfernungen von Cala Volpe: Porto Rotondo 3,5 sm, Porto Cervo 8 sm, Cannigione 16 sm.

Porto Liccia
41° 07′N
009° 35′E

ist eine nach Westen einschneidende Bucht am nördlichen Ausgang des Golfo di Congianus. Sie bietet Yachten einen außer gegen Winde aus nördlichen bis nordöstlichen Richtungen gut geschützten Ankerplatz mit Blick auf einige prächtige Ferienvillen. Der Strand lädt zum Baden ein, ebenso wie der Strand in der südlich der *Punta Capaccia* gelegenen Bucht, die auch einen guten Ankerplatz abgibt.

Golfo Pevero
41° 09′N
009° 35′E

(Golfo Pero) ist eine 1 sm nach Süden einschneidende Bucht westlich der unbewohnten Felseneilande *Isole Nibani*. Die Durchfahrt zwischen den Inselchen und der Küste, der *Passo delle Galere*, ist nur bei ruhiger See empfehlenswert; ansonsten sollte man in weitem Bogen um die Eilande herumfahren. Das nördlichste Inselchen ist mit einem Leuchtfeuer (Fl. 4s 2M) gekennzeichnet.

Yachten finden im Inneren der nach Nordosten offenen Bucht auf 5 bis 10 m Wassertiefe geschützte Ankerplätze (Plan Seite 268).
Bei aufkommenden Winden aus Nord bis Nordost sollte man den Ankerplatz unverzüglich verlassen und in dem 2 sm entfernten Yachthafen

Porto Cervo
41° 08′N
009° 32′E

Schutz suchen. In der tiefen, durch das Capo Ferro gut geschützten Bucht liegt einer der – zumindest nach außen hin – vornehmsten Yachthäfen des Mittelmeeres. Bronzene Poller und Festmacheringe, Liegeplätze für Yachten bis 70 m Länge demonstrieren einen Anspruch auf Exklusivität, der letztlich am Geschäftssinn der Betreiber scheitert. Ab 17 Uhr werden die Liegegebühren kassiert – das aufdringliche Gehabe zerstört die gewünschte exklusive Atmosphäre ziemlich gründlich.

Der Ferienort Porto Cervo ist architektonisch ein gutes Beispiel mediterranen Lebens und Baustils. Die Häuser sardisch mit maurischen Elementen, die Dächer unter dem Grün von Pinien versteckt, kleine und größere Plätze durch Gassen und Treppen miteinander verbunden. Die Häuser sind mittlerweile etwas in die Jahre gekommen. Hier und da bröckelt der Putz oder die Farbe ab – man könnte fast meinen, es wäre ein altes sardisches Städtchen. Kritiker nennen diesen Baustil „neo-kolonialistisch“ statt „neo-sardisch“, wie es die Architekten und Geldgeber lieber sähen.

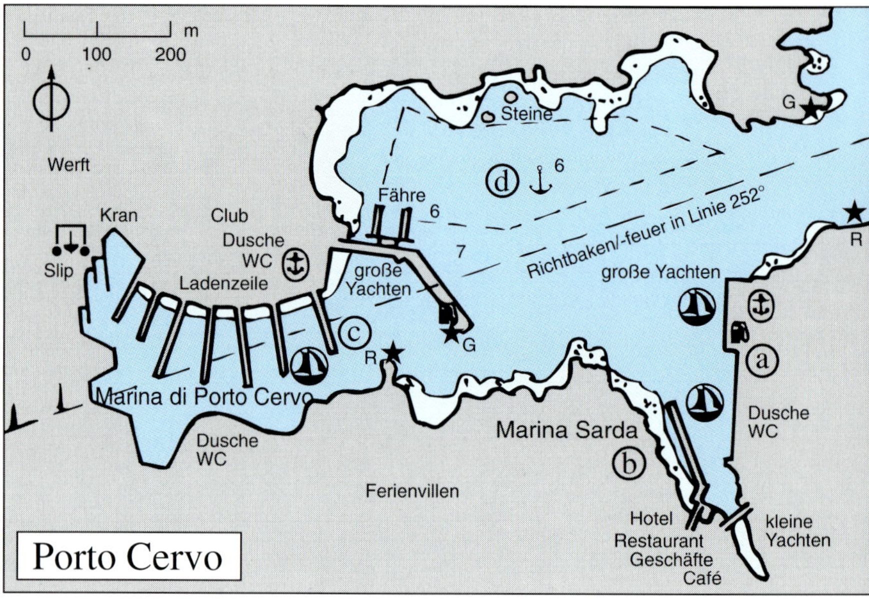

Die Kirche *Stella Maris* ist gut gelungene moderne Kirchenbaukunst. El Grecos berühmte „Madonna" hat hier ihren Platz – obgleich doch der Maler zeit seines Lebens mit der Kirche auf Kriegsfuß stand. Das Gemälde ist das Geschenk einer Mutter aus der deutschen Abteilung des internationalen Jet-set, der zu Saisonbeginn in Porto Cervo einfällt; ihre Tochter war wie durch ein Wunder von schwerer Krankheit genesen.

Ansteuerung (Seekarten: D 500, 438, BA 1992 und 1213, I 42 und 323): Die etwa 0,5 sm nordöstlich der Hafeneinfahrt liegende Untiefe Secche del Cervo, die durch eine weiß-rote Leuchttonne (Fl. R. 3s) gekennzeichnet ist, sollte unbedingt an Steuerbord bleiben. Achtung: Die Tonne ist nur vom 1. Juni bis 30. September beleuchtet! Ein Richtfeuer – bei Tag sind die Richtbaken nur schwer auszumachen – führt mit Linie 252° in den Hafen (Oberfeuer Oc. R. 4s und Unterfeuer Iso. R. 2s). Die Hafeneinfahrt ist ebenfalls befeuert (Fl. G. 4s 6M und Fl. R. 4s 6M).

Liegeplatz: a) Nach Passieren der Hafeneinfahrt öffnet sich nach Süden eine Bucht. Dort befinden sich an der Ostseite die Liegeplätze für Yachten von 20 bis 70 m Länge. Die Liegeplätze verfügen über Strom-, Wasser-, Telefon- und Fernsehanschlüsse.

b) Gegenüber an der Westseite liegt der Schwimmsteg der Marina Sarda für kleinere Gastyachten, die vor Buganker, Heck zum Steg, anlegen – zu den gleichen Gebühren wie an den weitaus bequemeren Stegen der Marina di Porto Cervo, zu der die Marina Sarda gehört. Die Liegeplätze verfügen über Strom- und Wasseranschlüsse. Kraftstoff erhält man an der Hafentankstelle. Die sanitären Anlagen befinden sich in einem Gebäude am Kai.

Bis zur Marina die Porto Cervo sind es zu Fuß etwa 45 Minuten. Im Sommer verkehren jedoch stündlich Boote dorthin (kostenlos).

c) In der Marina di Porto Cervo im westlichen Teil der Bucht gibt es 500 Liegeplätze für Yachten bis 50 m Länge, ausgestattet mit Grundleinen sowie mit Strom- und Wasseranschlüssen. Die Stege sind den Bedürfnissen von Yachten über 20 m Länge entsprechend ziemlich hoch.

Kraftstoff erhält man an der Tankstelle am ersten Steg. Die sanitären Anlagen befinden sich im Gebäude der Hafenverwaltung und des Yachtclubs sowie nahe den Kaianlagen des südlichen Hafenbereichs.

d) Vor Anker im nördlichen Teil des Vorhafens auf 4 bis 10 m Wasser über gut haltendem Sandgrund. Hier legt man sich hin, wenn man den hohen Liegegebühren in der Marina aus dem Wege gehen will. Der Platz ist allerdings sehr unruhig, denn die ein- und auslaufenden Yachten erzeugen erheblichen Schwell an dem ansonsten gut geschützten Ankerplatz. An die vorgeschriebene Höchstgeschwindigkeit von 3 kn hält sich kaum jemand.

Hafenmeister: Das für die Liegeplätze unter a) zuständige Büro der Hafenverwaltung liegt hinter dem Kai, das für die Liegeplätze unter c) befindet sich im Gebäude des Yachtclubs. Die Hafenverwaltung ist über UKW-Kanal 9 zu erreichen. Wegen der großen Kapazität des Hafens und der hohen Liegegebühren ist eine Reservierung auch im Juli und August nicht erforderlich. Die neuesten Wetterberichte werden regelmäßig in beiden Büros ausgehängt.

Porto Cervo verfügt über eine UKW-Küstenfunkstelle, die im Sommer regelmäßig überlastet ist. Oft muß man über eine Stunde warten. Das Personal bei Porto Cervo Radio ist sehr freundlich und spricht ausnahmslos gut Englisch.

Reparaturmöglichkeiten: Die Yachtwerft Cantiere Navale di Costa Smeralda verfügt über Slipanlagen, Travellift und Autokräne, um Yachten bis 500 t Gewicht an Land zu befördern. Sie führt Reparaturen aller Art an großen Yachten aus (bei solchen unter 20 m Länge tut sie sich etwas schwer). Schiffszubehör erhält man in der Yachtwerft und in verschiedenen Geschäften am Hafen.

Versorgung: Lebensmittelgeschäfte, Restaurants und Cafés finden sich am Hafen und in der Feriensiedlung (meist nur von Juni bis September geöffnet). Die Restaurants erfüllen nicht ganz die Ansprüche, die Porto Cervo an sich selber stellt und die man bei den geforderten Preisen erwarten könnte.

Veranstaltungen: Der Yacht Club Costa Smeralda in Porto Cervo ist durch seine Aktivitäten weltbekannt. Er veranstaltet nicht nur den Sardinia Cup, auch die Zwölfer-Weltmeisterschaft und der Swan World Cup gehören ebenso zum Programm wie eine Regatta mit Traditionsyachten.

Von Oktober bis Mai wird zusammen mit dem Yachtclub Porto Rotondo eine Regattaserie veranstaltet mit Wettfahrten an jedem zweiten Wochenende. Gegen Entrichtung der Startgebühren kann man in einem der beiden Häfen für den Zeitraum der Regatta kostenlos liegen, man muß aber an mindestens sechs Wettfahrten teilnehmen.

Bademöglichkeiten: Am nördlichen Ufer der Bucht von Porto Cervo.

Entfernungen von Porto Cervo: Olbia 20 sm, Cala Bitta 7 sm, Cannigione 8sm, Palau 10 sm, Cala Gavetta (La Maddalena) 12 sm, Porto Massimo (La Maddalena) 11 sm, Santa Teresa di Gallura 22 sm, Castelsardo 55 sm, Porto-Vecchio (Korsika) 32 sm.

Porto Cervo bis Punta Sardegna

Porto Cervo bis Punta Sardegna – das ist das Herzstück der Costa Smeralda, ein Traum aus Landschaft und Meer. Noch vor 30 Jahren weideten hier die Schafe, und das Leben ging beschaulich zu. Bis eines Tages ein feiner Herr an die Türe klopfte und sagte, er möchte die Küste kaufen. Man wurde sich rasch handelseinig. Die Hirten wurden zu Lire-Millionären, der feine Herr namens Prinz Karim Aga Khan gründete mit einigen Freunden aus der internationalen Hochfinanz das „Consortio Costa Smeralda", dem heute 55 km der schönsten sardischen Küste gehören, und bebaute das Land mit riesigen Feriensiedlungen.

Liscia di Vacca
041° 09′N
009° 31′E

eine weite, nach Nordwesten offene Bucht südlich des Eilandes *Isola Cappuccini,* bietet Yachten vor einer großen Feriensiedlung sichere Ankerplätze. Nach Osten wird die Bucht durch das hohe Vorgebirge Capo Ferro mit seinen Leuchtfeuern geschützt (Fl(3). 15s 24M und Oc. R. 5s 9M, sichtbar von 189° bis 203°, das die Untiefen *Secca delle Bisce* und *Secca dei Monaci* abdeckt, und Fl. R. 3s 8M, das zusammen mit dem Leuchtfeuer Fl. G. 3s 8M auf der Insel *Isola delle Bisce* die Durchfahrt des *Passo delle Bisce* markiert).

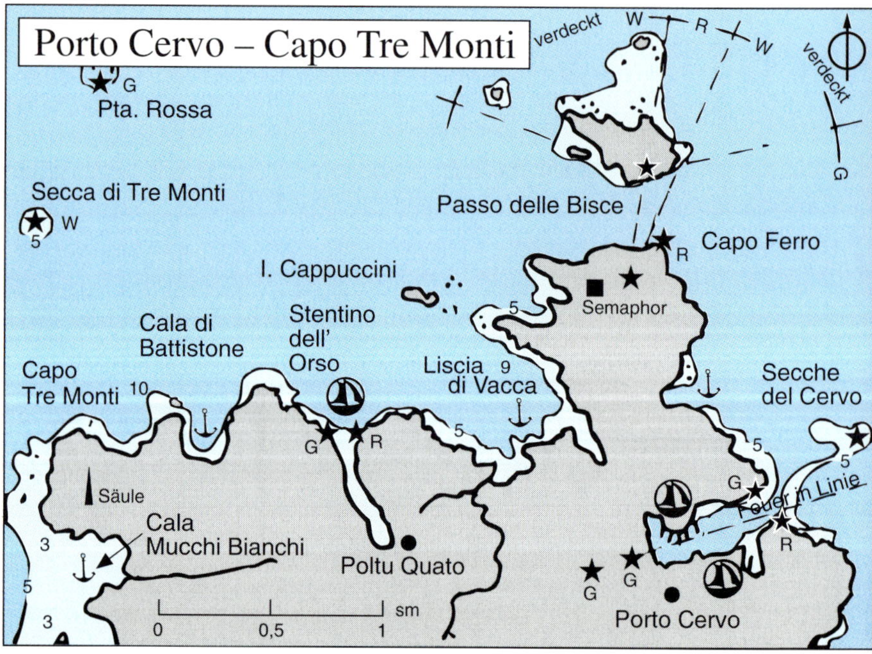

23 Eine der größten und besterhaltenen Nuraghen Sardiniens: „Su Nuraxi" bei Barumini, einige Kilometer landeinwärts von Arbatax

24

25

26

24 Elba. Der Golf von Procchio zwischen Marciana Marina und dem Capo d'Enfola – ein Paradies für Jollensegler

25 Azurblaues Wasser, weißer Sandstrand: Marina di Campo

26 Blick vom Strand von Marciana Marina nach Osten auf die Fischersiedlung Cotone und das Capo d'Enfola

27 Der Golf von Porto Azzurro. Im Hintergrund die von den Spaniern erbaute Festung Longone

28 Der Fischer- und Yachthafen von Portoferraio ist einer der sichersten Häfen am Mittelmeer

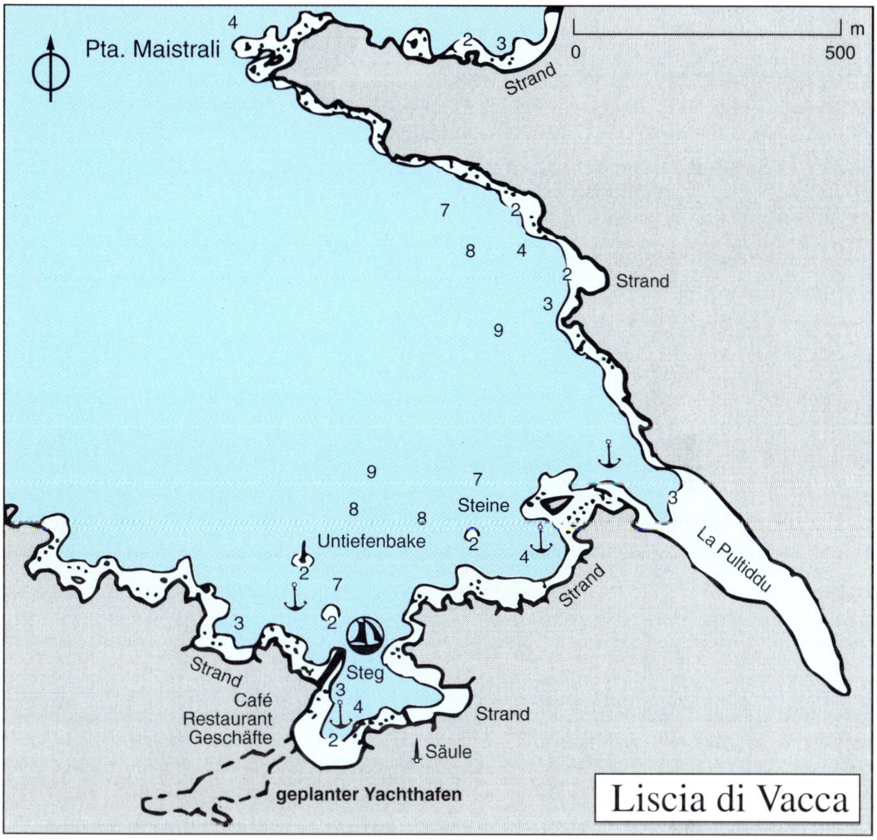

Im Süden der Bucht befinden sich vor der Feriensiedlung einige Anlege stege, von denen der größte am Kopf 1,50 m Wassertiefe aufweist. Etwa 200 m nordlich des Molenkopfes liegt eine 0,50-m-Untiefe, die durch eine Untiefenbake mit Radarreflektor gekennzeichnet ist.
In der Feriensiedlung gibt es Lebensmittelgeschäfte, Cafés und Restaurants, wovon das „Piccolo Mondo la Costantino“ eine der besten Adressen der Costa Smeralda ist. Der feine Sandstrand, die Klippenküste, das smaragdgrüne klare Wasser ziehen viele Badegäste an.
Die Errichtung eines Yachthafens mit etwa 200 Liegeplätzen ist geplant.

Stentino dell'Orso ist ein schmaler, tief nach Süden einschneidender Fjord, dessen Ufer und hinterer Teil zu der modernen Yachtmarina

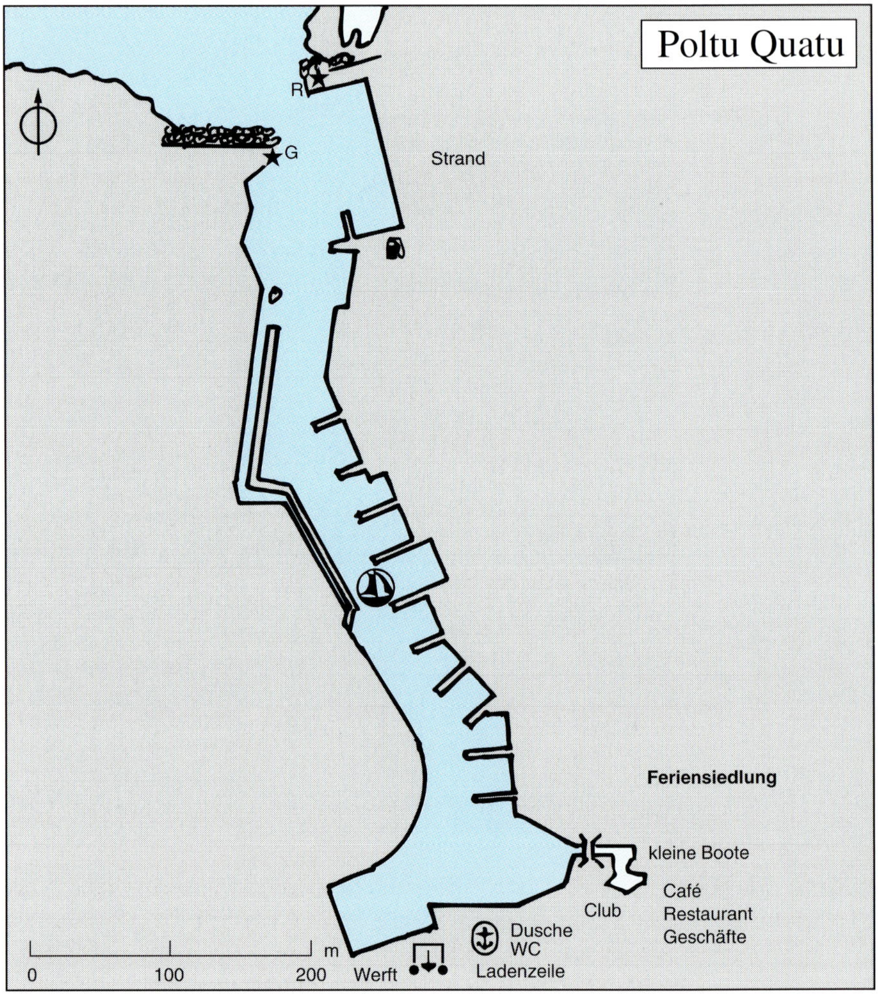

Poltu Quatu
41° 08′N
009° 30′E

ausgebaut worden ist. Mit dem Ferienzentrum *Baia Sardinia* stellt sie den nördlichen Konkurrenten von Porto Cervo dar.

Der Hafen bietet an den Stegen und den zum Kai ausgebauten Ufern der Bucht etwa 500 Yachten bis 35 m Länge und 2,50 m Tiefgang sichere Liegeplätze. Alle Liegeplätze verfügen über Strom- und Wasseranschlüsse sowie Grundleinen. Im Hafen befinden sich eine Tankstelle, ein Werftbetrieb mit 35-t-Travellift sowie sanitäre Einrichtungen; Lebensmittelgeschäft und Cafés in der Feriensiedlung (nur in der Saison geöffnet). Etwas außerhalb liegt an der Straße von Porto Cervo nach Baia Sardinia eines der besten (und teuersten) Restaurants der Insel: „Grazia Deledda“, benannt nach der sardischen Nobelpreisträgerin für Literatur. Die ange-

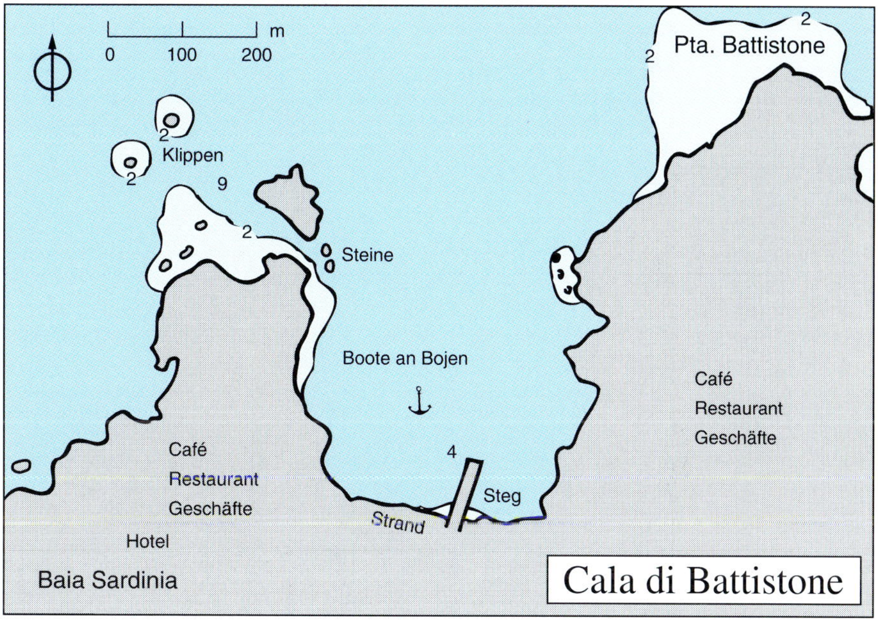

botenen Weine stammen von kleinen Winzern, die nur an dieses Restaurant liefern.

Entfernung von Porto Cervo 4 sm, von Cala Bitta 3 sm, von Cannigione 4 sm.

Cala di Battistone ist eine etwa 400 m breite und 500 m tiefe, nach Norden offene Bucht.

41° 08′N
009° 29′E

Der 70 m lange Steg vor dem Ferienort Baia Sardinia ist halb verfallen. An seiner Stelle soll eine größere Steganlage entstehen. Der Ferienort ist sehr hübsch; hinter Arkaden und Balustraden verbergen sich Geschäfte, Restaurants und kleine Cafés, von denen aus man das bunte Treiben in der Bucht bei einer Tasse Cappuccino beobachten kann.
Man ankere an der im Plan verzeichneten Stelle auf 3 bis 7 m Wassertiefe. Das smaragdgrüne Wasser und der 25 m breite, fast 500 m lange Strand laden zum Baden ein.

Entfernung von Porto Cervo 5 sm, von Cala Bitta 2 sm, von Cannigione 3 sm.

Westlich von *Capo Tre Monti* öffnet sich der 2,5 sm tiefe

Golfo di Arzachena der nicht nur für Yachten, sondern auch für Jollen und Surfer ideale Voraussetzungen bietet. Außer malerischen Ankerplätzen findet man in dem von grünen Hügeln umgebenen Golf zwei Häfen, in denen man bei nördlichen Winden Schutz findet.

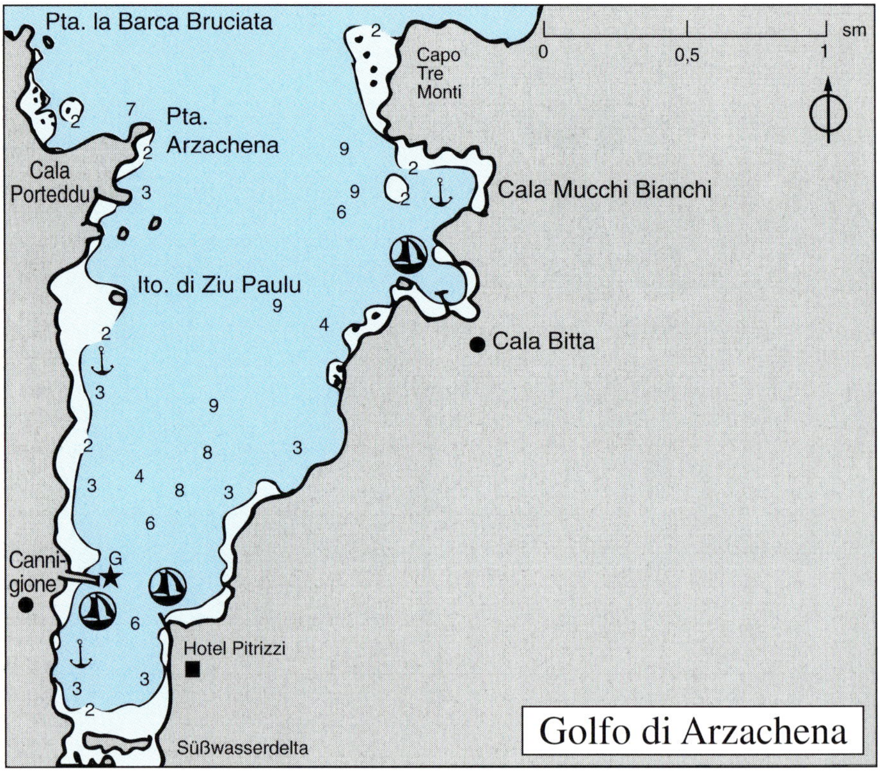

Am Ende des Golfo di Arzachena kann man mit dem Beiboot in ein riesiges Flußdelta einfahren. Die überwältigende Schönheit der Landschaft sowie die Einsamkeit der Gegend lassen einen solchen Ausflug zu einem besonderen Erlebnis werden.

Cala Mucchi Bianchi an der Einfahrt in den Golfo di Arzachena ist eine der anziehendsten Buchten an der Costa Smeralda. Nach Norden geschützt durch das 64 m hohe Vorgebirge *Capo Tre Monti,* ist man hier nur westlichen Winden ausgesetzt. Man lasse den Anker auf etwa 5 m Wassertiefe fallen. Ein kleiner gemauerter Anlegesteg im Norden erleichtert das Anlanden mit dem Beiboot; Yachten mit weniger als 1,50 m Tiefgang können direkt an dem Steg anlegen.

41° 09′N
009° 28′E

Die Ausläufer des Ferienortes *Baia Sardinia* reichen bis an die Bucht. Dort gibt es Lebensmittelgeschäfte, Restaurants und Cafés. In dem kristallklaren Wasser der Bucht tummeln sich im Sommer unzählige Badegäste aus Baia Sardinia.

Cala Bitta
41° 08′N
009° 28′E

In der Bucht südlich der *Punta di li Cossi* ist vor einigen Jahren mit dem Bau eines modernen Yachthafens begonnen worden, der einmal so wie im Plan auf Seite 285 dargestellt aussehen soll.

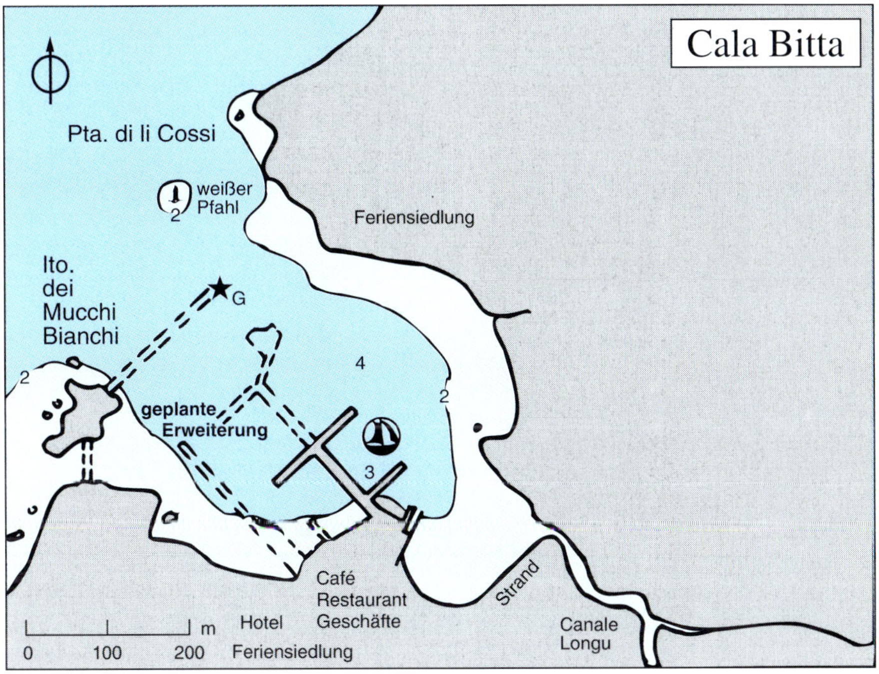

Ansteuerung (Seekarten: D 500, 438, BA 1992 und 1213, I 42 und 324): Der Hafen liegt östlich der gut auszumachenden Felsenklippe Isolotto dei Mucchi Bianchi, von der man bei der Ansteuerung ausreichend Abstand halten sollte. Die Hafeneinfahrt wird zur Landseite hin durch eine Untiefentonne markiert – bei der Einfahrt halte man sich dicht an die Mole.

Liegeplatz: Der vor Jahren begonnene Hafen bietet bis jetzt nur einige wenige Plätze ohne jeglichen Komfort an den im Verfall begriffenen Stegen. Vielleicht wird die Anlage in den nächsten Jahren von einem neuen Investor vollendet.

Versorgung: Lebensmittelgeschäfte, Restaurants und Cafés finden sich in der Feriensiedlung (nur von Juni bis September geöffnet). Die Restaurants genießen einen guten Ruf.

Bademöglichkeiten: Der Strand an der Mündung des Canale Longu in der Südostecke des Hafens wird im Sommer von den Gästen der Feriensiedlung frequentiert.

Entfernungen von Cala Bitta: Porto Cervo 7 sm, Cannigione 1 sm, Cala Gavetta/La Maddalena 6 sm.

Pitrizzi
41° 09′N
009° 27′E

Tief im Inneren des Golfo di Arzachena liegt an der Ostseite vor einem Landvorsprung die Steganlage eines ausgedehnten Hotel- und Ferienhauskomplexes. Die Wassertiefe beträgt am Kopf des Steges 2 m, zum Ufer hin abnehmend. Größere Yachten ankern nördlich des Steges auf 3 bis 6 m Wassertiefe. In der Feriensiedlung gibt es Lebensmittelgeschäfte, Restaurants und Cafés (nur von Juni bis September geöffnet).

Cannigione
41° 07′N
009° 27′E

Vor der Ortschaft bietet eine etwa 250 m lange, in west-östlicher Richtung verlaufende Mole Yachten aller Größen guten Schutz. Das Fischerdorf hat trotz touristischer Erschließung noch viel von seinem ursprünglichen Charme bewahren können.

Ansteuerung (Seekarten: D 500, 438, BA 1992 und 1213, I 42 und 324): Der Hafen liegt tief im Inneren des Golfo di Arzachena. Die Häuser der Ortschaft, die sich am Hang hinaufziehen, sind schon von weitem auszumachen. Besser noch kann man die Masten der Segelyachten erkennen. Straßenlaternen auf der Mole sowie der mit F. G befeuerte Kopf erleichtern die nächtliche Ansteuerung.

Liegeplatz: a) Am besten liegt man an der Südseite der Mole. Zwei bis drei Yachten machen jeweils mit Vorleinen an einer der Festmachebojen fest und legen sich mit dem Heck zur Mole. Die Wassertiefen betragen hier zwischen 2 und 4 m. Trinkwasser erhält man aus verschiedenen Zapfstellen auf der Mole, Kraftstoff an der Tankstelle auf dem Versprung am Fuß der Mole.

b) Kleine und mittlere Yachten finden bequeme Liegeplätze an den Schwimmstegen, die in den Sommermonaten ausliegen. Sowohl an der Mole als auch an den Schwimmstegen werden Liegegebühren erhoben.

c) Vor Anker südlich des Bojenfeldes auf 3 bis 5 m Wasser über gut haltendem Sandgrund.

Hafenmeister: Das Hafenbüro befindet sich am Fuß der Mole neben der Tankstelle.

Reparaturmöglichkeiten: Slipbahn und 3-t-Kran im Hafen. Eine Werkstatt führt Reparaturen an Bootsmotoren aus. Schiffszubehör an der Hafenpromenade und in der Hauptgeschäftsstraße.

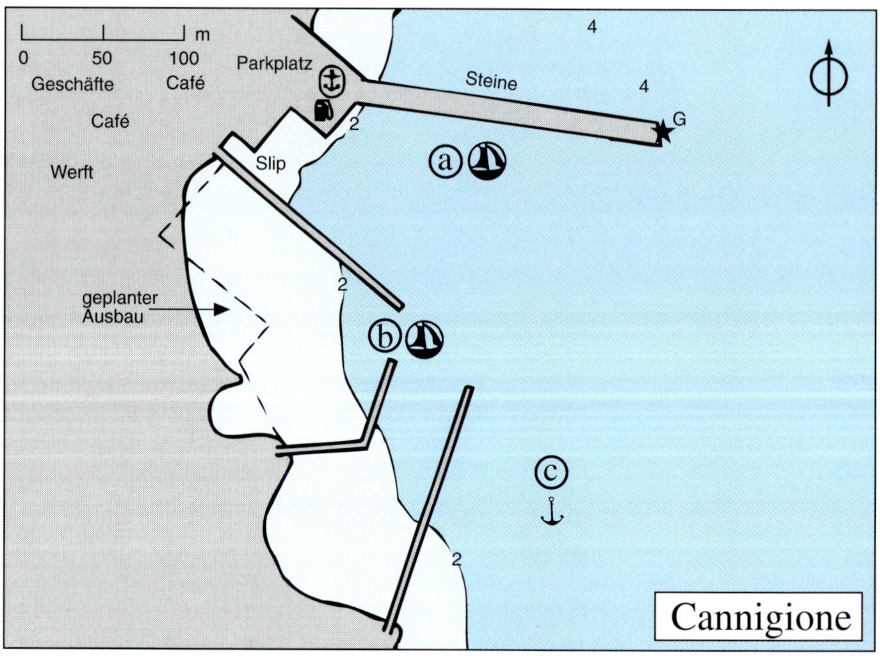

Versorgung: Lebensmittelgeschäfte, Restaurants und Cafés an der Hafenpromenade und der Hauptgeschäftsstraße sowie in den kleinen Verbindungsgassen. Das Café-Restaurant direkt am Hafen ist für seine gute Küche bekannt und auch bei den Einheimischen beliebt. Von der Terrasse aus kann man dem bunten und geschäftigen Treiben am Hafen zusehen.

Bademöglichkeiten: Südlich des Hafens erstreckt sich ein langer Strand, der in das Flußdelta übergeht. Die besten Bademöglichkeiten sind zweifelsohne in dem Süßwasser des Flusses gegeben.

Entfernungen von Cannigione: Porto Cervo 8 sm, Palau 6 sm, Cala Gavetta/La Maddalena 7 sm.

Einen Ausflug in das etwa 8 km entfernte *Arzachena* sollte man auf keinen Fall versäumen. Der betriebsame Ort, der malerisch am Südhang des 336 m hohen Monte Martino liegt, ist das wirtschaftliche Zentrum dieser Region. An der Straße von Olbia nach Palau gelegen, ist der Ort ein wichtiger Verkehrsknotenpunkt. An der Piazza Risorgimento im Zentrum stehen einige alte Patrizierhäuser. Von den gemütlichen Straßencafés aus kann man das bunte Treiben der Stadt beobachten.
In der näheren Umgebung liegen zwischen Macchia und Korkeichenwäldern einige der bedeutendsten vorgeschichtlichen Monumente Sardiniens, wie die Nuraghe *Malchittu* etwa 2,5 km südlich des Ortes. An der Straße von Arzachena nach Luogosanto findet man die Gigantengräber *Coddu Vecchio* und *Li Muri – Li Lolghi* dicht beieinander. Am südlichen Ortsrand kann man den *Fungho* bewundern, einen Granitfelsen, den die Erosion in die Form eines überdimensional großen Steinpilzes verwandelt hat.

An der Westseite des Golfo di Arzachena liegen zwei hübsche Ankerplätze bei dem Felseneiland

Isolotto di Ziu Paulu in dessen Schutz man südwestlich auf 3 bis 5 m Wassertiefe vor der Segelschule und dem Campingplatz ankert.
41° 08′N
009° 27′E

Etwas nördlich davon liegt die

Cala Porteddu eine wegen ihrer Ruhe und Abgeschiedenheit gern besuchte Bucht, die allerdings nur Yachten mit weniger als 2 m Tiefgang einen geschützten Ankerplatz bietet. Am Ende der Bucht ist ein kleiner Kai mit einem Steg davor. Hier kann man bequem mit dem Beiboot anlegen.
41° 08′N
009° 27′E

Entfernung von Cannigione 2 sm, von Palau 5 sm.

Zwischen *Punta Arzachena* und *Punta la Barca Bruciata* besteht Anker- und Fischfangverbot.

Golfo Saline ist eine 0,5 sm breite und 1 sm tiefe Bucht, die außer bei östlichen Winden in mehreren Einbuchtungen sichere Ankerplätze bietet.
41° 11′N
009° 25′E

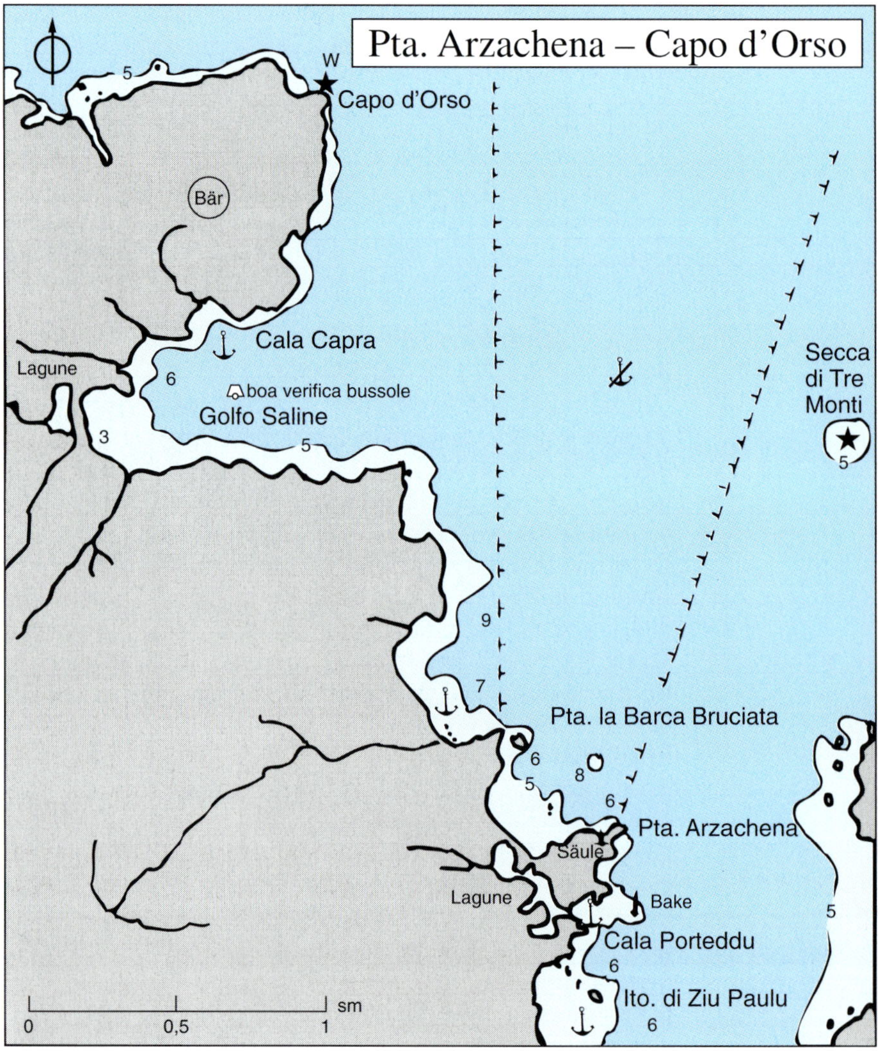

In ihrer Mitte liegt eine Tonne zur Kompaß-Kompensation (*boa verifica bussole*). Zahlreiche neue Ferienvillen säumen die Bucht. Im westlichen Zipfel befindet sich vor einer Lagune ein hübscher Strand, der einem die Wahl läßt, im Salzwasser der Bucht oder im Süßwasser der Lagune zu baden.

Man ankere auf 3 bis 5 m Wasser über teils mit Tang bewachsenem Sandgrund (siehe Plan).

Vom nördlichen Ankerplatz des Golfo Saline oder der kleinen Bucht *Cala Capra* aus sollte man dem „Bär" einen Besuch abstatten. Das ist ein 130 m

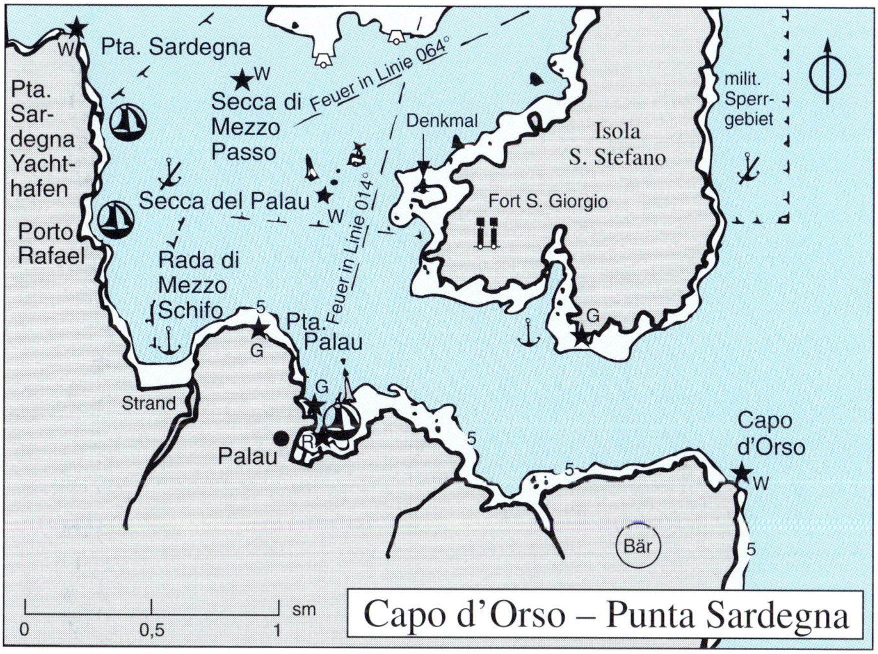

hoher Granitfelsen, der vom richtigen Standpunkt aus wie ein Bär aussieht. Diesem Felsen verdankt das Capo d'Orso denn auch seinen Namen. In der Cala Capra gibt es zwei Stege, von denen sich der nördliche zum Anlanden mit dem Beiboot eignet (der südliche ist halb verfallen).

Palau
41° 11′N
009° 27′E

Der Fischerort ist wichtigster Fährhafen für den Arcipelago di La Maddalena – halbstündlich legen die kleinen Fährschiffe nach La Maddalena, der Hauptinsel, ab. Die Hafenstadt ist gleichzeitig Endpunkt der Schmalspureisenbahn von Sassari durch das Inselinnere in die Gallura. Außer von dem Fährbetrieb lebt der Ort von den auf der Insel Santo Stefano stationierten amerikanischen GIs, die regelmäßig mit eigenen Fährbooten herübergebracht werden.
Um den Hafenort herum sind in den letzten Jahren zahlreiche Ferienkomplexe entstanden, deren Gäste die schönen Strände um Palau zu schätzen wissen.

Ansteuerung (Seekarten: D 500, 438, BA 1992 und 1213, I 42 und 324): Die Häuser des Ortes sind bei Tage gut auszumachen. Nachts brennt auf der Punta Palau nordwestlich des Hafens ein Leuchtfeuer (Fl(2). G. 10s 4M), ebenso auf dem Kopf des Fähranlegers (2F. R/G. vert). Der Yachthafen liegt südlich des Fähranlegers.

Liegeplatz: Der südliche Teil des Hafens, Porto Stagno, ist zu einem Yachthafen ausgebaut worden. Sportboote bis 2 m Tiefgang finden an den Kais und Stegen Liegeplätze, die zum Teil schon mit Wasser- und Stromanschlüssen ausgestattet sind. Kraftstoff erhält man an der Hafentankstelle.

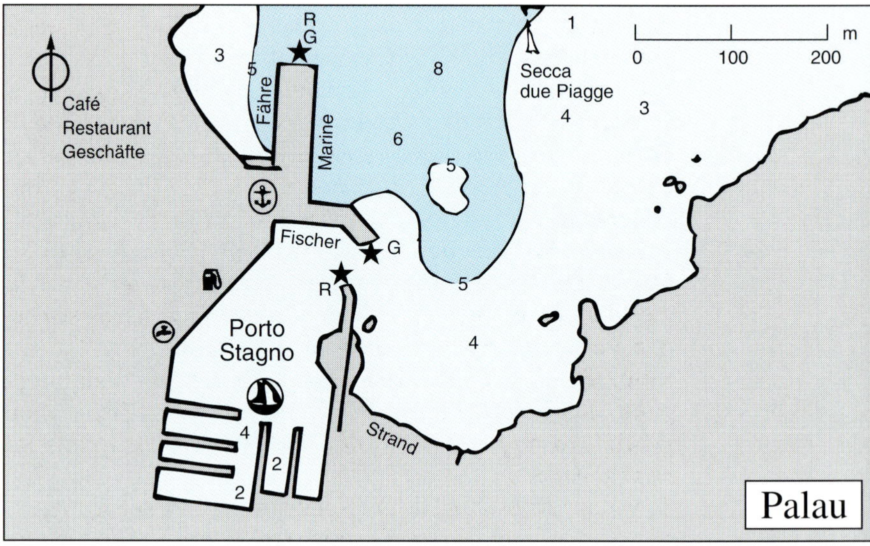

Hafenmeister: Das Hafenbüro befindet sich am Fuße des Fähranlegers und ist mit der Bewältigung des Fährverkehrs mehr als ausgelastet.

Reparaturmöglichkeiten: Ein 20-t-Kran steht im Hafen zur Verfügung. Ein Werftbetrieb führt Reparaturen aus, hauptsächlich an Bootsmotoren. Schiffszubehörgeschäfte befinden sich in der Nähe des Hafens.

Versorgung: Lebensmittelgeschäfte, Restaurants und Cafés findet man in der Ortschaft. Die Restaurants sind auf die Bedürfnisse der amerikanischen Soldaten eingestellt (Hamburger, Hot dogs). An der Abzweigung der Straße zum Capo d'Orso findet man das Nobelrestaurant „Da Franco" mit hübscher Einrichtung und einem reichhaltigen Antipasti-Buffet.

Entfernungen von Palau: Porto Cervo 10 sm, Cala Gavetta/La Maddalena 2,5 sm, Punta Sardegna Yachthafen 1,5 sm, Santa Teresa di Gallura 12,5 sm.

Wer Sardinien näher kennenlernen möchte, sollte in Palau in die Schmalspurbahn steigen und nach *Sassari,* der zweitgrößten Stadt der Insel, fahren. Die Fahrt führt durch eine traumhafte, teilweise fast unberührte und kaum besiedelte Landschaft, durch die mit wilder Macchia bewachsenen Granitberge der Gallura, vorbei an riesigen Korkeichenwäldern.
Sassari wurde im 9. Jahrhundert von den Einwohnern von Turris Libissonis, dem heutigen Porto Torres, gegründet, nachdem sie sich wegen der ständigen Piratenüberfälle in das bergige Hinterland zurückgezogen hatten. Nach einigen Jahrhunderten der Freiheit geriet die Stadt unter pisanischen Einfluß; nach der Niederlage der Pisaner gegen die Genueser wurde sie von diesen ausgebaut und befestigt. Noch heute sind große Teile der genuesischen Stadtmauer zu sehen, die früher die gesamte Altstadt

umschloß. Während der spanischen Besetzung gründeten Jesuiten hier eine Universität, die in ganz Europa bekannt war.
Die Altstadt mit ihren schmalen, mittelalterlichen Gassen und alten Häusern ist lebhaftes Zentrum von Sassari. Im *Museo Sanna* werden in einer vorbildlichen Präsentation nuraghische und vornuraghische Funde ebenso gezeigt wie Funde aus der Zeit der karthagischen und römischen Besetzung Sardiniens, dazu eine großartige volkskundliche Sammlung mit Trachten, Webarbeiten, Werkzeugen und Schmuck aus der Provinz Sassari. Der größte Teil der Sammlungen stammt aus dem Nachlaß des Bergwerksdirektors G. A. Sanna, weshalb das Museum nach ihm benannt wurde.
Am vorletzten Sonntag im Mai findet eines der großen sardischen Volksfeste, die „Calvacata Sarda", statt, zu der Trachtengruppen und Reiter aus ganz Sardinien kommen. Trachtenschau, Pferderennen ähnlich dem „Palio" in Siena, Volkslieder und Volkstänze stehen im Mittelpunkt der Festlichkeiten.
Am Tag vor Maria Himmelfahrt, am 14. August, tragen am späten Nachmittag die acht „Gremi" – die noch überlebenden mittelalterlichen Handwerks- und Bauernzünfte – je eine riesige, bunt bemalte und mit farbenfrohen Bändern geschmückte Altarkerze durch die Stadt. Die Prozession geht auf ein Gelübde aus dem Jahre 1652 zurück, als eine Pestepidemie überwunden werden konnte.

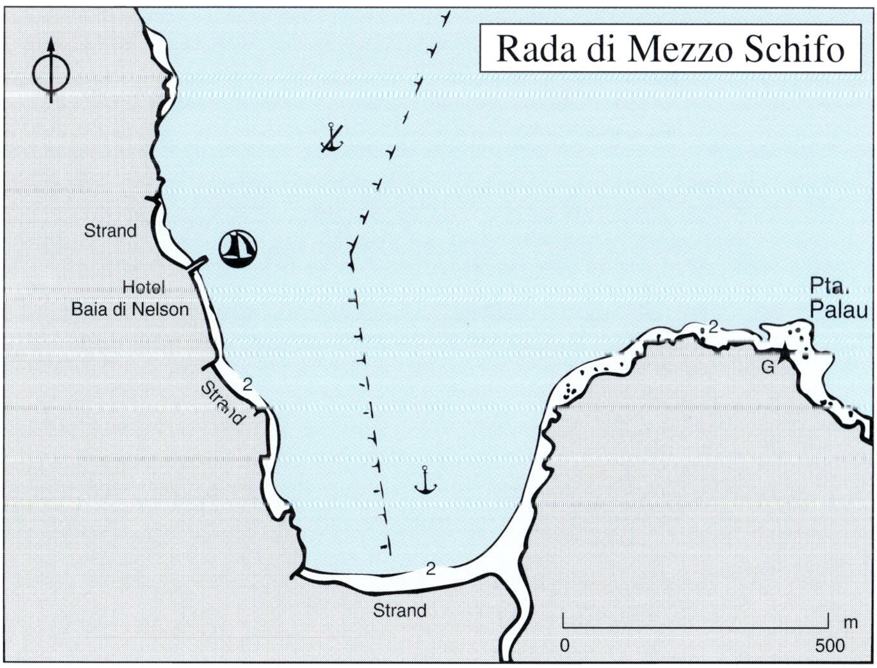

Rada di Mezzo Schifo Diese früher von den großen Segelschiffen als Ankerplatz benutzte Bucht bietet außer gegen nördliche Winde gut geschützte Ankerplätze auf 3 bis 10 m Wassertiefe. Im westlichen Teil besteht Anker- und Fischfangverbot (siehe Plan Seite 291).
41° 11′N
009° 22′E

Um die Bucht herum sind zahlreiche Ferienvillen und Bungalowsiedlungen entstanden. Ein feiner Sandstrand breitet sich im Süden aus.

Baia di Nelson Vor dem gleichnamigen Hotel liegt ein Steg aus, an dem kleinere Yachten anlegen können, z. B. zu einem Besuch des Hotel-Restaurants mit hervorragender Küche.
41° 11′N
009° 22′E

Porto Rafael Etwa auf der Mitte zwischen dem Strand der Rada di Mezzo Schifo und der Punta Sardegna sind in einer Einbuchtung vor der Feriensiedlung Porto Rafael mehrere Stege errichtet worden. Sie sind zum größten Teil von den Bewohnern der Ferienvillen belegt.
41° 11′N
009° 22′E

Punta Sardegna Yachthafen Ebenfalls vor einer Feriensiedlung, die architektonisch sicher das Originellste und Beste ist, was die Costa Smeralda zu bieten hat, liegt der Yachthafen des Yachtclubs Punta Sardegna.
41° 11′N
009° 22′E

Ansteuerung (Seekarten: D 500, 438, BA 1992 und 1213, I 42 und 324): Der Yachthafen liegt dicht südlich der Punta Sardegna mit ihrem Leuchtturm (Fl 5s 16M). Die Feriensiedlung am Hang über dem Hafen ist schon von weitem auszumachen.

Liegeplatz: a) An der Innenseite der Ostmole auf 3 m Wassertiefe, wenn dort nicht schon ein oder zwei Motoryachten längsseits liegen.
b) Außen vor der Ostmole liegen einige Festmachebojen aus, an denen man mit einer Vorleine festmacht, Heck zur Mole.
Alle Liegeplätze verfügen über Strom- und Wasseranschlüsse; Duschen und Toiletten befinden sich im Gebäude des Yachtclubs.

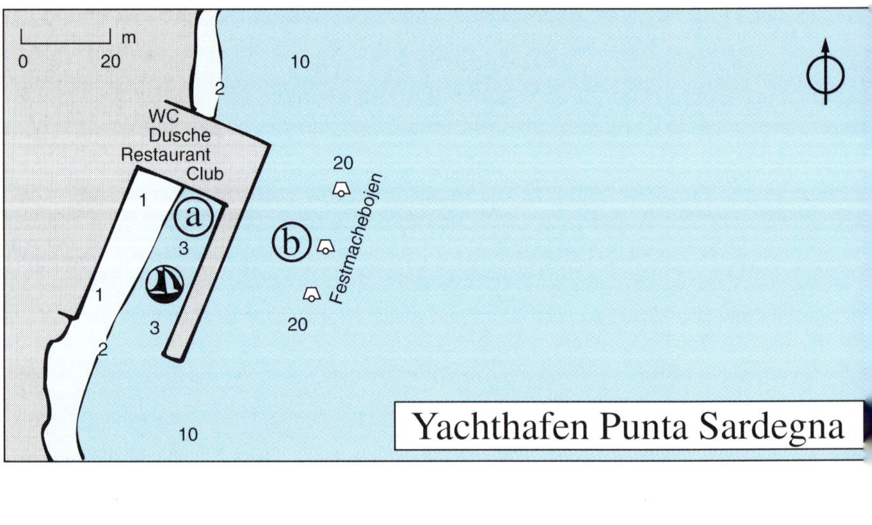

Yachthafen Punta Sardegna

ELBA

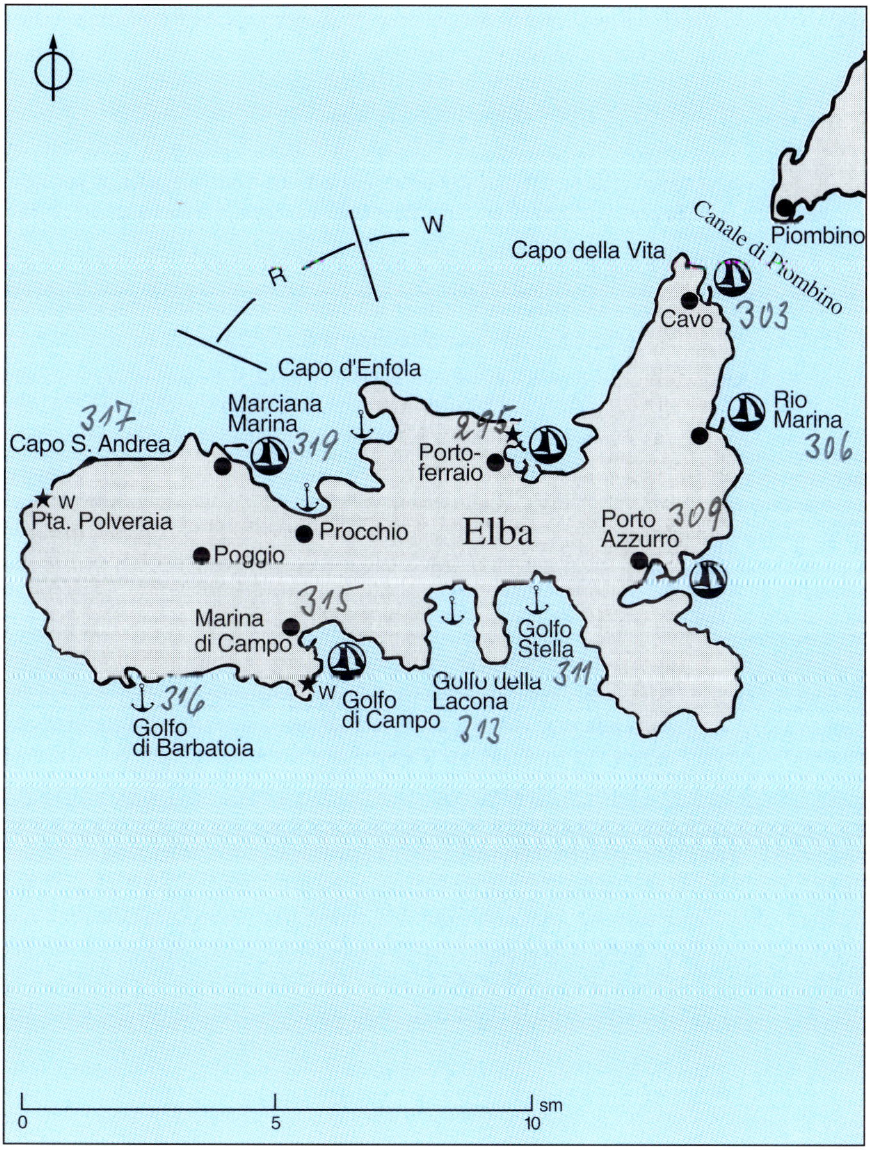
W
R
Capo della Vita
Canale di Piombino
Piombino
Cavo
Capo d'Enfola
Rio Marina
Marciana Marina
Capo S. Andrea
Porto-ferraio
Pta. Polveraia
W
Procchio
Elba
Porto Azzurro
Poggio
Marina di Campo
Golfo Stella
Golfo della Lacona
W
Golfo di Campo
Golfo di Barbatoia
0
5
10
sm

Elba

Für die italienische Insel Elba gelten die gleichen Bestimmungen, wie sie auf Seite 119 bereits für Sardinien genannt wurden.
Elba, Ilva, Aethalia – Namen, die im Laufe der wechselvollen Geschichte der Insel eine magische Anziehungskraft auf alle möglichen Herrscher ausgeübt haben. Aethalia, die Funkensprühende, nannten die Griechen sie wegen der Tag und Nacht brennenden Schmelzöfen und Köhlermeiler. Ilva, Eisen, nannten Etrusker und Römer die Insel, deren Erzvorkommen die Etrusker ihre Vormachtstellung in Italien verdankten. Aus Ilva wurde Elba, das heute jährlich etwa zweieinhalb Millionen Urlauber anzieht, dennoch aber ein Ferienparadies für Individualisten geblieben ist. Auch der Bauboom, wie wir ihn von anderen Urlaubszentren kennen, hat die Insel bis heute verschont.
Elba ist die Summe der europäisch-mediterranen Landschaften. Die Bergdörfer im Westen der Insel könnten genausogut in Griechenland stehen – zumindest muten sie dem Betrachter so an. Hafenstädte wie Portoferraio oder Porto Azzurro erinnern an die Provence, und der Osten der Insel ist typisch italienisch: Rio Marina oder Cavo könnten auch in der Toskana liegen.
Elba ist mit 225 km^2 die größte Insel des Toskanischen Archipels, zu dem noch Capraia, Gorgona, Giglio, Giannutri, Montecristo und Pianosa gehören. Bedingt durch die zahlreichen Einbuchtungen beträgt die Küstenlänge stattliche 147 km bei 27 km größter Längenausdehnung und 17 km größter sowie 3,5 km kleinster Breite. Während das gewaltige Granitmassiv im Westen der Insel geradezu alpinen Charakter hat – der höchste Berg, der Monte Capanne, steigt immerhin 1019 m hoch auf, und zu seinem Gipfel führt eine Seilbahn –, ist Mittelelba flachhügelig. Im gebirgigen Osten sind die Berge indessen nur halb so hoch wie im Westen. Hier im Osten liegen jene großen Erzfelder, die Elba zur begehrten Beute vieler Eroberer machten.
Die Fauna und Flora Elbas entsprechen mehr der Korsikas als der des doch viel näher liegenden italienischen Festlandes. Wie Korsika ist auch Elba überwiegend mit Macchia bedeckt – die Antwort der Natur auf jahrtausendelangen Raubbau an den Wäldern. Auffallend auf Elba ist die für die Größe der Insel ungeheure Vielfalt der Pflanzenarten, hervorgerufen durch das milde Klima und den mineralienreichen Boden der Insel.

Golf von Portoferraio

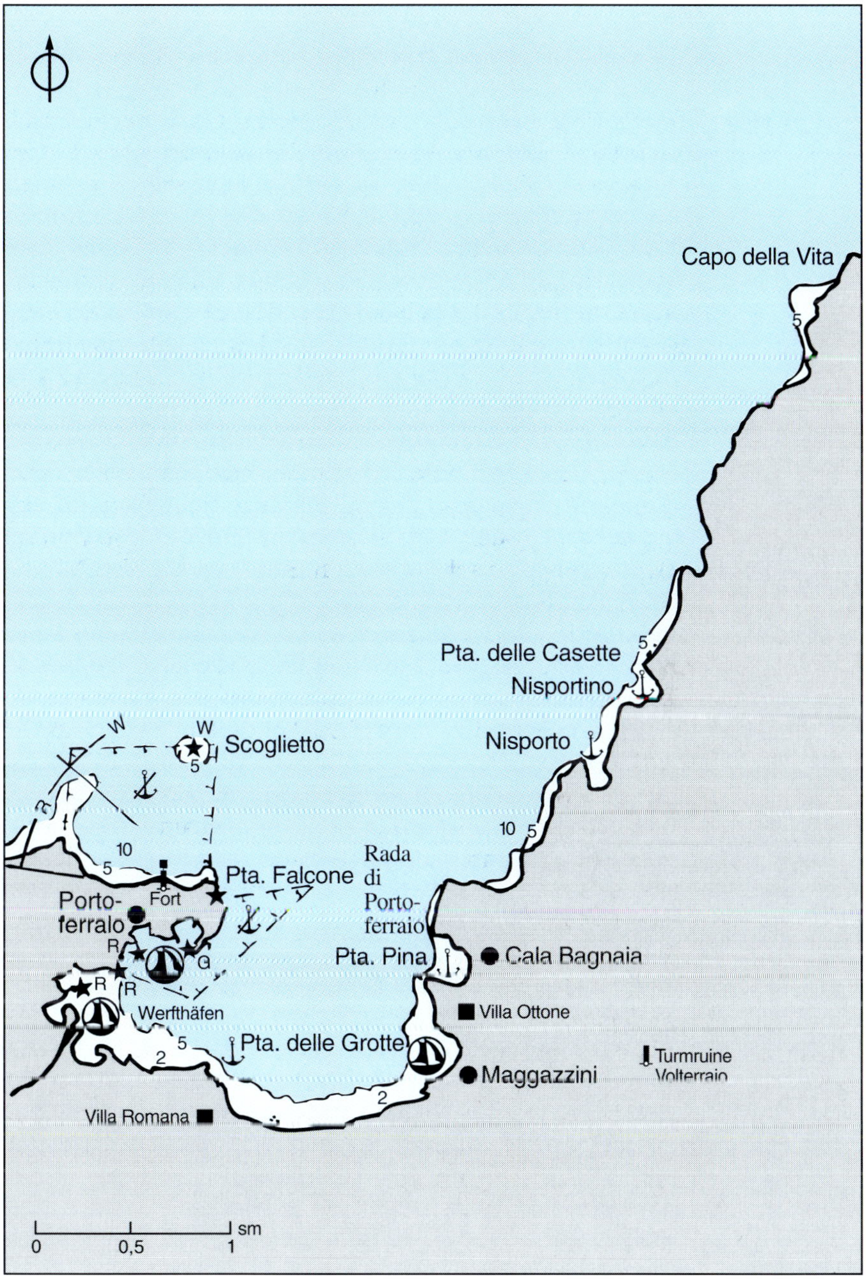

Der weite Golf von Portoferraio gehört zu den beliebtesten Segelrevieren Elbas. Nicht nur im Hafen von Portoferraio findet man sichere und geschützte Liegeplätze. Alternativ bieten sich auch Maggazzini, die Cala Bagnaia sowie die hübschen Ankerbuchten Nisporto und Nisportino an. In den Werftbetrieben im Westteil des Golfes sind zudem Reparatur- und Liegemöglichkeiten gegeben.

Portoferraio
42° 49′N
010° 20′E

Die 11000 Einwohner zählende Hauptstadt von Elba besitzt einen der sichersten Häfen im gesamten Mittelmeerraum. Für den zunehmenden Verkehr der Fähren und Tragflächenboote wurde westlich des alten Hafens ein neuer Fährhafen gebaut.
Schon die Griechen hatten den Nutzen des geschützten Naturhafens erkannt und unter dem Namen Argoos eine Handelsniederlassung im Golf von Portoferraio gegründet. Die Römer errichteten hier die Siedlung der Eisenschmiede Fabricia und verschifften das elbanische Erz von da aus zum Festland. Ein Teil des Erzes wurde in Fabricia zu Waffen verarbeitet, die die Vormachtstellung Roms im Mittelmeer sicherten. Im Mittelalter hieß der Ort Ferraia, bis die Sarazenen Anfang des 11. Jahrhunderts alle Häuser niederbrannten und den größten Teil der Bewohner töteten oder in die Sklaverei verschleppten. Unter der Herrschaft der Genueser entstanden die beiden Festungen Volterraio und Luceri, in deren Schutz der Ort wiederaufgebaut und später Portoferraio genannt wurde.
Nach den Sarazenenüberfällen unter der Herrschaft der Appiani und der neuerlichen Zerstörung der Stadt beauftragte Kaiser Karl V. den Florentiner Cosimo I. von Medici, Elba zu einem Stützpunkt gegen die Sara-

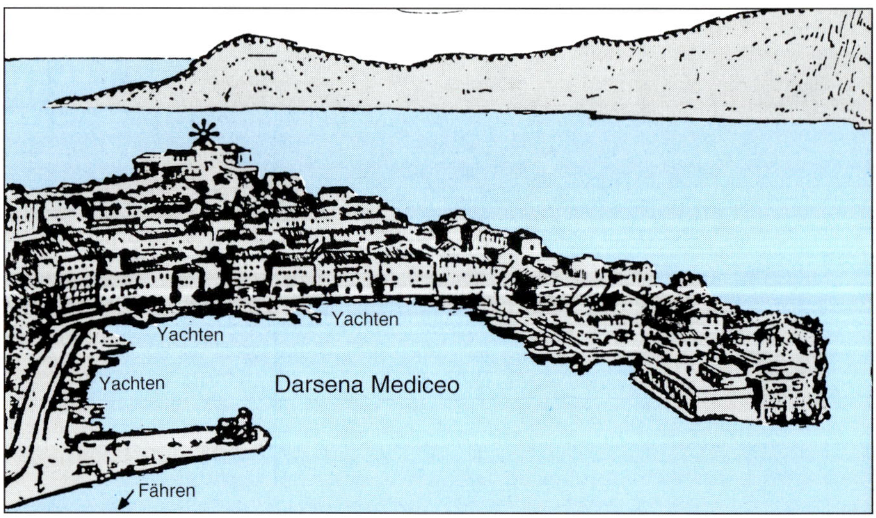

Portoferraio

zenen auszubauen. Auf der felsigen Landzunge von Portoferraio ließ Cosimo I. die Stadt Cosmopoli errichten, die, vom hufeisenförmigen Hafenbecken wie ein Amphitheater aufsteigend, durch die Festungen Forte Stella und Forte Falcone, einen Ringwall um die Stadt und einen Wassergraben als Trennung zur übrigen Insel uneinnehmbar war. Der achteckige Wehrturm am Hafen schloß die Verteidigungsanlage nach Südosten ab; von hier aus konnte das Hafenbecken mit schweren Ketten verschlossen werden.

Bereits fünf Jahre nach Baubeginn bestand die Festungsanlage ihre Feuerprobe gegen die osmanische Flotte, die die Stadt vergeblich berannte, während Marciana Marina und Rio Marina geplündert und niedergebrannt wurden. Selbst 250 Jahre später hielt Portoferraio 1801 bis 1802 einer 13monatigen Belagerung durch die Franzosen stand.

Die sehenswerte Altstadt von Portoferraio liegt innerhalb der von Cosimo I. errichteten Wehrmauern, während sich das neue Portoferraio mit seinen Hochhäusern westlich davon erstreckt. Hier sind auch die neuen Fähranleger entstanden.

Ansteuerung: Die Ansteuerung ist bei Tag wie bei Nacht problemlos. Die Altstadt mit ihren Befestigungsanlagen ist schon von weitem auszumachen. Bei Nacht erleichtert das weittragende Leuchtfeuer auf Forte Stella (Fl(3). W/R. 14s 16/7M) die Ansteuerung, wobei man das befeuerte Felseneiland Scoglietto (Fl(2) 6s 5M) an Steuerbord lassen muß. Die Einfahrt in das für Yachten vorgesehene alte Hafenbecken ist mit jeweils 2F. R. vert und 2F. G. vert gekennzeichnet.

Liegeplatz: In dem U-förmigen alten Hafenbecken (Darsena Medicea) legen Yachten vor Buganker, Heck zum Kai, an. Die Wassertiefen betragen an den Kais zwischen 3 und 5 m, in der Mitte des Hafenbeckens um 10 m. Der Hafen verfügt über etwa 200 Liegeplätze, von denen einige am südöstlichen Kai für Capitaneria di Porto, Carabinieri und Guardia die Finanza reserviert sind. Am Molo Mediceo legen im Sommer regelmäßig Tankschiffe an, die die Insel mit Trinkwasser versorgen. An verschiedenen Stellen auf den Kais sind Wasseranschlüsse, aus denen man über den Wassermann gegen Bezahlung Trinkwasser erhält. Eine Tankstelle ist bei der südwestlichen Hafeneinfahrt.

Hafenmeister: Das für Yachten zuständige Hafenbüro liegt auf dem südöstlichen Kai, das Hauptbüro der Capitaneria di Porto hinter dem neuen Fährhafen (Telefon 91 40 41). Es ist während der Dienststunden über UKW Kanal 16 zu erreichen. In beiden Büros wird regelmäßig der neueste Wetterbericht ausgehängt.

Reparaturmöglichkeiten: Südwestlich des neuen Fährhafens, am Ende des Golfes von Portoferraio, liegen Werftbetriebe, die auch Reparaturen ausführen. Deren eigene Hafenanlagen eignen sich vorzüglich für die Überwinterung von Yachten. Die Werften von Portoferraio genießen einen hervorragenden Ruf im Tyrrhenischen Meer. Gut sortierte Geschäfte für Schiffszubehör befinden sich an der Straße zwischen den Werften und dem Fährhafen; kleinere Schiffszubehörläden liegen an der Piazza Cavour, in dem Einkaufsviertel unmittelbar hinter dem alten Hafen.

Versorgung: Geschäfte aller Art, Restaurants und Cafés findet man an der Hafenpromenade, weitere Geschäfte, die Markthalle, Restaurants und Cafés rund um die Piazza Cavour und die Piazza della Repùbblica. Das Restaurant „La Ferrigna" an der Piazza della Repùbblica ist ein alteingeführtes Haus mit empfehlenswerter Küche, aber auch das

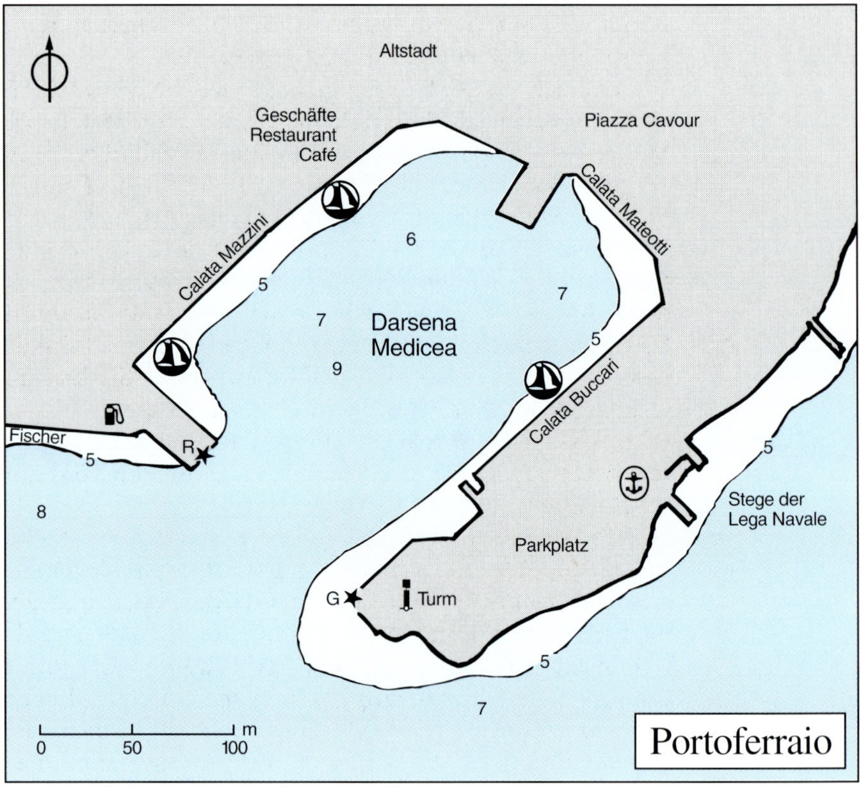

Restaurant des Hotels „L'Ape d'Elba", etwas erhöht in der Ecke der Piazza della Repùbblica, und das Restaurant „Il Garbaldino" am Hafen sind für ihre Spezialitäten aus frischem Meeresgetier bekannt.

Bademöglichkeiten: Portoferraios Badestrand „Le Ghiaie" (der Kiesel) auf der Nordseite der Halbinsel ist wegen seiner Entfernung zum Hafen nicht unbedingt empfehlenswert. Bessere Möglichkeiten finden sich im westlichen und südlichen Teil der Bucht von Portoferraio.

Entfernungen von Portoferraio: Marciana Marina 8 sm, Cavo 6 sm.

Einen Besuch der Altstadt Portoferraios sollte man auf keinen Fall versäumen. Man betritt sie durch die Porta a Mare, die vom Hafenkai zur Piazza Cavour mit ihren zahlreichen Geschäften, Restaurants und Cafés führt. Nach dem Überqueren der Piazza Cavour gelangt man über kleine Gäßchen zur Piazza della Repubblica, jenem von alten Platanen gesäumten Platz, der zu Napoleons Zeit Piazza d'Armi hieß und auf dem seine kleine Privatarmee exerzierte. Heute findet auf dem Platz jeden

Freitag ein buntes Markttreiben statt, das sicherlich wesentlich friedlicher, aber nicht weniger laut vonstatten geht.

Über Gäßchen und Treppen gelangt man, vorbei an der *Chiesa della Misericordia,* in der die Nachbildung des im Invalidendom in Paris stehenden Sarkophags Napoleons, die bronzene Nachbildung seiner Hand und der Abguß seiner Totenmaske ausgestellt sind, zum *Palazzo dei Mulini,* auch *Villa dei Mulini* genannt. Schon bei seiner Ankunft auf Elba war Napoleon die günstige Lage der Villa aufgefallen, an einem leicht zu verteidigenden Platz, den im Norden ein schwindelerregender Absturz vor einem seewärtigen Angriff schützte und der vor jedem Ansturm zu Land durch das Kreuzfeuer der beiden Festungen Forte Stella und Forte Falcone geschützt war. Deshalb machte er die Villa zu seiner Stadtresidenz. Heute ist das Gebäude ein Museum, in dem die Erinnerung an Napoleon hochgehalten wird. Die Eintrittskarte gilt am gleichen Tag auch für die außerhalb Portoferraios gelegene Landresidenz Napoleons, die *Villa San Martino,* zu der regelmäßig Autobusse verkehren.

Die 1548 unter Cosimo I. erbaute Festung *Forte Stella* (Sternenfestung) diente Napoleons Garde als Unterkunft – heute sind darin Privatwohnungen untergebracht. Von den kleinen Bastionen und Festungsmauern hat man einen herrlichen Ausblick auf die Altstadt und den Hafen. An der Nordostecke der Festung steht der 1789 von Leopold I., Erzherzog von Österreich und Großherzog der Toskana, errichtete Leuchtturm.

Die *Forte Falcone* (Falkenfestung) steht am höchsten Punkt der Halbinsel und dominiert die Stadt. An ihrer Nordseite fallen die Felsen fast 80 m senkrecht zum Meer ab. In der Festung sind italienische Marinesoldaten untergebracht, so daß man sie nicht besichtigen kann. Die Anlage hat in den 400 Jahren seit ihrer Errichtung nichts von ihrer Kraft und Trutzigkeit verloren. Die Aussicht von den Wehrmauern und Bastionen, die man betreten kann, auf den Golf von Portoferraio und die Stadt ist überwältigend.

Auf keinen Fall sollte man einen Besuch der Markthalle *Galeazze* in dem ehemaligen Marinearsenal der toskanischen Galeerenflotte versäumen, auf deren marmornen Bänken man vormittags alles bewundern und kaufen kann, was das Meer um Elba an Köstlichkeiten hergibt. Stände für Obst, Gemüse, Fleisch, Wurst und Käse machen das Einkaufen in dieser lichtdurchfluteten Halle zu einem besonderen Vergnügen.

Bei ruhigem Wetter kann man im südlichen Teil der Bucht von Portoferraio in der Nähe der

Punta delle Grotte ankern, um die Ruinen der *Villa Romana delle Grotte* zu besichtigen.

42° 48′N
010° 20′E

Vor dieser herrschaftlichen Villa, die dem römischen Präfekten Publius Acilius Attianus gehörte, sind nur mehr klägliche Reste vorhanden, denn sie wurde bei der Belagerung Portoferraios 1801 bis 1802 durch die Franzosen zerstört. Ein Teil des beheizbaren Bades, einige Pfeiler und Mauerreste – das ist alles, was von der einstigen Pracht übriggeblieben ist. Die Aussicht von der Villa auf die Bucht von Portoferraio allein lohnt schon den Besuch – sie war eines römischen Präfekten durchaus würdig.

Im südöstlichen Teil der Bucht von Portoferraio liegt die Ortschaft

Maggazzini
42° 48′N
010° 20′E

mit einem kleinen Yachthafen wie eine Theaterkulisse aus dem „Weißen Rössl". Das Wasser der ohnehin recht ruhigen Bucht von Portoferraio plätschert in kleinen Wellchen an den flachen Sandstrand; im Hintergrund die Berge Ost-Elbas, gekrönt von den Ruinen der ehemaligen Fluchtburg Volterraio. Hinter der etwa 50 m langen Mole des Hafens finden nur wenige Yachten bis 1,50 m Tiefgang gegen nördliche Winde geschützte Liegeplätze. Hier hat eine deutsche Segelschule ihr Domizil.
Maggazzini war schon in römischer Zeit ein Sammelplatz für das in den Bergen Ost-Elbas gewonnene Erz – daher der Name *(maggazzini* = Lagerplatz) –, das dann von dort aus nach Piombino auf dem Festland verschifft wurde. Heute besteht die Ortschaft aus wenigen Häusern, einem großen Hotel, Restaurants, Cafés und einem Supermarkt. Von der überdachten Terrasse des Restaurants am Hafen aus hat man einen herrlichen Blick auf die Stadt Portoferraio, die Bucht und die Berge der Insel.
Von Maggazzini aus sollte man unbedingt das zwischen Maggazzini und Bagnaia über der Bucht von Portoferraio thronende Hotel *Villa Ottone* besuchen, dessen säulengeschmückte Bogengänge man auch von See her ausmachen kann. In einem herrlichen Park mit hohen, alten Bäumen wie Eukalyptus, Palmen und Pinien gelegen, gehört es zu den besten Hotels der Insel. Das klassizistische Interieur mit Ledergarnituren, Marmorkamin und bemalter Decke ist eine heitere Mischung aus pompösem Prunk und

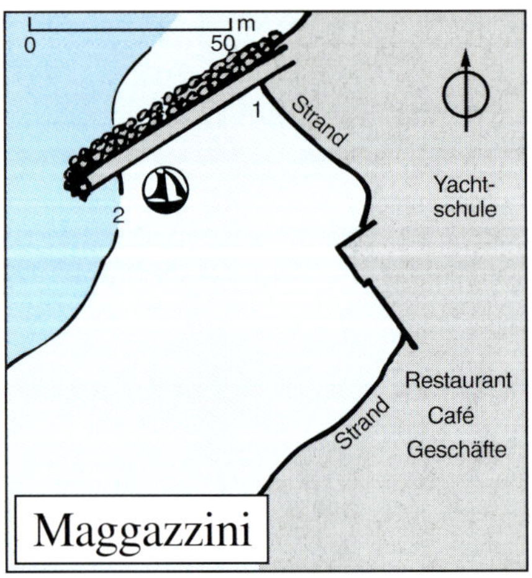

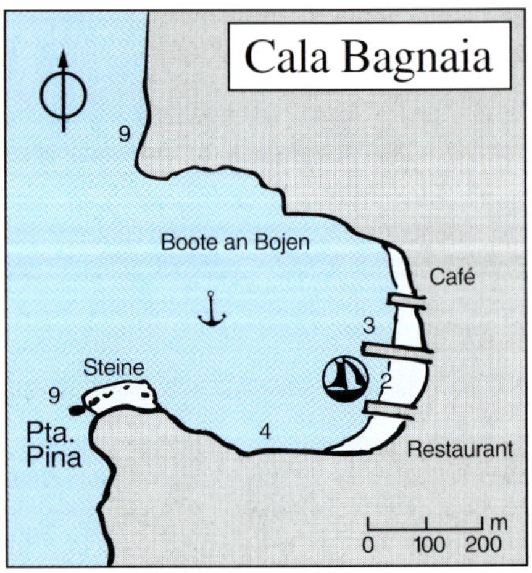

Kitsch. Hier spürt man noch die Atmosphäre eines italienischen Grand-Hotels aus der Jahrhundertwende. Nahe der Villa Ottone zweigt der Weg zu der Ruine der Bergfestung *Volterraio* ab. Sie gehört zu den ältesten Festungsbauwerken Elbas und gilt gleichzeitig als Wahrzeichen der Insel. Sie wurde von den Pisanern im 13. Jahrhundert auf den Resten einer etruskischen Festung als Wachturm und Fluchtburg errichtet und im Laufe ihrer wechselvollen Geschichte oft belagert, doch nie erobert. Nähert man sich der Festung, wird man nicht nur mit einer großartigen Aussicht belohnt. Angesichts der gut erhaltenen Wehrgänge, Türme und Lagerräume wird dem Betrachter auch die einstige Aufgabe dieses Bauwerks bewußt.

Fluchtburg Volterraio

Etwa 0,5 sm nördlich von Maggazzini liegt die

Cala Bagnaia
42° 49′N
010° 21′E

vor einem hübschen kleinen Fischerort. Am Hang hinter dem Dorf erstrecken sich zwei große Bungalow-Hotelanlagen, davon eine mit Häusern im maurischen Stil. Bei der Ansteuerung halte man sich gut frei von der Punta Pina, der unter Wasser einige Steine vorgelagert sind. Von den drei Stegen in der Bucht weist nur der mittlere am Kopf 3 m Wassertiefe auf, zum Ufer hin rasch abnehmend, so daß nur wenige Yachten dort anlegen können. Die beiden anderen Stege sind Privateigentum. Den nördlichen Teil der Bucht nimmt das Bojenfeld der deutschen Segelschule in Bagnaia ein. Ist am Steg kein Platz, so kann man in der Bucht auf 5 bis 10 m Wassertiefe ankern.
Am Strand finden sich ein Café, ein kleines Restaurant und in dem Bungalow-Hotel „Residence Bagnaia Lido" ein in der Saison geöffnetes Einkaufszentrum. Bei aufkommenden Winden aus West bis Nordwest sollte man in dem 1,5 sm entfernten Hafen von Portoferraio Schutz suchen.

Etwa 1,3 sm nördlich der Cala Bagnaia liegt die beliebte Badebucht

Nisporto
42° 50′N
010° 21′E

vor der gleichnamigen Ortschaft, dem traditionellen Ferienort der Einwohner von Rio nell'Elba. Anlegemöglichkeiten bestehen keine, jedoch kann man in der Bucht auf 3 bis 8 m Wasser über gut haltendem Sand-

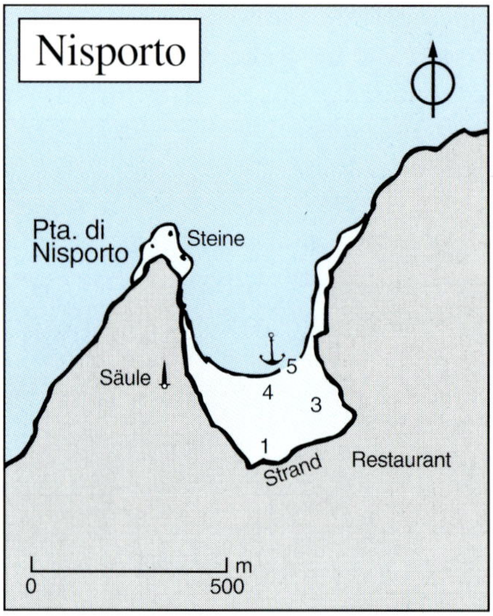

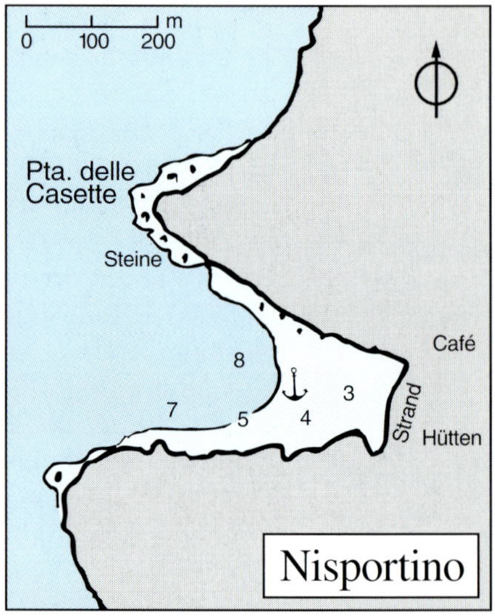

grund ankern. Am Ufer gibt es eine Pizzeria, in der man gut essen kann. Die nach Nordwesten offene Bucht eignet sich nur bei ruhigem Wetter für einen Badeaufenthalt.

Südlich der Punta delle Casette öffnet sich die Bucht von

Nisportino
42° 50′N
010° 20′E

mit einem Feriendorf mit strohgedeckten Hütten. Auch diese von West bis Nordwest offene Bucht kann nur bei ruhigem Wetter für einen Badeaufenthalt angelaufen werden. Man ankere in ihrer Mitte auf 5 bis 10 m Wasser über gut haltendem Sandgrund. Am Strand gibt es ein Café und in der Nähe einen Campingplatz mit kleinem Lebensmittelgeschäft.

Bis zum Capo della Vita gibt es zwar noch einige kleinere Buchten, die zum Ankern einladen. Wegen der in diesem Bereich dicht an der Küste vorbeifahrenden Fähren und des damit einhergehenden Schwells sind sie jedoch nicht zu empfehlen.

Die Ostküste

Dicht südöstlich von Capo della Vita liegt die nach Nordosten offene Bucht

Frugoso
42° 53′N
010° 25′E

mit einem Sandstrand, in der man auf etwa 5 m Wasser über gut haltendem Sandgrund für einen Badeaufenthalt ankern kann. Die kleine Isola dei Topi (Mäuseinsel) schirmt die Bucht nach Osten hin ab. Tagsüber erzeugen die dicht am Capo della Vita vorbeifahrenden Fähren unangenehmen Schwell. Am Ufer gibt es ein Restaurant mit empfehlenswerter Küche.

Südlich von Capo Castello liegt die kleine

Cala delle Alghe
42° 53′N
010° 25′E

die vor dem Schwell der Fähren guten Schutz bietet, aber nur wenigen Yachten ausreichenden Raum zum Schwojen. An der sich anschließenden weiten Bucht liegt

Cavo
42° 53′N
010° 25′E

ein fast verschlafen wirkender Ort mit einigen hochherrschaftlichen Villen aus der Zeit der Jahrhundertwende, in denen die Direktoren der Erzminen wohnten. Sein dem italienischen Festland am nächsten gelegener Hafen Elbas bietet nur Yachten bis 1,80 m Tiefgang geschützte Liegemöglichkeiten. Schon in römischer Zeit war Cavo Sommerresidenz wohlhabender römischer Geschäftsleute, wie Mauerreste einiger römischer Villen am Capo Castello belegen.

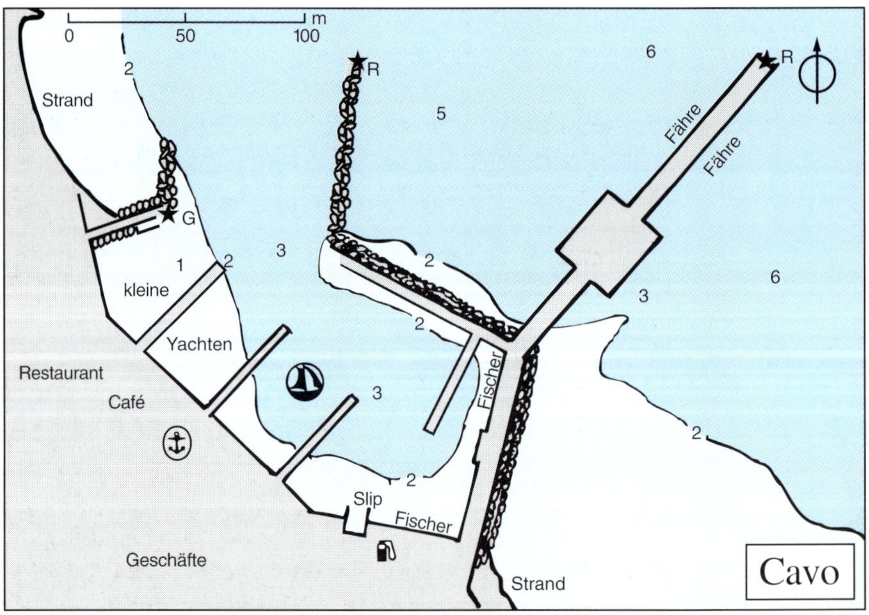

Ansteuerung: Bei Tage ist der in nordöstlicher Richtung verlaufende Fähranleger gut auszumachen. Bei Nacht sind der Kopf des Fähranlegers (2F. R. vert) und die Molenköpfe (F. G und F. R) befeuert. Man beachte die vom westlichen Molenkopf nach Norden vorspringende Steinschüttung.

Liegeplatz: Yachten legen je nach Tiefgang an der Ostmole, an dem südlichen Kai vor Buganker, Heck zur Mole, oder an den Schwimmstegen an. An der Nordmole ist es nur 1 m tief; außerdem behindert eine Steinschüttung vor dem größten Teil der Mole die Annäherung. Am Hafen gibt es einen Trinkwasseranschluß sowie eine Tankstelle.

Hafenmeister: Das Hafenbüro befindet sich auf dem Südkai (Telefon 94 99 10) und ist während der Dienststunden über UKW-Kanal 16 zu erreichen. Dort erhält man auch die neuesten Wetterinformationen.

Reparaturmöglichkeiten: Eine Slipbahn für kleinere Yachten befindet sich am südlichen Kai, ein Schiffszubehörgeschäft liegt am Fuß der östlichen Mole.

Versorgung: Lebensmittelgeschäfte, Restaurants und Cafés sind in unmittelbarer Nähe des Hafens.

Bademöglichkeiten: An den Stränden nördlich und südlich des Hafens.

Entfernungen von Cavo: Portoferraio 6 sm, Rio Marina 3,5 sm.

Südwärts an der Ostküste Elbas entlangsteuernd, sieht man an den begrünten und mit Macchia bewachsenen Berghängen jene rostbraunen Flecken, die von der seit nahezu drei Jahrtausenden betriebenen Eisenerzgewinnung beredtes Zeugnis ablegen. Die Schütten und Piers in den geschützten Buchten bezeichnen die Stellen, wo einst das Erz auf Frachtschiffe verladen wurde. Seit 1982 sind die Erzminen auf Elba geschlossen; die Anlagen rosten still vor sich hin und verfallen.

Rio Marina
42° 48′N
010° 26′E

Um den 1534 von den Appiani erbauten Wachturm zur Sicherung des Hafens gruppierten sich früher nur ein paar alte Häuser, bis im Jahre 1800 die Verwaltung der Erzminen von Rio nell'Elba direkt in das Minengebiet verlegt wurde und der Ort in seiner heutigen Form entstand. Auf dem bereits erschöpften Tagebaugelände wurden die mehrgeschossigen Wohnhäuser errichtet, die noch heute das Stadtbild von Rio Marina prägen. Zahlreiche Bergarbeiter zogen damals von Rio nell'Elba nach Rio Marina, das sich inzwischen als sehr italienische und malerische Hafenstadt präsentiert.

Der Ausbau des Hafens von Rio Marina lag schon Napoleon am Herzen: Sein Plan war es, den Wachturm und die kleine Felseninsel mit einer Mole zu verbinden, um die offene Reede sicherer zu machen. Zu diesem Zweck lotete er die Wassertiefe zwischen diesen beiden Punkten höchst eigenhändig mit dem Senkblei aus. Die Mole wurde exakt nach seinen Plänen gebaut, aber da hatte er Elba schon einige Jahre verlassen.

Ansteuerung: Die Ortschaft am Hang hinter dem Hafen und der auffällige Wachturm mit dem aufgesetzten Uhrenturm sind bei Tage gut auszumachen. Bei Nacht ist der Kopf der

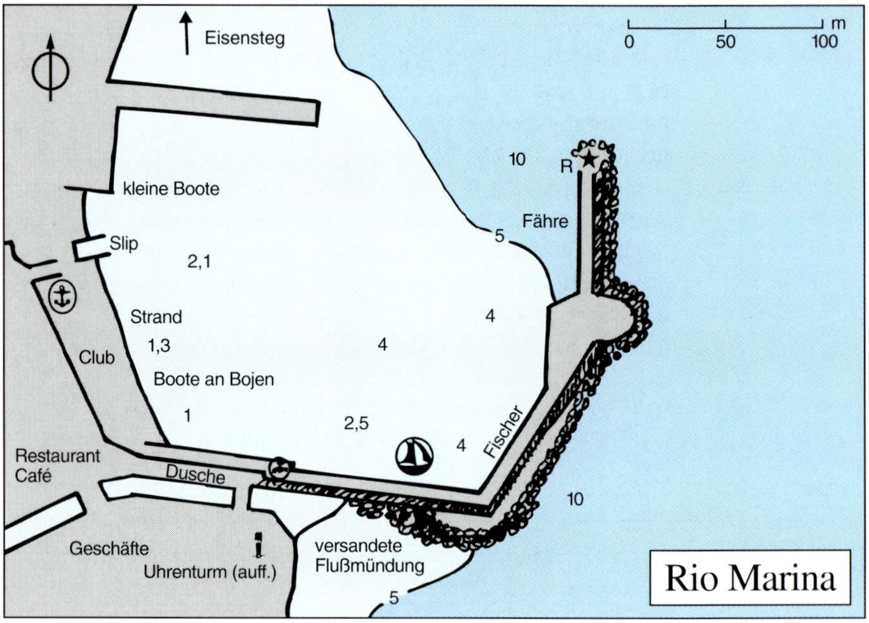

Ostmole befeuert (F. R.). Vor dem Eisensteg, der heute noch der Splittverladung dient, liegen drei beleuchtete Festmachetonnen (nicht mehr im Plan).

Liegeplatz: Yachten liegen vor Buganker, Heck zum Kai oder zur Mole. Im westlichen Teil des Hafens liegen zahlreiche kleine Boote an Bojen. Der vordere Teil der Ostmole ist den Fährschiffen vorbehalten. In dem nach Nordosten offenen Hafen liegt man recht unruhig. Die mehrmals täglich ein- und auslaufenden Fähren erzeugen unangenehmen Schwell, und die Pkw-Zufahrt zu den Fähren befindet sich unmittelbar hinter den Liegeplätzen. Bei aufkommenden nördlichen bis nordöstlichen Winden sollte man den Hafen verlassen und im 4,5 sm entfernten Porto Azzurro Schutz suchen.

Wasser erhält man aus einem Kran am Südkai, Duschen (öffentliche) findet man auf der anderen Seite der Mole in dem ausgetrockneten Flußbett.

Hafenmeister: Das Hafenbüro liegt an der westlichen Hafenpromenade bei der Unterführung zur Stadt (Telefon 96 21 09).

Reparaturmöglichkeiten: Ein Slip zum Zuwasserlassen kleiner Trailerboote ist im Westteil des Hafens. Ein kleiner, gut eingerichteter Werftbetrieb führt Reparaturen aller Art aus.

Versorgung: Lebensmittelgeschäfte, Restaurants und Cafés sowie eine Cantina, in der man hervorragenden einheimischen Wein erhält, liegen in unmittelbarer Nähe des Hafens. Von den Restaurants ist das „Il Pirata" an dem ausgetrockneten Flußbett wegen seiner Fischgerichte besonders zu empfehlen.

Entfernungen von Rio Marina: Cavo 3,5 sm, Porto Azzurro 4,5 sm.

Die Mineraliensammlung im *Museo Minerario Elbano* im Palazzo Communale (Rathaus) und die private Sammlung *Collezione Ricci* in der Via

Nuova zeigen einen schönen Querschnitt der zahlreichen auf Elba zu findenden Mineralien. Früher konnte man in einigen Minengebieten noch selber auf die Suche gehen und Steine sammeln. Das ist heute verboten, nachdem einige Unfälle passiert sind; es finden jedoch regelmäßig Führungen durch die Minen statt.
Die Umgebung von Rio Marina zeigt die Spuren von fast drei Jahrtausenden Tagebau. Zahlreiche Funde von Werkzeugen und Reste von frühzeitlichen Schmelzöfen bezeugen, daß hier im Altertum das Zentrum der elbanischen Erzgewinnung war. Noch in diesem Jahrhundert verarbeitete man tonnenweise die Schlacken dieser frühen Schmelzöfen, die noch gut 40 Prozent Eisen enthielten.

Knapp 2 sm südlich von Rio Marina, nordwestlich des Inselchens Isolotto d'Ortano, liegt die malerische Badebucht

Ortano Mare
42° 47′N
010° 26′E

In ihrem Südteil stehen die Reste einer Erzverladebrücke, an der man allerdings nicht anlegen kann, da sie zum größten Teil verfallen ist. Man ankere in der Mitte der Bucht vor dem Strand auf 4 bis 8 m Wasser über gut haltendem Sandgrund. Hinter dem Strand ist eine große Ferienhotelanlage mit Restaurant, Supermarkt und Café.

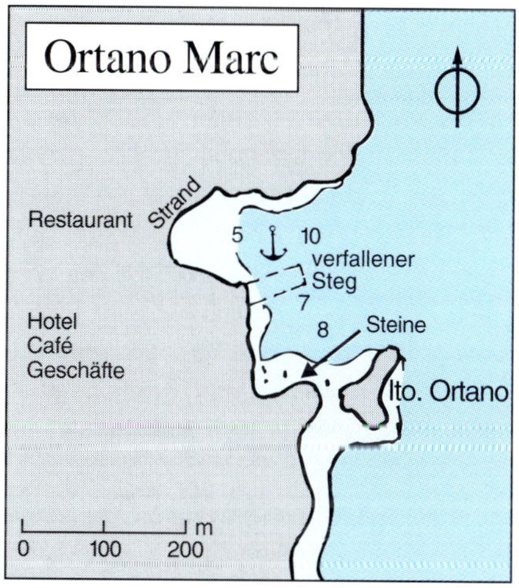

Südlich der Punta delle Cannelle öffnet sich der weite Golf von Porto Azzurro. Westlich des Capo Bianco liegt ein vielbesuchter Ankerplatz, die

Barbarossabucht
42° 46′N
010° 25′E

die ihren Namen dem Großadmiral der osmanischen Flotte, Cheireddin Barbarossa, verdankt, der 1534 mit seiner Galeerenflotte hier landete und die Insel Elba verwüstete. Heute wird die Bucht von den Urlaubern auf den beiden Campingplätzen und den Schülern der dort ansässigen Tauchschule beherrscht. Man ankere in der Mitte der Bucht auf 5 bis 10 m Wasser über gut haltendem Grund.

Die Landzunge zwischen der Barbarossabucht und dem Hafen von

Porto Azzurro
42° 46′N
010° 24′E

wird überragt von dem *Forte Longone,* das die Spanier 1604 nach dem Vorbild der Zitadelle von Antwerpen errichteten, um ihre Vormachtstel-

lung in Italien zu demonstrieren und zu behaupten. 3000 Mann Besatzung und die Einwohner von Porto Longone lebten damals innerhalb der Wehrmauern. Als 1802 Elba an Frankreich fiel, verlor das Forte Longone seine Bedeutung und wurde durch eine versehentlich ausgelöste Explosion des Munitionslagers erheblich zerstört. Seit Mitte des vorigen Jahrhunderts wird die Festungsanlage als Gefängnis genutzt. Das erwies sich nach dem Zweiten Weltkrieg als hemmend für die touristische Entwicklung, weshalb die Stadtväter 1947 den hübschen Hafenort mit dem kompromittierenden Namen in Porto Azzurro (azurfarbener Hafen) umtauften.
Unmittelbar hinter dem Hafen liegt die mit Platanen bestandene Piazza, an drei Seiten umgeben von Geschäften aller Art, Boutiquen, Restaurants und Cafés. Sie ist Porto Azzurros gute Stube mit einem unglaublichen Gedränge von flanierenden Einwohnern und Touristen, zu denen sich noch die Besatzungen der im Sommer im Hafen liegenden Yachten gesellen. Nur eine Häuserzeile dahinter entdeckt man ein ganz anderes Porto Azzurro: verwinkelte kleine Gäßchen, ein ruhiges Plätzchen mit einem Café, wo alte Männer unter schattenspendenden Bäumen sitzen und halbwilde Katzen um Füße und Stuhlbeine streifen.

Ansteuerung: Das mächtige Forte Longone ist tagsüber bereits von weitem gut zu erkennen. Nachts erleichtert das Leuchtfeuer von Capo Focardo (Fl(3) 15s 14M) am südlichen Ufer des Golfes die Ansteuerung ebenso wie die Hafenfeuer (Fl. R. 3s und Fl. G. 3s).

Liegeplatz: Yachten legen am nördlichen oder östlichen Kai vor Buganker, Heck zum Kai, an. Die Wassertiefe beträgt in diesem Bereich 3 bis 4 m. Am östlichen Kai ist der Platz vor der Tankstelle freizuhalten; im südlichen Teil dieses Kais befinden sich reservierte Plätze für Behördenfahrzeuge. Die Außenmole ist den Fährschiffen vorbehalten.

Weitere Liegeplätze mit Strom- und Wasseranschlüssen befinden sich an dem T-förmigen Steg der Firma Brokers Porto Luna (Telefon 958267). Hier sind Liegegebühren zu entrichten.

Da der Hafen in den Sommermonaten regelmäßig überfüllt ist, empfiehlt es sich, im Golf von Porto Azzurro, der in seinem hinteren Teil Golfo di Mola heißt, zu ankern. Erfahrungsgemäß liegt man dort außer bei Nordost- bis Ostwind nicht unruhiger als im Hafen. Bei Schirokko sollte man näher am südlichen Ufer bei der Werft ankern oder an deren Kai anlegen, was allerdings nicht gern gesehen wird. Der Ankergrund im Golfo di Mola hält hervorragend. Der hintere Teil darf wegen einer dort befindlichen Miesmuschelzucht nicht befahren werden.

Im Hafen von Porto Azzurro liegt in etwa 25 m Entfernung parallel zum nördlichen Kai eine schwere Kette auf dem Grund, hinter der bei aufkommendem Schirokko die einheimischen Boote ihren Anker eingraben und die so mancher Yacht, deren Anker versehentlich darunter zu liegen kam, große Schwierigkeiten beim Aufholen des Ankers bereitet hat.

Am Hafen gibt es eine Tankstelle sowie einen Wasseranschluß, aus dem man über den Wassermann gegen Bezahlung Trinkwasser erhält.

Hafenmeister: Das Hafenbüro befindet sich am Ostkai (Telefon 9 51 95) und ist während der Dienststunden über UKW-Kanal 16 zu erreichen. Dort erhält man auch die neuesten Wetterinformationen.

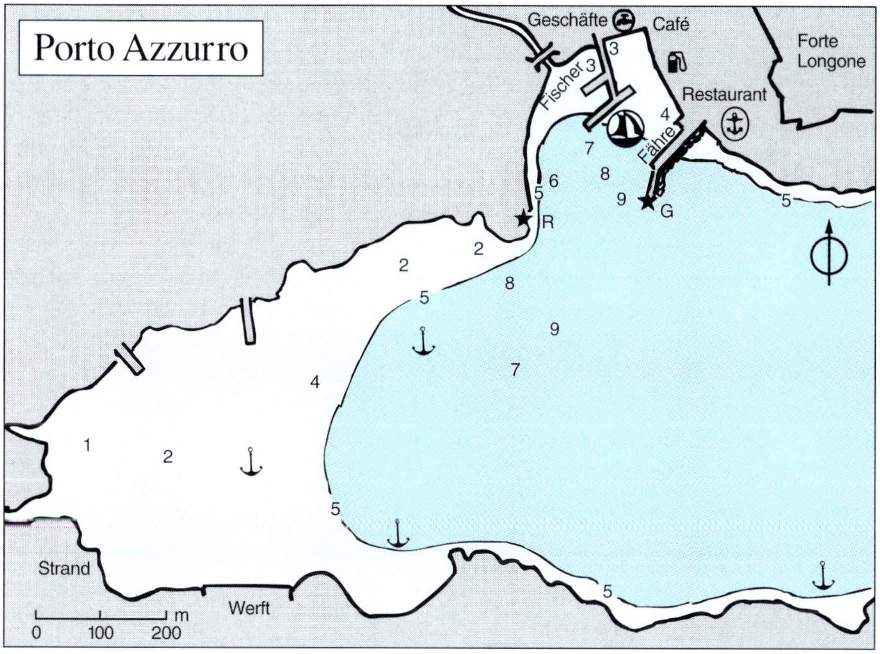

Reparaturmöglichkeiten: Bei den Liegeplätzen der Fischer ist ein Slip für kleinere Trailerboote. Ein 3-t-Autokran kommt auf Anforderung. Am Ostkai gibt es ein Geschäft mit Schiffszubehör. Die bereits erwähnte Werft im Golfo di Mola führt hauptsächlich Reparaturen an größeren Fischerbooten und Schleppern aus und ist auf Yachten nicht eingerichtet.

Versorgung: Lebensmittelgeschäfte, Restaurants, Cafés und Weinhandlungen befinden sich in unmittelbarer Nähe des Hafens, vor allem in den Gassen hinter der Piazza.

Bademöglichkeiten: Im Golfo di Mola mit seinem azurblauen Wasser.

Entfernungen von Porto Azzurro: Rio Marina 4,5 sm, Marina di Campo 13,5 sm.

Der kurze Spaziergang zum Forte Longone wird mit einem herrlichen Blick auf den Ort und den Golf belohnt. Die außerhalb der Wehrmauern gelegenen Teile des Forts sind für die Öffentlichkeit tagsüber zugänglich.

Am Südufer des Golfes von Porto Azzurro bietet der Strand

Spiaggia di Naregno (42° 45′N, 010° 25′E) mit dem Anlegesteg der dort ansässigen deutschen Segelschule hervorragende Bademöglichkeiten in einer beliebten Ankerbucht. Hinter dem weißen Sandstrand finden sich einige hübsche Ferienvillen und Hotelanlagen. Man ankere in der Mitte der Bucht auf etwa 5 m Wasser über gut haltendem Sandgrund – für einen Badeaufenthalt oder um das *Forte Focardo* auf dem felsigen Vorsprung des Capo Focardo zu besichtigen. Das Fort wurde 1678 von den Spaniern errichtet, um den Hafen von

Porto Longone besser schützen zu können. Von den Forts Focardo und Longone aus konnte jeder Angreifer ins Kreuzfeuer genommen werden. Von der Festung aus hat man einen eindrucksvollen Blick auf die mächtigen Verteidigungsanlagen des Forte Longone.

Bei Capo Calvo beginnt das einzige Naturschutzgebiet Elbas, die *Costa dei Gabbiani* (Möwenküste). An der Steilküste dieses etwa 4000 ha umfassenden Areals nisten Tausende von Möwen, während ausgesetzte Wildziegen auf den senkrecht abfallenden Felsen herumklettern. In der Macchia leben Wildschweine und Kleingetier von Jägern unbehelligt.

Die Südküste

Westlich der Punta dei Ripalti öffnet sich die

Punta-Rossa-Bucht die vor Winden aus Nordwest über Nord bis Ost guten Schutz bietet. Diese zwischen der Punta Rossa und dem kleinen Felseneiland Scoglio di Remaiolo liegende Bucht mit ihren Sandstränden ist ein beliebter Tagesankerplatz.

41° 43′N
010° 25′E

Man ankere entweder westlich oder östlich der auf einem kleinen Landvorsprung stehenden Ruine etwa 100 m vor dem Strand auf 4 bis 6 m Wasser über gut haltendem Sandgrund. Versorgungsmöglichkeiten bestehen nicht – der landwärtige Teil gehört zu dem Naturschutzgebiet Costa dei Gabbiani.

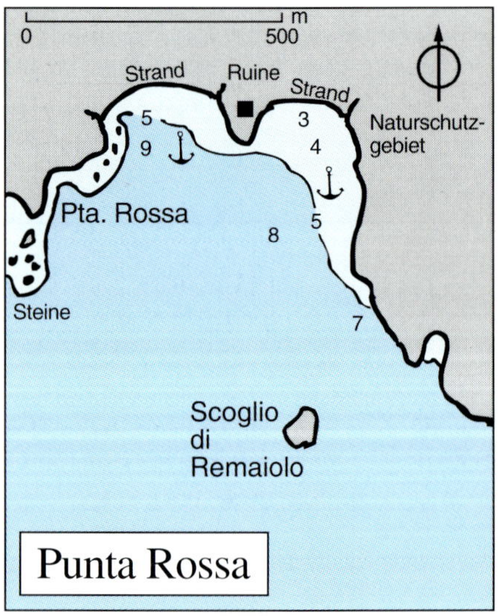

Die beiden Felseninseln Isole Gemini und das kleine Eiland Isola Corbelli markieren die Zufahrt zu dem sich etwa 3 sm nach Norden erstreckenden

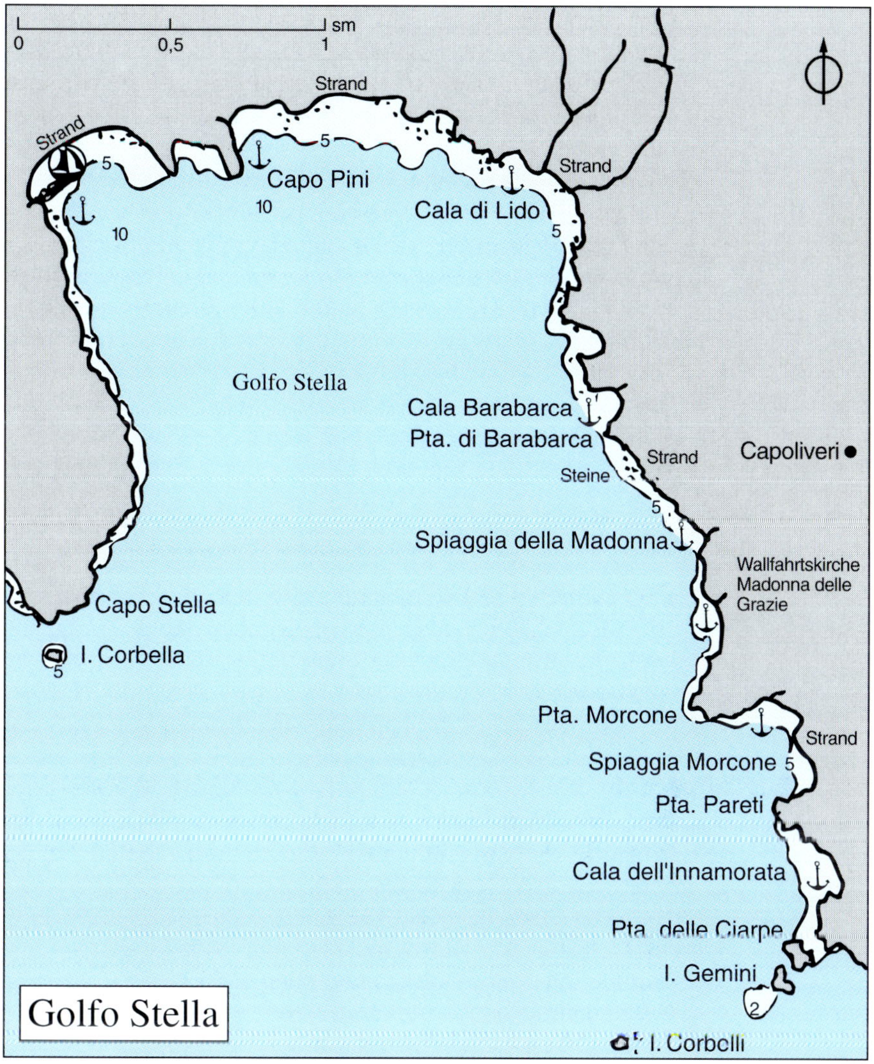

Golfo Stella
42° 45′N
010° 19′E

der in kleinen Buchten mit herrlichen Sandstränden zahlreiche Ankermöglichkeiten bietet. In der Nordwestecke des Golfes liegen hinter einer 70 m langen Steinmole kleine Yachten an Bojen.

Am beliebtesten ist die **Cala dell'Innamorata** (Bucht der Verliebten) gleich nördlich der Punta delle Ciarpe, die ihren Namen einer ergreifenden Liebesgeschichte verdankt: Der junge Bursche Lorenzo wurde kurz vor seiner Hochzeit von den Sarazenen in die Sklaverei verschleppt. Seine Verlobte Maria stürzte bei der Suche nach ihm von den Felsen ins Meer und ertrank. Das einzige, was man von ihr fand, war ein Schal, aber später haben Fischer immer wieder ihre rufende Stimme aus dem Meer gehört.

Die alten Fischer aus der Umgebung behaupten noch heute, die Stimme manchmal vernommen zu haben.
Die Feriensiedlung *Villagio Touristica Innamorata* mit ihren Miniappartements ist sehr hübsch hinter dem Strand in Gärten mit viel Grün und Blumen gelegen.
Weitere beliebte Ankerplätze sind die ineinander übergehenden Buchten **Spiaggia di Pareti** und **Spiaggia Morcone** sowie die flache Bucht **Spiaggia della Madonna,** von der aus man bequem in wenigen Minuten zu Fuß die kleine Wallfahrtskirche *Madonna delle Grazie* aus dem 16. Jahrhundert erreichen kann. Sie steht unter alten Bäumen inmitten von Weingärten neben einer Naturgrotte aus Tuffstein. Im Inneren der Wallfahrtskirche mit ihrem gedrungenen Glockenturm und der orientalisch anmutenden Kuppel befindet sich über dem Altar ein wundertätiges Madonnenbild, das einem Schüler Michelangelos zugeschrieben wird.
Will man gut speisen, sollte man zu dem auf einem Bergrücken über dem Golfo Stella thronenden Bergstädtchen *Capoliveri* weiterwandern. Es ist einer der reizvollsten Orte der Insel mit alten Häusern, verwinkelten Gassen, Treppen, baumbestandenen Plätzen und in versteckten Passagen so manchem guten Restaurant, wie zum Beispiel dem kleinen, gemütlichen „Il Chiasso“ mit seiner hervorragenden Küche oder, in der Hauptstraße, dem „La Romanella“ mit echt italienischer Atmosphäre und sehr guten Nudelgerichten. Freunde von Fischgerichten und Meeresgetier kommen in dem Restaurant „La Torre“ auf ihre Kosten bei Fischsuppe, fangfrischem Fisch und Gamberoni vom Grill.

Die **Cala Barabarca** sowie die Strände östlich und westlich des **Capo Pini** sind ebenfalls beliebte Plätze im Golfo Stella.
Rund um den Golf gibt es zahlreiche Feriensiedlungen, Campingplätze, Hotels, Restaurants und Cafés. Der beste Platz für eine Übernachtung ist in der nordwestlichen Ecke des Golfes südlich der Steinmole. Auf der Landenge zwischen dem Golfo Stella und dem Golfo della Lacona befinden sich mehrere Campingplätze mit Lebensmittelgeschäften, Restaurants und Cafés.
Westlich des Capo Stella mit der vorgelagerten Isola Corbella öffnet sich der

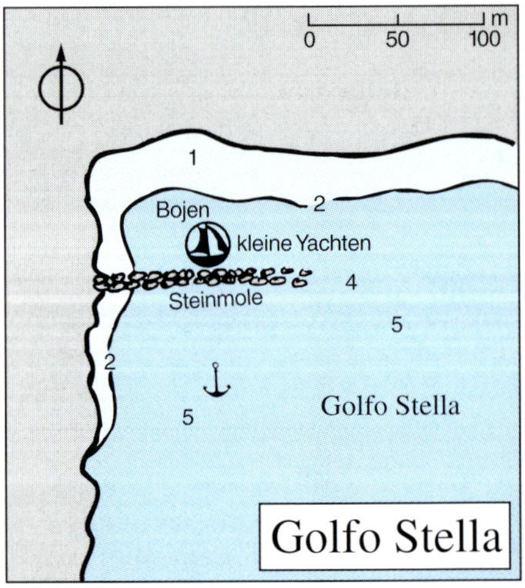

Golfo della Lacona 42° 45′N 010° 18′E Er bietet nicht die kleinen intimen Buchten, wie sie der Golfo Stella aufzuweisen hat, dafür aber an seinem nördlichen Ufer einen wunderschönen flachen Sandstrand, eingerahmt von den Bergen des Capo Stella und des Capo di Fonza und mit einem Pinienwäldchen dahinter, in dem mehrere Campingplätze, Hotels, Restaurants und Cafés liegen. Man ankere vor dem Strand auf 2 bis 5 m Wasser über gut haltendem Sandgrund.

Touristisches Zentrum der Südküste Elbas ist der

Golfo di Campo mit dem Fischer- und Yachthafen Marina di Campo, dem Flugplatz von Campo nell'Elba bei La Pila und dem 2 km langen weißen Sandstrand. Zahlreiche Pensionen, Hotels, Feriendörfer und Campingplätze säumen den Golf.

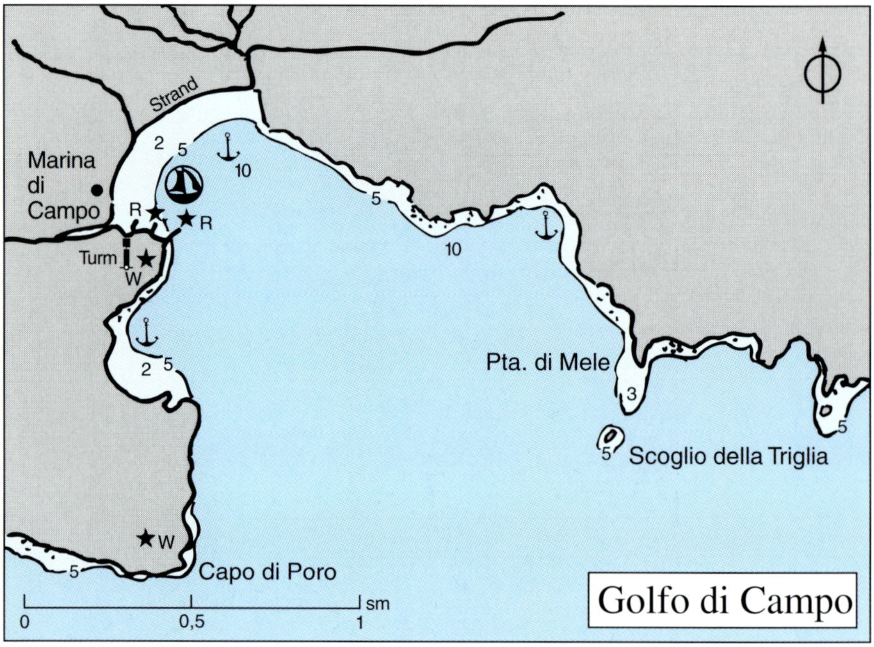

Marina di Campo
42° 44′N
010° 15′E

Der kleine Fischerort hat sich nach dem Zweiten Weltkrieg zu einem der beliebtesten Touristenzentren Elbas entwickelt. In dem Fischer- und Yachthafen ist eine große Fischereiflotte beheimatet, die außerhalb der Saison auch das Yachtbecken belegt. Unterhalb des 25 m hohen Wachturmes aus pisanischer Zeit erstreckt sich der älteste Ortsteil mit dem Hafen.

Ansteuerung: Der Hafen liegt in der nordwestlichen Ecke des Golfo di Campo und ist bei Tag und Nacht problemlos anzusteuern. Der Wachturm südlich des Hafens ist bei Tage gut auszumachen. Nachts brennt am Capo di Poro (Fl. 5s 12M) und bei dem Wachturm (Fl. 3s 7M) sowie auf dem Kopf der Mole (Fl. R. 5s 3M) ein Leuchtfeuer. Von Osten kommend, sollte man die Punta di Mele in weitem Abstand runden, da ihr einige nur mit 50 cm Wasser bedeckte Klippen vorgelagert sind. Der kleine Felsen Scoglio della Triglia südlich der Punta di Mele kann an beiden Seiten passiert werden; er ist nicht befeuert.

Liegeplatz: Yachten legen im östlichen Hafenbecken je nach Tiefgang an der Außenmole oder am Stadtkai vor Buganker, Heck zur Mole oder zum Kai, an. Der Grund hält nicht besonders gut. Größere Yachten ankern entweder in der Bucht querab vom Hafen oder südlich des Hafens. Bei nordwestlichen bis nördlichen Winden ist der Aufenthalt im Hafen nicht zu empfehlen; man ankere dann besser südlich der Mole. Bei aufkommendem Mistral sollte man den Hafen unverzüglich verlassen, da dieser um etwa 2 Bft verstärkt von den Bergen herunterbläst. Schirokko erzeugt unangenehmen Schwell, vor allem an den vorderen Molenplätzen.

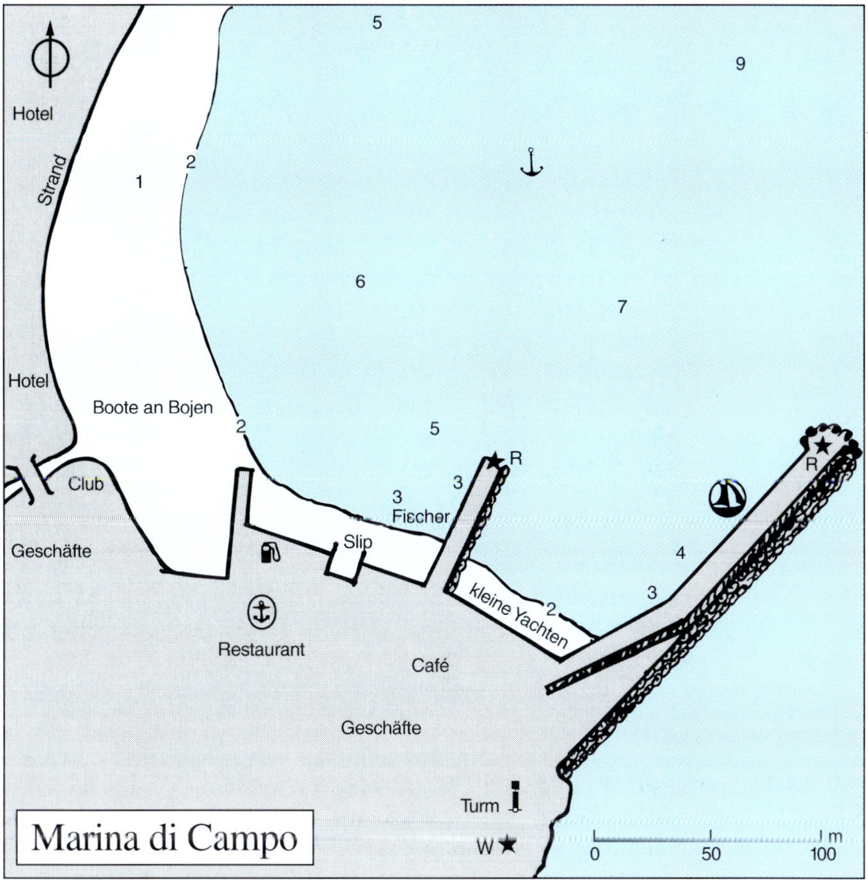

Hafenmeister: Das Hafenbüro liegt in der Nähe der nordwestlichen Mole bei den Liegeplätzen der Fischer (Telefon 97009).

Reparaturmöglichkeiten: In dem Becken der Fischer gibt es eine Slipbahn. Ein 5-t-Autokran kann angefordert werden. Ein Geschäft mit Schiffszubehör liegt an der Parallelstraße hinter dem Hafen.

Versorgung: Lebensmittelgeschäfte, Restaurants und Cafés finden sich in großer Zahl in dem alten Viertel am Hafen und an der Hauptgeschäftsstraße, die sich um die Bucht zieht. Einheimische Weine, weiße wie rote, werden zu günstigen Preisen in verschiedenen Weinhandlungen angeboten. Von den zahlreichen Restaurants sind das „Bologna“, das bei den Einheimischen beliebte „La Triglia“ und das etwas außerhalb von Marina di Campo beim Flughafen La Pila gelegene „Da Gianni“ besonders zu empfehlen.

Bademöglichkeiten: An dem 2 km langen Sandstrand des Golfo di Campo, der direkt neben dem Hafen beginnt.

Entfernungen von Marina di Campo: Porto Azzurro 13,5 sm, Marciana Marina 15,5 sm.

In den beiden an der Südküste westlich des Golfo di Campo gelegenen Buchten **Cavoli** und **Seccheto** besteht Ankerverbot, da von Cavoli die Unterwasserkabel zur Versorgung der Insel Pianosa ausgehen. Etwa 3 sm westlich Capo di Poro liegt der bezaubernde kleine

Golfo di Barbatoia mit der Ortschaft Fetovaia. Die schnuckelige, kleine Sandbucht, beiderseits umgeben von steil aufragenden Felsen und zum Meer hin durch eine sich weit nach Südosten erstreckende Landzunge abgeschirmt, ist wie aus dem Bilderbuch und gilt als die schönste Bucht Elbas. Zwischen viel Grün, Buschwerk und alten Bäumen stehen ein paar Häuser, Hotels und einige Pensionen sowie ein Mercato (Lebensmittelgeschäft).

42° 44′N
010° 12′E

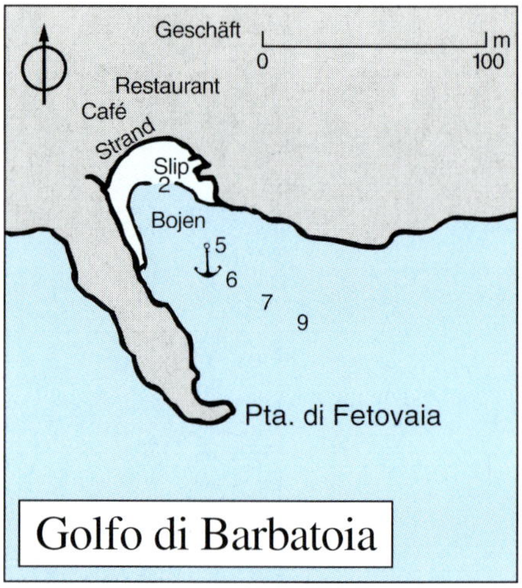

Die Bucht bietet bei Winden aus Südwest über Nord bis Nordost guten Schutz und einen gut haltenden Ankergrund. Man ankere etwa 100 m vor dem Strand. Hier sind für die kleinen Trailerboote der Urlauber einige Bojen ausgelegt, an denen man für einen vorübergehenden Aufenthalt festmachen kann. Für eine Übernachtung empfiehlt es sich jedoch, zusätzlich den Anker auszubringen. Am Ostufer gibt es einen kleinen Slip und einen Dingi-Anleger. Das saubere und klare Wasser der Bucht verlockt zum Baden.

Die steil ins Meer abfallende **Westküste** Elbas ist den in dieser Gegend vorherrschenden Winden aus Nordwest bis Südwest voll ausgesetzt und bietet keinerlei geschützte Ankerplätze. Von der Punta di Fetovaia bis zum Capo Sant'Andrea ist sie nahezu unzugänglich und von Klippen und vorgelagerten Steinen übersät. Mit Ausnahme von **Pomonte,** wo ein paar Fischerboote an einem kleinen Kai in einer Einbuchtung südlich der Punta Polveraia liegen, sieht man kaum einmal ein Schiff in der Nähe des Ufers.

Bei ruhigem Wetter lohnt es sich, vor Pomonte zu ankern und mit dem Beiboot an Land zu gehen. Der Ort hat seinen ländlichen Charakter noch nicht verloren, obwohl auch er inzwischen zum größten Teil vom Tourismus lebt. Der ursprüngliche, von den Römern gegründete Ort Post Montem (hinter dem Berg) lag in den Bergen hoch über dem heutigen Pomonte. Er wurde 1553 von den Sarazenen fast völlig zerstört. Ein Spaziergang zu den in der Macchia verstreut liegenden Mauerresten wird mit einer herrlichen Aussicht belohnt: An klaren Tagen sieht man im Westen die Küste Korsikas, im Süden die Insel Pianosa und bei besonders guter Sicht auch die Insel Montecristo.

Die Nordküste

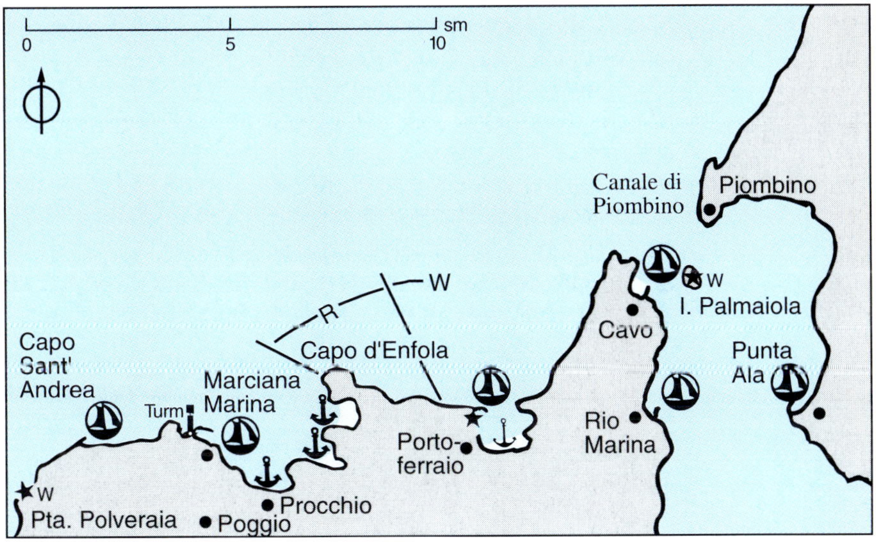

Sant'Andrea
42° 48′N
010° 08′E

Der südöstlich von Capo Sant' Andrea liegende idyllische kleine Hafenort hat sich in den letzten Jahren zu einem beliebten Ferienzentrum entwickelt. Etwa 80 der knapp 100 Häuser des Ortes sind Sommerhäuser, Hotels, Pensionen, Restaurants und Cafés.

Bekannt wurde Sant'Andrea durch den französischen Kapitän Hugo, Vater des Dichters Victor Hugo, als er im Jahre 1802 mit nur einer einzigen Kanone mit zwei gutgezielten Schüssen ein großes Piratenschiff in die Flucht jagte.

Vor der Ortschaft gibt es eine etwa 30 m lange, nordostwärts gerichtete Pier mit 2 m Wassertiefe am Kopf, zum Ufer hin abnehmend, an der einige Yachten bis 1,50 m Tiefgang anlegen können. Östlich

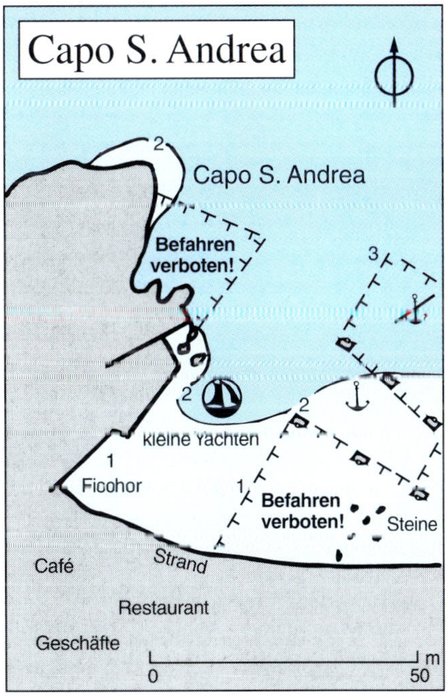

der Pier kann man auf etwa 2 bis 3 m Wasser über Sandgrund an der im Plan auf Seite 317 eingezeichneten Stelle ankern.

Lebensmittelgeschäfte, Restaurants und Cafés finden sich in der Ortschaft.

Marciana Marina ist ein entzückender Ort mit einem gut geschützten Fischer- und Yachthafen. Ringsum von grünen Bergen umgeben, liegt er an der Nordwestseite des Golfes von Procchio.

42° 48′N
010° 12′E

Die etwa 700 m lange Uferpromenade beginnt im Osten bei dem ältesten Ortsteil, der malerischen Fischersiedlung Cotone, deren Häuser stufenweise auf den ins Meer vorspringenden Felsen angeordnet sind. Vor dem Stadtzentrum erweitert sich die Promenade zu einer hübschen Parkanlage mit Palmen, Oleander, Eukalyptus und Tamarisken, die die weitere Promenade bis zum Hafen hin säumen. Von der Parkanlage gelangt man durch enge Gäßchen zu der zauberhaften Piazza Vittorio Emmanuele, umgeben von alten Häusern, der Kirche, Geschäften, Restaurants und Cafés.

Ansteuerung: Ortschaft und Hafenmole sind schon von weitem auszumachen, vor allem der auffällige Sarazenenturm, der den Hafen beherrscht. Bei Nacht ist der Kopf der Hafenmole befeuert (Fl. G. 4s 5M).

Liegeplatz: Im nordwestlichen und nördlichen Teil des Hafens in der Nähe des Sarazenenturmes auf Wassertiefen von 3 bis 4 m vor Buganker, Heck zum Kai oder zur Mole. Auf der Mole gibt es einen Wasseranschluß, aus dem man gegen Bezahlung über den Wassermann Trinkwasser erhält. Eine Tankstelle befindet sich in der nordwestlichen Ecke des Hafens (die Wassertiefe vor dem Tankstellensteg beträgt etwa 1,20 m). Duschen kann man im Sommer in der Badeanstalt nordwestlich des Hafens. Der mittlere Teil der Außenmole ist den einheimischen Fischerbooten vorbehalten (siehe Plan).

Weitere Liegeplätze findet man an dem T-förmigen Schwimmsteg des Yachtclubs Circolo Velico, die über Grundleinen sowie Wasser- und Stromanschlüsse verfügen.

Capitaneria und Sarazenenturm – Marciana Marina

Für diesen Komfort sind allerdings Liegegebühren zu entrichten, ebenso an dem Schwimmsteg vor dem östlichen Teil der Mole. Beim Circolo Velico gibt es auch Duschen (den Schlüssel erhält man im Büro des Circolo Velico). An der Betonpier im Südosten des Hafens vor dem Stadtzentrum können Yachten nur auf den ersten Metern am Kopf festmachen, da die Wassertiefe zum Strand hin rasch abnimmt.

Sind alle Liegeplätze belegt, so kann man nordwestlich oder östlich der Betonpier auf etwa 5 m Wasser über gut haltendem Grund ankern.

Hafenmeister: Com. Sig. Giancarlo Morgantini (Telefon 9 91 69). Das Hafenbüro befindet sich auf dem Nordkai westlich des Sarazenenturmes.

Reparaturmöglichkeiten: Slip in der Nordwestecke des Hafens, 10-t-Autokran auf Anforderung, Schiffszubehör an der Hafenpromenade in der Nähe des Yachtclubs.

Versorgung: Lebensmittelgeschäfte, Restaurants, Cafés und Weinhandlung an der Hafenpromenade und rund um die Piazza Vittorio Emmanuele. Gut essen kann man in den Restaurants „Da Marcello“, „Il Barba“ und „La Fiaccola“.

Bademöglichkeiten: Im Strandbad nordwestlich des Hafens.

Entfernungen von Marciana Marina: Marina di Campo 15,5 sm, Portoferraio 8 sm.

Es empfiehlt sich, mit dem Autobus oder Mietwagen zu den beiden Bergdörfern *Poggio* und *Marciana Alta* zu fahren. Das in knapp 400 m

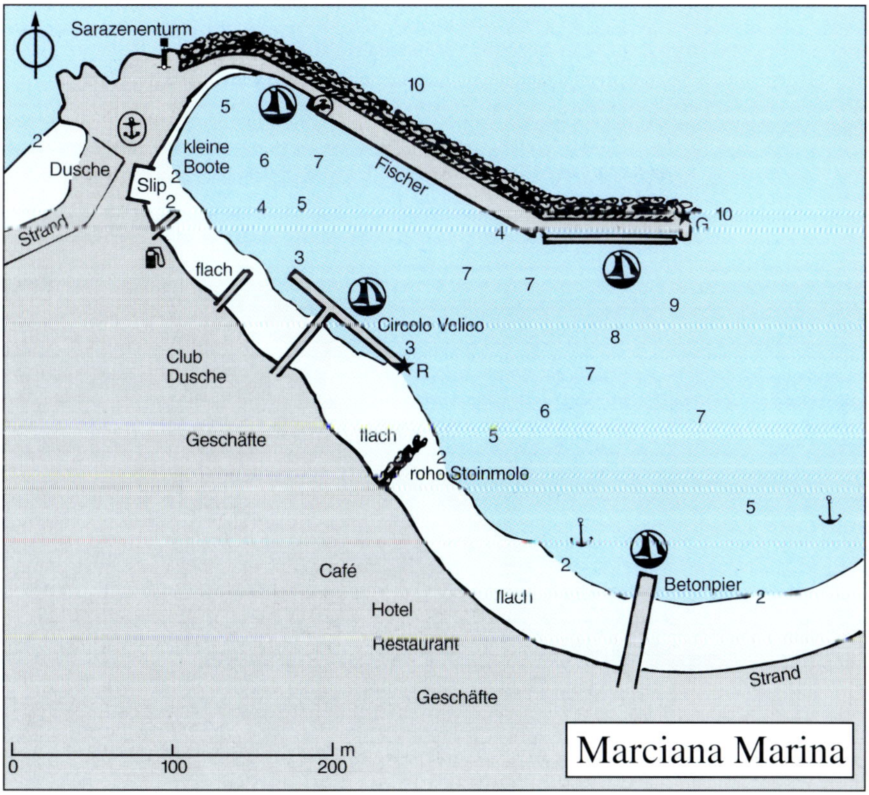

Höhe gelegene Marciana Alta ist die älteste Stadt der Insel: Sie wurde 35 v. Chr. von Marcius als römische Kolonie gegründet. Im 12. Jahrhundert errichteten die Pisaner das Kastell und befestigten die Stadt, die unter der Herrschaft der Appiani Hauptstadt Elbas wurde. Hierher flüchteten die Küstenbewohner, wenn die Sarazenen nahten.
Oberhalb der Ortschaft, nur über einen Fußweg erreichbar, liegt die *Eremitage der Madonna del Monte,* der bekannteste Wallfahrtsort der Insel. Hier bewirtete Napoleon seine Geliebte Gräfin Walewska mit ihrem gemeinsamen Sohn während eines kurzen Besuches auf Elba. An der Straße zwischen Marciana Alta und Poggio liegt die *Fonte Napoleone,* deren Wasser der Kaiser zu trinken pflegte, weil es eine wohltuende Wirkung auf sein chronisches Blasenleiden hatte.
An der gleichen Straße liegt die Talstation der Drahtseilbahn zum Gipfel des 1019 m hohen *Monte Capanne.* In einem offenen Gestell, das aussieht wie ein überdimensionaler Maulkorb, wird man in etwa 20 Minuten stehend zum Gipfel transportiert. Zu Fuß braucht man für diesen Aufstieg etwa drei Stunden. Von diesem höchsten Punkt Elbas aus bietet sich bei klarer Sicht eine fantastische Aussicht auf den Toskanischen Archipel: im Nordwesten die Insel der Ziegen, Capraia, im Norden die Sträflingsinsel Gorgona – die kleinste Insel des Archipels –, im Westen sieht man die Berge Korsikas, im Südwesten, flach wie ein Pfannkuchen, die Gefangeneninsel Pianosa, im Süden die geheimnisumwitterte Insel Montecristo, bekannt geworden durch den Roman von Alexandre Dumas. An Tagen mit besonders guter Sicht sieht man im Südosten noch die Insel Giglio, hinter der man die kleine Insel Giannutri noch erahnen kann.

Östlich der Punta della Crocetta öffnet sich eine weite, halbkreisförmige Bucht, in deren Einbuchtungen man bei ruhigem Wetter für einen Badeaufenthalt ankern kann. Sie gehört zu den beliebtesten Segelrevieren der Insel. Die erste Einbuchtung ist der

Golfo di Procchio mit seinem schönen, breiten, fast 1 km langen Sandstrand, von dem sich zwei hölzerne Anlegestege etwa 80 m nach See hin erstrecken. Sie haben am Kopf jedoch nur etwa 1 m Wasser. Der beste Ankerplatz ist im nordöstlichen Teil des Golfes, etwa 200 m vom Strand entfernt. Der Strand wird gesäumt von zahlreichen Hotels, Pensionen, Ferienvillen, Restaurants und Cafés. Eine deutsche Segelschule hat hier ihr Domizil.

42° 47′N
010° 13′E

Die kleine Ortschaft Procchio mutet mit ihren Straßencafés, Terrassen-Restaurants, Bäumen und Blumen eher südfranzösisch an, dagegen ist die Küche der empfehlenswerten Restaurants „Da Angelo“ und „Lo Zodiaco“ echt italienisch.

Zwischen dem Golfo di Procchio und dem Golfo della Biodola liegt die kleine, nur von See aus zugängliche Bucht

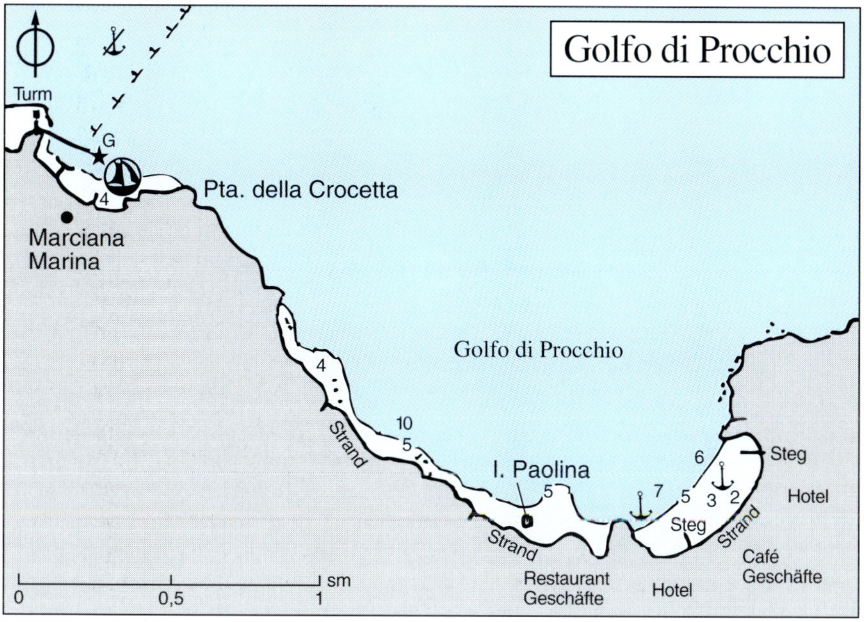

Porticciolo die wegen ihrer Ruhe und Abgeschiedenheit gerne für eine Übernachtung aufgesucht wird. Sie ist allerdings so klein, daß nur wenige Yachten darin Raum zum Schwojen finden.

42° 47′N
010° 14′E

Golfo della Biodola ist eine der schönsten Strandbuchten an der Nordküste Elbas mit langem, breitem Sandstrand, eingerahmt von grünen Hängen. Man ankere 200 bis 300 m vor dem Strand auf 3 bis 5 m Wasser über gut haltendem Sandgrund. Sowohl in der im Norden der Bucht gelegenen Ortschaft Scaglieri als auch in Biodola im Süden gibt es einige gemütliche und gute Restaurants.

42° 47′N
010° 14′E

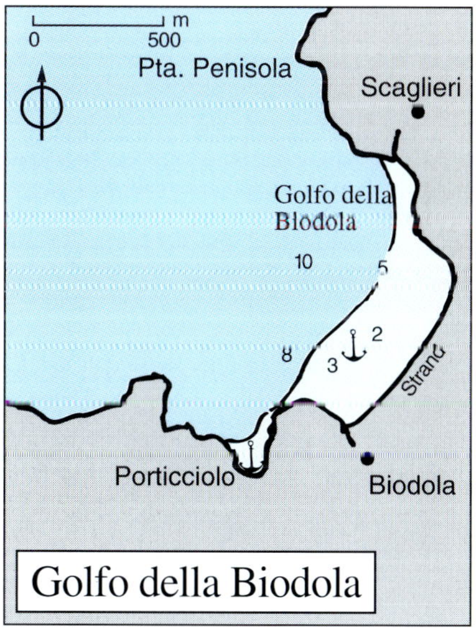

Ein weiterer beliebter Tagesankerplatz ist der

Golfo di Viticcio mit einem grobsandigen Strand und dem Fischerdorf Viticcio, einem ruhigen und hübschen Ferienort mit einer sehr familiären Atmosphäre. Bei ruhigem Wetter kann man 150 bis 200 m vor dem Strand auf etwa 3 bis 5 m Wasser über mit Steinen durchsetztem Sandgrund ankern.

42° 49′N
010° 15′E

Im nördlichen Teil des Golfo di Viticcio, südöstlich des 135 m hohen Monte Enfola, befindet sich eine schmale Landzunge mit einer nach Südwesten ausgerichteten Mole, an deren Kopf einige Yachten anlegen können. Die Wassertiefe beträgt 2 bis 2,50 m, zum Ufer hin abnehmend. An der Ostseite der Mole liegt unter Wasser ein großer Stein. In der Bucht südlich der Mole befinden sich zahlreiche Bojen, an denen man vorübergehend festmachen kann. Auf der Landzunge stehen ein Restaurant und ein Café. Die Bucht an der Nordostseite der Landzunge, deren Nordwestseite befestigt ist, weist nur Wassertiefen zwischen 0,50 und 1 m auf.

Das *Capo d'Enfola* war noch bis Mitte der fünfziger Jahre Zentrum des Thunfischfangs auf Elba, der während der Herrschaft der Medici im 16. Jahrhundert seinen Höhepunkt hatte. Die „Tonnara", das Gebäude, in dem die Thunfische gesotten und verarbeitet wurden, ist halb verfallen, die Fangnetze sind vermodert und die Boote der Thunfischer den Motor- und Segelyachten der Urlauber gewichen.

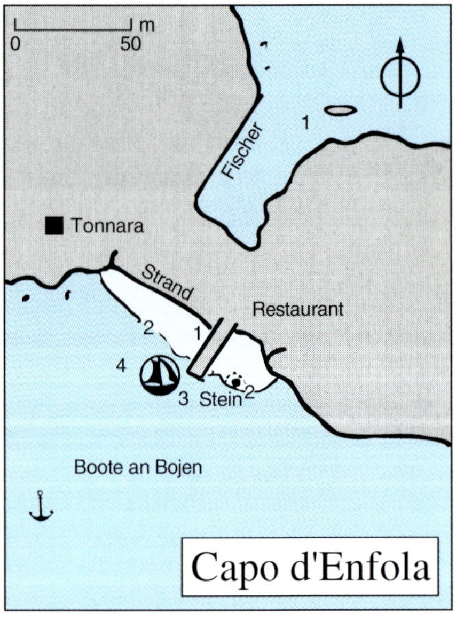

Register **F** = Nummer des Farbfotos

SARDINIEN

ELBA

Zeichenerklärung zu den Plänen

Ankerplatz

Anmeldekai

Yachthafen
Yachtliegeplätze
Gastliegeplätze

Hafenbüro

Leuchtfeuer

Tankstelle

Wasseranschluß

Travellift

grau =	Land
hellblau =	bis 2 m, 3 m oder 5 m Wassertiefe je nach den allgemeinen Verhältnissen
dunkelblau =	tieferes Wasser

Die Kennungen und Farben der Leuchtfeuer sind in diesem Buch internationalisiert, entsprechend **Karte 1 (INT 1)** – Zeichen, Abkürzungen, Begriffe in deutschen Seekarten.

Für den, der mit den neuen Bezeichnungen noch nicht vertraut ist, die umseitige Tabelle.

Kennungen und Farben der Leuchtfeuer

National		International	
F.	Festfeuer	F	Fixed
Ubr.	Unterbrochenes Feuer mit Einzelunterbrechungen	Oc	Single-occulting
Ubr. (2)	Unterbrochenes Feuer mit Gruppen	Oc (2)	Group-occulting
Glt.	Gleichtaktfeuer	Iso	Isophase
Blz.	Blitzfeuer mit Einzelblitzen	Fl	Single-flashing
Blz. (3)	Blitzfeuer mit Gruppen von Blitzen	Fl (3)	Group-flashing
Blk.	Blinkfeuer	LFl	Long-flashing
Fkl.	Funkelfeuer mit dauerndem Funkeln	Q	Continuous quick
Fkl. (3)	Funkelfeuer mit Gruppen von Funkeln	Q (3)	Group quick
Fkl. unt.	Unterbrochenes Funkelfeuer	IQ	Interrupted quick
SFkl.	Schnelles Funkelfeuer mit dauerndem schnellem Funkeln	VQ	Continuous very quick
SFkl. (3)	Schnelles Funkelfeuer mit Gruppen von schnellen Funkeln	VQ (3)	Group very quick
SFkl. unt.	Unterbrochenes schnelles Funkelfeuer	IVQ	Interrupted very quick
w.	Weiß	W	White
r.	Rot	R	Red
gn.	Grün	G	Green
g.	Gelb	Y	Yellow
viol.	Violett	Vi	Violet